DIE METROPOLE DES VERBRECHENS

Heiner Boehncke
Hans Sarkowicz

DIE METROPOLE DES VERBRECHENS

Räuber und Gauner in Berlin und Brandenburg

EICHBORN.

Die Deutsche Bibliothek – CIP-Einheitsaufnahme

Boehncke, Heiner:
Die Metropole des Verbrechens : Räuber und Gauner in Berlin-Brandenburg / Heiner Boehncke/Hans Sarkowicz. - Frankfurt am Main : Eichborn, 1997
ISBN 3-8218-1167-6

Lektorat: Andrea Jung-Mack
Umschlaggestaltung: Petra Wagner.
Satz: Fuldaer Verlagsanstalt GmbH, Fulda.
Druck und Bindung: Werner Söderström OY, Finnland.
ISBN 3-8218-1167-6

Verlagsverzeichnis schickt gern:
Eichborn Verlag, Kaiserstraße 66, D-60329 Frankfurt am Main

INHALT

Einleitung

»Sind Ehrenstrafen und körperliche Züchtigungen noch zeit- und zweckgemäß?« fragte der ehemalige Kriminalkommissar und königlich-preußische Kammergerichtsreferendar Carl Wilhelm Zimmermann 1847 in seinem Buch »Die Diebe von Berlin«. Der liberale Autor, den ein besonderes soziales Engagement auszeichnete, war mit den Rechtsverhältnissen in Preußen ganz und gar nicht zufrieden. Und das aus gutem Grund. Zwar war schon unter Friedrich dem Großen die Folter abgeschafft worden, aber die Arbeitsweise von Polizei und Justiz entsprach noch lange nicht den freiheitlichen Ideen des Vormärz. Denn der »alte Fritz« hatte zwar der mittelalterlichen Barbarei vor und in Strafprozessen ein Ende gesetzt, war aber gleichzeitig darauf verfallen, die neueste Mode aus Paris nachzuahmen und eine Geheimpolizei aufzustellen. Diese Spitzel, die zunächst nur die Räuberschlupfwinkel ausspionieren sollten, wurden während der politischen Restauration nach den Freiheitskriegen eine weitgehend unkontrollierte Macht, für die Gesetze nicht zu gelten schienen. Gesetze gab es aber. So das Preußische Landrecht von 1794, das mit seinen fast 20.000 Paragraphen bis in die Weimarer Republik von Bedeutung blieb. Das Landrecht wurde seit 1805 von einer Strafprozeßordnung ergänzt, die Mängel und Mißstände älterer Regelungen beseitigen sollte, aber schon 1846 durch eine grundlegende Reform der Kriminaljustiz geändert wurde.

Trotz aller Ergänzungen und Reformen erwies sich die körperliche Züchtigung als Teil der Strafe – vornehmlich für Diebe und Räuber – als äußerst langlebig. Bis zu 40 Hiebe konnten angeordnet werden, wobei durch eine Kabinetts-Entscheidung von 1833 Frauen von dieser Strafe ausgenommen waren. Außerem durften nur »Personen der untersten Volksklasse« (wie es in einer Anweisung von 1812 hieß) vom Scharfrichter verprügelt werden. Diebe und Räuber »von Stande« blieben verschont und marschierten körperlich unversehrt ins Gefängnis. Diese Unterscheidung empfanden schon die Zeitgenossen als ungerecht, wobei liberale Juristen vom Schlage Zimmermanns gleich ganz für die Abschaffung der Prügelstrafe eintraten.

Dagegen war die Todesstrafe noch unumstritten. Vor allem Raubmörder und Mordbrenner mußten damit rechnen, nach Gefangennahme und Prozeß hingerichtet zu werden. Schon in einem der frühesten und berühmtesten Prozesse der Berliner Kriminalgeschichte stand am Ende die Todesstrafe: in dem Verfahren gegen den Kaufmann Hans Kohlhase, dem historischen Vorbild für Heinrich von Kleists »Michael Kohlhaas«. Kohlhase, der mit Speck, Honig und Heringen handelte, war am 1. Oktober 1532 mit zwei Pferden von Kölln an der Spree nach Leipzig aufgebrochen. Am Abend dieses Tages begann in einem Gasthof des Ortes Wellaune die folgenschwere Affäre. Der lokale Erb-, Lehns- und Gerichtsherr, ein sächsischer Landadliger namens Günter von Zaschwitz, ließ Kohlhase, wie dieser später zu Protokoll gab, »wieder Recht, Ehr' und alle Billigkeit auf fürstlich freier Straße zwei Kläpper mit Gewalt« nehmen und behauptete frech, Kohlhase hätte sie gestohlen. Da der Kaufmann vor den (adligen) Gerichten nicht zu seinem Recht und damit zu seinen Pferden kommen konnte und durch die Prozesse gleichzeitig sein restliches Vermögen verlor, beschloß er blutige Rache. Am 13. März 1534 traf in der Landvogtei Wittenberg seine »Kriegserklärung« ein, die mit dem Satz endete: »Möge sich Günter von Zaschwitz beizeiten mit Wasser und festen Scheunen einrichten, auf daß ich ihn nicht mit Feuerkohlen heimsuche und ihn samt seinem Schloß verbrenne.« Bald danach brannte es in Wittenberg tatsächlich. Sechs Jahre lang kämpfte Kohlhase mit seiner ansehnlichen Mannschaft gegen den Adel zwischen Brandenburg und Sachsen. Er wurde zum Volkshelden, zu einem märkischen Robin Hood, dem die Sympathien der Bauern galten. Ende Februar 1540 schlugen schließlich die Häscher zu. Im Hause seines Getreuen Thomas Meißner, der Küster der Nikolaikirche war, wurde Kohlhase zusammen mit seiner Frau ergriffen. Am 22. März fand im Berliner Rathaus der Prozeß statt, der schon nach wenigen Stunden mit dem Todesurteil gegen Kohlhase und zwei seiner Mitkämpfer endete. Der Rebell, dessen Schicksal über 250 Jahre später Kleist so berühren sollte, starb noch am selben Tag durch das Schwert des Scharfrichters.

Auch die Raubzüge der Mordbrennerbande, die zu Beginn des 19. Jahrhunderts Berlin und die Mark in Angst und Schrecken versetzten, fanden das besondere Interesse Kleists. Es handelte sich um die Bande des Johann Christoph Peter Horst und seiner Geliebten Friederike Louise Christiane Delitz.

Als Redakteur des »Berliner Abendblatts« berichtete Kleist im Herbst 1810 regelmäßig über die Aktivitäten der Mordbrenner, die mit außergewöhnlicher Brutalität vorgingen. Horst und Delitz wurden am 18. Mai 1813 in Berlin bei lebendigem Leib verbrannt.

Verbrechen dieser Dimension waren auch in Berlin und der angrenzenden Mark selten. In der Regel verfolgte die Polizei »kleine« Diebe und Räuber, oder sie machte, nach den unseligen Karlsbader Beschlüssen von 1819, Jagd auf sogenannte »Demagogen« – und die stammten in der Regel aus den »besseren« Kreisen. Sogar ein leibhaftiger Kammergerichtsrat geriet in die Mühlen der politischen Justiz. Als E.T.A. Hoffmann 1822 seinen »Meister Floh« erscheinen lassen wollte und sich durch seine Stellung als ranghoher Jurist geschützt glaubte, griff der preußische Polizeidirektor von Kamptz zu. Er glaubte sich in der Satire wiederzuerkennen, ließ das Werk aus politischen Gründen beschlagnahmen und den Autor anklagen. Der todkranke Dichter starb wenig später, und die Satire konnte nur in zensierter Fassung erscheinen. Von Kamptz rigoroses Vorgehen wurde durch eine Besonderheit begünstigt. Die Berliner Polizei unterstand nämlich direkt dem König, was zur damaligen Zeit noch die Ausnahme war.

Bis 1735 hatte auch in Berlin der Rat der Stadt die Polizeigewalt ausgeübt. Während der folgenden Übergangsphase teilten sich das Gouvernement und der Magistrat die Aufsicht, ehe 1742 Friedrich der Große den jeweiligen preußischen Stadtpräsidenten zum Polizeidirektor ernannte. 1782 folgte eine Instruktion, die den Polizeidirektor mit einer bis dahin nicht gekannten Machtfülle ausstattete, wie Paul Lindenberg in seiner Monographie »Berliner Polizei und Verbrechertum« berichtete:

Seine Jurisdiktion in Polizeisachen war allgemein und es standen hierin alle Einwohner wie Fremde unter ihm; er konnte in dringenden Fällen sogleich Arreste verfügen, wobei alle Wachen, auf sein oder der Polizeikommissarien nur mündliches Verlangen, die nötigen Mannschaften stellen mußten.

Der Polizeidirektor berichtete jährlich unmittelbar an den König vom Zustand der Stadt, von der Zahl der Einwohner, von der Zu- und Abnahme der Manufakturen und Fabriken sowie anderer Nahrungszweige, schließlich von allen übrigen, das Wohl und die Verbesserung der Residenz betreffenden Sachen. Dem Polizeidirektor standen als Beisitzer drei Ratsmänner zur Seite, außerdem waren unter ihm ein Polizeiinspektor und zwei Polizeimeister, neben mehreren Marktmeistern und Polizeidienern, tätig; von letzteren versahen 24, darunter drei Berittene, den Dienst auf den Straßen; für die Ruhe während der Nacht sorgten etwas über hundert Nachtwächter, mit einem Horn, einer Pfeife und einer »Pike« ausgerüstet. Das Arbeitsfeld jener vier Männer war ein sehr ausgebreitetes, sie hatten nicht nur alle Polizeisachen zu erledigen, sondern auch »die Sorge für gehörige Feier der Sonn- und Festtage, die Direktion des Gesindeamts, die Besorgung, daß die Residenz mit Getreide, Brot, Fleisch, Bier, Fischen und allen Viktualien, Heu, Stroh etc. versorget, die Zufuhr befördert und niemand übersetzet noch bevorteilt werde. Alle Marktsachen, Hökersachen und Verkäufereien. Die Aufsicht auf das Stadtmagazin, aufs Schlachten, Backen und Brauen nebst Anfertigung der Taxen; die Aufsicht auf die Wirtshäuser, Garküchen, Wein-, Bier- und Kaffeehäuser, und daß darin keine Hazardspiele geduldet werden, die Aufsicht auf die Glückstöpfe etc., auf gemeine Tanzböden und liderliche Häuser. Aufsicht auf richtige Ellen, Maß und Gewicht, auf daß solche geeichet sind, aufs Hausieren, auf die Fiaker und Fuhrleute, und auf den Leichenkommissar, auf die Nachtwachen, auf die nächtliche Sicherheit der Straßen, auf die Reinigung derselben, aufs Pflastern, Aussetzung der Steine an den Kanälen und Konservation der Linden, auf Verhinderung der Aufläufe des gemeinen Volks, und andern Mutwillen, und Aufmerksamkeit auf die sich einschleichenden Vagabunden und verdächtige Leute.

Zu der Frage, ob angesichts der mageren personellen Ausstattung und der Fülle der Aufgaben die Sicherheit in Berlin gewährleistet war, gibt es durchaus unterschiedliche Meinungen. Zeitgenössische Beobachter, wie der Verleger und Schriftsteller Friedrich Nicolai, behaupteten, jahrelang nichts von einem Straßenraub oder Mord gehört zu haben, während in Stadtchroniken immer wieder beklagt wurde, daß Überfälle und Diebstähle zunähmen. Ein Indiz dafür, daß es mit der öffentlichen Sicherheit in Berlin nicht zum besten stand, ist die Tatsache, daß im November 1808 ein besonderes Polizeipräsidium geschaffen wurde, das zunächst dem Polizeiministerium und dann dem preußischen Ministerium des Innern unterstand. Der Polizeipräsident befehligte seit 1812 als »ausführendes Organ« die Bürger- und Nationalgarde, dann die Gendarmerie. Zu einer entscheidenden Änderung kam es 1848 nach der gescheiterten demokratischen Revolution.

Friedrich Wilhelm IV. führte nach dem Muster der Londoner Polizei eine blauuniformierte, mit Säbeln und großen, schwarzen, numerierten Filzhüten versehene Schutzmannschaft ein, die aus einem Obersten, vier Hauptleuten, 15 Leutnants, 95 Wachtmeistern und 654 Schutzmännern bestand. Der König sah in der Schutzmannschaft »seine« Polizei, die in einem persönlichen Treueverhältnis zu ihm stand und die, wie Walter Kiaulehn in seiner *Geschichte Berlins* schreibt, den Berliner Magistrat regierte.

Mit der wachsenden Bedeutung Berlins änderten sich die Strukturen ein weiteres Mal. Die Gründung des Deutschen Reiches mit Berlin als Hauptstadt stellte ganz neue Anforderungen. Die bis dahin eher beschauliche Stadt war fast über Nacht auf dem Weg, eine Metropole des Verbrechens zu werden. Die Zahl der Verhafteten erhöhte sich sprunghaft. Waren z.B. 1868 knapp 3.000 Menschen in Isolierhaft und insgesamt gut 23.000 Personen in Polizeigewahrsam genommen worden, so lauteten die entsprechenden Zahlen für 1880 schon gut 4.000 und über 35.000 Personen, was einer Zunahme von 35 bzw. 50 Prozent entspricht.

Daß die Statistik zehn Jahre später und bei fast einer halben Million Einwohnern freundlicher aussah, war der stärkeren Polizeipräsenz zu verdanken. Genau 4.000 Wachtmeister und Schutzmänner sorgten tagsüber für Ruhe und Ordnung, nach Einbruch der Dunkelheit kamen noch 475 Nachtwächter dazu. Mit 32 Polizeibeamten auf 10.000 Einwohner stand Berlin um 1890 zusammen mit Brüssel an zweiter Stelle bei den europäischen Metropolen nach Paris (mit 35) und vor London und Wien (mit je 23). Insgesamt mußte die Reichshauptstadt jährlich acht Millionen Mark für ihre Polizei aufwenden, was damals auch im internationalen Vergleich eine gewaltige Summe war.

Für das Jahr 1891 liegt eine genaue Kriminalstatistik vor, die ein relativ exaktes Bild von Art und Umfang des Berliner Verbrecherlebens gibt.

Von den 34.326 Anzeigen über vorgekommen Verbrechen und Vergehen bestrafen 11.466 Diebstahl, 234 Taschendiebstahl, 1443 Betrug, 1755 Unterschlagung, 1488 Körperverletzung, 359 Verbrechen und Vergehen gegen die Sittlichkeit, 534 Hausfriedensbruch, 60 Raub, 339 Sachbeschädigung, 219 Drohung, 55 Beleidigung, 77 Hehlerei, 108 strafbaren Eigennutz, 63 Hazardspiel, 90 Erpressung, 58 Urkunden- und Wechselfälschung, 200 Beamtenbeleidigung, 50 Meineid, 36 Aussetzung eines Kindes, 52 aufgefundene Kindesleichen, 128 aufgefundene unbekannte Leichen, 6466 Unglücksfälle, 145 versuchten Selbstmord, 307 plötzlichen Todesfall, 213 gesuchte Personen, 655 vermißte Personen, 430 Mißhandlung, und so fort. In den Polizeigewahrsam wurden 31.370 Personen gebracht, und zwar 20.029 Männer, 11.260 Weiber und 81 Kinder; die Hauptursache waren Obdachlosigkeit (bei 8568 Männern und 565 Weibern) und Unsittlichkeit (bei 10.142 Weibern).

Diebstahl war also das häufigste Delikt in Berlin, während schwerere Verbrechen wie Raub und Mord nur eine untergeordnete Rolle spielten. Wegen Mord oder Mordversuchs wurden 1891 nur 17 Personen verurteilt. In zehn Jahren hatten sich insgesamt nur 22 Morde ereignet – bei immerhin eineinhalb Millionen Einwohnern. In der schon damals geführten deutschen Verbrechensstatistik nahm Berlin den zehnten Rang ein. Ein besonders gefährliches Pflaster schien die Reichshauptstadt gegen Ende des 19. Jahrhunderts also nicht mehr zu sein. Um so mehr öffentliche Aufmerksamkeit fand jede spektakuläre Straftat, wie zum Beispiel der Mord an einem Nachtwächter im September 1887. Zwar wurde der Täter, der Zuhälter und Gelegenheitsdieb Hermann Heinze, bald gefaßt, aber die Diskussionen über die lange offiziell geleugnete Prostitution in der Reichshauptstadt wollte nicht mehr verstummen. Im Reichstag wurde sogar eine »Lex Heinze« gefordert, eine Verschärfung des Kuppelei- und Sittenparagraphen, die sich auch gegen Literatur und bildende Kunst richten sollte. Nach hitzig geführten Debatten trat die abgeschwächte Version des Kuppeleiparagraphen schließlich am 1. Januar 1900 in Kraft.

Ähnlich spektakuläre Fälle mit so weitreichender Wirkung waren selten. Die mehr als 70 Gerichte in Berlin beschäftigten sich in der Regel mit der »gewöhnlichen« Kriminalität, die weiterhin vor allem aus Diebstählen bestand. Die Zahl der Verarmten und Obdachlosen nahm ständig zu und mit ihr fast selbstverständlich auch die Zahl der Kleindelikte, die zum Teil nichts anderes waren als Mundraub. Wer eine eigene Wohnung besaß, konnte sich glücklich schätzen. Die beiden Obdachlosenasyle in Berlin nahmen jährlich fast 380.000 Menschen auf, darunter viele Kinder. Aus dieser Schicht, die nichts mehr zu verlieren hatte, rekrutierte sich zu einem Teil die Berliner Unterwelt, die sich nach dem Mordfall Heinze zu organisieren begann und sich mit ihren »Ringvereinen« wirkungsvolle und einflußreiche Institutionen schuf.

Die Berliner Öffentlichkeit registrierte die kleinen Kriminalfälle nur summarisch. Was den Weg in die Zeitungen fand, das waren große Justizaffären wie der »Harden-Moltke-Eulenburg-Prozeß«, in den niemand geringerer als der Kaiser selbst verwickelt war, oder die Kapriolen des falschen »Hauptmanns von Köpenick«, der 1906 die Kasse des Berliner Stadtteils beschlagnahmt hatte. Auch der Fall einer polnischen Gräfin, die 1905 zu Unrecht der Kindsunterschiebung angeklagt war, löste lange Debatten in den Blättern der Hauptstadt aus. Denn die wahren Bösewichter waren ein adliger Herrenhausabgeordneter und sein Sohn, die das Gut der Gräfin an sich bringen wollten. Wenn einmal, wie mit Graf Gisbert von Wolff-Metternich, ein Angehöriger des höheren Adels vor den Schranken des Gerichts stand und wegen Betrugs zu neun Monaten Gefängnis verurteilt wurde, berichteten das die Berliner Zeitungen mit einer gewissen Genugtuung. Denn in manchen kriminellen Adern floß halt blaues Blut. Und Geschichten darüber wollten bürgerliche Biedermänner ganz besonders gerne lesen. Vor allem beim (verbotenen) Glücksspiel taten sich Offiziere und Adlige hervor. Ihre nichtadligen »Kollegen«, die es oft noch besser verstanden, ahnungslose Opfer bis auf die Wäsche auszunehmen, entsprachen ganz und gar nicht dem Bild, das man sich gemeinhin von einem Gauner machte. Es scheint überhaupt ein Spezifikum der »erfolgreichen« Berliner Kriminellen – vor allem der Betrüger und Diebe – gewesen zu sein, daß sie allein an Äußerlichkeiten nicht zu erkennen waren. So beschrieb ein ungenannt gebliebener Kriminalist um 1890 in der »Zeitschrift für die gesamte Strafrechtswissenschaft« den Typus des Berliner Verbrechers folgendermaßen:

Er ist meist höflich und bescheiden und bewegt sich in den gewandten Formen, die das Leben einer Großstadt auch den geringeren Klassen ihrer Einwohner aufzuprägen pflegt. Sein Äußeres ist nicht verwildert und schmutzig, sondern er kleidet sich, solange es ihm seine Verhältnisse erlauben, sauber und ordentlich, oft sogar elegant, und sorgt auch sonst für anständiges Aussehen, indem er seine Haut reinlich hält und Haar und Bart eine aufmerksame Pflege angedeihen läßt. Selbst sein Blick ist meistens frei und ungeniert, solange er nicht gerade auf dem Pfade des Verbrechens wandelt, solange er nicht gerade jenen Kampf kämpft, bei dem seine Leidenschaften so sehr entflammt werden. Nicht wenig trägt hierzu freilich die Kunst, sich zu verstellen, bei, die unter den Berliner Verbrechern in hohem

Maße entwickelt ist. Der ahnungslose Bürger oder gar der Fremde, der in Berlin flaniert, die Lokale und die Sehenswürdigkeiten besucht, ahnt nicht, daß ein großer Teil der Menschen, mit denen er in Berührung kommt, die ihm in irgendeiner Form ihre Dienste anbieten oder von denen er in Wirklichkeit bedient wird, vielfach bestrafte Subjekte sind. Ja, der Prinzipal, der seine Leute engagiert, ahnt dies nicht und läßt sich durch ihr Äußeres und ihr einnehmendes Wesen täuschen. Kürzlich wurden in einem sehr großen Restaurant nachts mehrere Einbrüche verübt und Geld, Wein usw. im Betrage von mehreren tausend Mark entwendet. Die Kriminalpolizei lenkte den Verdacht auf den Oberkellner. Der Prinzipal wies dies energisch zurück und erklärte, für den Oberkellner eintreten zu wollen. Es stellte sich heraus, daß dieser dennoch der Täter gewesen, und mit ihm ein Hausknecht, den der Oberkellner selbst engagiert hatte. Beide waren, wie sich nun ferner herausstellte, vielbestrafte Diebe und hatten diese Stellung nur zu dem Zwecke angenommen, die Diebstähle ausführen zu können. Der Wirt war wie aus den Wolken gefallen. Wie ihm geht es Hunderten von Menschen, und die, die sich rühmen, den schlechten Charakter eines Menschen aus seiner Physiognomie herauslesen zu können, möchten der Berliner Verbrecherwelt gegenüber einen harten Stand haben. Mit den sogenannten »Verbrecherphysiognomien« ist es überhaupt ein eigenes Ding. Solange sie durch eine sorgsame Pflege der äußeren Erscheinung verdeckt werden, sind sie schwer zu erkennen. Im Zuchthaus allerdings, wo das Gesicht bartlos ist und nur die kurzen Stoppeln eines Bartes ihm eine graue Färbung geben und jeden Zug desto deutlicher hervortreten lassen, wo das Kopfhaar kurz geschoren ist, und die einförmige häßliche Kleidung den Gesichtszügen keinerlei Unterstützung gewährt, da kann man Verbrecherphysiognomien sehen, da ergreift einen manchmal ein Grauen vor diesen von Lastern und Leidenschaften zerfressenen Gesichtern, da ist vielleicht der einzige Ort, wo man den Verbrecher an seinem Äußeren erkennt, wo er uns sozusagen nackt gegenübertritt, und da freilich ist sein Anblick abscheulich.

Besonders in den »Ringvereinen«, die rund 1.000 Mitglieder zählten, trafen sich Berliner Verbrecher aller Schattierungen – und das mit öffentlicher Duldung. Wie diese als Selbsthilfeorganisationen für ehemalige Strafgefangene gegründeten Syndikate trotz ihres eindeutig kriminellen Charakters gesellschaftliche Anerkennung finden konnten, ist eines der Geheimnisse von

Berlin. Kriminalkommissare besuchten die rauschenden Feste der schweren Jungs und schwangen dabei auch schon mal den Taktstock, um das Orchester der Ex-Häftlinge zu dirigieren. »In den zwanziger Jahren«, schreibt Walter Kiaulehn in seinem Buch »Berlin – Schicksal einer Großstadt« (1958), »versuchten sich dann einige dieser Vereine nach dem Muster der Unterwelt von Chicago umzubilden, und Geschäftsleute, besonders Kneipenwirte wurden gezwungen, sich von den Vereinen gegen feste Gebühren ›beschützen‹ zu lassen. Widerstrebende wurden durch provozierte Schlägereien mürbe gemacht, bei denen die Einrichtung völlig in Trümmer ging. Jetzt legten die Kommissare den Taktstock beiseite. Es ging hart auf hart. Der Höhepunkt war erreicht, als einer der Vereine zwei ungetreue Mitglieder offiziell zum Tode verurteilte, ihnen das Urteil ins Haus schickte und die Todeskandidaten auf offener Straße niederschießen ließ.«

Für die Berliner Polizei war es nicht leicht, gegen die gut organisierten und über beste Kontakte verfügenden »Vereine« vorzugehen. Wer eine Razzia plante, mußte sich schon etwas Besonderes einfallen lassen. Walter Kiaulehn schildert eine Polizeiaktion dieser außergewöhnlichen Sorte.

Einer der Berliner Unterwelt-Vereine hatte sein Sommerquartier in Schmöckwitz, in einem Ausflugslokal am »Großen Zug«. Er war als Wassersportverein getarnt. Die Mitglieder wohnten in kleinen Bootshäusern, die über das große Grundstück hin verteilt waren. Das Lokal war nur von der Wasserseite aus erreichbar. Den Fährverkehr zum anderen Ufer unterhielten Motorboote, die dem Verein gehörten. Da alle Schußwaffen hatten, war es gefährlich, den Verein auszuheben. Schließlich kamen die Kriminalen auf die passende Idee: sie tarnten sich als Gesangsverein und unternahmen eine Dampferpartie in das Lokal. Mit gut gefälschten Vereinsbriefbogen hatten sie sich vorher schriftlich angemeldet, und die Wassersportler empfingen den »Gesangsverein« festlich mit »Kanonenschlägen«. Die Polizisten gingen an Land, stellten sich auf, sangen »Wer hat dich du schöner Wald?«, klappten die Noten zu, hatten Revolver in der Hand und hoben das ganze Nest aus, das gleich mit dem Dampfer abtransportiert wurde.

Aktionen dieser Art waren natürlich ein gefundenes Fressen für die Berliner Presse, die in der Weimarer Zeit eigene Gerichtsreporter beschäftigte, um das große Interesse der Leser an der stark wachsenden Kriminalität in der Hauptstadt des Deutschen Reiches befriedigen zu können. Mit seinen rund vier Millionen Einwohnern und seiner perfekt organisierten und vernetzten Unterwelt war Berlin eindeutig die Metropole des Verbrechens in Deutschland. Wo vor dem Ersten Weltkrieg so gut wie kein Mord vorgekommen war, explodierte angesichts des Arbeitslosenelends die Statistik förmlich. Erich Kästner, Korrespondent der »Neuen Leipziger Zeitung« in Berlin, zog 1931 eine bittere Bilanz. »Der Krieg«, so Kästner, »seine seelischen und wirtschaftlichen Folgen, haben den Wert des Einzellebens hoffnungslos vermindert. Jeder Tag, der uns von der allmählichen Beseitigung der Arbeitslosigkeit fernhält, führt uns tiefer in Zustände hinein, in denen der Mensch dem andern keinen Pfennig wert ist.« Und Kästner zitierte einige Beispiele aus einer kurz zuvor veröffentlichten Zusammenstellung: »Die Mörder des Berliner Zigarrenhändlers Rieckmann und seiner Frau fanden bei den Toten 9,67 Mark. Der Mörder Lüdecke, der in den letzten Jahren drei Wanderburschen umbrachte, erbeutete jedesmal nur ganz geringe Habseligkeiten; das letzte Mal eine Uhr und einige Rasierklingen. Ich lasse einige Beuteziffern von anderen Raubmorden in Berlin folgen: ein Fahrrad; 25 Mark; ein paar Kleider und 30 Mark; eine Tabakspfeife; 70 Mark; 50 Mark; einige Silbersachen; eine leere Brieftasche.«

Die Tatsache, daß diese Mordfälle kaum noch Beachtung in der Öffentlichkeit fanden, zeigt, daß die Kriminalität in der Reichshauptstadt ganz neue Dimensionen angenommen hatte.

Fritz Opitz zum Beispiel verübte von 1928 bis 1931 64 Eisenbahnattentate, 57 Raubüberfälle und drei Raubmorde. Auf das Konto der Brüder Max und Walter Götze gingen bis 1938 zwei Morde, 17 Schwerverletzte und 110 Raubüberfälle – auf Liebspaare, Busfahrer, Bierkutscher und Milchausfahrer. Vier Geldboten waren die Opfer von Franz und Paul Baumeister, die zwischen 1929 und 1943 im gesamten Deutschen Reich raubten und mordeten. Paul Baumeister, von Beruf Polizeibeamter, entzog sich seiner Verhaftung durch Selbstmord. 20 zerstückelte Frauenleichen hinterließ der Wurstverkäufer Karl Großmann, der von 1918 bis 1921 in Berlin sein Unwesen trieb. Der Kriminalhistoriker Robert Heindl hat ihm und dem Massenmörder Denke einen Artikel gewidmet, der 1928 in dem Jahrbuch »Unser Berlin« erschien. Darin äußerte er auch sein Unverständnis, wie ein Lustmörder seinem blutigen Geschäft nachgehen konnte, ohne den Nachbarn aufzufallen.

Denken wir an den Fall Großmann. Im übervölkertsten Teil von Berlin, in der Langen Straße beim Schlesischen Bahnhof, in einem menschengefüllten Zinshaus verübte dieser Massenmörder seine Verbrechen. Seine »Wohnküche«, der Schauplatz seiner Mädchenmorde, lag Tür an Tür mit den Wohnräumen einer mehrköpfigen Familie. Wohl hörten diese Nachbarsleute, wie sie später der Polizei angaben, häufig Schreie und Röcheln in der Küche Großmanns. Aber sie vermuteten, diese Geräusche seien lediglich die Schlußakkorde eines Zankkonzertes zwischen Großmann und seinen jeweiligen Freundinnen, die er sich von der Straße heraufholte. In der Gegend um den Schlesischen Bahnhof mischt man sich nicht gern in die Liebeshändel seiner Mitmenschen.

Erst als in einer Nacht das Rufen und Wimmern sich allzu dramatisch steigerte und sich unmißverständlich als Hilfegeschrei einer in Lebensnot schwebenden Frauensperson erkennen ließ, holte man die Polizei, die dann die Küchentür sprengte und Großmann in flagranti ertappte. Das in der Küche stehende Bett barg die bereits zum Zerstückeln vorbereitete Leiche eines Mädchens. Und in einer Schüssel unter dem Bett, in den Aschenresten des Küchenherdes, unter den Kleidern, die in einem Winkel der Küche lagen, überall fanden sich Spuren früherer Morde: Knochenreste, Frauenkleiderfetzen und sonstige grausige Reliquien ermordeter Mädchen.

Alle diese Frauenspersonen, deren Zahl sich nicht mehr einwandfrei feststellen ließ, die aber nach den polizeilichen Feststellungen sehr erheblich sein muß, alle diese Personen waren unbemerkt vom Asphalt der Großstadt verschwunden. Die meisten waren nie als vermißt gemeldet worden. Keine Menschenseele hatte ihr Verschollensein bemerkt.

Nicht viel anders war es im Fall Denke. Hier verschwanden 30 Personen, ohne daß die Polizei davon erfuhr – die deutsche Polizei, deren Meldewesen so umständlich und streng ist. Der Mörder wohnte nicht in einem einsamen Gehöft, sondern zusammen mit vielen Mietern (vier Erwachsene und neun Kindern) in einer Wohnung inmitten der Stadt. Seine zwei Zimmer hatten keinen eigenen Eingang. Und trotzdem kamen 30 Todgeweihte in diese Wohnung, ohne sie lebend wieder zu verlassen. 30 Morde wurden ausgeführt, während 13 Mitbewohner denselben Flur benutzten. Die Spuren von 30 Leichen wurden unbemerkt beseitigt. Erst durch das Zusammentreffen besonderer Umstände wurde einer der Morde entdeckt und dann erst kamen nachträglich auch die übrigen Morde ans Tageslicht.

Geradezu harmlos nimmt sich dagegen die Geschichte der Brüder Saß aus, deren Geschicklichkeit als Tresorknacker heute noch in Berlin legendär ist. Die wenigsten wissen allerdings, auf welch tragische Weise die beiden »Spezialisten« ums Leben kamen. Walter Kiaulehn hat ihnen in seinem Berlin-Buch ein kleines Epitaph errichtet:

Zu hoher Berühmtheit brachten es die Gebrüder Saß. Sie waren nicht nur Virtuosen ihres Fachs, sondern hatten auch eulenspiegelhaften Humor. Ihre Spezialität war der geräuschlose Einbruch. In einem riesigen Bürohaus am Schöneberger Ufer hatten sie sich über der Portierloge, in einem versteckten Zwischengeschoß, eingenistet und bohrten sich von dort aus in den Kassenraum vor. Die Durchbruchsarbeiten dauerten viele Nächte, ohne daß die Nachtwächter, die unmittelbar darunter saßen, auch nur einen Laut gehört hätten. Für einen Bankeinbruch am Wittenbergplatz gruben sie sich einen Stollen unter der Straßendecke hindurch. Nach dem Einbruch wurde der unterirdische Gang entdeckt. Die Einbrecher hatten eine leere Kognakflasche zurückgelassen, die nicht die mindesten Fingerabdrücke zeigte. In solchen Fällen wußte jeder Berliner, »das waren die Gebrüder Saß«, die Polizei wußte es auch, aber die listigen Brüder waren nie zu überführen.

Als der Nationalsozialismus kam, wurde es den Saßbrüdern in Berlin zu ungemütlich, und sie wanderten nach Kopenhagen aus. Dort erklommen sie die letzten Gipfel ihrer Kunst. Der ewigen Durchbruchsarbeiten müde, kamen sie auf den Gedanken, daß es doch viel vorteilhafter wäre, wenn man die Neubauten von Banken und Sparkassen sorgfältig überwachte und die neu eingebauten Tresore und Safes gleich auf der Baustelle so umarbeitete, daß man später, wenn sie in Benutzung genommen worden waren, nur mit dem Nachschlüssel hinzugehen brauchte, um abzukassieren. Dieses Superverfahren wendeten sie unter anderem beim Neubau der Kopenhagener Girokasse an. Die neuen unterirdischen Tresore, mitsamt den Alarmanlagen, erwiesen sich als unbrauchbar, weil die Brüder sie alle präpariert hatten. Man konnte soviel Geheimziffern einstellen wie man wollte, die Brüder Saß drehten nur einmal ihren Spezialschlüssel um und standen vor der Beute.

Das war der dänischen Polizei zuviel. Sie lieferte die schalkhaften Brüder an Deutschland aus. Es gab ein übles Ende. Die Moabiter Strafkammer hatte zwar zu wenig Beweise in der Hand, um sie zu mehr als zu geringen Strafen verurteilen zu können, doch wurden sie nach dem Prozeß »auf der Flucht« erschossen.

Gedenke ich der Gebrüder Saß, dann kommt mir ein Nachmittag aus den zwanziger Jahren in den Sinn. Auf der Rennbahn Grunewald feierte irgendein Ringverein sein Sommerfest »mit Damen«. Plötzlich brach die Musik ab, die Gebrüder Saß waren erschienen. Alles begann zu applaudieren, und freundlich lächelnd und nach allen Seiten grüßend stiegen die athletischen Jungens, sich in ihrer Vorstadteleganz wiegend, die große Treppe von der Tribüne hinunter und mischten sich ins Fest.

Für den vorliegenden Band haben wir zeitgenössische Berichte und zwei literarisch bearbeitete Texte ausgewählt, die die Geschichte des Verbrechens in Berlin und Brandenburg vom Beginn des 19. Jahrhunderts bis 1933 dokumentieren. Wir wollen das Interesse auf ein gesellschaftliches Phänomen lenken, das bisher nur am Rande wahrgenommen worden ist. Einen wissenschaftlichen, quellenkritischen Anspruch erheben wir nicht. Vielleicht aber werden Historiker und Sozialwissenschaftler durch diese Sammlung auf die Thematik und die zitierten Bücher aufmerksam. Das würde uns freuen. Diebe, Räuber, Betrüger und Zuhälter sind nun einmal Teil der Berliner Geschichte, auch wenn die Erinnerung an sie nur selten vergnüglich und oft bitter ist.

Der Mordbrenner Horst und seine Geliebte, Christiane Delitz, in Berichten von Heinrich Ludwig Hermann und Heinrich von Kleist

»Serfer, Rezoiersärfner, Mordbrenner. Zur Mordbrennerei sind die verworfensten Subjecte der (...) Gaunerklassen so fähig als bereit. Dörfer (G'fahren), Mühlen (Rollen, Rachaimen), Gasthöfe und Schenken (Schwächen, Schwäch-Aoles) sind gewöhnlich die Orte, wo solche Verbrechen begangen werden«, teilt Christian Rochlitz in seinem populären Warnbrevier »Das Wesen und Treiben der Gauner, Diebe und Betrüger Deutschlands...« mit. Liest man die hier abgedruckte »Kurze Geschichte des Kriminalprozesses wider den Brandstifter Joh. Christoph Peter Horst und dessen Geliebte, die unverehelichte Friederike Louise Christiane Delitz« von Heinrich Ludwig Hermann (Berlin 1918), möchte man diesem Urteil zustimmen. Es scheint, als existiere zwischen den Ursachen der Brandstiftungen und ihren verheerenden Wirkungen keinerlei Zusammenhang. Horst und die Delitz legen Feuer, lassen Menschen verbrennen, als sei es vollkommen gewöhnlich, entsetzliche Verwüstungen anzurichten, um letztlich an ein paar jämmerliche Taler zu gelangen. Jeder letzte Rest von Räuberromantik vergeht, wenn man die routinierte Kälte gewahr wird, mit der die hier beschriebenen Mordbrenner rund um Berlin zu Werke gehen. Sie sind stumpf und gegen ihre Opfer völlig gefühllos. Die Lektüre dieses Büchleins, das der Berliner Königlich Preußische Polizeiassessor und Vorsteher des Polizei-Sicherheitsbüros Hermann mit protokollarischer Distanz geschrieben hat, stellt einige liebgewordene räuberromantische oder auch räuberrebellische Lesarten gehörig in Frage. Es scheint nicht selten eine Räuberrationalität gegeben zu haben, der, wenn auch nur geringste Beute winkte, das Leiden und Leben der Opfer so gut wie nichts galt. In welcher Weise die Brutalität der Räuber den Repressionen und Torturen der spätfeudalen Landesherren und Gerichtsbarkeiten entsprach, mag dahingestellt sein. Der Mordbrenner Horst und seine Komplizin Delitz jedenfalls wurden am 18. Mai 1813, 26 Jahre vor der letzten öffentlichen Hinrichtung, in Berlin bei lebendigem Leibe verbrannt.

Im Anschluß an den Bericht Hermanns über die Untaten des Räubers Horst und seiner Geliebten bringen wir einige Polizeirapporte über die Mordbrennerbande, die Heinrich von Kleist für das Berliner Abendblatt überarbeitete.

Vorrede

Menschen und Dinge in ihren unendlichen Verschlingungen, in ihren tausendfachen veränderlichen Verhältnissen und Bestimmungen kennenzulernen, die wichtigsten Ereignisse und folgenreichsten Begebenheiten oft von geringen Ursachen bewirkt zu sehen ist ebenso interessant als belehrend und nützlich. Unentbehrlich ist die Menschenkenntnis dem Geschäftsmann, und je vertrauter er mit der Geschichte der Menschheit ist, desto ausgedehnter wird seine Menschenkenntnis sein; ihm ist daher auch alles das willkommen, was in das Geschichtliche der Menschheit eingreift. Die verderbliche Wirksamkeit des Abschaums der bürgerlichen Gesellschaft wird ihn nicht minder interessieren als die segensreichen Taten berühmter, um das Wohl ihrer Mitmenschen sich verdient gemachter Personen, weil ihm daran liegt, den Menschen in verschiedenen Gestalten, wie sie die Wirklichkeit darbietet, zu erkennen, das Böse sowie das Gute, wozu ein Mensch fähig ist, zergliedert zu sehen und Ursache und Wirkung der Handlungsweise eines Menschen in Beispielen aufgestellt zu finden, der in seinen Unternehmungen sich einen das bürgerliche Wohl verderbenden oder befördernden Einfluß zu verschaffen wußte.

Das schauderhafte Tatenleben des Horst und der Delitz führt zu Betrachtungen über die Verirrungen des menschlichen Gemüts und über den Mißbrauch menschlicher Kräfte, es liefert den traurigen Beleg der unglücklichen Folgen einer sorglosen Erziehung und der Wirkungen des bösen Beispiels, und kann eine genaue Kenntnis des sündhaften Lebens dieser Missetäter in dem, den ein innerer Beruf oder sein amtlicher Standpunkt zur Sorge für das bürgerliche Wohl der menschlichen Gesellschaft verpflichtet, Ansichten erwecken, die solche Mittel ergreifen lassen, durch welche menschliche Bosheit und Verderbtheit dem Rechtlichen weniger schädlich werden; mir schien daher die ausführliche aktenmäßige Zusammenstellung der verbrecherischen Handlungen dieser, der eigentlichen Natur des Menschen ganz entfremdeten, Personen ein kleiner Beitrag zur Geschichte der Menschheit zu sein.

Die teuflische Bosheit des Horst und der Delitz verbreitete, wie bekannt, allgemeinen Schrecken, und ängstliche Besorgnisse waren die Geißel, die zwei Frevler geraume Zeit hindurch über Tausende ihrer Mitmenschen schwangen. Angst und Furcht beugten in jener Zeit das Gemüt des Rechtlichen, nur Übelsinn frohlockte, und bei vielen wird der Eindruck jener Schreckensszene unauslöschbar bleiben. Auch für diese dürfte es nicht unangenehm sein, von dem Gang der strafenden Gerechtigkeit genauer unterrichtet zu werden, als es bis jetzt hat geschehen können.

Die Beibehaltung der im gewöhnlichen Sprachgebrauch nicht üblichen Wörter, welche von dem Gesindel zu ihrer Verständlichkeit untereinander benutzt werden, habe ich für nötig gehalten, weil im Zusammenhang der Erzählung die Art des Gebrauchs derselben sich deutlicher zeigt.

Berlin, im Januar 1818.

Der Herausgeber.

Verhaftung des Horst und dessen erste Angaben in den mit ihm abgehaltenen Verhören

Der Musketier Unterreuter bemerkte bei seiner Rückkehr von dem Feuer, welches in der Nacht vom 29. zum 30. September 1810 in Schöneberg stattgefunden hatte, auf dem Weg nach Berlin einen trunkenen Menschen, welcher unter dem Arm einen Überrock und in der Hand eine Pfeife trug. Er vermutete, daß diese Sachen bei dem gedachten Feuer gestohlen sein könnten, verfolgte daher den Fremden bis in die Stadt, und zwar bis zur Wilhelmstraße, wo er ihn mit Hilfe des Grenadiers Scolla anhielt und nach Schöneberg zurückbrachte. Hier wurde der Verdächtige sogleich von den anwesenden Polizeioffizieren genau visitiert, und man fand bei ihm einige silberne Löffel, eine Schnupftabaksdose und eine silberne Taschenuhr, welche der anwesende Gastwirt Laval aus Steglitz sogleich für die Stücke erkannte, welche ihm in der vorletzten Nacht, wo auch seine Wirtschaftsgebäude ein Raub der Flammen geworden, gestohlen waren. Der Verhaftete nannte sich Rölling, führte auch auf diesen Namen einen Paß bei sich und gab auf Befragen an, daß er nach dem in Berlin entstandenen Feuerlärm nach Schöneberg gegangen sei, um daselbst retten zu helfen, und daß er bei dieser Gelegenheit einige von den Sachen entwendet, andere von Unbekannten gekauft habe. Er wurde unter sicherer Begleitung zur Stadt und zuerst in das Amtsgefängnis des Justizamts Mühlenhoff, welchem die Jurisdiktion über Schöneberg zusteht, gebracht, späterhin, jedoch noch an demselben Tag, auf Befehl des damaligen Polizeipräsidenten Herrn Gruner zum Stadtvogtei-Gefängnis abgeliefert, da die Aufbewahrung des Arrestanten dort für sicherer und zweckmäßiger erachtet wurde.

Die seit kurzem in der umliegenden Gegend ausgebrochenen Feuer hatten zu der begründeten Vermutung Anlaß gegeben, daß sie durch Mordbrenner veranlaßt waren, und das Königl. Kammergericht beauftragte die Kriminal-Deputation des Stadtgerichts als Immediat-Kriminal-Kommission mit der Untersuchung. Der Herr Justizrat und Kriminalrichter Schmidt, rühmlichst bekannt als ein tätiger und geschickter Inquirent (Untersuchungsbeamter), der durch seine bewundernswürdige Ruhe und Gleichmut bei den Verhören selbst den verwegensten und hartnäckigsten Verbrecher zum Geständnis brachte, wurde mit der Führung der Untersuchung beauftragt und schritt mit derselben ungesäumt vor. In dem mit dem Arrestanten am 2. Oktober abends abgehaltenen Verhör gab er an, daß er nicht Rölling, sondern Schwarz heiße und daß er weiter nichts getan, als bei Gelegenheit einer Feuersbrunst gestohlen habe.

Es wurde ihm entgegengesetzt, daß er dringend verdächtig sei, einer Bande anzugehören, welche an mehreren Orten, insonderheit bei den kürzlich stattgehabten Feuern in Groß-Kreuz, Steglitz und Schöneberg, gegenwärtig gewesen sei, solche der höchsten Wahrscheinlichkeit nach auch angelegt und unter Begünstigung derselben gestohlen habe. Er leugnete dies zwar, warf dabei aber wiederholt die Fragen auf:

»Kann ich denn auch im Gefängnis selig sterben? Werde ich auch nicht lebendig verbrannt oder gevierteilt? Werden mir auch die Gliedmaßen nicht abgehauen?«

Auf Befragen des Inquirenten, wie er zu diesen Äußerungen käme, gab der Arrestant vor, daß man ihm bei seiner Verhaftung damit gedroht habe. Es wurde ihm eröffnet, daß Vierteilen und Abhauen der Glieder keine im Preußischen übliche Strafe sei und daß niemand dergleichen Strafen im voraus zuerkennen dürfe; zugleich wurde er aufgefordert, sich durch solche Drohungen nicht von der Angabe der Wahrheit abhalten zu lassen.

Der Schwarz, welcher bis dahin sehr unruhig, ängstlich und verschlossen gewesen war, erklärte: »Ich will nun nicht länger die Wahrheit verhehlen, sondern alles, was ich weiß, getreu und aufrichtig erzählen.«

Er gab hierauf über seinen Lebenslauf folgendes an:

Er heiße Johann Joseph Schwarz, sei 27 Jahre alt, lutherischer Konfession, aus Neustädtel in Böhmen gebürtig und der Sohn eines Stockmeisters. In seinem 15. Jahre habe er bei Herrschaften Dienste genommen, sei zuerst beim Leutnant von Wallenfeldt zwei Jahre lang, dann vier bis fünf Jahre hindurch beim Leutnant von Boyen, und zwar so lange im Dienst gewesen, bis derselbe in der Schlacht bei Auerstädt geblieben. Demnächst habe er bei den Österreichern, und zwar beim Regiment von Stein, Militärdienste genommen, späterhin, und zwar nach eineinhalb Jahren, sei er aber in den Dienst des französischen Generals Colberg getreten und zwei Jahre darin verblieben. Da dieser nach Spanien beordert worden, habe er ihn verlassen, sich nach Ingelfingen begeben und hier bei einem französischen Offizier Lafleur dreiviertel Jahre lang gedient. Als aber auch dieser nach Spanien gegangen, habe er den Entschluß gefaßt, nach dem Österreichischen zurückzukehren, sei aber durch folgendes Ereignis davon abgehalten worden.

(Nun erzählt er eine von ihm ersonnene Geschichte, wie er zu einer Mordbrennerbande gekommen sei, die hier wörtlich folgt):

In der Gegend von Hof, sagt Arrestant (der Verhaftete), traf ich eine Bande von sechs Personen, vier Mannsleute und zwei Frauenspersonen, denen ich auf Befragen, wohin ich reise, zur Antwort gab: nach Berlin, um einen Dienst zu suchen. Sie beredeten mich, bei ihnen zu bleiben, zeigten mir viele Kostbarkeiten an Gold und Silber; ich nahm ihren Vorschlag an und reiste mit ihnen vor etwa sechs Wochen von Hof über Plauen, Altenburg, Berenburg nach Schönebeck. Die beiden Weiber trugen eine jede ein Kästchen mit Brennmaterialien bei sich, und das Losungswort war: Geld oder Feuer! Der erste von ihnen, Grabowsky und Offizier genannt, befahl, daß in einem Dorf zwischen Schönebeck und Magdeburg bei dem dortigen Prediger geflaggert (Diebessprache: Feuer anlegen) werden sollte. Ich erhielt mit einem gewissen Lange, Mitglied der Bande, und seiner Beischläferin, Lotte genannt, den Auftrag, bis zum ausbrechenden Feuer in dem nahegelegenen Krug (Wirtshaus) zu bleiben und zu versuchen, ob sich eine Gelegenheit zu stehlen finden würde. Als Feuerlärm entstand, rette der Krüger seine Habseligkeiten; die Lotte half und stahl hier zwei Dutzend silberne Löffel, die übrigen Mitglieder aber beim Prediger eine Summe Geldes. Am Morgen früh, als das Feuer gelöscht war, ließen wir uns durch einen Bauer bis an die

Elbe fahren und gingen nach Ziesar. Zu Zerbst trennten wir uns mit der Verabredung, in Bensdorf bei Brandenburg wieder zusammenzutreffen. Ich ging mit Lange nach Genthin, kam aber hier von ihm ab und reiste allein nach Brandenburg. In einem nicht weit davon gelegenen Dorf wurde ich wegen mangelnder Legitimation verhaftet, nach Brandenburg gebracht, jedoch nach einigen Tagen wieder entlassen. Nach einem zweitägigen Aufenthalt dort nahm ich mir vor, nach Berlin zu reisen. In einem Dorf nahe bei Groß-Kreuz traf ich wieder auf den Grabowsky mit seiner Beischläferin Louise und erfuhr, daß sie in Bensdorf gebrannt hatten. Ich wurde beauftragt, nach dem Krug in Groß-Kreuz zu gehen und dort Nachtquartier zu nehmen. Grabowsky befahl mir zugleich, daß, wenn nicht viele Leute im Krug wären, ich das Fenster öffnen, entgegengesetzten Falles aber dies unterlassen und achtgeben sollte, bis Feuerlärm entstände, wo ich dann aus einer Stube einen Koffer, den er mir näher bezeichnete, stehlen sollte. Beim ausbrechenden Lärmen sprang ich vom Lager auf, das Feuer hatte aber bereits so heftig um sich gegriffen, daß niemand von den Effekten etwas retten konnte; ich selbst mußte mit Zurücklassung der Pfeife aus einem Fenster flüchten. Ich reiste nun nach Berlin, traf vorher zwar mit den übrigen die Verabredung, daß wir uns dort auf dem bekannten Bollertschen Tanzsaale wiederfinden wollten, kam aber am 26. September auch hier an, ging am Abend nach dem gedachten Saale, da ich aber niemand hier fand, nach der Stadt Danzig, einem hinter der Königsmauer gelegenen Hurenhaus. Hier blieb ich die Nacht hindurch; am anderen Tag ging ich spazieren und am Abend zu Bollert, wo ich einen von der Bande, den Bäcker genannt, wieder vorfand, welcher mir anzeigte, daß in der folgenden Nacht in dem Gasthaus zu Steglitz Feuer angelegt werden sollte und wir hinaus müßten, um zu sehen, ob dabei nichts zu stehlen sein würde. Ich schlug dies ab, blieb vielmehr bis zwölf Uhr bei Bollert, als aber um diese Zeit Feuerlärm entstand, ging ich mit mehreren Personen nach Schöneberg und ließ mir im dortigen Krug Kaffee geben. Als ich hier saß, fand sich ein österreichischer Deserteur ein, welcher mir die bei der Verhaftung abgenommene Uhr und Dose für sechs Taler verkaufte und erzählte, daß er beide Stücke aus dem Österreichischen mitgebracht habe. Am anderen Morgen, Freitag, kehrte ich nach Berlin zurück, aß zu Mittag beim Gastwirt Stockert in der französischen Straße und blieb zur Nachtzeit in der Stadt Danzig. Am Sonnabendmorgen traf ich den Grabowsky mit der Louise unter den Linden, er eröffnete mir, daß er in der folgenden Nacht noch einen guten Schatz heben, dann aber weitergehen wolle. Ich hatte keine

Lust, ihm zu folgen, kehrte nach der Stadt Danzig zurück und ging am Abend zu Bollert. Etwa um zehn Uhr entstand Feuerlärm, ich eilte mit vielen anderen nach der Brandstätte in Schöneberg und stahl aus einem der brennenden Häuser zwei silberne Löffel, einen blauen Rock, ein seidenes Tuch, einen Geldbeutel und eine Pfeife; von der Bande sah ich niemanden. Am anderen Tag wollte ich nach Berlin gehen und wurde hier arretiert.

Nach beendetem Verhör (es war bereits zehn Uhr abends) wurden noch sämtliche exekutiven Polizeioffiziere zusammengerufen und mit den Angaben des Arrestanten bekanntgemacht. Der Bollertsche Saal, sämtliche Hurenwirtschaften und verdächtigen Schlafstellen wurden in derselben Nacht gehörig recherchiert, indessen kein Resultat dadurch herbeigeführt.

Der Arrestant gab ferner an, daß, soviel er erfahren, die ganze Bande aus 36 Mitgliedern, und zwar aus 24 Manns- und 12 Weibspersonen bestehe. Er nannte einen gewissen Koller als Major und einen Genelly als Rittmeister der Bande und zählte die übrigen Mitglieder namentlich auf, welche demnächst mit Steckbriefen verfolgt wurden. Ein großer Teil derselben wurde in der Folge ausgemittelt und zur Stadtvogtei hier eingeliefert. Wenn diese Subjekte in der gegen sie eingeleiteten Untersuchung auch nicht als Brandstifter überführt werden konnten und vielmehr ermittelt wurde, daß Arrestant die Existenz einer förmlichen Mordbrennerbande nur vorgeschützt hatte, um nicht als Urheber der von ihm verübten Verbrechen zu erscheinen und sich der Strenge der Gesetze zu entziehen, so waren es doch Personen, welche im Lande als Verbrecher herumzogen und späterhin durch richterliche Erkenntnis teils zu lebenslänglicher, teils zu mehrjähriger Zuchthausstrafe, einer von ihnen, ein gewisser Lange, welcher die Ermordung seiner Muhme eingestand, zur Todesstrafe verurteilt wurden. Da der Arrestant ferner angegeben hatte, daß in Heinersdorf bei Schwedt, bei dem dortigen Krüger Wilke, die Niederlage seiner Gefährten sei, so wurden nicht allein in dortige Gegend Kommissarien zur näheren Ausmittlung und Prüfung der Richtigkeit der Angabe abgesandt, sondern auf höheren Befehl auch noch einige Kommissarien ernannt und beauftragt, im Lande herumzureisen und solches von dem vagabundierenden Gesindel zu reinigen. Diese Maßregel hatte ein sehr günstiges Resultat, welches vorzüglich dadurch bewirkt wurde, daß einer der Kommissarien, welchem die Tour von hier nach Magdeburg zu seinem Wirkungskreise angewiesen worden war, im Landarmenhaus zu Brandenburg eine Witwe Schulz vorfand, welche er sich geneigt zu machen und zu einem offenen Bekenntnis zu bewegen wußte. Sie war selbst eine bedeutende Reihe von Jahren auf der Madihne (glattes Land) gewesen, kannte alle herumziehenden Diebe und wies sogleich eine Anzahl derselben nach, welche bereits wegen Vagabundierens mit ihr ergriffen und in das Landarmenhaus eingeliefert waren, unter denen sich mehrere vorfanden, welche der Arrestant als Mitglieder der Bande aufgeführt hatte. Selbst über diesen machte sie Mitteilungen, die ihn als groben Verbrecher bezeichneten und mit dazu dienten, ihn in der Folge als Urheber der Brandstiftungen überführen zu können.

Während die Kommission in Tätigkeit war und das Gefangenenhaus hier mit aufgegriffenen Vagabunden überfüllt wurde, waren die Verhöre mit dem Arrestanten fortgesetzt worden, der in einem derselben, und zwar in der Nacht vom 8. zum 9. Oktober, eingestand, daß er Friedrich Peter Horst heiße und aus Kloster Jerichow gebürtig sei. Er verblieb im allgemeinen zwar bei seinen früheren Angaben, räumte indessen ein, an mehreren Orten noch gegenwärtig gewesen zu sein, wo die Bande Feuer angelegt habe.

Mit den betreffenden Gerichten, welche über die in ihrer Jurisdiktion entstandenen einzelnen Feuer die nähere Untersuchung eröffnet hatten, sowie mit den Obrigkeiten, in deren Bezirk Horst geboren und seinen früheren Aufenthalt gehabt haben wollte, wurde die nötige Korrespondenz eingeleitet und dadurch ermittelt, daß bei mehreren Feuern ein fremder Mensch gesehen wurde, der gleich beim ersten Entstehen derselben auf der Brandstelle gegenwärtig, beim Retten der Effekten tätig gewesen und dann auf einmal verschwunden war; der Horst wurde von mehreren Personen, die zu diesem Zweck nach Berlin kamen und ihn in Augenschein nahmen, sogleich als jener Fremde wiedererkannt. Es wurde ferner ermittelt, daß Horst bereits an mehreren Orten, wie unten näher angegeben werden wird, wegen Verdachts des Feueranlegens sich in Untersuchung befunden habe, und alle diese Umstände machten es gewiß, daß Arrestant wenigstens ein sehr tätiges Mitglied der Mordbrennerbande gewesen sei, wenn anders eine solche wirklich existiert habe. Hierzu kam noch, daß man bei der fortgesetzten Untersuchung Sachen herbeischaffte, die an mehreren Orten bei Gelegenheit des stattgehabten Feuers gestohlen und von ihm teils verkauft, teils zu seinem Gebrauch eingerichtet waren. Endlich gaben auch schon die eingesandten, über den Horst verhandelten Akten folgende Auskunft über ihn:

Schon 1805 war der Inquisit bei den Gerichten des Leib-Kürassier-Regiments wegen Diebstahls und Verdachts des Feueranlegens in den Dörfern

Fischbeck, Steckelsdorf, Ihleburg, Retzke und Banne in Untersuchung. Er wurde wegen Diebstahls mit Gassenlaufen bestraft, von dem ihm zur Last gelegten Brandstiftungen aber vorläufig freigesprochen. Auch beim Stadtgericht zu Freienwalde wurde er im Januar 1810 zur Untersuchung gezogen, weil er verdächtig war, in der Nacht vom 1. zum 2. Januar beim Brauer Wehner wenigstens durch grobe Fahrlässigkeit Feuer veranlaßt zu haben. Da sich im Laufe dieser Untersuchung ermittelte, daß er bei einem Brand im Dorf Groß-Rischow gegenwärtig gewesen war, wurde er an das Justizamt Colbatz zur weiteren Fortsetzung der Untersuchung abgeliefert. Hier zeigte er während seiner Gefangenschaft eine große Verstellungskunst, unter anderem schützte er eine seit mehreren Tagen anhaltende Verstopfung vor und warf den Unrat zum Fenster hinaus, damit seiner Angabe Glauben beigemessen werden konnte, affektierte Wahnsinn und brachte es dadurch so weit, daß ihm nicht allein bessere Kost verabreicht, sondern ihm auch Nachsicht und Erleichterung durch das Abnehmen der Ketten zuteil wurde, welche er dann dazu benutzte, mittels gewaltsamen Ausbruchs durch Zerschlagen des Ofens am 4. August 1810 sich aus der gefänglichen Haft zu befreien.

Bis zum 2. Dezember erfolgte kein offenes Geständnis über seine Verbrechen, seine Äußerungen gegen den Inquirenten erhielten jedoch implizit das Geständnis seiner Schuld. In einem Verhör erklärte er nämlich: »Wenn ich vom Direktor des Kriminalgerichts die Versicherung erhalte, daß ich mit dem Leben davonkomme, dann will ich alles bekennen.« Bei einer anderen Gelegenheit äußerte er: »Wenn ich eingestehe, werde ich lebendig verbrannt!« Ferner: »Ich weiß, daß ich sterben muß, ich will auch gern sterben, ich habe den Tod verwirkt.«

Der Verdacht gegen den Horst, daß er der Urheber jener Brandstiftungen sei, wurde durch folgenden Umstand noch dringender:

Die angebliche Ehefrau des Horst war nämlich in Raugarten verhaftet und hierher transportiert worden. Sie gab bei den mit ihr abgehaltenen Verhören an, daß sie mit dem Horst längere Zeit herumgestrichen, daß an sechs verschiedenen Orten im Österreichischen während der Zeit ihres Aufenthaltes dort Feuer ausgebrochen sei und sie zuletzt selbst ihren Mann als Brandstifter im Verdacht gehabt, jedoch darüber nie Gewißheit erhalten habe. Ihrem Geständnis nach hatte Horst bei mehreren Feuern Sachen gestohlen und ihr zugebracht. Die ihm deshalb geschehenen Vorhaltungen und wiederholten Ermahnungen zur Angabe der Wahrheit fruchteten nichts bei ihm; er blieb hartnäckig bei seinen Behauptungen, und wenn er oft selbst mancher Lügen überführt wurde, erklärte er ganz gleichgültig: »Ich kann nichts anders sagen.«

In der Nacht vom 2. zum 3. Dezember gestand er zuerst ein, in Gesellschaft eines gewissen Lange, Grabowsky und dessen Beischläferin Lotte die Feuer im Heidekrug bei Schwedt, in Stargardt, Groß-Rischow, Freienwalde, im Döllenkrug, Hammelspring, Zehlendorf, Behnsdorf, Groß-Kreuz, Steglitz und Schöneberg angelegt und sich mit obengedachten Personen vorher zu diesem Zweck durch ein Gelübde vereinigt zu haben. Seine Angaben über jede einzelne Brandstiftung waren sehr speziell und stimmten mit den Umständen, unter denen das Verbrechen stattgehabt, so genau überein, daß über die Richtigkeit kein Zweifel obwalten konnte. Auffallend war es nur, daß er die Brandstiftungen in Schönerlinde und Neuensund nicht erwähnte, wahrscheinlich deshalb nicht, da bei diesen Feuern mehrere Menschen ums Leben gekommen waren und er wohl voraussetzen konnte, daß hier eine härtere Strafe erfolgen würde. So schnell er sich aber auch zu dem Bekenntnis entschlossen hatte, ebenso schnell widerrief er solches unter mancherlei nichtigem Vorgeben und Ausflüchten.

Alle Vorstellungen und Ermahnungen von seiten des Inquirenten scheiterten an der Hartnäckigkeit des Inquisiten, er blieb bei dem Widerruf und ließ deutlich merken, daß Furcht vor der Todesstrafe ihn vom Geständnis abhalte. Als der Inquirent im Verhör am 22. Dezember 1810 dem Arrestanten vorhielt, daß diese Furcht die wahrscheinliche Veranlassung seiner Hartnäckigkeit sei, erklärte er: »Ja, Herr Justizrat, da haben Sie Recht!«

Später äußerte er: »Ehe ich sterbe, werde ich noch ein reines Bekenntnis ablegen, jetzt aber ist der Zeitpunkt noch nicht da!«

Auf Befragen, welchen Zeitpunkt er meine, gab er keine Antwort.

In dem Verhör vom 6. Januar 1811 wurden dem Inquisiten wieder mehrere Aussagen vorgehalten, nach welchen er für überführt gehalten werden konnte, Feuer angelegt zu haben; er erwiderte hierauf: »Wenn ich Feuer angelegt habe, so haben die Colbatzschen Gerichte daran Schuld.«

Aufgefordert, sich hierüber näher zu erklären, meinte er: »Die Gefangenen werden dort schlecht behandelt; ich habe auch eine schlechte Behandlung erfahren.«

Ihm wurde nun die Frage vorgelegt, wo er Feuer angelegt habe, wenn er angeblich dazu veranlaßt worden war. Er erwiderte hierauf: »Das ist eben der schlimme Punkt, wo wir beide (den Inquirenten und sich meinend) nicht auseinander kommen können. Es ist wahr, ich habe ein rohes und wildes Leben geführt, ich habe tief gefehlt und nie geglaubt, daß es einen Gott gibt! Jetzt habe ich mich jedoch eines anderen besonnen, und ich kann wegen der begangenen Verbrechen nicht selig werden, wenn ich gerichtet werden sollte. Wenn Sie aber, Herr Justizrat, mir die Versicherung geben, daß ich nicht sterben und hingerichtet werden muß, so will ich Ihnen die Wahrheit sagen; ich will Ihnen alles sagen, denn ich weiß, daß kein unwahres Wort aus Ihrem Mund kommt. Ich bitte Sie um Gottes Willen, retten Sie mir das Leben!«

Der Inquirent belehrte den Horst, daß er ihm in Hinsicht der künftigen Bestrafung keine Aufklärung geben, noch weniger ihm Versprechungen machen könne, daß es Pflicht des Inquisiten sei, ohne alle Bedingungen die Wahrheit zu sagen, sein Gewissen dadurch zu beruhigen und die Bestimmung der Strafe lediglich dem erkennenden Richter zu überlassen. Es wurde ihm ferner eröffnet, daß er schon im allgemeinen mehrmals das Bekenntnis über die von ihm verübten Brandstiftungen abgelegt habe und er zugleich dringend aufgefordert sei, dies speziell zu tun und mit der ersten Brandstiftung den Anfang zu machen.

Der Inquisit warf hierauf die Frage auf: »Kann der Direktor des Kriminalgerichts mir nicht das Versprechen geben, daß ich mit dem Leben davonkomme, wenn ich die Wahrheit sage?«

Er wurde belehrt, daß ein solches Versprechen ihm kein Mensch geben könne, daß er daher von dieser Bedingung abstehen und ohne sie die Wahrheit sagen müsse.

Der Inquisit fuhr fort: »Ist es denn nicht möglich, mir das Leben zu retten? Ein Wurm krümmt sich ja vor dem Tode, vielmehr noch ein Mensch. Muß ich indessen sterben, so machen Sie es nur so, daß ich es nicht vorher weiß.«

Der Horst, dessen Unruhe und Angst in diesem Verhör aufs höchste stiegen, wurde wiederum ermahnt, sich durch Todesfurcht von einer wahren Erzählung über den Zusammenhang der Sache und den Umfang seiner Verbrechen nicht abhalten zu lassen und mit der von ihm zuerst erfolgten Brandstiftung den Anfang zu machen.

Er erwiderte: »Ich habe jetzt schon die größte Todesangst! Ich kann nicht! Sie haben erstaunlich viel Geduld mit mir, und ich wünschte selbst, diese nicht länger zu mißbrauchen; wenn mir aber nicht versprochen wird, daß ich von der Todesstrafe befreit bleibe, so muß es bleiben, wie es ist, es mag nun gehen, wie es wolle. Wenn Sie mir aber dies Versprechen geben, so können Sie alle Akten fortwerfen, und ich werde dann die Wahrheit sagen.«

Der Inquirent setzte nochmals die Ermahnungen fort und forderte den Inquisiten dringend auf, sich durch Furcht vor Todesstrafe nicht abhalten zu lassen und die Wahrheit anzugeben. Der Inquisit versank in ein tiefes Nachdenken. Er wurde nun lange Zeit seinen Gefühlen überlassen, es schien mehrmals, als wolle er sich zu einem Bekenntnis entschließen, und als der Inquirent ihn dazu geneigt glaubte, warf er die Frage auf, an welchem Ort der Inquisit zuerst Feuer angelegt habe.

Der Inquisit entgegnete: »Das ist eben der Punkt, worüber wir nicht fertigwerden können, weil ich kein Bekenntnis ablegen kann, weil ich mich so sehr vor der Strafe fürchte.«

Bei dieser Erklärung verblieb er, aller Ermahnungen ungeachtet, und wenngleich unter diesen Umständen ein Geständnis des Inquisiten sehr weit aussehend war, so brachte es der Inquirent durch fortgesetzte Ermahnungen und Vorhaltungen doch dahin, daß er am 10. Februar abends in dem angestellten Verhör zugestand, daß sein am 2. Dezember 1810 abgelegtes Geständnis in der Wahrheit beruhe, daß er teils allein, teils in Verbindung mit anderen, in der Absicht zu stehlen, Feuer angelegt habe, und blieb dann nach manchen Unterbrechungen, die durch Widerruf und Lügen herbeigeführt wurden, in der Hauptsache bei der Wahrheit.

Der Mordbrenner Horst und seine Geliebte, Christiane Delitz

Johann Christoph Peter Horst wurde am 22. März 1783 in Jerichow, diesseits der Elbe geboren; er war der Sohn des dortigen Pferdehirten Peter Horst und der jüngste von seinen sechs Geschwistern, welche, eine Schwester ausgenommen, die zur Zeit in Jerichow verheiratet ist, bereits verstorben sind. In seinem 3. bis 4. Jahr verließ der Vater Jerichow und ging nach Fischbeck, wo er anfangs den Dienst eines Pferdehirten, später aber, als er diesem, seines hohen Alters wegen, nicht füglich mehr vorstehen konnte, den Dienst eines Schweinehirten übernehmen mußte. Im 6. Jahr wurde der Inquisit zur Schule geschickt und im Lesen, Schreiben und in der Religion unterrichtet, er besuchte sie bis zu seinem 15. Jahr, jedoch nicht unausgesetzt, vielmehr nur den Winter über, da er im Sommer Ochsen und Pferde hütete. Nachdem er den nötigen Unterricht beim Prediger Petri zu Schönhausen in der lutherischen Religion genossen hatte, erhielt er die Firme. Als dies geschehen war, trat er in den Dienst verschiedener Bauern, anfangs als Pferdejunge, später als Knecht, und blieb bis Neujahr 1804 in diesen Verhältnissen. Etwa drei Monate lang war er dienstlos und nahm sich vor, eine Verwandte und zwar seine Mutterschwester, welche an einen Jäger in Hügelitz verheiratet war, zu besuchen. Auf dem Weg dorthin übernachtete er in dem beim Dorf Bolsdorf gelegenen sogenannten roten Krug und lernte hier folgende Personen kennen:

1. den Zinngießer Richter (genannt der Mansfeldtsche Richter);
2. dessen Frau;
3. deren Schwester;
4. den sogenannten Kammacher;
5. den Musikus Andres, welcher Violine spielte;
6. dessen Geliebte, die rote Mine (sie hatte nämlich rotes Haar), welche sang und die Harfe spielte.

Sämtliche Personen zogen auf dem Land umher, führten ihren Handel übrigens nur zum Schein und in der Absicht, Orte auszukundschaften, wo Gelegenheit zum Stehlen war. Horst ließ sich leicht bereden, bei dieser Gesellschaft zu verbleiben, da ihm ein Anteil von dem gestohlenen Gut zugesichert wurde. Zuerst ging der Streifzug nach dem Magdeburgischen, Horst schob die Karre des Richters und erhielt anfangs dafür von der Kabrousche (Diebesgesellschaft), die nun sieben Mitglieder zählte, eine freie Zeche. Es wurde auf dem Weg gestohlen, was nur zu stehlen möglich war. Auf einem Vorwerk bei Magdeburg verübte Horst den ersten Diebstahl, und zwar in einem Pächterhaus, wo er durch Einschlagen der Wand eine Menge Effekten stahl, die nachher für circa 200 Taler verkauft wurden. Streitigkeiten, welche Horst mit dem Andres angefangen hatte, und zugleich auch Furcht, als Verbrecher entdeckt zu werden, bewogen ihn, diese Gesellschaft zu verlassen und sich nach Jerichow zurückzubegeben. In dem dortigen Gasthof zum Schwarzen Adler nährte er sich als Tagelöhner und verblieb dort so lange, bis zufälligerweise die oben erwähnten Personen nach Jerichow kamen, um den dortigen Markt abzuhalten. Dies gab die Gelegenheit zu einer Aussöhnung, Horst schloß sich von neuem an, und nun wurde die Bande auf acht Personen erhöht, da während der Abwesenheit des Inquisiten ein gewisser Altmann sich dazugesellt hatte. Nach beendetem Markt in Jerichow ging die Reise über Ziesar, Jüterbog und Sommern nach Leipzig, wo die auf jenem Markt gehandelte Soore (Beute) verkauft wurde. Die Ankunft in Leipzig erfolgte elf Tage vor der Messe, sie kehrten im Gasthof zum Grünen Baum, dem Aufenthaltsort der Kessen (Diebe, keß = klug), ein und fanden dort eine Marktdiebin, Male genannt (mit ihrem Vatersnamen Herlich), auch andere dergleichen Personen vor, mit denen sie jedoch keine weitere Bekanntschaft machten. Sie blieben beinahe vier Wochen dort und verübten auf der Messe sehr bedeutende Diebstähle, wodurch sie ihren Unterhalt hinreichend sicherten. Von hier reisten sie nach der Schlesischen Grenze. Auf dieser Tour wurden zwei gewaltsame Diebstähle (Masematten) verübt, einer in einer Schäferei, der andere bei einem Prediger. Bei der Teilung des gestohlenen Guts erzürnte sich der Inquisit wieder mit der Gesellschaft und ging mit der Male, welche sie begleitet hatte, nach Sachsen-Gotha. Hier nahm er von den preußischen Werbern sieben Dukaten Handgeld und sollte nun zum Regiment Kauffberg nach Danzig transportiert werden; er entsprang aber in der Gegend von Genthin, ließ die erwähnte Male hier im Stich und begab sich nach Jerichow zurück, wo er beim dortigen Oberamtmann Schröder als Pferdeknecht in Dienst trat, denselben aber bald verließ, da er vom Verwalter wegen seiner Liederlichkeit derbe Prügel bekam. Er wollte sich wieder beim Militär anwerben lassen, das lustige Leben gefiel ihm aber besser, er nahm sich deshalb vor, nach den sächsischen Fürstentümern zu reisen und seine Kameraden aufzusuchen. In Zerbst fand er im dortigen Kessen-Gasthof zum Bär den früher erwähnten Altmann in Begleitung einer gewissen Caroline, aus Berlin gebürtig, und außerdem noch eine Frauensperson, die Magdeburger Rieke genannt. Mit diesen vereinigte er sich, zog in den Anhaltschen Fürstentümern herum und stahl. Dies dauerte etwa ein Vierteljahr. Horst wurde dieses Leben bei seiner Laune auf einige Zeit wieder überdrüssig und ging allein nach Jerichow zurück. Dies war um Johannis (24. Juni). Er vermietete sich, jedoch nicht länger als bis Martini (11. November), beim Meyer Semm in Fischbeck und lebte dann wieder in Müßiggang. Am letzten Tag der Dienstzeit kam der Mannsfeldsche Richter mit seiner Frau und dem Altmann nach dem Krug in Fischbeck; ersterer erzählte ihm, daß sie in Sachsen verschüttet (verhaftet) gewesen wären, daß sie durchaus gar nichts hätten, und fragte den Horst bei dieser Gelegenheit, ob in Fischbeck etwas zu machen sei. Horst wies sogleich den dortigen Bauern Bernkipp als einen reichen Mann nach, bei dem eine gute Masematte zu heben sei. Richter besah die Gelegenheit und meinte, daß dort nur etwas gemacht werden könnte, wenn geflaggert würde. Dies wurde denn auch beschlossen, und Horst führte abends um zehn Uhr den Richter und Altmann nach der Scheune des Bernkipp; der Richter legte die Feuermaterialien, in brennendem Schwamm und Leinwand bestehend, unter die Schwelle, der Inquisit aber eilte nach der Wohnung seines Dienstherrn zurück, legte sich mit dem Kleinknecht nieder, schlief jedoch nicht ein, bis etwa um zwölf Uhr Feuerlärm entstand, wo er aufsprang, zwei Pferde vor die Wassertiene legte und überhaupt so unbefangen handelte, daß zu damaliger Zeit auch nicht der mindeste Verdacht irgendeiner Teilnahme gegen ihn erweckt werden konnte. Während des Feuers stahl die Bande im Hause des Bernkipp, welcher mit seinen Leuten mit der Löschung beschäftigt war, sehr bedeutend. Die Brandstiftung erfolgte am 13. November 1804, und es ist die erste, wo der Inquisit durch Mitwissenschaft und Verabredung teilnahm. Am Tag danach, als Horst dienstlos wurde, besuchte er seinen damals noch lebenden Bruder in Schönhausen und ging dann auch zum anderen Bruder, der Musikus und in Neu-Plauen bei Brandenburg wohnhaft war. Nach einem Aufenthalt von mehreren Tagen begaben sich beide nach dem Radkrug, auf dem Weg von Ziesar nach Brandenburg gelegen, wo sich in der Regel Kesse aufhalten und wo er nach einer mit dem Richter genommenen Verabredung sich einfinden wollte.

An einem Sonntagmittag kamen die Gebrüder Horst dort an. Der Inquisit gesellte sich zu der dort bereits eingekehrten Richterschen Kabrousche und verpflichtete sich durch Handschlag, mit ihnen gemeinsam zu stehlen und einander nie zu verraten.

Die Mitglieder waren jetzt folgende:

1. der Richter;
2. dessen Frau;
3. deren Schwester, mit ihrem Geliebten;
4. der Kammacher;
5. Altmann;
6. die Witwe Schulz;
7. der Jude Ruben, der sich auch Joseph nannte;
8. Hoppe, eigentlich Rohde, ein ehemaliger Soldat.

Außer diesen befanden sich noch in demselben Krug und bildeten eine besondere Kabrousche:

1. der schöne Karl, welcher später in Magdeburg hingerichtet wurde und mit Vatersnamen Unger hieß;
2. dessen Geliebte, die Male;
3. der blinde Hesse;
4. der schwarze Franz;
5. August Müller;
6. die Delitz;
7. Friedrich Schulze und mehrere andere.

Der Inquisit verließ am Dienstag mit seiner Gesellschaft den Krug, sie zogen in drei Kolonnen bei Parey, Feuchlandt und Tangermünde über die Elbe, um nach Wittmohr oder Weißenmohr zu gehen und mehrere schon ausbaldowerte Diebstähle auszuführen. Der bei diesem Ort gelegene Krug war zum Versammlungsort bestimmt. (...)
Es wurden zuerst gemeinschaftlich zwei Diebstähle begangen, der eine in Rindfuhr bei einem Prediger, der andere bei einem Kaufmann, dicht bei Salzwedel wohnhaft. Die ganze Kabrousche, sechzehn Personen stark, war bei der Ausführung dieser Verbrechen vereinigt und nahm daran teil. Hierauf wurden zwei Brandstiftungen ausgeführt, welche von den Weibern ausbaldowert waren. Die erste in der Schäferei bei Gardelegen. Der Inquisit steckte mit eigener Hand einen Lappen, worin brennender Schwamm gelegt war, in das Strohdach. In einigen Minuten loderten die Flammen auf, und nicht allein die Schäferei, sondern auch der in der Nähe gelegene Krug brannten ab. Die Kabrousche stahl und brachte die Beute nach Weißenmohr, wo sie später geteilt und verkauft wurde. Dieses Feuer war Ende des Jahres 1804 und das erste, welches der Inquisit selbst anlegte. (...)

Nach dieser Brandstiftung begab sich Horst, der auch jetzt für den Augenblick des Herumtreibens wieder müde geworden war, nach Rathenow, schwor zur Fahne des Leib-Karabinier-Regiments von Bismarck und kam zur Eskadron des damaligen Obrist-Leutnants von Winning. Gleich darauf wurde er von einem Leutnant beauftragt, von Havelberg aus Pferde zu holen, und erhielt zu diesem Behuf einen Urlaubspaß, worin bestimmt war, daß der Inhaber sich nicht weiter als sechs Meilen von Rathenow entfernen dürfe. Diese Gelegenheit machte die auf kurze Zeit geschlummerte Neigung zur Ausübung von Verbrechen von neuem rege und erstickte die Lust zum Militär. Horst suchte die Richtersche Bande auf, traf sie in der Gegend von Weißenmohr an und verübte mit ihr die Brandstiftungen in Marzahn, Steckelsdorf und Ihleburg. Nach diesem letzten Feuer verließ er die Gesellschaft und nahm sich vor, nach Sachsen zu reisen und dort Militärdienste zu suchen, da er sich im Preußischen nicht vor Arretierung sicher glaubte, weil man allenthalben auf die Bande aufmerksam geworden war und sie verfolgte. Er begab sich zuerst über Burg nach Schönhausen, besuchte dort seinen Bruder, verübte mit ihm bei einem Jäger einen Speckdiebstahl und trat dann die weitere Reise nach Sachsen an. Er wurde jedoch wegen Herumtreibens verhaftet, und da er sich aus dem ihm im Urlaubspaß angewiesenen Bezirk entfernt hatte, als Deserteur nach Rathenow zum Regiment zurückgeliefert.

Unterwegs sprang er in der Absicht, sich das Leben zu nehmen, in einen Brunnen, wurde aber mit Gewalt, gegen seinen Willen, gerettet. Dies war etwa im Februar 1805. Wegen Desertion und Verdacht des Feueranlegens eröffneten die Regimentsgerichte die Untersuchung; da er aber jede Beschuldigung von sich ablehnte, nähere Angaben zur etwaigen Überführung nicht vorhanden waren, so wurde er im Monat April, und zwar am Gründonnerstag, nur wegen Desertion mit Gassenlaufen bestraft und demnächst an das Depot-Bataillon des Regiments von Virch zu Alt-Damm bei Stettin abgeliefert. Der Major des Bataillons, bei dem er sich durch ein erheucheltes freundliches Benehmen beliebt zu machen wußte, nahm ihn als Kutscher in Dienst; später, als das erwähnte Bataillon nach Stettin in Garnison kam, wurde er Freiwächter und arbeitete für Tagelohn in der dortigen Weinkopfschen Handlung. Während dieser Zeit lernte er im dortigen Bohmschen Hurenhaus auf der Lastadie eine Hure mit Vornamen Lotte kennen; er wollte sie heiraten, erhielt aber keinen Trauschein und wurde darüber so aufgebracht, daß er um Ostern 1806 in Matrosenkleidung mit ihr von Stettin fort und nach Rostock ging. Er begab sich von hier nach Hamburg, wollte dort Militärdienste nehmen, wurde aber abgewiesen und wandte sich nach Lenzen zurück. Auf dem Weg dorthin traf er den schönen Karl mit seiner Bande an, erfuhr von diesem den Aufenthalt des Mannsfeldschen Richter und fand ihn auch bald in der dortigen Gegend mit der Bande auf. Sie verübten nun die Brandstiftung in dem Gasthof zum grünen Baum, welcher einzeln auf der Landstraße zwischen Lenzen und Perleberg liegt. Der Richter legte das Feuer an, und ein Frachtfuhrmann, der dort Nachtquartier gemacht hatte, wurde sehr bedeutend bestohlen. Nachdem der Inquisit mit der Bande noch zwei Diebstähle begangen und auf seinen Anteil die Summe von 500 Talern erhalten hatte, ging er nach Hamburg zurück und schrieb auf Bitten der Lotte an das Regiment zu Stettin um Pardon. Es wurde ihm solcher auch bewilligt, er kehrte im August 1806 nach Stettin zurück, wurde wieder Freiwächter und arbeitete abermals im Weinkopfschen Weinkeller. Einige Tage nach der Übergabe von Stettin trat er als Bedienter in den Dienst eines französischen Offiziers, reiste mit ihm nach Nackel, wo die Franzosen ein Lager bezogen; da es ihm aber nicht gefiel, entfernte er sich nach einigen Wochen heimlich und wollte nach Stettin zurückkehren. Unterwegs aber traf er den Hoppe (Mitglied der Richterschen Bande) in Begleitung eines gewissen Felsenkron und dessen Geliebter. Horst eröffnete ihnen, daß in Polen nichts zu machen sei, und beredete sie, mit ihm zurückzukehren. Sie waren auch dazu bereit und kamen auf dieser Tour nach einem Dorf namens Reetz. Hier fanden sie eine Menge Franzosen und vermuteten bei einem dort einquartierten Colonel viel Geld, sie trafen daher die Verabredung, das Dorf in Brand zu stecken und während des Feuers die Franzosen zu bestehlen. In der Nacht um elf Uhr wurde der Plan ausgeführt, das Dorf an drei Orten angezündet, und als das Feuer aufging, unter Begünstigung desselben zwei Pferde und Mantelsäcke gestohlen. Sie zogen damit nach Landsberg an der Warthe, von dort nach Küstrin, verkauften hier den größten Teil des gestohlenen Guts und gingen dann nach Lebus.

(...) Horst nahm sich vor, nach Schlesien zu gehen und Dienste zu suchen. Er ging über Frankfurt an der Oder nach Ziebingen, sah in der dortigen Kessen Penne (Wirtshaus, wo Diebe sich aufhalten und wo der Wirt von ihrem Tun und Treiben Kenntnis hat.) wiederum die Delitz, sprach jedoch nicht mit ihr, sondern setzte am anderen Tag seine Reise fort. Er mußte sein Vorhaben aber bald aufgeben, da die Franzosen niemanden vorwärts ließen, er kehrte um, ging nach Berlin und kam dort im Februar 1807 an. Hier erfuhr er, daß Schill in der Gegend von Kolberg ein Freikorps formierte; sogleich entschloß er sich, bei demselben Dienst zu nehmen, und reiste in gerader Tour nach Anklam. In dortiger Gegend traf er den Leutnant Ellerhorst, welcher ebenfalls zu Schill ging, und reiste mit diesem nach Greifenberg, dem damaligen Aufenthaltsort des Schill. Hier fand Horst den mehrmals erwähnten Hoppe wieder auf, erneuerte mit ihm die Bekanntschaft und knüpfte mit dessen Kameraden Schare und Gottlieb Lange eine genaue Freundschaftsverbindung an, welche dann auch bald das Resultat lieferte, daß in Kolberg, und zwar im Stall des Kommandanten, Feuer angelegt und unter Begünstigung desselben bedeutend gestohlen wurde. Vier Tage nachher bekam Horst von dem genannten Leutnant den Auftrag, einen Brief an dessen Frau nach Ferchow bei Neu-Brandenburg zu besorgen. Er richtete diesen Auftrag aus, passierte auf dem Rückweg den Rohrkrug oder die rote Mühle und traf dort einen Kessen, genannt Franzosen Ferdinand, an, welcher ihn überredete, bei ihm zu bleiben. Er willigte ein, zog mit ihm nach Sachsen hin und traf in der Nähe von Lübben in einer Kessen-Penne den bekannten Dieb Reinboth, die Delitz und die Witwe Schulze. Letztere überlieferte dem Inquisiten, der sich damals Schulze nannte, die Delitz als Beischläferin, sie hielten mehrere Schocks (Schock-Markt) ab, zogen dann nach Lorenzkirchen und begingen hier einen Kettenschub (Einbruch zur Nachtzeit) bei einem in der Nähe wohnenden Dorfprediger. Bei der Teilung ergab sich, daß Reinboth Gold unterschlagen hatte, es entstand darüber Streit, und der Inquisit nahm ein Messer, mit welchem er ihm einen Schnitt in die Backe machte (Unter den Kessen ist es nämlich Sitte, denjenigen, welcher bei der Teilung der Soore eine Untreue begeht, zur Warnung für andere mit einem Kreuzschnitt auf der linken Backe zu bezeichnen.), und weiter vorwärts sich begab. Jetzt trennte Horst sich wieder von der Bande, durchzog mit der Delitz allein die Lausitz und Sachsen, verpraßte das erlangte Geld, und als dieses Leben etwa acht Wochen gedauert hatte, ließ er dieselbe bei Bunzlau im Stich und ging, da während dieser Zeit Waffenstillstand geschlossen wurde, nach Kolberg zurück. Er gab dort bei seiner Ankunft vor, daß er von Franzosen während der ganzen Zeit als Spion arretiert gewesen sei und wurde nun von neuem bei der reitenden Artillerie eingestellt. Bald darauf desertierte er aber und verkaufte in Naugarten das mitgenommene Pferd an einen Weimarschen Offizier. Hier machte er Bekanntschaft mit der Torschreibertochter Lötsch, versprach ihr die Ehe, zog mit ihr nach dem Österreichischen und ließ sich in Grätz von österreichischen Werbern für das Regiment Stein, welches in Kloster Milden stand, engagieren. Im Sommer 1808 kam das Regiment nach Mustätten, und Horst ging auf Kommando bei dem angefangenen Chausseebau in der Gegend von Sollinau und Wöllersdorf.

Bei dieser Gelegenheit verübte er mehrere Brandstiftungen, namentlich in Sollinau, Wöllersdorf, Nitzar, und stahl, wie gewöhnlich, während des Feuers, welches hier keinen bedeutenden Schaden anrichtete. Im Herbst des Jahres 1808 kehrte er nach beendetem Straßenbau zum Regiment zurück und verübte dann mit mehreren Soldaten, die der zur Teilnahme an seinem Verbrechen zu bereden wußte, die Brandstiftungen in Hüttelsee, Wörmelingen (an diesem Ort zu zwei verschiedenen Malen), Mustätten, Warzenbrück, Saledorf, Katzenberg, Perselingen, Buckowitz, Baumgarten, in einem Städtchen bei Linz und in Landshut.

Das Regiment brach im Frühjahr 1809 zum Feldzug gegen die Franzosen auf. Der Inquisit wurde in der Schlacht bei Regensburg vom Feind gefangengenommen und nahm sogleich Dienst bei den Franzosen, desertierte aber bald, ging wieder zu den Österreichern über und blieb dann in diesem Militärdienst bis zum August 1809, wo er als Ausländer den Abschied erhielt. Nunmehr reiste er mit seiner Beischläferin, welche während dieser Zeit von einem Mädchen, Victoria genannt, entbunden worden war, nach seinem Vaterland zurück. Unterwegs und auf der Tour nach Dresden legte er allein in Amstädten, in einem dabei gelegenen Dorf und zuletzt in Lehmberg Feuer an und stahl namentlich am letzteren Ort einem Franzosen 60 Gulden.

Im August kam er nach Dresden und erfuhr, daß österreichische Bauern für die Loskaufung der Söhne von der Landwehr durch Gestellung anderer Individuen bedeutende Summen Geldes aufopferten; er ging daher sogleich nach Böhmisch Neustädtel zurück, fand aber seine Rechnung bei dem Engagement nicht. Während seiner kurzen Abwesenheit verübte er auch hier noch eine Brandstiftung, ging dann nach Friedeberg, erhielt von dem dort stationierten Leutnant Buttlar einen Paß auf den Namen des Bedienten Schulze und setzte nun seinen Weg über Bunzlau, Frankfurt, Wietzen an der Oder und Schwedt nach Garz fort, wo er in den letzten Tagen des September ankam und in dem nahebei gelegenen Dorf Rosow Nachtquartier hielt. Hier legte Horst im Stall des Predigers Feuer an und stahl einige silberne Löffel, welche er am anderen Tag bei seiner Durchreise in Stettin verkaufte und von dem Geld die Kosten auf der Reise nach Naugarten bestritt. An diesem Ort verließ er die Lötsch und begab sich nach Schlesien, um die Richtersche Bande aufzusuchen, fand solche auch in der Gegend von Neisse, auf zirka 30 Mitglieder angewachsen, vor. Richter eröffnete ihm sogleich, daß von den Weibspersonen in Landshut ein Ort ausbaldowert worden war und zwar bei einem Juden oder Branntweinbrenner, wo etwas zu stehlen sei, und forderte ihn auf, mit ihm dort zu flaggern; der Inquisit nahm dies gern an. Abends elf Uhr wurde von ihnen die nahe am Wohngebäude gelegene Scheune an zwei verschiedenen Orten in Brand gesteckt, die ganze Gesellschaft eilte beim Ausbruch des Feuers in das Dorf, und es wurde so bedeutend gestohlen, daß nach erfolgter Teilung der Losung auf eines jeden Anteil 30 Taler berechnet wurden. Die grünen Husaren und andere Truppen waren auf Veranlassung der Polizeibehörden, welche von diesem Gesindel Kenntnis erhalten hatte, gegen die Richtersche Bande im Anzug; dieselbe begab sich daher nach Breslau, nachdem sie zuvor in einem Dorf noch geflaggert und gestohlen hatte. (...)

Am Tag nach dem letzten Feuer wurde der Inquisit in Freienwalde wegen beschuldigter fahrlässiger Brandstiftung arretiert, da mehrere Personen ihn mit brennender Tabakpfeife auf dem Hof gesehen haben wollten. Hier saß er 66 Tage lang und wurde dann dem Justizamt Kolberg übersandt, da wegen des Feuers in Groß-Rischow dringende Anzeigen gegen ihn als den Urheber desselben sich ergeben hatten. Aus dem dortigen Amtsgefängnis entwich er in der Nacht vom 4. zum 5. August 1810 durch gewaltsamen Ausbruch durch den Ofen. Sogleich eilte er nach Heinersdorf in den Wilckenschen Krug und fand dort eine große Gesellschaft von Kessen versammelt, unter denen die bekannte Lotte war. Auf Vorschlag des Krügers Wilcke zogen sie aus nach Stendal, einem Dorf bei Schwedt, legten dort Feuer an, und Horst stahl bei dieser Gelegenheit mehrere Tücher.

Am anderen Morgen ging er mit der Lotte über Angermünde bei Neustadt Eberswalde vorbei nach dem Döllnkrug und traf am 14. August mit einem gewissen Schmeling, der unterwegs sich zu ihnen gesellt hatte, ein. Da hier viele Frachtfuhrleute sich befanden, mithin auch die Aussicht, durch Stehlen etwas zu erhalten, vorhanden war, legte er mit eigener Hand Feuer an. Nun ging es nach dem Rohrkrug, wo er unter vielen sich dort aufhaltenden Dieben auch den Lange, Grabowsky und die Delitz vorfand, mit denselben in genaue Verbindung trat und in derselben bis zu seiner Verhaftung verblieb. Mehrere Brandstiftungen wurden hier verabredet und gemeinschaftlich von Neuensund an bis Lichtenberg bald von diesem, bald von jenem ausgeführt und endeten solche erst am Tag nach der Arretierung des Horst, den 31. September 1810, mit der Brandstiftung in Lichtenberg. Die Brandstiftungen, welche teils nach geschehener Verabredung von anderen, teils vom Inquisiten Horst verübt wurden, sind folgende:

a) im Österreichischen: die Feuer in Sollinau, Wellersdorf, Nitza, Hüttelsee, zwei Feuer in Wermelingen, Mustätten, Warzenbruch, Saledorf, Katzenberg, Perselingen, in einem nahe bei dieser Stadt gelegenen Dorf, Buckowitz, Baumgarten, in einem Städtchen bei Linz, Arnstreff, in einem nahebei liegenden Dorf, Lehmberg, Böhmisch-Neustadt.

b) im Preußischen: die Feuer in Fischbach, in der Schäferei bei Gardelegen, Nitzahne, Steckelsdorf, Ihleburg, Buckau, im Gasthof zum Grünen Baum, zwischen Perleberg und Lenzen, Kolber, Rosow, Landshut, im Choriner Krug, Stargardt, Groß-Rischow, Freienwalde, Stendal (bei Schwedt), Dölln-Krug, Neuensund, Hammelspring, Nassenheide, Schönerlinde, Zehlendorf.

Auf der Reise von Zehlendorf nach Jerichow wurde der Inquisit wegen mangelnder Legitimation zu Potsdam verhaftet und nach seinem Geburtsort Jerichow mit einem Transport zurückgeschickt. Hier saß er drei Wochen lang und benutzte dann eines Tages, und zwar am 21. September, als der Gerichtsdiener mit ihm zum Fischen ausging, die Gelegenheit zu entweichen. Er ging dann nach Genthin, kam nach Bensdorf, wo er Feuer anlegte, und wurde in der Folge unweit Brandenburg als verdächtig arretiert, bald darauf aber wieder in Freiheit gesetzt, welche er dazu benutzte, in Groß-Kreuz, Steglitz und Schöneberg seine Verbrechen fortzusetzen.

Der Horst zeigte während der Untersuchung eine besonders üble Laune, und es geschah nicht selten, daß, wenn ihm dieselbe antrat, er erklärte, daß er von gar nichts wisse, niemanden kenne, und es war dann gar nicht möglich, mit ihm etwas auszurichten. Ebenso schnell aber, als solche sich eingefunden hatte, verschwand sie wieder und bediente er sich dann allerlei Ausflüchte zu seiner Entschuldigung. Er war übrigens ein höchst roher, ungebildeter Mensch, der jede Art von Verbrechen kannte, sich über die Ausübung derselben freute und von Gott und Religion nichts wissen wollte, daher er sich gegen den Geistlichen, der ihn zum Tode vorbereiten sollte, so verging, daß gegen ihn vom Gericht eine scharfe körperliche Züchtigung als Ordnungsstrafe erkannt und an ihm vollstreckt wurde.

Verhaftung der unverehelichten Delitz zu Steinbach und deren Angaben in den mit ihr angestellten ersten Verhören

Im Oktober 1810 wurde bei Gelegenheit der Generalvisitation vom Schulzenamt zu Steinbach in Schlesien eine Frauensperson, welche sich Friederike Götsch nannte, wegen mangelnder Legitimation verhaftet und dem Magistrat zu Schwiebus zur weiteren Verfügung überliefert. Bei ihrer Vernehmung gab sie sich für die achtzehnjährige Tochter eines Husaren vom 2. Brandenburgischen Husarenregiment aus und nannte Berlin als ihren Geburtsort. Vor einem Jahre wollte sie sich angeblich von ihren noch lebenden Eltern heimlich entfernt und nach Sommerfeld zu ihren Großeltern begeben, bei diesen aber keine Aufnahme gefunden, sondern von ihnen die Weisung erhalten haben, sich zu vermieten. Dies habe ihr jedoch nicht angestanden, vielmehr wäre sie nach Reppen gegangen, zwei Tage dort geblieben, und da sie auch hier kein Unterkommen gefunden, wie sie es gewünscht, habe sie sich in der Gegend von Züllichau umhergetrieben und dadurch zu ihrer in Steinbach erfolgten Arretierung Veranlassung gegeben.

Da der Arrestata (Verhafteten) vorgehalten wurde, daß der Zeitraum ihrer Abwesenheit von Berlin mit der Angabe ihres seitherigen Aufenthalts keineswegs übereinstimme, daß sich vielmehr eine große Lücke darin finde, änderte sie ihre Aussage und erklärte, daß sie Martini 1809 von ihren Eltern heimlich fortgegangen sei, nicht aber, wie sie früher gesagt, nach Sommerfeld zu ihren Großeltern, sondern nach Krossen, wo sie sich bei einem

Branntweinbrenner eingemietet und sechs Wochen lang gedient habe. Danach sei sie zum Bauern Franck nach Grunow gezogen, neun Wochen lang bei ihm im Dienst geblieben, dann aber, nachdem sie sich einige Zeit auf verschiedenen Dörfern herumgetrieben, um Johannis nach Berlin gereist und hier, ohne sich ihren Eltern zu zeigen, bis zu Michaelis verblieben, während welcher Zeit sie durch Gartenarbeit sich ihren Unterhalt erworben habe. Dann sei sie zu ihren Großeltern nach Sommerfeld gegangen, von ihnen aber nicht angenommen und dadurch gezwungen worden, bis zu ihrer Verhaftung einen vagabundierenden Lebenswandel zu führen.

Auch durch diese Angabe waren die Lücken, welche sich früher in Hinsicht des Zeitraums vorfanden, keineswegs ausgefüllt, und der untersuchende Richter wurde daher veranlaßt, sie darauf aufmerksam zu machen und zugleich dringend zur Angabe der Wahrheit aufzufordern. Dies hatte dann die Folge, daß sie ihre frühere Aussage, nachdem sie geäußert hatte: »Es ist wahr, daß meine Lebensweise nicht tadelfrei gewesen ist; ich habe mehrmals an den Verbrechen anderer Personen teilgenommen, indessen will ich mich bessern«, zwar ändern, aber ein neues Gewebe von Lügen zusammenbrachte. Sie gab an, sie sei zu Berlin im Vogtlande geboren und die Tochter des Maurergesellen Gottlieb Delitz, welcher nach erfolgter Ehescheidung Berlin verlassen. Die Mutter habe sich später an den Husaren Götsch verheiratet, sie dann, in einem Alter von zehn Jahren, zu den Großeltern, den Kirchenhübnerschen Eheleuten, auf dem sogenannten Kukuk, eine halbe Meile von Sommerfeld, gebracht, wo sie sich bis zum 16. Jahre aufgehalten habe und nur deshalb von ihnen fortgegangen sei, weil sie auf Zurede und in Verbindung mit einer dortigen Müllergesellen-Frau ihre Großeltern bedeutend bestohlen habe. Einige Zeit habe sie sich bei der erwähnten Frau versteckt aufgehalten, später sei sie auf eine kurze Zeit nach Berlin zu ihren Eltern und dann nach Krossen gereist. Hier habe sie bis Weihnachten 1809 bei einem Branntweinbrenner gedient und mit einem Füselier Malozewsky und einem polnischen Deserteur Jasinsky, die beide Frauensleute bei sich hatten, Bekanntschaft gemacht. Während ihrer Dienstlosigkeit habe sie bei diesen Leuten ihren einstweiligen Aufenthalt genommen, und da sie vom Stehlen ein Gewerbe gemacht, mit ihnen gemeinschaftlich auf den nahe gelegenen Dörfern verschiedene Vieh- und Zeugdiebstähle verübt, wobei sie das Geschäft des Aufpassens und nachher des Verkaufs des geraubten Guts habe besorgen müssen. Später wären diese Leute als des Diebstahls verdächtig arretiert, sie deshalb heimlich von Krossen fort und nach Grunow auf neun

Wochen beim Bauern Franck in Dienst gegangen. Als sie wegen der dort herrschenden Unreinlichkeit den Dienst verlassen, habe sie nach Grüneberg gehen wollen, um ein anderweitiges Unterkommen aufzusuchen, unterwegs aber eine Frauensperson angetroffen, welche sich Lehmann genannt und sie gebeten habe, mit ihr zusammenzubleiben. Dies sei auch geschehen, sie wären beide auf dem Lande herumgezogen, die Lehmann habe in jedem Nachtquartier gestohlen, die Sachen mit ihr nachher geteilt, da sie, die Delitz, jedoch stets die Lumpen auf ihren Anteil erhalten, habe sie sich mit der Lehmann erzürnt, sie verlassen und sich dann nach Berlin begeben. Von Johannis bis Michaelis 1810 habe sie dort bei einem Gärtner im Dienste gestanden, während dieser Zeit einen gewissen Kirschstein kennengelernt, und auf sein Zureden, ihn auf einer Reise nach Schlesien zu begleiten, sich bereitwillig dazu erklärt. Ein Maurer, welcher ein Frauenzimmer namens Ernestine bei sich gehabt, sei mit ihnen gereist, und ein Justizrat Büttner, der eigentlich Bollenhoff heiße und ein Gewerbe mit der Anfertigung falscher Pässe treibe, habe ihnen die nötigen Pässe zur Reise nach Schlesien angefertigt. Mit diesen Personen sei sie von Berlin nach Krossen gereist und habe an mehreren Orten Vieh, Leinwand und dergleichen gestohlen, da ihr aber diese Gesellschaft nicht gefallen, sich in Krossen von ihr getrennt, die dortige Gegend allein durchstreift und sei endlich am Tage der Generalvisitation in Steinbach angekommen und festgenommen worden.

Alle diese Angaben schilderten die Verhaftete als eine höchst verdächtige Person und veranlaßten den Magistrat zu Schwiebus zu einer besonderen Aufmerksamkeit und sicheren Aufbewahrung derselben; daher denn auch, als ein an ihr entdecktes höchst gefährliches venerisches Übel (eine Geschlechtskrankheit) ihre Entfernung aus dem Stockhaus und die Unterbringung in einem Zimmer, wo sie Wärme, Pflege und Wartung erhielt, notwendig machte, die zweckmäßigsten Anstalten für die Sicherstellung der Person getroffen wurden.

Soweit es ihr höchst schmerzhafter Zustand zuließ, wurden die Verhöre fortgesetzt; in einem derselben gab sie an, daß sie mit achtzehn verschiedenen Personen, deren Namen und Nationalität sie ebenfalls bezeichnete, während ihres Aufenthalts in Berlin in verbrecherischer Verbindung gestanden und mehrere bedeutende Diebstähle begangen habe. Sie gab ferner an, daß von der Bande die Diebessprache geredet wurde, führte zum Beweise aus dieser Kunstsprache mehrere Wörter an und bediente sich auch von jetzt in ihren Verhören derselben.

Diese Umstände brachten den untersuchenden Richter auf die Vermutung, daß die Verhaftete zu der Brandstifterbande gehören könne, welche in der Nähe von Berlin mehrere Feuer angelegt habe und zum Teil in Berlin verhaftet worden sei. Auf diese Vorhaltung erklärte die Delitz geradezu: »Ich will es nicht leugnen, daß von jener Gesellschaft, mit der ich in vertrauter Verbindung gestanden, mehrere Feuer angelegt sind und namentlich Schönerlinde von ihnen abgeflaggert ist.«

Sie erzählte hierauf, daß außer in diesem Dorf noch an verschiedenen anderen Orten Feuer gelegt wurde, führte dabei genaue Nebenumstände, unter welchen die Tat und von wem begangen sei, log aber hierbei ganz entsetzlich, denn teils war an den angegebenen Orten, wie z.B. in Malchow, Schöneiche und Blankenfelde, kein Feuer gewesen, teils aber hatten die Tatsachen, welcher sie Erwähnung tat, gar nicht stattgefunden.

Der Kriminaldeputation des Königl. Stadtgerichts zu Berlin wurde von der Verhaftung und Angabe der Delitz Nachricht gegeben, und diese fand es bei dem vorhandenen dringenden Verdacht, daß diese Person mit der Bande in Verbindung stehen mochte, für zweckmäßig, den Transport anzutragen, welcher auch, nachdem sie einigermaßen von ihrer Krankheit wiederhergestellt worden war, erfolgte, und traf sie dann am 8. Februar 1811 unter militärischer Begleitung im hiesigen Stadtvogtei-Gefangenenhaus ein.

Wahres Geständnis der Delitz über die von ihr verübten Verbrechen

In den ersten Verhören, welche mit der Verhafteten hier abgehalten wurden, fuhr sie fort, den untersuchenden Richter mit Lügen und Erdichtungen hinzuhalten. Als es aber den vielen Bemühungen des Inquirenten gelang, sie der Lügen zu überführen, gab sie den Ermahnungen zur Angabe der Wahrheit Gehör, gestand im allgemeinen zu, bei mehreren Brandstiftungen dabeigewesen zu sein, einige selbst mit eigener Hand veranlaßt und an anderen durch Hilfeleistung mehr oder weniger teilgenommen zu haben. Das Resultat ihrer Bekenntnisse ist folgendes:

Friederike Louise Christiane Delitz wurde im Jahre 1791 am 12. Oktober zu Berlin geboren und in der Sophienkirche getauft. Ihr Vater, der Maurergeselle Delitz, hatte sie mit der Tochter eines Schuhmachers Meyer, vornamens Sophie Wilhelmine, außer der Ehe erzeugt, und sie, nachdem sie das 2. Jahr zurückgelegt hatte, verlassen, da er wegen zu großer Liederlichkeit der Mutter nicht länger mit derselben leben konnte. Die Delitz wurde nun zu der Großmutter väterlicherseits, der Maurermeisterwitwe Delitz gebracht, blieb jedoch nur eineinhalb Jahre hier, da diese Frau starb, und kam nun zu ihrer Mutter Schwester, der Speisewirtin Zangenberg, bei der sie bis nach vollendetem 6. Jahr verblieb und dann zu ihrer Mutter zurückkehren mußte. Diese hatte während jenes Zeitraums einen Bombardier Graßmann kennengelernt, mit ihm kurze Zeit in wilder Ehe gelebt und sich dann der Dieberei ergeben. Ihre eigene Mutter, die Witwe Meyer, diente ihr darin als ein besonderes Vorbild, sie war eine große Marktdiebin, bezog in Begleitung mehrerer fremden Personen und ihrer eigenen Kinder, der Mutter der Delitz, der verehelichten Jessen und Zangenberg, die Messen, führte sie selbst zum Stehlen an und dirigierte jede einzelne Unternehmung der Konsorten. Bis zum 9./10. Jahr brachte die Delitz bei ihrer Mutter zu, lernte daher frühzeitig Verbrechen mancherlei Art kennen und wurde in vorkommenden Fällen selbst von ihnen verleitet, durch Wachehalten und dergleichen an den Verbrechen teilzunehmen. Die Zangenberg wurde wegen Teilnahme am Diebstahl gefänglich eingezogen und zu zweijähriger Zuchthausstrafe verurteilt. Kaum hatte sie dieselbe gebüßt, als sie von neuem stahl und eine vierjährige Zuchthausstrafe erleiden mußte. (Erst vor kurzem hat sie wegen Marktdiebstahls eine einjährige Zuchthausstrafe erduldet und treibt sich jetzt mit Diebes-Gesindel im Auslande umher.) Die Jessen traf, so wie die Mutter der Delitz, ein gleiches Schicksal. Letztere hatte bei diesem Gewerbe einen Arbeitsmann Götsch kennengelernt, und sie waren im Begriff, sich zu verheiraten, als beide gefänglich eingezogen wurden; jene wegen begangenen Diebstahls, letzterer, weil er eine von ihm geschwängerte Person verstoßen und mißhandelt hatte. Kurz vor der Verhaftung der Mutter war die Delitz ihrer Großmutter Meyer übergeben. Diese machte Bekanntschaft mit einem Artilleristen Kirchenhübner, welcher als Buschläufer nach Sommerfeld geschickt wurde und nach dreijähriger Dienstzeit auf dem sogenannten Königl. Kukuk die Stelle als Magistratsförster erhielt. Nicht lange vor der Verheiratung war diese Witwe Meyer aus dem Zuchthause entlassen, wo sie zwei Jahre lang Diebstahls halber gewesen war und eine bedeutende Bekanntschaft mit Diebesgesindel gemacht hatte. Statt solche in ihren neuen Verhältnissen aufzugeben, wurde sie vielmehr unterhalten, und allen Dieben, welche sich ihrer Sicherheit wegen an jenem entlegenen Orte einfanden, in der Wohnung der Aufenthalt gestattet. Die Delitz lernte daher in ihrer Jugend nur Verbrecher und deren Handlungsweise kennen; sie wurde mit ihnen, da sie ihre Bedienung besorgen mußte, sehr vertraut und erlernte bald von ihnen die Diebessprache.

Solange die Delitz bei der Zangenberg gewesen war, wurde sie fleißig zur Schule angehalten, die Mutter hingegen bekümmerte sich nicht darum, und wenngleich die Großeltern ihr in Sommerfeld einigen Schulunterricht geben ließen, so dauerte dies nur kurze Zeit und zwar bis dahin, daß die Delitz das Lesen erlernt hatte. So große Lust sie auch bezeigte, das Schreiben zu erlernen, so sehr war die Großmutter dagegen, da sie den Grundsatz hatte, daß ein Mädchen desselben nicht benötigt sei, und solches nur dazu diene, »Hurenbriefe« zu schreiben.

Nachdem die Delitz sich einige Zeit hier aufgehalten, machte sie unter anderen die Bekanntschaft eines gewissen Molly, eines Bauernsohns aus der Vorstadt von Sommerfeld, der als Kanonier desertiert war und mit anderen seines Gelichters auf der Madihne (Die Dörfer oder das platte Land, in der Absicht zu stehlen, zu besuchen.) herumzog. Sie kamen nach Sommerfeld, lernten die Delitz kennen, welche sich über die Mißhandlungen beklagte, die sie von ihren Großeltern ihrer Klatscherei wegen erdulden müßte, und benutzten diese Stimmung, sie zu bereden, sich ihrer Kabrousche anzuschließen, und mit ihnen den Schock in Dresden abzuhalten, wo sie ihre Mutter wahrscheinlich auch finden würde, und dann mit ihr ziehen könnte. Die Inquisitin willigte in den Vorschlag, und die Reise wurde mit dem Molly, in Begleitung dessen Beischläferin, eines gewissen Dietrich und dessen Beischläferin, der Lotte Kegel, angetreten. Sie nahmen ihren Weg über Pforste, wo Markt war, stahlen hier Pantoffeln, Schuhe, Kattun usw. und hatte die Delitz hierbei das Geschäft des Aufpassens. Von hier ging es nach Cottbus, es war um Weihnachten und der Christmarkt aufgebaut. Sie hielten sich bis zum 2. Januar 1804 bei einem dortigen Bekannten und Diebeshehler auf, lebten vom Stehlen auf dem Markt, und auch bei diesen Unternehmungen hatte die Delitz jederzeit mit dem Wachhalten zu tun. Von Cottbus ging die Reise nach Peitz, hier holte Molly seine bei einem dortigen Gastwirt niedergelegten Clamones (Diebesinstrumente) ab, und dann wurde die Reise nach Spremberg, wo Markt war, angetreten. Während eines dreitägigen Aufenthalts wurde auf diesem Markt bedeutend viel Zeug gestohlen, der größte Teil davon zur Kleidung von den Dieben verbraucht; der kleinere hingegen von Molly verkauft. Nun wurde der Weg nach Dresden eingeschlagen und solcher in dreieinhalb Tagen beendet. Die Ankunft erfolgte noch im Januar und zwar einige Tage vor dem kleinen Markt in Neu-Dresden. Sie kehrten im Gasthof »Zum Schwarzen Adler« in der Fischer-Straße ein und fanden hier den ehemaligen reitenden Artilleristen Müller mit seiner

Familie, welche aus der Frau, seinen Söhnen Johann Carl, August, Andreas und dessen Beischläferin, der Dorothee Liebe, bestand, die ebenfalls in der Absicht, den Markt zu bestehlen, dorthin gekommen waren. Sämtliche Personen vereinigten sich und beschlossen, in Gesellschaft zu stehlen, das gestohlene Gut zu verkaufen und das daraus gelöste Geld gemeinschaftlich zu teilen. Es wurde sehr bedeutend gestohlen, die Delitz hielt, wie früher, bei Ausübung des Diebstahls Wache und nahm teil an der Losung (Beute). Ihre Mutter fand sie nicht auf, sie war daher genötigt, bei dieser Gesellschaft zu verbleiben, und ging nach achttägigem Aufenthalt mit nach der ungefähr drei Meilen von Dresden gelegenen Radeberger Wassermühle, wo Diebe gute Aufnahme fanden und vor jeder Recherche sicher waren. Die Frauensleute brachten sämtlich vierzehn Tage lang hier zu und beschäftigten sich mit dem Reinigen und Ausbessern der Kleidungsstücke, die Mannspersonen blieben jedoch nur einige Tage dort, zogen auf den benachbarten Dörfern umher und stahlen. Nach ihrer Rückkehr wurde eiligst aufgebrochen und die Reise über Görlitz nach dem zwei Meilen von hier gelegenen Dorf Rothwasser angetreten, weil von den Mannspersonen mit anderen Dieben, und zwar einem gewissen Paulich und Büttner, eine Zusammenkunft an einem bestimmten Orte und zur bestimmten Zeit verabredet worden war. Die beiden letztgenannten Diebe wurden auch schon im Kruge zu Rothwasser von der Gesellschaft angetroffen, der Paulich hatte seine Beischläferin, die Vogtländische Mine genannt, letzterer seine Frau bei sich. Am Tag der Ankunft, es war ein Sonntag, wurde in Rothwasser der Fastelabend (Fastnacht) gefeiert, die Gesellschaft nahm teil daran, und die Nacht verging in Jubel und Freuden. Am andern Abend brachen die Mannspersonen auf und beabsichtigten in Leitersdorf, unweit Lobau, eine Masematte zu machen. In der Nacht vom Mittwoch zum Donnerstage kamen sie, mit Ausnahme des Büttner, welcher beim Diebstahl verschüttet (verhaftet) war, zurück. Das mitgebrachte gestohlene Gut bestand in Frauenkleidern, die von Molly an die Wirtin im Kruge verkauft wurden. Am Sonnabend abends wurde von hier aufgebrochen und der Weg nach Sorau eingeschlagen, die Gesellschaft reiste getrennt, da auf dem Wege viel Lampen (Kundschafter) wegen des Diebstahls zur Ermittlung des Täters aufgestellt waren und eine große Gesellschaft wie diese leicht Aufmerksamkeit erregt haben würde. In Sorau wurde bei der Mutter der Liebe, einer alten Schuhmacherwitwe und bekannten Schottenfellerin (Marktdiebin), Quartier genommen, und da der bevorstehende Markt abgehalten werden sollte, wohl vierzehn Tage lang dort verweilt. Bei den Marktdiebstählen hatte die Delitz, wie gesagt, anfänglich stets die Wache erhalten, sie faßte jedoch hier den Entschluß zum ersten Mal, unter Begleitung des August Müller für sich ein Paar Schuhe zu stehlen, welches zu ihrer Freude vollkommen gelang. Das übrige gestohlene Gut, bestehend in Tüchern, Kattunen usw. wurde in die Wohnung der alten Liebe gebracht, die Tücher gleichmäßig unter die Gesellschaft verteilt und die Kattune nebst den übrigen Sachen verschärft (verschoben). Jeder erhielt den auf ihn fallenden Teil der Losung. Nunmehr ging es zur bevorstehenden Fastnachts- oder Reminiscere-Messe nach Frankfurt an der Oder; sie kamen dort am 27. Februar an, und hielten sich zum Teil in der Lebuser Vorstadt im Schwarzen Adler, zum Teil aber auf dem Anger beim Tabagisten Perlewitz auf, da sie zusammen an einem Orte nicht unterkommen konnten. Es wurde hier bedeutend viel seidenes und baumwollenes Zeug gestohlen. Am letzten Meßtag (den 3. März 1809) wurde die Delitz von einem heftigen Fieber überfallen und genötigt, vierzehn Tage lang bei ihrem Wirt zur Kurz zu verbleiben, während welcher Zeit ihre Gefährten sich nach Berlin begaben, um den dortigen Markt abzuhalten.

Nach der Rückkehr der Gesellschaft von Berlin war die Delitz wieder gesund und imstande, ihr zu folgen, daher sie mit ihnen den Markt zu Suben besuchte und dort mit ihnen bedeutend stahl. Das gestohlene Gut wurde mit auf die Reise genommen und zum Teil in Friebel von der dort wohnenden Scherfenspielerin (Hehlerin), der berüchtigten Leinweberfrau Schultze, teils in Sorau von der ebenso berüchtigten Witwe Liebe zu Geld gemacht. In Sorau kamen sie am 10. Mai an, die Delitz wurde wieder krank, und der alte Müller meinte, daß sie zur Madihne noch zu jung sei, wandte sich deshalb an die Großeltern mit der Bitte, ihre Enkelin abzuholen und zu sich zu nehmen. Um sie dazu geneigt zu machen, hatte er dem Brief ein Stück gestohlenen schwarzen Taffent beigefügt. In der Pfingstwoche kam auch wirklich die Großmutter nach Sorau; sie war erbittert über die Entweichung der Delitz, wollte sie mißhandeln, auf die Vorstellung der Müllerschen Eheleute, daß diese Person zu schwach und krank sei, ließ sie sich bewegen, ihre Enkelin mit nach Sommerfeld zurückzunehmen und die Züchtigung bis zur Genesung der Enkelin auszusetzen, wo sie denn auch wirklich noch erfolgte. Schon am 30. Mai war sie wiederhergestellt und besuchte mit den Müllerschen Eheleuten, welche nach Sommerfeld gekommen waren, den Markt zu Neu-Zelle, der an dem Fronleichnamstag stattfand. Hier stahlen sie gemeinschaftlich kattune Tücher, Schuhe und Stiefel, die Delitz erhielt auf ihren Anteil zwei Paar Mannstiefel, zehn Tücher und einige Ellen Kattun, welche Sachen sie ihrer Großmutter zubrachte. Die Stiefel trug der Großvater, die übrigen Stücke wurden verhandelt. Nun blieb sie geraume Zeit bei ihnen, besuchte teils mit den Müllerschen Eheleuten, welche beinahe volle zwei Jahre hindurch in Sommerfeld verblieben, teils mit anderen Dieben die benachbarten Messen und Märkte, und führte das gestohlene Gut ihrer Großmutter zu, welche ihr darüber vollkommene Zufriedenheit bezeigte. (...) Die Firme erhielt die Delitz am 20. Sonntage nach Trinitatis (den 22. Oktober 1805), und bis zu Neujahr blieb sie bei den Großeltern, wo sie das Vieh füttern und Landarbeit verrichten, zuweilen aber auch mit Dieben, wie bereits erwähnt, die Schocks in der Nähe abhalten mußte. Der August Müller hatte zu jener Zeit ebenfalls seinen Aufenthalt bei den Kirchhübnerschen Eheleuten, arbeitete auf dem Feld und verrichtete die Dienste eines Arbeitsmanns, wenn er nicht Gelegenheit hatte, für sich andere und bessere Geschäfte zu machen. Die Delitz erlitt von dem Großvater fortwährend eine schlechte Behandlung, die sie freilich oft durch ihre Liederlichkeit selbst veranlaßt hatte, trug sich deshalb schon lange mit dem Gedanken herum, sich wieder unabhängig zu machen, und das Weite zu suchen, wozu sich auch bald Gelegenheit fand. Am Neujahrstage wollte sie in die Kirche gehen, der Großvater aber dies nicht zugeben, sie bestand jedoch mit Gewalt darauf und der Kirchenhübner wurde deshalb dermaßen aufgebracht, daß er sie beim Arm nahm und zur Tür hinauswarf. Diese Behandlung veranlaßte sie, mit dem Müller gemeinschaftlich das Haus der Großeltern heimlich zu verlassen, ihren herumziehenden Lebenswandel von neuem anzufangen und ihre früheren Bekannten aufzusuchen. Sie nahmen ihren Weg über Frankfurt an der Oder, Berlin, Oranienburg und kamen am 6. Januar in dem nicht weit davon gelegenen Roten Krug an, wo sich bereits eine Menge Diebe einquartiert hatten. Hier lernte sie unter anderen den Räuberhauptmann, der schöne Karl genannt, welcher eigentlich Unger hieß und in Magdeburg hingerichtet wurde, mit seiner Beischläferin, der schönen Christel, sowie den Mordbrenner Horst und dessen Bruder, den Musikanten Horst, einen berüchtigten Dieb, kennen. Das schlechte Wetter verhinderte die Fortsetzung ihrer Wanderungen, sie wurden daher sehr vertraut miteinander, und am 26. Januar 1806 vereinigten sie sich sogar durch einen Eid. Der schöne Karl wurde als das Haupt der Gesellschaft gehuldigt und ließ unter Beobachtung mancher Zeremonien vormittags die Mannspersonen und nachmittags die Weibsleute in einer besonderen Stube den Eid leisten, in welchem ihm unverbrüchliche Treue, Gehorsam und Verschwiegenheit angelobt wurde. Danach wurde vom Karl der Eid als Anführer abgeleistet und zum Schluß dieser Feierlichkeit eine Salve von neun Pistolenschüssen gegeben. Die Stube war durch Vorhänge vor den Fenstern finster gemacht, auf dem Tisch, welcher in der Mitte stand, brannten während der Feierlichkeit zwei Lichter, mehrere Waffen verschiedener Art lagen darauf, und der schöne Karl stand vor demselben. Der Name Gottes war in der Eidesformel nicht enthalten, vielmehr wurde der Dirach (Teufel, Schutzpatron der Diebe) angerufen.

Der größte Teil der Bande unternahm einen Streifzug in die Gegend von Magdeburg, um in einem daselbst gelegenen Dorf einen Kettenschub (gewaltsamen Einbruch zur Nachtzeit) auszuführen; das Vorhaben gelang aber nicht, und die sogenannte Cottbusser Dore, ein Mitglied der Gesellschaft, wurde verschüttet (verhaftet). Der Liebhaber der Delitz, August Müller, kam zurück, holte seine Geliebte, die jene Reise nicht mitgemacht hatte, wieder ab, durchzog mit ihr die benachbarten Gegenden von Sachsen und Schlesien, und kam unter anderem nach Bautzen, wo er seinen Bruder, Karl Müller, dessen Beischläferin und noch andere antraf. Im dortigen Stockhaus befand sich ein sehr berüchtigter Dieb namens Seck, welcher bei seinen Kameraden in hoher Achtung stand. Man nahm sich vor, ihn aus der gefänglichen Haft zu befreien, es wurde zu diesem Behuf ein Brot gekauft, solches ausgehöhlt, mit einer Uhrfeder, Feile und Bohrer angefüllt und mit einem Viertelpfund Butter wieder verschlossen. Eine Frau namens Schultze, die mit den Dieben im vertraulichen Umgang stand, übernahm die Besorgung, indessen mußte durch die Vorsichtigkeit der Gefangenenwärter das Vorhaben entdeckt sein, denn die Schultze kam nicht wieder zurück, statt ihrer aber fanden sich Lampen (Kundschafter) ein, welche sich nach den anderen Personen erkundigten, und bald darauf befanden sie sich sämtlich in den Händen der Schoter (Gerichtsdiener), wahrscheinlich hatte die Schultze dieselben verraten. August Müller und die Delitz wurden gleich wieder entlassen, da der Müller sich früher einen richtigen Paß, worauf die Delitz als seine Braut verzeichnet stand, zu verschaffen gewußt hatte. Sie gingen nun über Görlitz und kamen in den Osterfeiertagen in Rothwasser an, wo der Wirt die Tochter verheiratete. Sie wohnten der Hochzeit bei, blieben acht Tage lang dort und begaben sich dann in Begleitung des Molly nach Friebel, wo sie von der in Bautzen erfolgten Freilassung der Leinweberfrau Schultze Kunde erhielten und erfuhren, daß sie in ihrem Hause sei. Sie gingen in ihre Wohnung, trafen sie dort im Bett liegend krank an. Molly stellte sie zur Rede, daß sie geschliechnet (verraten) und die Arretierung des Müller veranlaßt habe, zog das Messer aus der Tasche und versetzte der Schultze damit einen Stich, worauf diese in ein heftiges Geschrei ausbrach und um Johannis an den Folgen der Verwundung starb. Sie reisten weiter, verweilten in Tornow längere Zeit beim dortigen Kreuzwirt Schmidt, brachen dann zur Zeit des Gubner Pfingstmarkts am 9. Mai wieder auf und langten am 11. Mai in Guben an. Hier traf die Delitz ihre Großmutter, welche ein Pferd gegen ein anderes auf dem Markt eingetauscht hatte; diese machte ihr zwar bittere Vorwürfe über ihre Entweichung, söhnte sich aber bald wieder mit ihr aus. Sie stahlen gemeinschaftlich ein Stück von siebzehn buntseidenen Tüchern und kehrten dann nach Sommerfeld zurück. Die Delitz wurde bei ihrer Ankunft von dem Großvater mit Schlägen empfangen und acht Tage lang bei Wasser und Brot im Keller eingesperrt; Müller, welcher als der Verführer angesehen wurde, erhielt ebenfalls eine Züchtigung, der weitere Umgang mit ihm wurde deshalb aber nicht gestört, vielmehr blieb er mit der Delitz dort bis zur Neujahrswoche, besuchte mit ihr zweimal von dort aus die Märkte in Guben, und die Großmutter erhielt das gestohlene Gut, was wie gewöhnlich in Kattun, Tüchern und baumwollenen Waren bestand. Nach Weihnachten kam der Müller auf den Gedanken, nach Berlin zu reisen, und beredete seine Geliebte, mit ihm zu gehen und bei dieser Gelegenheit ihre Mutter zu besuchen; sie war bereit dazu, die Großmutter willigte ein und die Reise wurde angetreten. Die Mutter war in Berlin nicht anwesend, sie gingen daher nach dem Roten Kruge bei Oranienburg, trafen dort die schöne Christel und mehrere andere ihres Gelichters, verweilten dort einige Zeit und ließen sich von ihnen bereden, mit ihnen gemeinschaftlich den Markt in Magdeburg zu besuchen. Sie brachen auf, und trafen am 6. März 1807 morgens um acht Uhr gerade am Markttag in Magdeburg ein. Hier wurde vormittags bedeutend gestohlen; die Delitz hatte sich in Mannskleider gehüllt und war so besonders tätig, daß sie mit der am Vormittag gemachten Beute nicht zufrieden war, sondern nach Tisch die Christel zu neuen Unternehmungen aufforderte. Sie wurden jedoch bei dem Diebstahl eines Stücks Tuch in einer Bude vom Kaufmann ertappt, das Tuch unterm Mantel der Delitz hervorgezogen und beide Personen zum Bürgermeister geführt, wo die Delitz aber die Gelegenheit wahrnahm zu entfliehen. Sie kam indessen nicht weit und wurde bald von zwei zu ihrer Verfolgung abgesandten Boten eingeholt und geschlossen in das Gefängnis abgeführt. Am anderen Tag erhielt sie für ihre Lügen und das bei der Arretierung bezeigte ungebührliche Betragen eine derbe Züchtigung. (...) Nachdem sie acht Wochen unter dem Namen Dorothee Müller sich im Gefängnis befunden, hörte sie eines Mittags die Stimme ihres Geliebten, welcher ihr zurief, daß sie am Abend am Fenster auf ihn aufpassen und eine Schnur herunterlassen möchte. Sie verfertigte aus einem Tuch, welches sie zerriß und woran sie den Hosenträger knüpfte, eine Leine, ließ solche beim Erscheinen des Müller aus dem Fenster herab und zog dann die daran befestigten Feilen und Stricke hinauf. Die eine eiserne Stange vor dem Fenster wurde durchgefeilt, an der anderen ein Strick befestigt, und auf diese Weise entkam die Gefangene unbeschadet. Sie gingen des Nachts und nahmen ihren Weg über Ziesar, Oranienburg, ruhten einige Tage im Roten Krug aus, und da sie hier keinen Bekannten trafen, reisten sie über Müncheberg, Frankfurt an der Oder, Guben nach Sommerfeld zurück, nachdem sie sich unterwegs mehr oder weniger aufgehalten und, um ihren Unterhalt zu haben, Diebstähle verübt hatten. Etwa acht Tage vor Pfingsten erfolgte die Ankunft in Sommerfeld. Die Delitz mußte wieder im Garten und auf dem Feld arbeiten, besuchte aber, wie zuvor, mit dem Müller die eintretenden Märkte zu Gossen, Christianstadt und Naumburg in Schlesien und blieb bis gegen Michaelis ununterbrochen bei den Großeltern. Müller hingegen machte mit anderen seines Gelichters, welche sich bei den Kirchhübnerschen Eheleuten einfanden, verschiedene Streifzüge. (...) Auf dem Markt in Dresden wurde Müller wegen Diebstahl verhaftet, etwa acht Tage vor Michaelis erhielt die Inquisitin von ihm einen Brief durch einen entlassenen Mitgefangenen, worin er sie von seinem Schicksal benachrichtigte und zugleich bat, dorthin zu kommen und wenigstens einen Versuch zur Erlangung seiner Freiheit anzustellen. Sie machte sich am anderen Morgen sogleich auf den Weg, kam glücklich in Dresden an, stellte dem Müller mittelst einer Leine, welche er heruntergelassen hatte, eine Uhrfeder und mehrere Schnupftücher zu und begab sich sogleich aus der Stadt nach der nahegelegenen, bereits bekannten Radeberger Mühle, die Ankunft des Müller dort erwartend. Diese erfolgte jedoch nicht, vielmehr erschien am anderen Morgen der Horst in Begleitung des Braunschweiger Richter, des Altmann und Stern. (Der Horst nannte sich damals Schwarz.) Da der Müller nicht kam, ließ sich die Delitz vom Horst bereden, ihm zu folgen und sie zogen dann auf einen Kettenschub nach Lorenzkirchen, bei dem die Inquisitin Wache hielt. Das gestohlene Gut wurde geteilt, Horst, welcher wahrscheinlich davon etwas unterschlagen und nicht zur Teilung gebracht hatte, erhielt hier tüchtige Schläge und ging deshalb mit der Delitz, die sich seiner sehr angenommen hatte, allein nach der Radeberger Mühle zurück. Nach einem kurzen Aufenthalt zogen beide weiter, da sie, die Inquisitin, aber sich mit ihm nicht vertragen konnte, trennte sie sich von ihm und ging nach Liegnitz. Hier traf sie den Karl und August Müller, welcher letztere ihr sein glückliches Entkommen aus dem Gefängnis dankte und nun mit ihr nach Sommerfeld zurückkehrte, nachdem sie gemeinschaftlich noch in Liegnitz und Grüneberg mehrere Diebstähle verübt hatten. Ihre Ankunft in Sommerfeld erfolgte etwa vier Wochen vor Weihnachten. Die Großmutter war über das lange Ausbleiben ungehalten, noch mehr aber, als die Delitz sie mit dem Zwecke der unternommenen Reise bekanntgemacht hatte, und verlangte nun die gänzliche Trennung vom Müller. Der Unwille der Großmutter nahm noch mehr zu, als sie durch ihre Dienstmagd erfuhr, daß ihre Enkelin schwanger zu sein befürchte. Sie ließ sie deshalb auf eine im oberen Stockwerk gelegene Stube kommen, fragte, ob die Sage begründet sei, und als dies verneint wurde, erklärte sie wörtlich: »Noch einen Monat behalte ich dich hier, bestätigt sich dann deine Vermutung, so jage ich dich aus dem Haus.«

Während dieser Unterredung war auch der Großvater hinzugekommen, er faßte seine Enkelin wütend an die Hand und warf sie mit den Worten: »Eine Hure leide ich in meinem Hause nicht!« zur Tür hinaus, gab auch nicht zu, daß sie die notwendigsten Sachen mitnehmen durfte, sondern riß ihr sie fort. Die Delitz begab sich zum Kuhhirten Pinz, der im Dorf wohnte, die Großmutter schickte die Magd hin, um sie zur Rückkehr zu bewegen, da sie aber zurücksagen ließ, sie sei bestimmt schwanger, brachte ihr am anderen Tag die Großmutter die Kleidungsstücke und zwei Taler Reisegeld mit der Anweisung, ihr nicht mehr vor Augen zu kommen.

Die Delitz entschloß sich, nach Bobersberg zu gehen und beging auf der Reise dorthin im Krug zu Eulam einen gewaltsamen Diebstahl, indem sie mit einem Nachschlüssel eine Lade öffnete und außer zehn Talern noch mehrere Kleidungsstücke entwandte. Der Bestohlene hatte sie jedoch verfolgt, eingeholt und ihr die Sachen abgenommen, nach dem Geld aber nicht gefragt, da er solches in der Eile wahrscheinlich nicht vermißt hatte.

In Bobersberg traf sie bei einer gewissen Noack den August Müller an, der sie hier unterbrachte und mit der Frau wegen Abtreibung der Leibesfrucht das Nötige verabredete, welche dann auch nicht eher ruhte, bis die Delitz dazu bereit war, die Abtreibung mit Gefahr für das Leben durch verschiedene schädliche Mittel zu bewirken. Dreizehn Wochen lang mußte sie sich von dieser Kur an bis zu ihrer Wiederherstellung hier aufhalten und zwar acht Tage bis nach Ostern 1808. Am 23. April reiste sie dann in Begleitung des August und Karl Müller nach Marienhain und äußerte der letztere, daß dort Feuer angelegt und während desselben gestohlen werden sollte. Sie stimmte jedoch nicht zu und blieb zurück, als die übrigen, mit den nötigen Schwärmern versehen, in dieser Absicht auszogen. Es wurde aber aus diesem Feuer nichts, da sie unterwegs Gelegenheit gefunden hatten, einen Dorfprediger zu bestehlen. Von Marienhain aus besuchte sie mehrere Märkte, die Inquisitin wurde jedoch durch ihr anhaltendes Fieber verhindert, ernstlich Anteil an den Diebstählen zu nehmen, mußte vielmehr nach Bobersberg zurückkehren und dort bei der Noack von Pfingsten bis Johannis verbleiben. Nach ihrer Herstellung ging sie in Begleitung der Noack und des Müller auf den Vorschlag des letzteren nach Berlin, sie hielten sich aber hier nicht auf, sondern reisten nach dem Roten Krug bei Oranienburg, wo sie nochmals vom Fieber überfallen und acht Wochen im Bett zu bleiben gezwungen wurde. (...) Nachdem die Inquisitin wieder hergestellt war, durchzog sie in Gesellschaft der Bande einen Teil von Sachsen und Schlesien.

Auf der Reise nach Sachsen wurde in der Gegend von Hoyerswerda im Wald ein Straßenraub an einem Soldaten verübt. Es war um Weihnachten 1808, als die Bande dahin reiste, um dort einer Hochzeit von zwei Kessen beizuwohnen und zugleich mit einer anderen (sächsischen) Bande zusammenzutreffen. Eines Morgens traten sie die letzte Tagesreise von Görlitz aus nach dem Ort ihrer Bestimmung an und waren etwa eine halbe Meile im Buschwerk gegangen, als in der Ferne ein Mensch bemerkt wurde, der einem Soldaten ähnlich sah, und einer äußerte: »Da kommt ein Balmachom (Soldat).« Sogleich erwiderte ein anderer: »Wenn er Geld hat, muß er gepisackt (geknebelt) werden«, und es wurden eiligst zwei Pistolen geladen.

Die Bande lagerte sich, um zu frühstücken, der Fremde kam heran, setzte sich vertraulich zu der Gesellschaft hin, erzählte, daß er in französischen Diensten stehe, aus dem Elsaß gebürtig sei und ließ von ungefähr bei dieser Erzählung Geld blicken. Auf einmal wurde er von einem der Bande beim Halstuch angegriffen und zu Boden geworfen, die anderen banden ihm die Hände und Füße mit Schnupftüchern zusammen, die Inquisitin schnallte ihm die Geldkatze ab, und so ließ man ihn liegen. Um denselben zu schrecken, wurden beim Fortgehen in einiger Entfernung die geladenen Pistolen abgeschossen und die Reise fortgesetzt. Nachdem sie etwa eine halbe Stunde von jenem Ort entfernt waren, stieg bei der Inquisitin der Gedanke auf, daß der Beraubte in der Lage gewiß erfrieren würde, sie fühlte einiges Mitleid mit ihm, warf sich daher in Mannskleider, eilte zu ihm, fand ihn stöhnend vor und entledigte ihn der Banden. Sie tat, als wenn sie zufällig dort hergekommen sei, und kehrte dann auf einem Fußsteige zur Bande zurück. In Hoyerswerda wurde die sogenannte sächsische Bande unter Anführung eines gewissen Ringer angetroffen, und ihm unter den Feierlichkeiten, die bei der Eidesleistung des schönen Karl stattgefunden hatten, gehuldigt. Die Bande hielt sich aber nicht lange, da ihr Anführer nach einigen Wochen sich erhängte. Hier wurden dann zwei Paare auf Kessen-Art verheiratet, d. h. sie schworen Paar für Paar, keinen Menschen zu verraten, dem Hauptmann treu und gehorsam zu sein und gelobten sich wechselseitige Treue.

Nachdem die sächsische Bande nach Verlauf von einigen Tagen aufgebrochen und die Delitz mit ihrer Gesellschaft noch im Krug zurückgeblieben war, bemerkte sie zwei sächsische Dragoner auf den Krug zueilen. Alles verbarg sich, die Delitz und der alte Müller blieben aber in der Stube zurück und wurden, weil sie nicht gehörige Pässe hatten, arretiert, auf einen Wagen gesetzt und nach Dresden gebracht. Als sie zum Verhör kam, fand sie den beraubten französischen Soldaten, welcher sie sogleich als die Person erkannte, welche er in Gesellschaft der Räuber gesehen habe, und sie wurde mit schweren Ketten belastet. Sie wie auch der Müller leugneten jede Wissenschaft und Teilnahme an der Beraubung, die Sache wurde abgeschlossen, Müller vorläufig zur Festung abgeführt, sie hingegen verblieb im Stockhaus. Eines abends bemerkte sie aus dem Fenster den August Müller, welcher ein Gespräch mit ihr anknüpfte, und ihr eröffnete, daß er kein Schubbezeug (Feilen, Uhrfedern), wohl aber einen guten Klamonis bei sich habe und ihr solchen verabreichen wolle. Sogleich fertigte die Inquisitin aus einem in Stücke gerissenen Tuch eine Leine an und zog den Dietrich herauf. Sie öffnete damit das Schloß der Kette und der Gefängnistür, ging auf den Boden und ließ sich nun mittels einer dort vorgefundenen Leine glücklich zur Erde hinab. In Begleitung des Müller ging sie ungehindert nach Luckau, bestahlen den Markt, zogen dann weiter nach Müllerose und von hier nach Frankfurt an der Oder, wo die Messe abgehalten werden sollte. (...)

Sie reiste nun allein fort, ging an demselben Tage bis nach dem Erckner, am anderen Tage nach Hangelsberg, wo die Hoppensche Diebesfamilie Nachtquartier genommen hatte, und dann mit ihnen gemeinschaftlich nach

Frankfurt an der Oder. Unterwegs im Krug zu Ahrensdorf, wo sie übernachteten, war Horst, saß am Tisch und trank Kaffee. Er war sehr freundlich, indessen wurde er gleichgültig behandelt und ohne sich weiter mit ihm einzulassen, verließ die Delitz am anderen Morgen den Krug.

In Frankfurt an der Oder kamen sie am Montag nach Martini, den 13. November 1810, an, hielten die Messe ab und ging dann die Delitz wieder nach Krossen zurück. Sie vermietete sich hier, indessen währte dieses Verhältnis nicht lange, denn von der einen Herrschaft wurde sie nach acht Tagen wegen ihrer Liederlichkeit entlassen, von der anderen ging sie nach einem ebenso kurzen Zeitraum wieder fort, da ihr Geliebter, August Müller, dorthin kam und sie wieder zu Streifzügen aufforderte. Sie bezogen die Märkte in Küstrin, Wriezen an der Oder, Grüneberg und Liegnitz, gingen dann nach Frankfurt zur Messe und wohnten während derselben auf der Mühle zu Kunersdorf. Den Tag über besuchten sie die Messe und aßen zu Mittag in dem dortigen Ronneburgischen Hurenhaus, wo sie mehrere Kessen, namentlich den Jaczinsky, Levinzky, Stegemann, Malczewsky, Karl Müller und Hanne Müller trafen. Es wurde bei dieser Gelegenheit über mehrere Flaggereien gesprochen und vom Malczewsky das Dorf Zeitz bei Krossen dazu in Vorschlag gebracht, zugleich auch von allen einstimmig die Ausführung der Tat am Donnerstag nach der Messe beschlossen. Die Gesellschaft machte sich auf den Weg, von den Frauensleuten wurden Pechkränze gewunden, bestehend aus einem leinenen Lappen, der mit Pech und Schwefel getränkt war, und die Anlegung des Feuers am Mittwoch bestimmt worden, da an diesem Tage der größte Teil von den Bauern abwesend und in Krossen zu Markte war, mithin mit größerem Erfolg verfahren werden konnte.

Die Brandstiftung unterblieb indessen aus unbekannten Gründen, und die Gesellschaft zog nach der in dortiger Gegend gelegenen Weißiger Mühle. (...)

Nun wurde abermals eine Reise nach Berlin zu dem eintretenden Markt unternommen, auf der Tour aber von den Mannspersonen in der Nähe von Fürstenwalde in einem Dorf Feuer angezündet und mehrere Betten und Kleidungsstücke gestohlen, welche sie zum Teil später in Berlin verkauften. Bei Ankunft der Gesellschaft in Berlin hatte der Markt bereits seinen Anfang genommen, sie stahlen hier, wie gewöhnlich, Kattun, Leinwand, Tücher und dergleichen mehr, und die Delitz erhielt bei der Teilung die Summe von zwanzig Talern für ihre Person.

Es wurde verabredet, in der Gegend von Polnisch Krone einen Kettenschub bei einem Edelmann zu begehen, nach beendetem Markt wurde auch sogleich aufgebrochen und, teils zu Fuß, teils zu Wagen die Reise nach Polnisch Krone vollendet. In dem kessen Wirtshaus vor dem Posener Tor kehrten sie ein und fanden die Kabrousche eines gewissen Preuß, welcher wenigstens den Anführer spielte, vor.

August Müller sprach mit diesem über das Vorhaben, Preuß meinte, daß jener Edelmann, auf den es angesehen sei, am anderen Tag nach Kalisch zu einem Ball fahre und daher das Vorhaben zu dieser Zeit ausgeführt werden müsse.

Die Bande zog bewaffnet aus, die Delitz und Stegemann trugen Pistolen, welche sie auf Geheiß des Preuß laden mußten, um nötigenfalls die Lampen abweisen zu können, ebenso waren die Frauensleute mit Mannskleidern versehen, und sämtliche Gefährten hatten ihr Gesicht mit Ruß schwarz gemacht. Um 11 Uhr nachts waren sie vor dem Haus des Starosten. Vier große Hofhunde fingen an zu bellen, Preuß befahl daher seiner Beischläferin Caroline die Hunde zu päckern (töten; ein mit Krähenaugen vergifteter Kuchen wird dem Hund vorgeworfen, der danach gleich stirbt). Die tat dies, warf ihnen Wurst vor, und bald waren sie zur Ruhe gebracht. Es wurde nun das Fest (Blei) an dem einen Scheinling (Fenster) abgelöst, die Scheibe ausgenommen und nun eingestiegen; die vorhandene Dienerschaft, welche Lärm machen wollte, wurde geknebelt und nun von der Bande alles ausgeräumt, der Wagen mit zwei Pferden bespannt, vorgefahren, vollgepackt und mit zwei Reitpferden abgezogen. Im Wald wurde haltgemacht, der Müller und die Delitz veruneinigten sich mit den übrigen über die vorgeschlagene Reisetour und gingen von ihnen ab, nachdem sie auf ihren Anteil die beiden Reitpferde und einen Geldbeutel mit viel Geld erhalten hatten. Sie eilten nach Landsberg an der Warthe und von hier nach der an der mecklenburgischen Grenze gelegenen Buschmühle, wo gewöhnlich die Kessen einzukehren pflegen. Hier trafen sie auch wirklich den Horst mit der Lotte an. Ersterer sprach mit der Delitz nicht, sie fragte ihn daher, weshalb und worauf der Herr so stolz sei? Nach diesen und ähnlichen Neckereien vereinigten sie sich untereinander und tanzten die halbe Nacht hindurch. Einige Tage nachher ritten der Müller und die Delitz nach dem ebenfalls an der mecklenburgischen Grenze gelegenen Rohrkrug, sie verkauften ihre Pferde für respektive 50 und 30 Taler an Juden, die dort angetroffen wurden. Die Delitz veruneinigte sich mit dem Müller, sie setzten sich daher auseinander.

Einige Tage nachher kam auch Horst mit der Lotte nach diesem Krug. Horst und Müller nahmen sich vor, in dem nahegelegenen Dorf Neuensund zu flaggern, der Plan wurde ausgeführt, und die Delitz nahm tätigen Teil daran; danach feuerten sie in Nassenheide und Schönerlinde; am 3. September trennte sich die Delitz von dem Müller und Horst in Nauen, da letzterer nach Jerichow, ersterer aber zum Markt nach Rheinsberg reiste.

Sie ging einstweilen nach dem Roten Krug bei Brandenburg. Beinahe drei Wochen lang verblieb sie hier allein, da Müller so lange in Rheinsberg wegen Verdacht des Pferdediebstahls verhaftet war und Horst ein gleiches Schicksal gehabt hatte. Sie kamen in der letzten Hälfte des Septembers an, und nun wurde auf der Tour nach Berlin das Feueranlegen in Bensdorf, Großenkreuz usw. fortwährend betrieben, bis Horst in Berlin arretiert wurde. Die Delitz hatte dies bemerkt und eilte nach dem Rollkrug, erzählte dies dem August Müller, der darüber sehr erschrak und mit ihr augenblicklich nach Frankfurt an der Oder und von hier aus nach der Kunersdorfschen Mühle zurückging. Hier fanden sie den Karl Müller, die Hanne Müller, den Stegemann und mehrere andere. Am Freitag, den 5. Oktober, wurde ein großes Fest veranstaltet, Wein und Kuchen war im größten Überfluß vorhanden, und die Delitz erhielt mit der Hanne Müller wegen ihres bewiesenen Eifers und Muts bei dem Kettenschub in Polen das Ehrenzeichen. Es bestand in einer silbernen Medaille, auf deren einen Seite sich Pistolen und ein Degen, auf der anderen aber ein Schloß und ein Schlüssel, darunter sich aber der Name der Inquisitin befand. Stegemann hatte diese Medaille in Meseritz verfertigen lassen. Nach dem Essen wurde bis spät in die Nacht getanzt und auf diese Weise das Fest beschlossen. Am Sonntag, den 8. Oktober, brach die Gesellschaft von hier auf, um einen Kettenschub in Eulam zu begehen, die Delitz konnte krankheitshalber nicht folgen und ging auf der Tour langsam nach. In Krossen stahl sie auf dem Markt Kattun und baumwollenes Zeug und bemerkte, daß sie von mehreren Gerichtsdienern verfolgt wurde, sie warf daher die gehandelte Ware in ein Haus, eilte zum Tor hinaus, warf ihre Tasche, worin sechs Dietriche und die Medaille waren, in die Oder und entkam glücklich ihren Verfolgern. Eine und eine halbe Meile hinter Meseritz traf sie auf dem Sandkrug den Müller, welcher ihr über die Ausführung des Kettenschubes in Eulam bei einem Prediger Nachricht gab. Müller wollte weitergehen, die Delitz bat ihn, sie nicht zu verlassen, da sie ihrer Krankheit wegen nicht von der Stelle könne, er wollte aber nicht, sie gerieten deshalb in Wortwechsel, und Müller ging von ihr fort. Die Delitz trieb sich nun in dieser Gegend herum und kam so nach dem Dorf Steinbach zu dem Dorfschulzen, den sie um Aufnahme bat. Er bewilligte ihr dieselbe, verlangte indessen einen Paß, und sie produzierte einen solchen, den Müller angefertigt hatte. Der Schulze äußerte, daß er daraus nicht klug werden könne, die Delitz meinte, er habe Recht, es sei nur ein Brief, den Paß habe sie verloren, riß ihm solchen aus der Hand und warf ihn in das Kaminfeuer. Der Schulze führte sie hierauf zum Edelmann, der sie sofort arretieren, mit Ketten anschließen und am anderen Tag nach Schwibus transportieren ließ.

Ein vorherrschender Zug bei der Inquisitin war, daß sie gern mit ihren Taten prahlte, sie bekannte sich selbst am Anfang der Untersuchung zu Verbrechen, welche sie, wie sich in der Folge ergab, gar nicht begangen hatte. Später erst, durch die Vorhaltungen und Ermahnungen des Inquirenten zum Nachdenken gebracht, sah sie das Unrechtmäßige ihrer Handlungsweise ein und fing an, Reue zu fühlen.

So wenig die Mutter sich in früher Jugend um die Tochter gekümmert hatte, ebensowenig geschah dies während ihrer Gefangenschaft; nicht ein einziges Mal kam sie zum Besuch. Dagegen sprach die Inquisitin zu mehreren Malen ihre Mutterschwester, die verehelichte Zangenberg. Als diese zum ersten Mal in der Verhörstube zusammenkamen, erkannten sich dieselben nicht gleich wieder, da sie sich seit einer Reihe von Jahren nicht gesehen hatten; wie der Inquisitin gesagt wurde, die Person sei ihrer Mutter Schwester, die Zangenberg, umarmten sich beide und weinten. Bei der Unterredung schob sie alle Schuld auf ihre Mutter, welche sich nicht um sie gekümmert, sie vielmehr zum Bösen verleitet habe.

Auf die Frage der Zangenberg an die Inquisitin, was aus ihr nun werden würde, antwortete letztere unter Tränen und Schluchzen: »Was sonst als der Galgen?«

Auf die zweite Frage: »Mädchen, wie hast du das Herz gehabt, Feuer anzulegen?« erwiderte sie, daß sie es zuerst auch nicht getan, nachher aber gelernt habe.

In den mehrmaligen Zusammenstellungen mit dem Horst ermahnte sie ihn stets zur Aussage der Wahrheit und forderte ihn auf, durch Winkelzüge und Lügen die Sache nicht in die Länge zu ziehen.

In einer Verhandlung, wo sie dem Horst die bis dahin geleugnete Teilnahme an mehreren Brandstiftungen vorhielt und ihn zum Geständnis zu bewegen suchte, äußerte sie:

»Nein, ich will dem Horst zu Gefallen nicht länger lügen, ich habe die

Wahrheit gesagt, und dabei will ich bleiben, denn ich befinde mich dabei besser; solange ich noch nicht eingestanden hatte, habe ich keine Nacht ruhig schlafen könne. Jetzt bin ich ruhiger, aber ich muß oft weinen, wenn ich bedenke, wie viele Menschen ich dadurch elend und unglücklich gemacht habe, daß ich Feuer anlegte. Wenn mir eine leichte Todesstrafe zuerkannt wird, will ich auch gewiß nicht appelliren. An meinem Unglück ist nur allein meine Mutter schuld; als ein kleines Kind hat sie mich verstoßen, sie hat nicht gefragt: brauchst du etwas, wirst du in der Religion unterrichtet, bist du eingesegnet, um nichts hat sie sich gekümmert. Ist sie wohl ein einziges Mal nach der Stadtvogtei gekommen und hat nach ihrem Kind gefragt? Ich kann wohl mit Recht sagen, daß ich eine Rabenmutter habe, aber ich will ihr doch nicht fluchen.«

Während ihrer Gefangenschaft war die Inquisitin sehr aufgeräumt und bei heiterer Laune, ihre Mitgefangenen hatten keine Langeweile. Ihre Erzählungen bezogen sich stets auf Verbrechen und besang sie solche in Diebes- und Mordbrennerliedern verschiedener Art. Dennoch zeigte ihr ganzes Betragen weniger Verdorbenheit des Charakters als Horst in seinen Handlungen und Äußerungen blicken ließ. Von ihrer frühesten Jugend an sah sie in ihren Umgebungen von Eltern und Verwandten keine andere als schlechte Handlungen, sie wurde dazu aufgefordert und selbst angeleitet, ehe sie Recht und Unrecht zu unterscheiden vermochte. An Müßiggang und Unordnung gewöhnt, konnte sie später während des Aufenthalts bei den Großeltern in Sommerfeld nur durch Herbeischaffung von gestohlenem Gut sich leidliche Tage bereiten, und ihr grenzenloser Leichtsinn erstickte jeden Keim des Nachdenkens. Eine gewisse Art von Gutmütigkeit, Festigkeit und Entschlossenheit ließen Grundlagen in ihrem Charakter blicken, die unter glücklicheren Verhältnissen sie gewiß zu einem achtungswerten Mitglied der menschlichen Gesellschaft gebildet haben würden. Sie fühlte und gestand ihr Unrecht, ihr früheres Leugnen bezweckte mehr die Schonung ihres Gefährten, als es Folge von Verstocktheit und Furcht vor dem Tod war.

Nach abgelegtem Bekenntnis bezeigte sie oft lebhafte Reue, die ihr Leichtsinn jedoch immer bald endete, dagegen erkünstelte Horst große Frechheit und zog sich dadurch selbst die Verachtung seiner Mitgefangenen zu. Für ihn sprach nichts und für jeden Defensor (Verteidiger) wäre es eine Preisaufgabe gewesen, für diesen hartnäckigen und boshaften Frevler einen Milderungsgrund aufzufinden. Aus eigener Neigung, in einem Alter, wo er das Unrecht einsehen, die Folgen berechnen konnte, wählte er ohne besondere Veranlassung seine Laufbahn. Mangel an Mut, nur hoher Grad von Heimtücke, Bosheit und Fühllosigkeit sprachen sich in allen seinen Handlungen und selbst in dem Betragen während seiner Gefangenschaft aus. Reue war ihm fremd, er blickte mit großer Schadenfreude auf das Unglück zurück, welches er durch seine Ruchlosigkeit gestiftet hatte, dagegen aber war die Furcht vor dem Tode desto lebhafter und kleinlicher. Nur in den letzten Stunden schien er sich davon loszumachen, doch war es nicht zu verkennen, daß Frechheit die Veranlassung war.

Urteil in erster Instanz und dessen Publikation

Das vom Königl. Kammergericht abgefaßte und vom hohen Justizminister bestätigte Erkenntnis lautete dahin, daß Horst und die Delitz zur Richtstätte geschleift und dort mit dem Feuer vom Leben zum Tod gebracht werden sollten.

Am 25. August 1812 wurde dies den beiden Inquisiten publiziert, welche darüber in großen Schrecken gerieten. Die Delitz erklärte, daß sie sich bei dem Erkenntnis nicht beruhigen könne und daher das Rechtsmittel der weiteren Verteidigung einwenden wolle. Zugleich äußerte sie bei dieser Gelegenheit: »Was ich begangen habe, werde ich sagen, was ich aber nicht begangen, zurücknehmen.«

Am anderen Tag wurde die Inquisitin vom Inquirenten aufgefordert, sich über die getane Äußerung näher auszulassen, sie bat jedoch, die Vernehmung bis zum folgenden Tag auszusetzen, da sie sich von dem großen Schreck noch nicht erholen könne. Es wurde ihrem Gesuch gewillfahrt, am anderen Tag erklärte sie sogleich beim Eintritt in das Verhörzimmer: Sie sei zwar willens gewesen, ihre früheren Bekenntnisse über die von ihr verübten Brandstiftungen zu widerrufen, sie habe sich jedoch eines anderen besonnen, da sie einsehe, daß ihr dies nichts helfen würde, weil solche überall in der Wahrheit beruhen. Dennoch aber wolle sie appellieren, da sie ihrer Jugend wegen in zweiter Instanz ein milderes Urteil erwarte.

Später widerrief sie zwar nochmals ihr Eingeständnis, nahm jedoch den Widerruf, der durch die Durchstecherei eines Beamten veranlaßt war, ebenso schnell wieder zurück.

Es wurde ihr, wie dies jederzeit geschieht, nach Publikation des Urteils ein Geistlicher zugeordnet, der sie zum Tode vorbereiten sollte. Nachdem derselbe den ersten Besuch abgestattet hatte, bat sie dringend, ihn einzustellen, da sie dadurch aufs höchste beunruhigt und geängstigt werde; es wurde ihrem Gesuch nachgegeben.

Horst erklärte, nachdem er das Erkenntnis ruhig angehört hatte: »Das ist Spaß, ich will nicht appellieren, meinethalben kann es morgen losgehen! Wir wollen das Erkenntnis aber doch so lange aussetzen, bis die Zeugen vernommen sind, damit niemandem Unrecht geschieht.«

Er wurde aufgefordert, sich hierüber näher auszulassen, indessen meinte er: »Das wird solche Eil nicht haben, lassen Sie mir nur bis morgen Zeit.«

Am 22. wurde er in die Verhörstube gebracht, er bat um eine Unterredung mit seinem Verteidiger, und diese fand am 28. August statt.

Bei dieser äußerte der Inquisit, daß die Strafe viel zu gelinde für ihn sei, wenn er alle von ihm angegebenen Brandstiftungen verübt hätte, und widerrief alle seine Bekenntnisse. Er gab an, daß er zu solchen verleitet sei, und nannte eine Menge Dörfer und Städte, wo er sich zur Zeit der verschiedenen Feuer aufgehalten haben wollte, gab auch Zeugen an, die ihn dort gesehen haben sollten. Es wurde deshalb eine nähere Untersuchung veranlaßt, welche manche angegebenen Umstände in Hinsicht seines Aufenthalts zwar als wahr bestätigte, jedoch mit dem Zeitpunkt nicht übereinstimmten. Nachdem der Horst auf diese Weise die Sache ungefähr sieben Wochen aufgehalten hatte, erklärte er am 15. Oktober seine früheren Geständnisse wieder als wahr und wurde nun das Rechtsmittel der weiteren Verteidigung eingeleitet.

Der Defensor des Horst reichte, wie es bereits in der ersten Instanz geschehen war, eine sehr weitreichende Schutzschrift ein, worin er gegen den Tatbestand Ausstellungen macht, weil er ihn wegen der unterbliebenen Obduktion einiger bei verschiedenen Feuern verunglückten Personen nicht als festgestellt betrachtete, zugleich aber suchte er die früheren Angaben des Inquisiten, daß er durch Versprechungen von Beamten verleitet sei, ein Geständnis abzulegen, geltend zu machen, obgleich der Gefangene die Beschuldigungen mehrmals als unwahr zurückgenommen hatte, und richtete zuletzt seinen Antrag dahin, den Inquisiten mit der Todesstrafe zu verschonen.

Der Verteidiger der Delitz war bemüht, in einer kurzen, gehaltvollen Schrift die vernachlässigte Erziehung, das von Kindheit an gehabte böse Beispiel und die Jugend der Inquisitin, als momenta defensionis (Verteidigungsgründe) dem Richter ans Herz zu legen und dadurch die Abwendung der Todesstrafe zu bewirken. Der erkennende Richter nahm aber darauf keine Rücksicht und widerlegte die angegebenen Milderungsgründe folgendermaßen: »Die Jugend kann der Inquisitin gar nicht zustatten kommen, da sie schon über 20 Jahre alt war, als sie Feuer anlegte. Die Verführung die sie angibt, kann ebensowenig die Strafe lindern, da sie bereits die Jahre der Unmündigkeit überschritten hatte, als sie sich mit einer Diebesgesellschaft verband. Unwissenheit ist nur bei Polizeivergehungen und bei sinnlosen Menschen denkbar, Unbekanntschaft mit dem Strafübel hingegen ändert die Zurechnung selbst nicht, denn diese setzt nur eine allgemeine Kenntnis von dem Eintritt des Strafübels und zwar nur insofern voraus, als davon die Kenntnis des Verbots an sich abhängt, was aber bei Verbrechen um so weniger der Fall sein kann, je mehr das Gefühl schon einen jeden in seiner verbrecherischen Handlung wenigstens gleiches Übel befürchten läßt. Jede Unwissenheit dieser Art ist mithin affektiert. Endlich kann auf die angegebene vernachlässigte Erziehung keine Rücksicht genommen werden, da die Inquisitin bis zum 14. Jahr die ihren Verhältnissen angemessene Erziehung genossen.«

Es wurde daher das erste Erkenntnis in zweiter Instanz überall bestätigt und von Sr. Majestät dem König mittels Reskripts d.d. Dresden den 24. April 1813 konfirmiert (bekräftigt). In der Nacht vom 26. zum 27. Mai, etwa zehn Stunden vor Publikation des Urteils, hatte Horst noch den Versuch gemacht, sich zu strangulieren, wurde aber daran durch die strenge und in der letzten Zeit verdoppelte Wachsamkeit der Wärter gehindert.

Publikation des Endurteils und Vollstreckung desselben

Am 17. Mai, am Himmelfahrtstag vormittags um elf Uhr, wurde den Inquisiten das Endurteil nebst dem allerhöchsten Konfirmationsreskript mit dem Bedeuten publiziert, daß die Vollstreckung der Todesstrafe am anderen Morgen vollzogen werde und dagegen nun kein weiteres Rechtsmittel stattfinde. Die Delitz äußerte: »Ich sterbe unschuldig, ich habe den Tod nicht verdient, ich habe alles aus Unüberlegtheit auf mich genommen und unterschreibe das Todesurteil nicht.«

Als das Endurteil dem Horst publiziert wurde, hörte er solches ganz ruhig an, und als man ihm die Unterschrift Sr. Majestät des Königs vorzeigte, meinte er, es sei ihm gleich, wer solches unterschrieben habe.

Da der Inquirent den Fall als möglich vorausgesetzt hatte, daß von einem oder dem anderen bei der Publikation des Endurteils vielleicht noch auf der Richtstätte ein Widerruf erfolgen könnte, so war im voraus bei dem hohen

Justizministerium die nötige Anfrage über das in diesem Fall zu beobachtende Verfahren geschehen und auf den Grund derselben festgesetzt worden, daß darauf keine Rücksicht genommen und mit der Vollstreckung der Strafe ohne Aufschub verfahren werden solle; mithin blieb die Äußerung der Inquisitin Delitz, die sie übrigens auch am Nachmittag wieder zurücknahm, unbeachtet. Horst sowohl wie die Delitz waren am Nachmittag und Abend sehr vergnügt, ersterer spielte mit den beiden ihm zur Bewachung zugeordneten Dienern Deutsch-Solo (Kartenspiel). Abends nach neun Uhr begab sich der Inquirent nach der Stadtvogtei, um sich von der Stimmung der Delinquenten zu unterrichten und sie zu einem anständigen und gesitteten Betragen bei der Hinrichtung zu ermahnen. Horst war sehr aufgeräumt, lustig und guter Dinge, erzählte, daß er Karten gespielt und eine Pfeife Tabak geraucht und ihm Essen und Trinken gut geschmeckt habe. Er äußerte sich über den in der vergangenen Nacht stattgehabten Vorfall scherzend: »Nicht wahr, Herr Justizrat, das wäre doch ein hübscher Spaß gewesen, wenn Sie, nachdem Sie sich so lange mit mir gequält und mich zweieinhalb Jahre konserviert hatten, mich heute morgen tot aufgefunden hätten. So eine Untersuchung wie diese hat gewiß in Berlin noch nicht existiert, und jede andere muß Ihnen daher zuwider sein; jetzt kann Sie der König in den Ruhestand versetzen.«

Er ergriff die Hand des Inquirenten, bat um Verzeihung wegen der unendlichen Mühe und Arbeit, des Verdrusses und Ärgers, den er ihm durch die vielen Lügen und Winkelzüge gemacht habe, konnte aber nicht den Wunsch unterdrücken, einen anderen Inquirenten gehabt zu haben, der sich weniger Mühe gegeben und nicht so sorgfältig die Spuren verfolgt hätte, weil es dann bis zum Scheiterhaufen wohl nicht gekommen sein möchte.

Sein Wunsch, eine Gefangene, welche er früher genau gekannt hatte, zu sprechen, wurde erfüllt; sie weinte, als Horst ihr mit fröhlichem Gesicht erzählte, daß er anderen Tages mit der Delitz verbrannt würde. Lachend fragte er: »Warum weinst du, ich gehe morgen voran und bestelle Quartier.«

Nachdem die Inquisitin entfernt war, ermahnte ihn der Inquirent, zwar mit Fassung dem Tode entgegenzugehen, durch ein anständiges, reuevolles Benehmen aber dem bei der Hinrichtung versammelten Publikum ein gutes Beispiel zu geben. Auch die Delitz wurde vom Inquirenten bei guter Laune und in fröhlicher Stimmung angetroffen, sie erzählte, daß sie an keinem Tag auf der Stadtvogtei so viel gegessen habe als an diesem, und fragte ihn scherzend, ob ihm wohl bekannt sei, daß sie heute Braut und morgen ihr Hochzeitstag sei.

Sie erklärte dies auf näheres Befragen dahin, daß sie heute ein Himmelsbraut sei und sich morgen mit dem Himmel vermähle.

Sie versprach übrigens, den Ermahnungen des Inquirenten, sich bei der Abführung zum Richtplatz anständig und gesittet zu betragen, Folge zu leisten.

Am anderen morgen um sechs Uhr, als das Exekutionskommando sich zur Begleitung der Delinquenten auf der Stadtvogtei einfand, wurden sie auf den Hof geführt, jeder auf einen besonderen Wagen gesetzt und daran mit einer Kette befestigt. Während dies geschah, ermahnte die Delitz den Horst, seine Courage nicht zu verlieren; beide waren ganz vergnügt und ausgelassen, betrugen sich aber unterwegs ruhig und anständig.

Nachdem sie etwa 150 Schritte vor der Richtstätte angekommen waren, wurden sie der Ketten entledigt und ihnen nochmals das Urteil vorgelesen. Auch hierbei waren beiden gefaßt und ruhig. Als sie aber hierauf den Leuten des Scharfrichters übergeben und behufs der Schleifung zur Richtstätte von ihnen auf die mit einer Kuhhaut bedeckten Schleife gesetzt wurden, und zwar so, daß der Horst vorwärts mit dem Gesicht nach dem Scheiterhaufen, die Delitz hinter ihm rückwärts saß, brach bei der letzteren die Todesangst aus, sie rang die Hände und konnte weiter nichts als die Wort »Ach Gott, ach Gott!« hervorbringen.

Horst hingegen behielt bis zum letzten Augenblick seine Ruhe, selbst noch da, als er auf der Schleife saß, knüpfte er mit den Scharfrichterknechten, die ihm zur Seite gingen, ein Gespräch an und bestieg mit großer Frechheit die Treppe des Scheiterhaufens. Auf diesem war ein Sitz für beide Delinquenten eingerichtet, rechts saß Horst, ihm zur Seite die Delitz. Als der Scharfrichter dem ersteren die Leine über den Kopf warf, um ihn zu befestigen, entwand sich der Inquisit derselben mit großer Geschicklichkeit und Schnelligkeit, sprang von seinem Sitz auf, küßte noch einmal seine Gefährtin und kehrte dann von selbst ruhig auf seinen Platz zurück. Nachdem das Festbinden erfolgt war, wurde der Holzstoß, aus 5 1/4 Haufen Holz bestehend, in Brand gesetzt und auf diese Weise zwei Verbrecher aus der menschlichen Gesellschaft entfernt, welche bis jetzt die Geschichte wohl schwerlich aufzuweisen hat.

45 Städte und Dörfer im In- und Ausland wurden vom Horst durch Brandstiftungen heimgesucht. Zehn Menschen verloren auf eine schreckliche Weise in den Flammen das Leben; der Schaden, welcher durch die Brandstiftungen angerichtet wurde, beläuft sich auf mehr als 300.000 Taler, und der ganze Gewinn des Inquisiten erreichte nicht den Betrag von 500 Ta-

lern; sie, die Delitz, welche unter anderen das gräßliche Feuer in Schönerlinde angelegt, hatte fast gar keinen Vorteil weiter als eine freie Zeche.

Das Berliner Abendblatt brachte im September/Oktober 1810 Extrablätter heraus, die Polizeirapporte enthielten. Diese Rapporte wurden von Heinrich von Kleist redaktionell überarbeitet und kommentiert. Eine besondere Rolle spielten dabei Nachrichten über die Mordbrennerbande, die damals die Berliner Bevölkerung in hohem Maße beunruhigte. Der in den Rapporten der »Delinquent Schwarz« genannte Räuber ist der Mordbrenner Horst, bei Louise handelt es sich um die Delitz.

Extrablatt zum ersten Berliner Abendblatt
Durch den Königl. Präsidenten der Polizei, Herrn Gruner, der jedes Unternehmen gemeinnütziger Art mit so vieler Güte und Bereitwilligkeit unterstützt, sind wir in den Stand gesetzt, in solchen Extrablättern, als hier das erste erscheint, über alles, was innerhalb der Stadt, und deren Gebiet, in polizeilicher Hinsicht, Merkwürdiges und Interessantes vorfällt, ungesäumten, ausführlichen und glaubwürdigen Bericht abzustatten: dergestalt, daß die Reihe dieser, dem Hauptblatt beigefügten Blätter, deren Inhalt wir auch mit statistischen Nachrichten aus den Provinzen zu bereichern hoffen dürfen, eine fortlaufende Chronik, nicht nur der Stadt Berlin, sondern des gesamten Königreichs Preußen, bilden werden.

Rapport vom 30. September (1810)
Gestern abend sind im Dorfe Alt-Schönberg 3 Bauerhöfe mit sämtlichen Nebengebäuden abgebrannt. Das Feuer ist in der Scheune des Schulzen Willmann ausgekommen, und zu gleicher Zeit ist ein ziemlich entfernter, gegenüber stehender Rüsternbaum in Brand geraten, welches die Vermutung begründet, daß das Feuer angelegt ist.

Rapport vom 1. Oktober
In dieser Nacht ist das Haus des Bäckermeister Lamprecht in der neuen Königsstraße Nr. 71 abgebrannt. Das Haus war sehr baufällig, und die Ent-

stehungsart ist noch nicht ausgemittelt. Auch außerhalb Berlin, angeblich in Friedrichsfelde, ist in dieser Nacht Feuer gewesen.

In Lichtenberg brennt in diesem Augenblick (10 Uhr morgens) ein Bauerhof. Die Entstehungsart ist noch unbekannt, und sind alle Vorkehrungen gegen die weitere Verbreitung getroffen.

Auch sind in dieser Nacht von den Stadttürmen 3 Brände in verschiedenen Gegenden, jedoch außerhalb des Berlinischen Polizeibezirks, entdeckt worden.

Zu bemerken ist, daß bei einem, in Schönberg verhafteten Vagabonden gestohlne Sachen gefunden worden sind, welche dem abgebrannten Schulzen Willmann in Schönberg und dem abgebrannten Krüger in Steglitz gehören. Dieses gibt Hoffnung, den Brandstiftern auf die Spur zu kommen, deren Dasein die häufigen Feuersbrünste wahrscheinlich machen. (Sobald die Redaktion, durch die Gefälligkeit der hohen Polizeibehörde, von diesem glücklichen Ereignis unterrichtet sein wird, wird sie dem Publiko, zu seiner Beruhigung, davon Nachricht geben.)

Polizeirapport vom 2. Oktober

Der nach dem gestrigen Rapport in Lichtenberg entstandene Brand, hat damit geendiget, daß die beiden dem Kaufmann Sandow zugehörigen Wohngebäude nebst Scheune und Stall, in die Asche gelegt sind. Die Flamme hat sich zuerst morgens gegen 8 Uhr in der Scheune – angeblich an 2 entgegen gesetzten Ecken zugleich – gezeigt, welches auf eine vorsätzliche Brandstiftung hindeuten würde.

Daß wirklich Bösewichter vorhanden sind, die auf vorsätzliche Brandstiftungen ausgehen, zeigt deutlich ein, gestern vom Regiments-Chirurgus Löffler, auf der Straße gefundener und vom Geheimen Rat von Kummer der Polizei übergebener alter baumwollener Handschuh. Dieser war mit einer Menge Holzkohlen, Feuerschwamm, Papier und einem Präparat von Kohlenstaub und Spiritus gefüllt, welches schon, bei Annäherung der Flamme, Feuer fing; und lag dicht an einer Haustür, welche an einem Keller grenzt, bei dem sich das Laboratorium des Apotheker Kunde an der Junker- und Lindenstraßen-Ecke befindet; so daß der beabsichtigte Brand sehr gefährlich werden konnte.

(Die Fortsetzung folgt.)

[4]
Polizeirapport vom 3. Oktober
Der Schreiber Seidler, Friedrichsstraße Nr. 56, hat gestern in der letzten Straße einen sogenannten Brandbrief gefunden, nach dessen Inhalt Berlin binnen wenigen Tagen an 8 Ecken angezündet werden soll. Das Publikum braucht gleichwohl, bei der Wachsamkeit der obersten Polizeibehörde, keinen unzweckmäßigen Besorgnissen Raum zu geben...

Gegen den, nach dem Rapport vom 1. dieses verhafteten Vagabonden wird die Untersuchung fortgesetzt, und dürfte ein für das Publikum beruhigendes Resultat geben. Er scheint danach wirklich bei den kürzlich so häufigen Feuersbrünsten tätig gewesen zu sein; jedoch sind die diesfälligen Unterhandlungen vor dem Schluß der Untersuchung nicht zur Publizität geeignet.

[5]
Wie grundlos oft das Publikum beunruhigt wird, beweist die, in der Stadt bereits bekannte Aussage eines kürzlich aufgefangenen Militärdeserteurs: »er sei auf eine Bande Mordbrenner gestoßen, welche ihm Anerbietungen gemacht, sich in ihr aufnehmen zu lassen« usw. Dieser Kerl hat, dem Vernehmen nach, nunmehr gestanden, daß dieser ganze Bericht eine Erfindung war, um sich dadurch Befreiung von der verwirkten Strafe zu verschaffen.

Gerüchte
Ein Schulmeister soll den originellen Vorschlag gemacht haben, den wegen Mordbrennerei verhafteten Delinquenten Schwarz – der sich, nach einem andern im Publiko kursierenden Gerücht, im Gefängnis erhenkt haben soll – zum Besten der in Schönberg und Steglitz Abgebrannten, öffentlich für Geld sehen zu lassen.

Polizeiliche Tagesmitteilungen
Etwas über den Delinquenten Schwarz und die Mordbrennerbande
Die Verhaftung des in den Zeitungen vom 6.d.M. signalisierten Delinquenten Schwarz (derselbe ungenannte Vagabonde, von dem im 1. Stück dieser

Blätter die Rede war) ist einem sehr unbedeutend scheinenden Zufall zu verdanken.

Nachdem er sich bei dem Brande in Schönberg die Taschen mit gestohlnem Gute gefüllt hatte, ging er sorglos, eine Pfeife in der Hand haltend, durch das Potsdamsche Tor in die Stadt hinein. Zufällig war ein Soldat auf der Wache, welcher bei dem Krüger La Val in Steglitz gearbeitet hatte und die Pfeife des Schwarz als ein Eigentum des La Val erkannte.

Dieser Umstand gab Veranlassung, den Schwarz anzuhalten, näher zu examinieren und nach Schönberg zum Verhör zurückzuführen, wo sich denn mehrere dem La Val und dem Schulzen Willmann in Schönberg gehörige Sachen bei ihm fanden.

Bei diesem ersten Verhöre in Schönberg standen, wie sich nachher ergeben hat, mehrere seiner Spießgesellen vor dem Fenster, und gaben im Winke und verabredete Zeichen, wie er sich zu benehmen habe. Dieses Verhör wurde während des ersten Tumults gehalten, wie der Brand noch nicht einmal völlig gelöscht war, und niemand konnte damals schon ahnen, mit welchem gefährlichen Verbrecher man zu tun habe.

Daß er zu einer völlig organisierten Räuberbande gehört, geht aus den bekannt gemachten Steckbriefen hervor. Diese Bande ist in der Kur- und Uckermark verbreitet, treibt ihr schändliches Gewerbe systematisch und bedient sich der Brandstiftung als Mittel zum Stehlen, wenn andre Wege zu schwierig und gefahrvoll scheinen. Dem Schwarz selbst war besonders die Rolle zugeteilt, sich einige Tage vorher in dem zum Abbrennen bestimmten Hause einzuquartieren und die Gelegenheit zu erforschen. Dann gab er seinen Helfershelfern die nötigen Nachrichten, verabredete Zeit und Ort, setzte die Bewohner, sobald der Brand sich zeigte, durch lautes Geschrei in Verwirrung und benutzte diese, unter dem Vorwande, hülfreiche Hand zu leisten, um alles ihm Anständige über die Seite zu schaffen. Diese Rolle hat er in Steglitz und in Schönberg mit Erfolg gespielt.

Daß diese Bande auch die gewaltsamsten Mittel nicht scheut, um ihre Zwecke zu erreichen, haben die unglücklichen Erfahrungen der letzten Zeit gelehrt. Aber es stehen ihr auch alle Arten des raffiniertesten Betruges zu Gebote, und das macht sie um so gefährlicher. Schon aus den Steckbriefen ergibt sich, daß jedes Mitglied unter mannigfachen Gestalten und Verkleidungen auftritt, mehrere Namen führt und jede Rolle, welche die Umstände fordern, zu spielen vorbereitet ist. Auch auf Verfälschungen von Pässen, Dokumenten und Handschriften sind sie eingerichtet, und der sub 2 im Steckbrief bezeichnete Grabowsky versteht die Kunst, Petschafte zu verfertigen und nachzustechen.

Die Geheimnisse von Berlin

Wie ein Blitz schlug Eugène Sues Fortsetzungsroman »Die Geheimnisse von Paris« in Europa ein. In dem 1842/43 zunächst im »Journal des Débats« erschienenen Text gelang es dem Autor, Liebe, Schicksal und Sozialkritik zu einem Lesefutter zusammenzurühren, an dem gerade jene sich labten, deren elende Verhältnisse Sue hatte anprangern wollen. Staunend vernahmen die kleinen Leute von Paris, wie ihre miese Lage von außerordentlich bösen Mächten des Verbrechens und der verdorbenen Obrigkeit verursacht wurde. Daß bei aller Mühsal aber vereinzelt auch Lichtgestalten zur Verfügung stünden, die mit dem ganzen schrecklichen Sumpf auf entsetzliche Weise aufräumen würden, wenn die Stunde der Abrechnung gekommen wäre.

Karl Marx wetterte kräftig gegen die »Pauperismus-Romantik« von Eugène Sue; dem Siegeszug der Kolportage des Elends schadeten seine Invektiven aber überhaupt nicht. Überall gab es jetzt »Geheimnisse«. In Brüssel, London, Wien blickte man in die Untiefen des Großstadtdschungels ebenso wie in Prag oder Madrid. In Spanien hatten Sues »Geheimnisse« erheblichen Anteil am Kampf gegen die karlistisch-klerikale Reaktion. Zu dem auf schrecklich-schauerliche Weise aufklärerischen Erfolgsroman »Marie, die Spanierin oder: Das Schlachtopfer eines Mönches« des republikanisch gesonnenen Ayguals de Izco schrieb Eugène Sue ein Vorwort.

Auch Berlin wurde vom »Geheimnis-Fieber« geschüttelt. Das Jahr 1844 markierte den Höhepunkt einer regelrechten Sue-Industrie. In Tanzpoemen, Bühnenstücken, Bilderbögen und nochmals schrecklich zugespitzten Zusammenfassungen wurden die Nachtseiten der Großstadt beschworen. Im Januar 1844 erschien dann auch die erste Lieferung des Fortsetzungsromans »Die Geheimnisse von Berlin«, die »aus den Papieren eines Berliner Kriminalbeamten« stammen sollten.

Gerade zu dieser Zeit befaßte sich die »Vossische Zeitung« in einem ausführlichen Artikel mit der »Armenfrage«. Nach einer Würdigung des Erfolges der »Geheimnisse von Paris« kommt der Autor zu den Berliner Zuständen: »Verbergen wir es uns nicht, auch bei uns ist die Armuth und die Noth der untern Klassen auf eine Entsetzen erregende Höhe gestiegen; auch Berlin hat seine Höhlen des Elends wie Paris und London, seine Kasematten wie Breslau, seine Lastertavernen, wo Entblößung, Verbrechen und Prostitution hausen; Berlin hat seine Familienhäuser und sein Voigtland, seine vielen dunstigen, feuchten und ungesunden Kellerwohnungen, seine engen, im Sommer glühend heißen, im Winter eiskalten und fensterlosen Dachkammern...«

Dann empfiehlt der Autor seinen Lesern als nachträgliches Weihnachtsgeschenk das »kürzlich erschienene Werk einer talentvollen Mitbürgerin«, insbesondere das letzte Kapitel. Gemeint war »...dieses Buch gehört dem König«, das Bettina von Arnim im Sommer 1843 veröffentlicht hatte. Sie appellierte darin an den König (Friedrich Wilhelm IV.), sich der Armen und Elenden, Erniedrigten und Beleidigten anzunehmen. Es handelt sich bei diesem Buch um eine der ersten engagierten Sozialreportagen in Deutschland. Das letzte Kapitel stammt von dem Schweizer Pädagogikstudenten Heinrich Grunholzer, der zunächst als Bettina von Arnims Sekretär, später als Mitautor des »Königsbuches« tätig war. Auf ihren Wunsch recherchierte er im Voigtland, wie die Rosenthaler Vorstadt genannt wurde.

Friedrich II. hatte für seine immensen Bauvorhaben Wanderarbeiter anwerben lassen, die vor allem aus dem Voigtland stammten. Die nichtzünftigen Maurer und Zimmerleute siedelten sich in der Rosenthaler Vorstadt an; Spinner, Weber, Zeugmacher und Tagelöhner zogen nach. Bald verarmte die Bevölkerung des neuen Stadtteils. Um 1800 stand das Voigtland in dem Ruf, das Armenhaus Berlins zu sein.

Heinrich Grunholzer versammelte in seinen Protokollen Geschichten und Berichte von Elend, Krankheit und unglaublicher Armut. Aber auch von Brutstätten der Kriminalität. Im derart skizzierten Voigtland spielen wesentliche Teile der »Geheimnisse von Berlin«, und auch der sozialkritische Tenor des »Königsbuchs« findet sich in diesem Großstadt-Abenteuerroman um den Fürsten, den Major und die Kupplerin.

Der Autor, der wohl zum Kreis der schreibenden Berliner Kriminalbeamten gehörte, hat Bettina von Arnims Königsbuch mitsamt der angehängten Voigtland-Recherche für sein Projekt gründlich ausgeschlachtet.

Aus der von Paul Thiel 1987 im Verlag Das Neue Berlin herausgegebenen Ausgabe der »Geheimnisse von Berlin« bringen wir ungekürzt das Kapitel über das Voigtland.

Berlin besteht eigentlich aus zwei Städten, einer größeren, der wirklichen Residenzstadt, und einer kleineren, dem Voigtland.

Man belegt das letztere zwar in der Regel mit dem Namen Rosenthaler Vorstadt, aber das Voigtland ist weit mehr als eine bloße Vorstadt; es ist eine Stadt für sich. Schon seine ganze Bauart macht es dazu. Während man in der Residenzstadt und den übrigen Vorstädten fast nur drei- und vierstöckige Gebäude und schön gepflasterte Straßen mit blendenden Gaslaternen erblickt, sieht man im Voigtlande schmutzige Öllampen, ungepflasterte Straßen, deren Kot ganze Armeen verschlingen könnte, und kleine einstöckige Häuser, die ohne Kellerraum tief in die Erde hineingebaut sind und in deren Dachfenster jeder nur ziemlich ausgewachsene Mann bequem hineinzuschauen vermag.

Auch die Gewerbe, die Sitten und die Gebräuche der Einwohner sind von denen der Residenz völlig verschieden. Die Bewohner des Voigtlandes bestehen ihrer Mehrzahl nach aus Kesselflickern, Korbflechtern, Torfträgern, Lumpensammlern, Hundehändlern, Schweineschneidern, Knochensammlern, Holzhauern, Webern, Flickschneidern, Bücklingshändlern, Obsthökern, Schuhflickern, Vogelstellern, Pyramidenfabrikanten und Waldteufeljungen. Die Honoratioren dieses Menschenschlages bilden pensionierte Unterbeamte, bedürftige Witwen, unbemittelte Hauseigentümer, Inhaber der Kramläden sowie die Beamten des Voigtlandes.

Ehen sind im Voigtlande nicht beliebt, da auch die billigste Hochzeit mindestens einen Taler, zweiundzwanzig Silbergroschen und sechs Pfennige an Traugebühren kostet und man für diese Summe ganze Fluten köstlichsten Branntweins zu beschaffen vermag. Viele Voigtländer leben daher in einer sogenannten polnischen Ehe, wobei die Polizei auf sehr verschiedenartige Weise getäuscht wird.

Injurien gibt es im Voigtland nicht, denn man findet dort schwerlich zwei Menschen, die nicht schon irgend einmal in ihrem Leben, sei es durch Worte oder durch Taten, miteinander gekämpft haben. Demnach hat der Voigtländer auch einen sehr versöhnlichen Charakter, indem er Verunglimpfungen ebenso schnell vergißt, wie er solche zufügt, und indem er heute denjenigen als seinen lieben Bruder umarmt, den er gestern als seinen erbittertsten Gegner verfolgt hat.

Die hauptsächlichsten Nahrungsmittel des Voigtländers bestehen in Branntwein, Kaffee, Brot, Kartoffeln und Schweineschmalz.

Die Exekutoren und die Steuerbeamten sind seine natürlichen Feinde, und er befindet sich in stetem Kampfe mit ihnen. Hingegen ist der Revier-Polizei-Kommissar der Abgott sämtlicher Voigtländer. Er muß alle Streitigkeiten entscheiden, er muß bei jedem Faustkampf als rettender Engel erscheinen, er muß Armenunterstützungen erwirken und Straferlasse befürworten, kurz: in seine Hände sieht der Voigtländer sein ganzes Lebensglück abgegeben. Mit der Verweisung auf den Polizeikommissar schreckt der Voigtländer daher böse Schuldner und säumige Mieter; mit der Verweisung auf ihn tröstet er jammernde Witwen und Waisen und singt seine Kinder in den Schlaf, und ein stolzes Bewußtsein drückt sich in seiner Miene aus, wenn es ihm vergönnt gewesen ist, dem Polizeikommissar vertrauensvoll die Hand zu schütteln. Aber wehe dem armen Polizeibeamten, wenn der Voigtländer irgendein Verbrechen begangen hat, oder wenn seine Sinne an festlichen Tagen der berauschenden Kraft des Branntweins gewichen sind!

Wenn er dann losgelassen
Raset durch die schmutz'gen Gassen,

so vermögen oft nicht die vereinten Anstrengungen mehrerer Wachleute und Polizeibeamten, einen einzigen Voigtländer zu bändigen. Ebenso gefährlich ist der Voigtländer, wenn er, wozu er eine eigentümliche Neigung hat, des Nachts mit Sack und Pack seine Wohnung verläßt, um den Klauen seines habsüchtigen Hauswirts zu entgehen. Wehe dem unglücklichen Nachtwächter, der, durch ein Viergroschenstück des Wirtes gewonnen, ihm in den Weg tritt! Denn dann kämpft der Voigtländer um den eigenen Herd, um seine einzigen und teuersten Besitztümer, und gewöhnlich geht er durch Gewalt oder List aus diesem Kampfe siegreich hervor. Unterliegt er, so wird er seiner ganzen Habe beraubt, und man kann in solchem Falle füglich mit Schiller sagen:

Noch einen Blick
Nach dem Grabe
Seiner Habe
Sendet Voigtlands Sohn zurück –
Greift fröhlich dann zum Wanderstabe:
Was Wirtes Wut ihm auch beraubt,
Ein süßer Trost ist ihm geblieben,
Er zählt die Häupter seiner Lieben
Und siehe! Es sind ihrer sieben.

Dann sinkt der Voigtländer aus dem Stande der freien Menschen in den der Schlafburschen hinab. Das heißt, er, der bisher selbst Schlafburschen gehalten hatte, wird nun mit Frau und Kind zum Schlafburschen eines höher gestellten Voigtländers. Aus diesem Stande der Abhängigkeit vermag er sich gewöhnlich nie wieder zu erheben, da er selten von seinem kärglichen Verdienst soviel erübrigen kann, um sich eine neue Wirtschaft zu beschaffen.

Eine Kindererziehung findet im Voigtland eigentlich nicht statt. Denn das edle Elternpaar verläßt mit dem grauenden Tag den häuslichen Herd, um seinen Geschäften nachzugehen. Die Kinder bleiben, sich selbst überlassen, entweder in der öden Dachstube eingeschlossen zurück, oder sie schweifen auf den schmutzigen Höfen umher. Das einzige schwache Surrogat der Kindererziehung besteht darin, daß der Vater, wenn er am Abend des geldspendenden Sonnabends berauscht heimkehrt, sowohl seine Gattin als auch sämtliche Kinder auf eine fürchterliche Weise ableuet. Oftmals bedient er sich hierbei sogar seines jüngsten Säuglings als Prügelinstrument. Bereits mit dem sechsten oder siebenten Lebensjahr emanzipiert sich der Voigtländer aus der väterlichen Gewalt. Seine erste Beschäftigung beginnt dann mit der edlen Kunst des Bettelns. Späterhin tritt der Knabe als vagabundierender Geschäftsmann in irgendein Gipsfigurenkabinett oder in einen Hökerkram ein. Nebenbei macht er schwache Versuche in Taschen- und Marktdiebstählen und, durch die reiche Ausbeute dieser Beschäftigung gelockt, steht er bald als vollendeter Künstler in diesem Metier da. Allmählich geht er zu kühneren Bestrebungen über und nimmt seinen Wohnsitz dann abwechselnd im Zuchthaus und im Voigtland.

Das Mädchen beginnt seinen Lebenslauf auf ähnliche Weise. Mit einem kleinen Körbchen schweift es auf den Straßen müßig umher und betreibt Handel mit Rosen und Veilchen oder Schwefelhölzern. Sehr bald wird die frische Jugendblüte irgendeinem jungen Wüstling zur Beute, und nachdem der von vornherein nur höchst locker befestigte Schleier einmal gefallen ist, beginnt ein wüstes und schwelgerisches Leben, das nach mannigfachen Schicksalen gewöhnlich in das Bordell oder das Krankenhaus führt. Erst in reiferen Jahren kehrt die Voigtländerin von dort als Gattin irgendeines Ganoven in ihre Heimat zurück, falls ihr nicht als Winkelkupplerin oder Diebeshehlerin in der Stadt selbst ein noch einträglicheres Gewerbe zuteil wird.

Eine eigentümliche Kunst des Voigtländers besteht darin, sich mit äußerst geringem Raum für seine sämtlichen Bedürfnisse zu begnügen. Ein einziges, notdürftig erleuchtetes Dachstübchen dient oft einer Familie von

Vater und Mutter nebst mehreren Kindern und Schlafburschen zur Wohnung.

Den Zentralpunkt und die eigentliche Krone des Voigtlandes bilden die sogenannten Familienhäuser. Diese großen, kasernenmäßig angelegten Gebäude sind mit Tausenden von Menschen bevölkert, die genügen würden, ganze Städte mit Einwohnern zu versehen, und die hier bei einem geringen Mietzins ein notdürftiges Obdach genießen. Von hier aus ziehen jeden Morgen ganze Horden durch das Hamburger Tor in die Stadt hinein und verbreiten sich wie die Pest über alle Teile derselben. Von dem Leben und Treiben, das in diesen Höhlen herrscht, wo die tiefste Hefe des Volkes zusammengepreßt ist, vermag sich der Leser, der sich auf seinen weichen Kissen wohlgefällig streckt, kaum einen Begriff zu machen. Es ist keine Fabel, daß früher dort einzelne Stuben durch kreuzweis auf den Dielen gezogene Kreidestriche in vier Viertel geteilt wurden und daß jedes dieser Viertel von einer zahlreichen Familie bewohnt wurde. Es ist ferner keine Fabel, daß zur Zeit des Winters in den Mägen der dortigen Bewohner alljährlich Hunderte von Hunden und Katzen ihren Untergang finden und daß dort ganze Familien den schmutzigsten und ekelhaftesten Krankheiten erliegen. Daß sich bei dieser Beschaffenheit des Voigtländers dort namentlich in den Zeiten des Jammers und des Elends oft die grauenvollsten Szenen ereignen, wobei die heiligsten Familienbande mit Füßen getreten werden und der Mensch nur in einem rein tierischen Zustand erscheint, bedarf wohl keiner weiteren Ausführung.

Dieses schwache Bild von dem Leben und Treiben im Voigtland mußten wir voranschicken, um den etwa unkundigen Leser einführen und die fernere Entwicklung unserer Erzählung nun dorthin verlegen zu können.

Das Voigtland löst sich in seinen äußeren Grenzen in eine große Menge einzelner Gehöfte auf, die dort auf freiem Feld erbaut sind und sich an die benachbarten Wege und Dörfer anschließen. In einem dieser Häuser befindet sich in einer unscheinbaren Kellerwohnung eine dürftige Kneipe, die lange Zeit hindurch ein Aufenthaltsort gefährlicher Diebe und Gauner gewesen ist. Der Wirt dieser Kneipe war ein kleiner, hinkender und verwachsener Kerl, aus dessen mausgrauen Glotzaugen sehr viel Böses, aber wenig Gutes hervorleuchtete. Das Geschäft ging bei der Dürftigkeit seiner Nachbarn so spärlich, daß er sich anscheinend selbst in der größten Dürftigkeit befand. Er war schon seit mehreren Jahren Witwer und ließ seine kleine Wirtschaft durch eine Stieftochter besorgen, die seine verstorbene Frau aus einer früheren Ehe mitgebracht hatte. Dieses junge Mädchen schien wenig zu der Umgebung zu passen, in der sie sich befand. Denn die schlanke Person bewegte sich trotz ihrer dürftigen Umhüllung anmutig, ihre großen blauen Augen drückten eine so stille Ergebenheit und ein so sanftes Gemüt aus, daß man sie nicht ohne Teilnahme zu betrachten vermochte und beim ersten Blick davon überzeugt war, in ihrem Innern müsse ein tiefes Leid wohnen.

Der alte Bucklige schien hierauf aber wenig Gewicht zu legen, denn er behandelte das Mädchen mit auffallender Härte und Roheit, und sein Ingrimm gegen sie schien mit ihrer Ergebung in seinen Willen zu wachsen. Nur durch die Furcht, daß ihm von ihrer Seite vielleicht einmal irgendein Verrat seiner verbrecherischen Lebensweise erwachsen könne, ließ er sich von härteren Mißhandlungen zurückhalten. Sein eigentliches Gewerbe bestand nämlich darin, dem in der Gegend umherziehenden Gesindel einen Zufluchtsort zu gewähren und den Verkauf geraubter Sachen und Kostbarkeiten an sichere Leute gegen reichliche Provision zu bewirken. Auf diese Weise stand er mit den gefährlichsten Verbrechern der ganzen Umgegend in Verbindung. Bei ihm fanden sie, wenn sie in Not waren, Kredit und bereite Aufnahme, von ihm wurden sie mit Rat und Tat bei ihren Unternehmungen unterstützt, und bei ihm fanden sie Gelegenheit, sich falsche Pässe und Zeugen nach ihren Bedürfnissen zu besorgen. Trotz dieses lebhaften Treibens war es dem Mann gelungen, sich lange Zeit hindurch den Nachstellungen der Polizei zu entziehen, und er war hierdurch zuletzt so dreist geworden, daß er in den zu seiner Wohnung gehörigen Kellern förmliche Diebesherbergen eingerichtet hatte.

Eine kleine, unscheinbare Lampe, die an dem Fenster seines Verkaufslokals brannte, war den das Haus beschleichenden Vagabunden jedesmal ein erwünschtes Zeichen, daß ihnen hier keine Gefahr drohe. Dann schlüpften sie leise und behende in den unterirdischen Laden des Schenkenwirts hinab, von dort gelangten sie in die kleine, unscheinbare Wohnstube und von hier aus in einen weiten Kellerraum, von dem ein langer, finsterer Gang in die Gewölbe des Seitengebäudes führte. Hier hausten die heimlichen Gäste, Gespenstern gleich, übten sich im schmutzigen Kartenspiel oder kauerten einfach auf einer weichen Streu an den Wänden.

In der Nacht, mit der unsere Erzählung begann, war die dortige Gesellschaft besonders zahlreich, und man sah es dem unsteten, besorgten Wesen des Wirtes an, daß diese Nacht für ihn eine besondere Bedeutung hatte.

Ehe wir aber die Glieder dieser Gesellschaft unseren Lesern einzeln vorführen, müssen wir die hier in Rede stehende Spelunke näher beschreiben. Sie bestand aus einem vielleicht zehn Schritt im Quadrat sich erstreckenden Kellerraum, dessen Decke mäßig gewölbt war. Zwei kleine viereckige Fenster ließen vermuten, daß in diesem Lokal die Helle des Tages sich wenig von der Finsternis der Nacht unterschied. Der Fußboden war ungedielt, aber fast in seiner ganzen Ausdehnung mit morschen Brettern belegt.

Ein alter, mit unzähligen Beulen bedeckter eiserner Ofen machte eine notdürftige Erwärmung möglich. Die einzigen Möbel waren ein großer hölzerner Tisch und mehrere alte Tonnen, die als Sitzplätze dienten. Um den Ofen herum war der Fußboden mit einer Lage von schmutzigem, zertretenem Stroh bedeckt, und in der Ecke der Spelunke unter dem Fenster lagen mehrere alte Bettstücke und halb vermoderte Matratzen.

Auf diesen letzteren ruhte ein hagerer Mann, in dessen bleichen konvulsivischen Zügen sich zwar viel Bosheit, aber auch die Spuren schweren erlebten Jammers und Elends ausprägten. Der lange graue Bart dieses Mannes und das faltenreiche Gewand, in das er seine mageren, aber doch höchst muskulösen Glieder gehüllt hatte, zeigten in ihm einen Bekenner des israelitischen Glaubens. Dieser Mann, der unter seinen Bekannten den Namen »Langer« führte, war einer der gefürchtetsten Schränker, der ganz Deutschland durchzog und ebenso schnell mit seiner Beute verschwand, wie er gekommen war.

Vor ihm lag ein Frauenzimmer, den Kopf auf ein kleines Bündel gebettet, das ihre Habseligkeiten zu enthalten schien.

Zwischen beiden kauerte ein kleines Kind, das an den Verbrechen seiner Eltern noch keinen Anteil nahm. Es spielte mit unschuldiger, heiterer Miene an dem breiten Gürtel des Vaters. Sein Anzug bestand ebenso wie der seiner Mutter nur aus Lumpen und vermochte kaum, es vor dem Frost zu schützen.

Von ganz anderer Beschaffenheit waren die drei Männer, die auf der Streu in der Nähe des Ofens lungerten. Es waren echte Berliner Stadtkinder, die nicht das mindeste Interesse mehr für sich aufbrachten.

Einer dieser Kerle lag, nur in eine zerrissene Sommerhose gehüllt, sonst völlig nackt da. Er hatte seine verlausten Kleidungsstücke von sich geworfen, weil sie ihm beim Liegen hinderlich waren. Dieser Kerl war von Profession ein Sandfuhrmann und zeichnete sich durch eine eigentümliche Geschicklichkeit im Pfeifen aus. Er vermochte fast alle Instrumente nachzuahmen, weshalb er auch von seinen Kumpanen der Maulspitzer genannt wurde. Nachdem er das Unglück gehabt hatte, daß sein Roß gestürzt war, ohne daß er hinlängliche Mittel besaß, sich ein neues Pferd zu kaufen, erhob er die Kunst des Stehlens, welche er früher nur als Dilettant geübt hatte, zu seinem Hauptenährungszweig.

Das neben ihm liegende Individuum war von ähnlicher Beschaffenheit, unterschied sich jedoch dadurch von ihm, daß bei diesem die untere Hälfte des Körpers sich im paradiesischen Zustand befand und die obere mit einer alten Militärjacke bekleidet war, während bei jenem gerade das umgekehrte Verhältnis herrschte.

Das dritte Mitglied dieser Gruppe war bei weitem jünger als seine Gefährten und zeichnete sich durch sein langes, gescheiteltes blondes Kopfhaar aus, das ihm den Beinamen des blonden August verschafft hatte. Die vollständige Bekleidung dieses jungen Mannes ließ vermuten, daß er der menschlichen Gesellschaft noch nicht in dem Grade entfremdet war wie seine beiden Kameraden. Aber sein wüstes Gesicht und die Dürftigkeit seiner Kleidung, die trotz der strengen Jahreszeit nur aus einem leichten Überrock und kurzen zerrissenen Sommerhosen bestand, kennzeichneten ihn nicht minder als einen Vagabunden.

Zwei junge Mädchen, die an dem schmutzigen Tisch in der Mitte der Spelunke saßen und dort ungeniert mit ihrer Toilette beschäftigt waren, bildeten die Perlen der Gesellschaft. Es waren liederliche Geschöpfe, wie man sie in den belebten Straßen Berlins an jedem Abend zu Hunderten umherschwärmen sieht und die dort das Gewerbe der Wollust mit dem des Diebstahls vereinen. Sie wetteiferten in schlüpfrigen Scherzen miteinander und jubelten insbesondere über den schamlosen Aufzug ihrer männlichen Gefährten.

Während die Familie des Langen schweigend der Ruhe pflegte, wobei namentlich der Familienvater in dumpfem Trübsinn vor sich hinstarrte, führte das Kleeblatt auf dem Strohlager ein lebhaftes Gespräch, bei dem der blonde August das große Wort führte.

»Jungens«, rief er prahlend aus, »heute liegen wir hier noch wie die Hunde und lassen uns vom Ungeziefer fressen, aber übermorgen sollt ihr Champagner saufen und Bratwurst essen, daß euch das Herz im Leibe lacht. Denn morgen gibts ein Stück Arbeit, wie es vielleicht seit zehn Jahren kein Schränker vollführt hat.«

»Wird schon nicht so gefährlich sein«, erwiderte der Sandfuhrmann.

»Wirst genug haben, wenn du dir einen warmen Rock kaufen und deinem Liebchen ein Stück Zeug auf den Leib schaffen kannst. Denn der bucklige Jobs hat dich gehörig in der Kreide.«

»Und wenn mich Jobs mit tausend Talern in der Kreide hätte, so wollte ich ihn auskaufen, denn unser Geschäft geht in die Zehntausende, und lauter bares Geld, so daß der Schärfenspieler (Diebeshehler) nichts zu schlucken hat.«

»Aber willst du das Geschäft nicht mit dem Aalauge, dem Langen und den anderen machen, und werden die nicht alle ihren Anteil fordern? Was wird dir da noch bleiben, daß du unsereinem das Gnadenbrot anbietest?« erwiderte der Sandfuhrmann höhnisch lachend, dann aber fuhr er flüsternd fort: »Ich will dir einen gescheiten Vorschlag machen. Laß uns die Sache noch heute nacht allein ausführen und mit dem Geld nach Hamburg abgehen. Die anderen können dann mit der langen Nase nachsehen und zufrieden sein, wenn du sie beim Buckligen aus der Kreide bringst. Ich habe schönes Schränkzeug im Dreieckigen Garten (Der Dreieckige Garten ist ein Hohlweg zwischen dem Rosenthaler und Schönhauser Tor. Dieser Fleck wird von den Berliner Dieben vorzugsweise dazu benutzt, die gestohlenen Sachen zu vergraben.) Kabore gelegt (vergraben), und du brauchtest mir dafür nur ein Viertel von dem Erlös abzugeben. Du siehst, lieber August, wie sehr ich im Schwindel stecke, und ein guter Fang wäre mir wohl zu gönnen. Hat nicht der Schmerles mit dem Aalauge erst neulich ein gutes Geschäft gemacht, und hat nicht der Lange Haus und Hof in Polen zu liegen?«

»Geht nicht, alter Freund«, antwortete August, »die Sache kann erst morgen nacht geschehen. Denn der alte Herr bekommt erst morgen das Geld aus der Erbschaft seiner alten Muhme, und sein Geldkasten ist so schwer aufzubrechen, daß wir dazu wenigstens vier Mann sein müssen. Außerdem hat Schmerles selbst schönes Schränkzeug, also mußt du schon zurückbleiben und das Haus hüten, falls nicht der Lange ...«

»... dir den Hals umdreht«, kreischte plötzlich die Stimme des eben Genannten dazwischen, der mit seinen feinen Ohren jedes Wort des Sandfuhrmannes wohl vernommen hatte.

Unfehlbar hätte der Wütende den Fuhrmann erwürgt, da sich, durch den plötzlichen Wechsel der Szene erschreckt, keiner der Anwesenden des Bedrohten annahm, wenn nicht plötzlich eine kräftige Hand ihn bei der Schulter gepackt und zurückgerissen hätte. Es war die Hand Aalauges, der unvermutet mit Schmerles und seiner Freundin in den Keller getreten war, um hier einen sicheren Zufluchtsort nach der Flucht vor der Stadtvogtei zu gewinnen. Wenige Minuten nach ihnen langte auch die alte Lumpensammlerin an.

»Zum Donnerwetter, was habt ihr hier für Streit miteinander«, fluchte Schmerles, während er Aalauge zu unterstützen suchte, der den Langen nur mit Mühe zu bändigen vermochte.

Aber inzwischen hatte sich der Sandfuhrmann aus seiner Betäubung erholt. Ergrimmt über den ihm widerfahrenen Schimpf, sprang er von seinem unreinlichen Lager auf, riß aus der Tasche seiner schlotternden Hosen ein Brotmesser hervor und führte einen heftigen Stich gegen seinen Angreifer. Unfehlbar hätte er ihn gerade ins Herz getroffen, wenn dieser nicht in das Futter seines Rockes mehrere große Goldstücke eingenäht gehabt hätte und wenn die stumpfe Spitze des Messers nicht an einem dieser Goldstück abgeglitten wäre. Der Lange bekam dadurch, daß sich die Anstrengungen seiner vermittelnden Genossen nunmehr dem Sandfuhrmann zuwendeten, wieder hinreichend Luft, um dem Letzteren das mörderische Messer zu entwinden; aber kaum in den Besitz der Waffe gelangt, regneten von seiten der übrigen Schränker, die endlich die Geduld verloren hatten, so viele Hiebe auf die beiden Streitenden hernieder, daß diese nolens volens Frieden schließen mußten. In wenigen Minuten saß die ganze Gesellschaft um den Tisch herum und ließ eine große Kanne Branntwein kreisen. Es wurde immer gemütlicher. Die Lumpensammlerin geriet ins Erzählen.

»Es mag etwa fünfzehn Jahre her sein, als ich mit Schwefelhölzern, die damals noch einen neuen, sehr einträglichen Handelsartikel bildeten, von Straße zu Straße hausieren umherging. So kam ich auch in ein kleines Häuschen der Krausenstraße. Hier öffnete mir in einer eleganten Wohnung des zweiten Stockwerks eine ältliche Dame, fertigte mich jedoch kurz ab, weil sie angeblich meine Ware nicht brauchte. Als ich mich hierdurch aber nicht abschrecken ließ, sondern ihr mein Elend nur mit noch schwärzeren Farben schilderte, da wurde sie plötzlich freundlicher zu mir und versprach mir eine Verbesserung meiner Lage, wenn ich ihr einen Dienst erweisen wollte, der mir gar nicht schwerfallen könnte. Sie hätte nämlich eine verheiratete Tochter, aber obschon diese große Freude an Kindern habe, so wäre ihr doch nicht das Glück zuteil geworden, ihren Gatten mit einem Nachkommen zu beschenken. Ich sollte ihr daher irgendeine Mutter nachweisen, die geneigt wäre, ihrer Tochter ein Kind zur Erziehung zu überlassen. Das Kind dürfe aber erst vor einigen Wochen geboren sein. Sowohl Mutter als Kind würden hierdurch ihr Glück machen, denn die Mutter solle ein gutes Geldgeschenk erhalten, und das Kind würde fürstlich erzogen werden und einstmals ein reicher Erbe sein. Während dieser Eröffnung nötigte mich die Dame näherzutreten und zeigte mir in einem zweiten Zimmer eine bildhübsche junge Frau, die sie als ihre Tochter bezeichnete. Diese bestürmte mich mit noch ungestümeren Bitten als ihre Mutter und machte mir noch größere Versprechungen, wenn ich ihren Wünschen willfahren würde. Zugleich setzte man mir ein köstliches Frühstück vor, wie ich es lange nicht genossen, empfahl mir aber Stillschweigen über das mir gemachte Anerbieten.

Als ich die Wohnung verließ, verwickelte mich eine alte Frau, die die Hauswirtin zu sein schien, in ein Gespräch und bestürmte mich mit neugierigen Fragen, was ich in der Wohnung der Damen gewollt und gesehen habe. Zugleich teilte mir die Frau mit, beide Damen wären vor einiger Zeit hier angekommen, schienen sehr reich und aus einem fremden Land zu sein. Sie lebten in geheimnisvolles Dunkel gehüllt und ließen keinen Menschen, nicht einmal ihre Wirtin, über die Schwelle. Die Briefe, die für die Damen kämen, wären mit keiner Adresse, sondern nur mit einzelnen Buchstaben bezeichnet. Ihre Anmeldung bei der Polizei hätten die Damen selbst besorgt. Die Jüngere ließe sich vor niemand in der Welt sehen, und es scheine fast, als ob sie irgendwie einen Fehltritt begangen habe und dessen Folgen hier büßen wolle.

Natürlich hielt ich mich nicht für berufen, der geschwätzigen Alten über meinen Aufenthalt bei den beiden rätselhaften Damen weitere Aufklärungen zu geben, sondern ich begnügte mich, ihr zu sagen, daß man mir den Auftrag erteilt habe, ihnen eine gute Wäscherin zu beschaffen.

Obschon mir das Treiben der beiden Damen höchst rätselhaft vorkam, beschloß ich dennoch, auf das Anerbieten einzugehen, da ich dabei nur gewinnen konnte und es mir nicht schwerfiel, den Wünschen der Unbekannten zu entsprechen. In der jämmerlichen Dachwohnung, in der ich damals mit meinem halbwüchsigen Kind lebte, hauste nämlich auch ein höchst unglückliches, blutjunges Mädchen, das dort in einer elenden, kaum bewohnbaren Kammer vor wenigen Tagen einem Kinde das Leben gegeben hatte. Das Mädchen schien, nach ihrer feinen Wäsche und ihren zarten Händchen zu urteilen, aus guter Familie zu stammen. Aber sie schien auch sehr unglücklich zu sein, denn sie war völlig mittellos und lag oftmals in furchtbaren Fieberphantasien, aus denen eine schwer gekränkte Liebe und schmerzlich getäuschte Hoffnung sprachen. Unsere Wirtsleute behielten das arme Wesen, das uns alle dauerte, mehr aus Mitleid als aus Gewinnsucht, aber freilich vermochten wir weiter nichts für sie zu tun. Wir hatten sie erst in einer Krankenanstalt unterbringen wollen, aber sie beschwor uns kniend und fast wahnsinnig, sie nicht dorthin zu führen, sie auch nicht zu fragen, wer sie sei, woher sie komme und wohin sie gehen würde.

Nachdem die Unglückliche sich einigermaßen erholt hatte, jammerte sie oft, daß sie nicht wisse, was aus ihrem Kind werden solle, denn sie habe niemand, der sich seiner annehmen und für es sorgen würde.

Diesem jungen Mädchen machte ich sofort den Vorschlag, auf das Erbieten der beiden Damen einzugehen. Anfangs wies sie das Angebot hitzig zurück und weinte bitterlich, daß man ihr zumuten könne, sie würde ihr Kind von sich stoßen. Aber als ich dem Mädchen recht lebhaft vorstellte, daß das Kind bei ihr im Elend umkommen müsse, daß es dort aber reich und glücklich würde, daß sie es also vor ihrem eigenen Gewissen nicht verantworten könne, wenn sie das Glück von sich stieße, da wurde das Mädchen nachdenklich und ging endlich auf meinen Vorschlag ein, indem sie mir schluchzend die Hand drückte. Aber sie machte zur Bedingung, daß sie die beiden Damen selbst sehen und hören müsse. Ich setzte sie von dem günstigen Erfolg meiner Bemühungen in Kenntnis, und sie waren geneigt, auf die Forderung des jungen Mädchens einzugehen, sofern es während der Abendstunden und nicht am hellen Tag zu ihnen kommen wolle. Als der Gesundheitszustand der unglücklichen Mutter es nach einigen Tagen gestattete, holte ein Mietwagen sie zu später Abendstunde ab und führte sie mit ihrem Kind zu den beiden Unbekannten. Diese nahmen das Mädchen sehr liebreich auf und wußten sie durch ihr freundliches, fast zärtliches Benehmen dahin zu stimmen, daß sie ihnen das Kind sofort überließ. Sie erzählten, daß sie in Italien zu Hause wären, daß sie aber oft nach Berlin kämen und der Mutter das Kind dann zeigen wollten. Auch würden sie noch mehrere Wochen in Berlin bleiben und die Mutter könne hier ihr Kind recht oft besuchen.

Erst bei Beginn der Nacht verließen wir die beiden Damen, entzückt von ihrer Freundlichkeit. Der unglücklichen Mutter wurde es sehr schwer, sich von ihrem Kind zu trennen, sie ergab sich aber endlich in ihr Schicksal.

Am Mittag des anderen Tages erhielt ich plötzlich einen großen Brief von den beiden Unbekannten, in dem sie mir meldeten, daß unvorhergesehene Umstände sie veranlaßt hätten, sofort abzureisen. In dem Brief lagen zweihundert Taler in Kassenanweisungen, von denen die Hälfte mir, die Hälfte der Mutter des Kindes gehören solle. Zugleich wurden wir nochmals über das Schicksal des Kindes getröstet. Das junge Mädchen, das diesen Brief vorlas, geriet beim Lesen außer sich, fast hätte sie mich umgebracht, indem sie wütend auf mich zustürzte und mich die Räuberin ihres Kindes nannte. Ich beruhigte sie nur mit Mühe, indem ich ihr vorstellte, daß das Glück ihres Kindes gemacht sei und daß sie es später oder früher wiedersehen würde. Diese Vorstellungen wirkten endlich, und ich versuchte, ihnen noch mehr Nachdruck zu geben, indem ich das Mädchen auf den ihr gehörigen Anteil des Geldes verwies. Aber sie stieß die Summe, obwohl sie seit mehreren Tagen fast nichts gegessen, erzürnt von sich, indem sie erklärte, sie hätte ihr Kind nicht verkauft und hätte auch, als sie dem Anerbieten der Fremden gefolgt wäre, nicht ihren Vorteil, sondern nur ihres Kindes Glück im Auge gehabt.

So behielt ich denn das ganze Geld und führte eine gute Zeit hindurch ein glückliches Leben. Auch späterhin erhielt ich noch ab und an von unbekannter Hand bedeutende Geldunterstützungen, aber nach etwa zwei Jahren blieben diese aus. Ich hatte mich gleich nach dem Empfang des verhängnisvollen Briefes nach den Absenderinnen in ihrer früheren Wohnung erkundigt, aber ich hörte hier, sie wären noch in der Nacht nach Neapel, wie sie gesagt hätten, abgereist.

Die Mutter des verschwundenen Kindes blieb nur noch wenige Tage bei mir. In ihrem ganzen Wesen war eine merkwürdige Veränderung vorgegangen. In ihren sonst so sanften Augen glühte ein dunkles, unheimliches Feuer, ihre bleichen Gesichtszüge waren unbeweglich wie Marmor, kein Lächeln lag mehr auf ihren Lippen, und ihre frühere Milde hatte sich in eine barsche, abstoßende Härte verwandelt. Selbst ihre Stimme hatte sich verändert und war viel rauher und männlicher geworden. Nach wenigen Tagen verließ uns das junge Mädchen, ohne daß wir wissen, wohin sie gekommen ist. Auch späterhin habe ich nimmer etwas von ihr erfahren.«

Hier schloß die Lumpensammlerin ihre Erzählung, von welcher sie sehr ergriffen zu sein schien. Denn nach wenigen Sekunden deutete ein lautes Schnarchen darauf hin, daß sie auf ihrem Sitz in tiefen Schlaf gesunken war.

Die Diebe in Berlin

Im Jahre 1847, fast zur gleichen Zeit wie »Die Geheimnisse von Berlin«, erschien eine groß angelegte Untersuchung zur Kriminalität in Berlin, die von dem liberal gesonnenen ehemaligen Kriminalkommissar und königlich-preußischen Kammergerichtsreferendar C.W. Zimmermann stammte: »Die Diebe in Berlin«.

Während die Unterhaltungsromane, die in der Unterwelt spielen, die bewährten Muster der Schauer-, Gauner- und Räuberliteratur auf die beunruhigenden Milieus der Großstadtkriminalität abbilden, begegnet der liberale Polizeibeamte Zimmermann den unterschiedlichen Fraktionen der Eigentumskriminalität auf gänzlich andere Weise: Er versucht, die Masse der »gefährlichen Personen« (in Berlin und Umgebung kommt er auf ihrer 34.000 oder zehn Prozent der Bevölkerung) zu gliedern, Kategorien zu bilden, wo gewöhnlich nur dumpfer Verdacht und trübes Halbwissen herrschen.

Um die grassierende Kriminalität bekämpfen zu können (das Buch soll u.a. der »Belehrung von Polizeibeamten« dienen), muß sie sortiert, exakt vermessen und beschrieben werden. In Zimmermanns Buch kreuzt sich die penible, mitunter auf groteske Weise genaue Beschreibungswut mit der aufgeklärt-liberalen Position des Autors, wo es ihm um Reformvorschläge geht. Er hat seine Schrift wie folgt gegliedert:

- Sicherheitszustand
- Tätercharakteristik und Begehungsweisen
- Kriminalistische Tätigkeit
- Strafrechtliche und strafprozessuale Aspekte
- Strafen und Strafvollzug
- Soziale Einwirkungen und Kontrolle der Verbrecher
- Polizeilich-administrative Aspekte und Möglichkeiten der Behinderung von Straftaten

Wo solche Erkenntnisse nicht aus eigener Erfahrung stammen, sucht er sich sein Material aus Einwohnerlisten, Gefängnisrapporten, Strafblättern der Reviere oder Personalakten überwachter Verbrecher. Zimmermann schrieb seine »Diebe in Berlin« 1844 bis 1846; Anfang 1847 erschien der durch die Zensur stark beschnittene erste Band. Trotz Zensur bleiben zentrale Positionen des Vormärz gewahrt. Steigende Kriminalität wird aus der zunehmenden Verelendung der ›niederen Klassen‹ erklärt; ungleiche Steuern, mangelnde Fürsorge, miserable Erziehung der Kinder der Armen macht er für die hohe Zahl der Eigentumsdelikte verantwortlich. An Resozialisierung ist gar nicht zu denken. Zimmermann meint, »daß es für einen einmal Bestraften, unter den jetzigen Verhältnissen, selbst beim besten Willen fast unmöglich sei, nie wieder rückfällig zu werden«. Aber er mischt sich auch in akute Maßnahmen der Obrigkeit ein. Die in Berlin schon damals übliche Verwendung von Vigilanten (Polizeispitzeln) lehnt er entschieden als unmoralisch ab. Das bringt ihm den scharfen Tadel des Polizeiautors W. Stieber ein, der eine bestechende Rechtfertigung des Vigilantenwesens liefert:

»Wie der Jäger dem Wilde im Dickicht des Waldes nicht ohne den Hund, der dem Wild an körperlichem Bau und an natürlichem Instinkt gleichgestellt ist, nachspüren kann, so kann der Polizeibeamte oftmals auch der Vigilanten auf der Menschenjagd nicht entbehren. Ein Wink von seiten der Vigilanten bringt ihn zuweilen weiter als viele schlaflose Nächte und meilenweite Wege.« (Friedrich Engels nannte Stieber »einen der elendesten Polizeilumpen des Jahrhunderts«.)

Im übrigen schreibt Zimmermann gegen Stiebers Meinung an, der Diebstahl werde von ›gewissen einzelnen Verbrechern‹ nicht aus Not und sozialem Elend verübt, sondern ›nur aus bösem Wille oder Arbeitsscheu‹.

Zimmermann wandte sich entschieden gegen die vollständige Isolierung der Gefangenen in den in Deutschland gerade neu eingeführten Zellengefängnissen, scharf geißelte er Strafkolonien und Deportation, wie die Verschleppung von 300 preußischen Strafhäftlingen nach dem transbaikalischen Nertschinks, die durch eine Übereinkunft zwischen der preußischen Regierung und dem russischen Zaren geregelt war.

Das Geburtsdatum von Carl Wilhelm Zimmermann ist nicht bekannt, er wurde seiner abweichenden Positionen wegen aus dem Polizeidienst entlassen, arbeitete 1845/46 an der vom Verleger Reichardt herausgegebenen Monatsschrift »Der Volksvertreter« mit und starb im Frühsommer 1847.

Der Sicherheitszustand von Berlin, wie er jetzt im allgemeinen ist.
Die Stadt Berlin, welche mit ihrem Weichbild einen Flächenraum von 1,27 Quadratmeilen oder 931.935 rheinländischen Ruten umfaßt, zählte zu Anfang des Jahres 1836 8.714 Privathäuser und eine Bevölkerung von 229.900 Menschen in der Stadt und 16.000 in dem Weichbild. Die Stadt mit ihrem Weichbild macht den sogenannten engeren Polizeibezirk von Berlin aus, welcher mit Einschluß des Tiergartens in 29 besondere Stadtviertel oder Polizeireviere geteilt ist. Der sogenannte weitere Polizeibezirk, welcher z.B. die Kämmereidörfer, ferner die unter dem Rent- und Polizeiamt Mühlenhoff stehenden Etablissements Moabit, den Wedding usw. umfaßt, ist hierbei nicht inbegriffen.

Bei der zu Ende des Jahres 1843 vorgenommenen Einwohnerzählung ergab sich, daß die Bevölkerung mit Einschluß der Garnison sich auf 355.149 Köpfe belief, welche in mehr als 10.000 Privathäusern verteilt waren. Die Zahl der Einwohner hat sich daher von 1836 von 245.900 bis Ende 1843 auf 355.149, also in noch nicht acht Jahren um 109.249 Köpfe vermehrt. Gegenwärtig kann man in runder Zahl die Einwohnersumme mindestens auf 360.000 Köpfe, nämlich 183.000 männlichen und 177.000 weiblichen Geschlechts annehmen.

Die Bevölkerung ist mithin von Ende 1843 bis Mitte 1846, also in noch nicht drei Jahren, wiederum um 4.851 Personen gewachsen, wobei freilich bemerkt werden muß, daß zu vermuten steht, daß in der Wirklichkeit weit mehr als 360.000 Einwohner vorhanden sind, welche sich jedoch vor einer neuen Zählung nicht numerisch genau angeben und vertreten lassen, obwohl auf der anderen Seite nicht zu vergessen ist, daß durch die erschwerte Niederlassung nach dem Gesetz vom 31. Dezember 1842 der Andrang neuer Anzügler und ihrer Familien bedeutend abgenommen hat. Es bleibt jedoch mindestens annähernd das Fazit stehen, daß die Bevölkerung von Berlin in zehn Jahren sich in dem Aufsteigen von 245.900 zu 360.000 Köpfen um 114.100 Köpfe vermehrt hat.

Es ist leicht erklärlich, daß nach den für Preußen so vorteilhaft beendeten letzten Kriegen sowie durch den Gewinn bedeutender neuer oder früher verlorener Provinzen der Andrang der Gesamtbevölkerung des Staats seine Hauptrichtung nach Berlin nehmen mußte, wozu nun noch der Umstand trat, daß vom Frieden ab bis zu dem Erscheinen des obengenannten Gesetzes die Niederlassung am hiesigen Ort außerordentlich erleichtert war, eine Maßregel, die zwar in den ersten Jahren nach dem Frieden, wo es an Menschen in fast allen Branchen fehlte, begründet erschien, welche man aber im Interesse des öffentlichen Wohlstandes und der öffentlichen Sicherheit schon früher hätte modifizieren sollen, wie wir später sehen werden, da immer durch diese große Leichtigkeit der Niederlassungen viele schädliche Bestandteile der hiesigen Bevölkerung zugeführt worden sind, welche auf dieselbe nur nachteilig und verderblich eingewirkt haben.

Berlin ist durch seine Lage von der Bestimmung ausgeschlossen, eine große Handelsstadt zu werden, da ihm die hierzu erforderlichen großen Wasserstraßen und Kommunikationen mit den Meeren fehlen. Seine Aufgabe ist daher die einer Fabrikstadt, und daß sie dieser immer ähnlicher wird, beweisen uns die sich fortwährend mehrenden, schon ganze Straßen einnehmenden, großartigen gewerblichen Anlagen und die neu aufsteigenden Feuermauern der Dampfmaschinen. In der Handelsstadt ist die Masse der Bevölkerung wohlhabender, weil der Verkehr immer wechselt und der Umtausch der Waren und Geldmittel schnell vonstatten geht, während die Fabrikstadt eine größere Menge menschlicher Kräfte träge absorbiert und bei der jetzt auf die Spitze gehenden Konkurrenz der Industrie nur einen geringen Arbeitslohn abwirft. Daher ist Wohlhabenheit der Masse eher in der Handelsstadt zu erzielen, während das Fabrikwesen das Vermögen monopolisiert und auf diese Weise das Proletariat und all seine schrecklichen Folgen begünstigt. Daher springt es aber auch von vornherein in die Augen, daß namentlich Berlin der Gefahr entgegengeht, bei dem Vorhandensein der übrigen, die Armut befördernden Potenzen, besonders auch, da fünf hier ausmündende, teils bereits vollendete, teils im Bau begriffene Eisenbahnen das Kapital verschlingen und dem Gewerbe entziehen, eine immer größer werdende Anzahl von Proletariern in seinen Mauern zu besitzen.

Wenn wir die Verhältnisse zwischen Arm und Reich, Mangel und Erwerb, Proletariat, Verbrechen und Prostitution nunmehr nach Zahlen bestimmen wollen, so stellt sich die Berechnung nach meinen Erfahrungen in dieser Branche so:

Das polizeiliche Einwohnermeldeamt weist zur Zeit (in möglichst runden Zahlen)

1. 6.000 Personen nach, welche wegen Eigentums- oder anderer entehrender Verbrechen peinlich gestraft und wegen ihrer Gemeingefährlichkeit unter strenge polizeiliche Aufsicht gestellt sind;
2. 6.000 Personen, welche entweder nach ähnlicher Bestrafung durch die Widererlangung der National-Kokarde oder der Militär-Ehrenzeichen reha-

bilitiert und der Aufsicht enthoben oder bloß wegen geringerer Vergehen oder im Wege der fiskalischen Untersuchung bestraft oder endlich überhaupt in Kriminaluntersuchungen oder fiskalischen Prozessen nur vorläufig, d.h. von der Instanz freigesprochen sind:
3. 1.000 – 2.000 Individuen, welche je im Sommer oder Winter latitiren (herumstreichen) und ihre Anwesenheit sowie ihren Erwerb der Kenntnis der Polizei zu entziehen sich veranlaßt finden. Hierzu treten aus allen Klassen und Ständen der Gesellschaft
4. 10.000 Prostituierte, außer denen, die ich bereits im Betrage von einigen Tausenden abgezogen und auf die Klassen 1 bis 3 in Anrechnung gebracht habe; endlich etwa
5. 10.000 Bettler, Arbeitsscheue, Vagabunden, Herumtreiber, Obdachlose, Verarmte usw., welche je nach Umständen der öffentlichen Wohltätigkeit oder der Korrektion in den Zwangs-oder Arbeitshäusern verfallen und, wenn die Not drängt, gemeinhin ebenso bereit sind, wie die ad 1 und 3 bezeichneten Subjekte, das fremde Eigentum verbrecherisch anzugreifen.

Dies ergibt eine Summe von ungefähr 34.000 Individuen, welche mehr oder weniger gravirt (schwerwiegt) und daher geeignet sind, im Betreff der öffentlichen Sicherheit größere oder geringere Besorgnisse einzuflößen. (...)

Wenn man erwägt, wie vielfältig die Bedürfnisse dieser die reelle Arbeit und Tätigkeit mehr als die strengsten Strafen verabscheuenden verdorbenen Individuen sind, welche regelmäßig mit liederlichen Dirnen verkehren, vor der Verfolgung der Polizei von einem Quartier oder einer Schlafstelle in die andere fliehen und für die heimliche Beherbergung bei ihren selbst Strafen riskierenden Hehlern, Abnehmern und Konkubinen einen teuren Zins zahlen müssen, ja, in einzelnen Fällen fünf bis zehn Taler für eine Nacht, so verbindet damit sich natürlich die Schlußfolge, daß der Wert des in Berlin gestohlenen Gutes jährlich eine enorme Abgabe für das Gemeinwesen, zur Bereicherung einzelner Diebeswirte, Hehler, Ankäufer usw. sein müsse.

Denn kein Dieb stirbt reich; wie gewonnen, so zerronnen. Daher ist es immer nur die zweite, dritte und folgende Hand, welche den wahren Gewinn aus dem Verbrechen zieht.

Die Erfahrung hat gelehrt, daß nicht alle, namentlich die kleineren und gelegentlichen Diebstähle, zur Kenntnis der Polizeibehörde gelangen. Wenn aber dennoch an jedem Tag durchschnittlich fünfzehn, in den Wintermonaten wohl zwanzig solcher Verbrechen angezeigt werden, so kann man im allgemeinen die Anzahl der jährlichen bei der Polizeibehörde angemeldeten, also nicht ganz unbedeutenden Diebstähle auf 5.500 berechnen, wobei natürlich die größere Strenge oder längere Dauer des Winters, der Mangel an umfangreichen, öffentlichen Arbeiten, die jeweilige Teuerung der Lebensmittel usw. ein bedeutendes Gewicht in die Schale werfen.

Nehmen wir durchschnittlich den Betrag jedes angezeigten Diebstahls nur auf 20 Taler, und dies ist gering, da Diebstähle an Wert von 500, 800, ja mehreren 1000 Talern keine Seltenheit sind, und vergleichen wir damit, daß nur höchst selten und wenig wertvolles Gut wieder herbeigeschafft wird, da der Ertrag des Verbrechens sofort nach der Verübung aus der Hand der Diebe in die der Hehler verschwindet, so werden, bei der allergeringsten, jedoch nicht auf einer ganz untrüglichen Basis zu errichtenden Schätzung, im Vergleich mit dem, was jene professionierten Diebe zu ihrem Unterhalt gebrauchen, jährlich in Berlin wenigstens, mit Einschluß der übrigen Eigentumsverletzungen wie Betrug usw. 150.000 Taler an Wert, also so viel, als der städtische Armenetat kostet, auf verbrecherischem Wege dem Besitz und Verkehr entzogen.

Wie viele Diebstähle ermittelt und die Täter deshalb zur Untersuchung und Strafe gezogen werden, darüber läßt sich keine einigermaßen bestimmte Angabe machen. Gewöhnlich wurden, bis zum 1. Oktober dieses Jahres, die vom Kriminalgericht desiderierten oder zu den polizeilich erhobenen Beweisen gehörigen Diebstahlsanzeigen dem Gericht übergeben, ohne daß weiter von der Polizeibehörde eine Kontrolle darüber geführt wurde. Indessen scheint es, als ob von der Menge der vorgefallenen Eigentumsverbrechen nur ein kleiner Teil ermittelt wird, wenn nicht die Täter, bei der jetzt sehr wach gewordenen Aufmerksamkeit des Publikums, in flagranti festgehalten oder später zu einem sogenannten Lebensgeständnis bewogen werden. Damit ist es aber sehr trüglich, wie ich hier, nach der lediglich auf das Praktische gerichteten Stellung dieser Blätter, gleich voranführen will.

Sobald ein Dieb, der nach der Skala der Diebstahlsstrafen eine mehrjährige Freiheitsberaubung verwirkt und dergestalt eines Verbrechens überführt ist, daß er einsieht, Leugnen oder Lügen hilft nichts mehr, so entschließt er sich oft in der ersten Aufwallung und in der Hoffnung, sein Schicksal dadurch leidlicher zu gestalten, zum Lebensgeständnis, d.h. zum Bekenntnis aller Verbrechen und Vergehen, deren er sich allein oder mit Komplizen je schuldig gemacht hat. Allein bald bereut er seinen Entschluß. Er sieht, daß das Maß seiner Schuldbarkeit sich durch die abgelegten Geständnisse bei weitem gesteigert hat. Er fängt nun rasch an, wie die Diebe sagen, seinen Emmes zu putzen, d.h. seine Bekenntnisse möglichst zu seinem Vorteil zu modifizieren, und dies gelingt ihm in der Regel am besten, wenn er, neben erweislichen Tatsachen, nunmehr auch offenbar unrichtige hinstellt. So machte es z.B. vor zwei Jahren der geständige Dieb H...vich, welcher mehr als dreihundert Diebstähle einräumte, bei deren Verübung er sich beteiligt haben wollte, und von welchen es sich nachher ergab, daß sie zu einer Zeit begangen waren, wo H. oder die von ihm bezeichneten Mittäter in Gefängnissen oder Strafanstalten eingesperrt gewesen waren. Daher sind solche Lebensgeständnisse nicht immer als reuige Selbstanklagen ohne weiteres hin anzunehmen, besonders da sie ein verschmitzter Dieb oft dazu benutzt, um sich durch falsche Denunziation gegen seine früheren Feinde zu rächen.

Ähnlich machte es der bekannte falsche Vigilant (Polizeispitzel), Siedenwirker B. Dieser, welcher sich rühmt, sich durch 22 Kriminaluntersuchungen wegen Diebeshehlerei, Teilnahme an Vorteilen von Diebstählen usw. durchgelogen zu haben, konnte in seiner vorletzten Untersuchung nicht umhin, auf der einen Seite Konzessionen zu machen, die auch zu seiner Bestrafung führten, um sich auf der anderen Seite, wo er noch mehr graviert dastand, zu decken. Was tat er? Jetzt schuldigte er alle seine Feinde der Teilnahme an dem zugestandenen Diebstahl böswillig an, weshalb diese – als bereits bestrafte Personen – aufgrund seiner sonst glaubwürdigen Angaben hin verhaftet wurden und längere Zeit in Haft bleiben mußten, ohne jedoch bestraft werden zu können. Ein ähnlicher Fall scheint jetzt vorzuliegen. Der Vergolder August L., ein von Jugend auf verdorbener Mensch, obschon ich seine Mutter und seine Schwester von rechtlichen Seiten kenne, ist oft bestraft, hat aber seinen diebischen Verkehr, z.B. mit der jetzt zu Brandenburg detinierten berüchtigten Privatschreiberfrau P., Wilhelmine geb. M., dem oft gestraften Koloristen Wilhelm W., dem bereits verstorbenen Dieb W...ßb...m, und anderen gefährlichen Individuen ununterbrochen fortgesetzt und ist zuletzt bei einem gewaltsamen Diebstahl mit anderen Genossen treese gefallen, d.h. auf der Tat mit den Diebesinstrumenten (dem Schränkzeug) ertappt und verhaftet worden. Bei Gelegenheit einer Vorführung gelang es ihm, durch ein geöffnetes Fenster einen Stock hoch auf das Straßenpflaster am sogenannten Krögel herabzuspringen und ohne Schaden zu entkommen. Seine Wiederverhaftung erfolgte bald, und da er überdies sich schon in früherer Zeit in einer Polizeiarrestnummer einmal bei der von dem Privatschreiber Sch. geweigerten Abführung nach dem Arbeitshaus tätlich und heftig gegen die Gefangenenaufseher und sogar die Wachmannschaft widersetzt hatte, auch anderweit seine Gefährlichkeit bekannt war, wo wurden ihm sogenannte Fußspringer angeschmiedet und er damit an die Wand geschlossen. In dieser allerdings sehr unbequemen Lage entschloß er sich ebenfalls zum vollständigen Lebensgeständnis, natürlich nur, um der Ketten entledigt zu werden, und ich möchte wetten, daß er es wie alle macht und die Wahrheit so mit Lügen vermischt, daß es sehr schwer fallen wird, das Richtige vom Falschen zu scheiden.

Diese Abschweifung hielt ich für zweckmäßig, um den Satz näher zu begründen, daß für das Maß der Ermittlung der vorgefallenen Eigentumsverbrechen, also auch für die bewiesene Verdienstlichkeit der Polizei in dieser Hinsicht es im allgemeinen an Daten mangelt, obschon ich zugestehe, daß einzelne, besonders qualifizierte Fälle eine Ausnahme davon machen.

Ich glaube, durch diese allgemeinen Betrachtungen nunmehr dargetan zu haben, daß, wenn Berlin auch rücksichtlich der Verbrecher noch nicht mit London, Paris, New York und Neapel in gleichem Verhältnis steht, denn diesen vier Städten, namentlich den Neapolitanern, welche 100.000 Diebe und Bettler, 100.000 Soldaten, 100.000 Pfaffen und Mönche und nur 100.000 Einwohner in ihrer Stadt haben sollen, muß man jenen nicht beneidenswerten Vorzug lassen, dennoch in Berlin das Proletariat in sehr bedenklichem Zunehmen begriffen ist, daß die Erzeugnisse desselben, das Verbrechen und die Prostitution, sehr wucherlich emporschießen und daher jeden Menschenfreund mit trüben Ahnungen erfüllen. Wir werden im Laufe der Darstellung tiefere Blicke in das Getriebe und den Organismus dieser beunruhigenden Gestaltungen der Gegenwart zu werfen Gelegenheit haben.

Charakteristik und Physiognomie der hiesigen Diebeswelt im allgemeinen

Man verstehe mich nicht falsch, daß ich jene verbrecherischen Individuen nicht in einzelnen Gestalten, sondern in einem Gesamtbegriff, in einer Kollektivform auffasse. Zwar hat bei uns nicht, wie in England und besonders in Nordamerika, daß Associationswesen (Bandenwesen) so tiefe Wurzeln gefaßt und fassen können, weil die Staatsverhältnisse ihrer Natur nach solche Vereinigungen nicht begünstigen, daher kann man auch nicht von Diebesassoziationen und organischen Verbindungen sprechen, und ich bin der Überzeugung, daß in dem Sinne, wie manche Schriftsteller, bloß um die Leser zu fesseln, derartige Verhältnisse dargestellt haben, solche weder in

Amerika noch sonst in einem geordneten Staat existieren, denn das würde die größte Schwäche, Ohnmacht und bereits der äußerste Verfall des öffentlichen Lebens sein, wo die Verbrecher in organisierten Koalitionen dem Eigentum gegenüber zu stehen vermöchten. Nur bei Kriegs- und anderen Landplagen bilden sich Verbrecherbanden, welche zu vertilgen das erste Bestreben der wieder erwachenden öffentlichen Ordnung ist. Von solchen allgemeinen Verbindungen oder gar von förmlichen Einrichtungen oder Satzungen unter den Verbrecherklassen selbst kann also selbstredend nicht ausgegangen werden, sowenig hier in Berlin als in irgendeiner anderen zivilisierten Stadt. Allein dies ist richtig: Die Verbrecherklassen jeder großen Stadt spiegeln, wie ich bereits angedeutet, mehr oder weniger die Sitten des großen Haufens nur mit dem Unterschied ab, daß jene Sitten, jene Gewohnheiten, jene Redeweisen eben bei dem Ausscheiden der Verbrecher aus dem moralischen Teil der Gesellschaft eine gewisse stereotype Form angenommen haben, welche sich bei jedem einzelnen Individuum jener Klasse für den Kenner wahrnehmbar kundgibt. Daher wird der, welcher die Berliner Diebe genauer kennenlernte, ebenso wie bei den Prostituierten selten in Gefahr kommen zu irren, wenn er, auch ohne jedes direkte Moment, aus dem kurze Zeit lang beobachteten Tun und Treiben des Individuums auf seine Sittlichkeit oder Erwerbsquelle schließt, vorausgesetzt, daß nicht der Fall einer Mystifikation vorliegt.

Die bisherige Polizeiverfassung hatte ihr Gutes, aber auch viele Mängel. Zu den letzteren zähle ich besonders, wie später genauer nachgewiesen werden wird, daß sie die Gefallenen von dem moralisch gesunden Teil der Einwohner wider ihren Willen streng absonderte und die ersteren dadurch auf eine unheilvolle Gemeinschaft bloß unter sich anwies.

Dieser Umstand war es, der, verbunden mit dem natürlichen Gefühl der Verbrecher, die Beobachtung des besseren Teils der Gesellschaft zu fliehen und die Schande unter Gleichgesinnten zu verbergen, auch hier in Berlin, wie in allen großen Städten, jene gesunkenen Menschen aufeinander beschränkt und daher ihnen einen gewissen gleichartigen Typus aufgeprägt hat. Dazu tritt nun das gemeinschaftliche Zusammenleben in Untersuchungs-, Straf- und Korrektionshäusern, der ewige Verkehr, in welchen sie, allein in Berlin, durch die Einsperrungen im Polizei-, im Kriminalarrest und im Arbeitshaus gebracht werden, und so ist es denn diese Gemeinschaft gewesen, welche das Resultat herbeigeführt hat, welches ich als erfahrungsmäßig verbürge:

1. daß, mit wenigen Ausnahmen, alle gestraften, professionierten Diebe (Berufsdiebe) Berlins einander kennen,
2. daß sie deshalb auch einen ununterbrochenen, der öffentlichen Sicherheit gefährlichen Verkehr untereinander unterhalten,
3. daß alle Besserungsmaßregeln bei dieser Klasse sehr problematisch sind, weil die Bekanntschaft zur Gesellschaft und diese wieder zu diebischen Vereinigungen führt.

Vorzüglich wird aber das gesellige Zusammenleben dieser Individuen durch jene Menge von Kellern, Branntweinläden, Tanzböden, in und außerhalb der Stadt, und jene Puppenspiellokale unterstützt, welche regelmäßig fast nur von Bestraften, deren Dirnen, welche in der Mehrzahl auch bestraft sind, und von solchen Leuten besucht werden, welche von dem Umgang mit jenen Verbrechern Vorteile ziehen. Hier wird man entgegnen, daß es nur von der Polizei abhänge, diesem Treiben ein Ende zu machen, wenn sie alle derartigen Diebesherbergen schließen oder so streng überwachen lasse, daß jene Verbrecher von selbst daraus fortblieben. Dies halte ich praktisch nicht für ausführbar, auch nicht für zweckdienlich, selbst wenn die hiesige Polizeimannschaft auf das Dreifache vermehrt werden sollte. Denn
1. gibt es, wie wir sehen werden, eine, und zwar die gefährlichste Klasse der hiesigen Diebe, welche jenen äußerlichen Verkehr vorsichtig vermeiden,
2. finden Diebe, welche viel Geld verzehren, im Geheimen Gelegenheiten genug zu ihren Debanchen (Gelagen) und entgehen dann
3. gänzlich der polizeilichen Sürveillance (Überwachung), welche nun so wenig ihre Verbindungen als ihre Geldmittel zu erforschen vermag auch bei dem zur Zeit noch bestehenden Vigilantensystem nicht mehr imstande ist, die ihr Verdächtigen im Zustand der Trunkenheit usw. durch die polizeilichen Späher oder Späherinnen auskundschaften und daher über begangene oder zu begehende Verbrechen Nachricht einziehen zu lassen.

Jene öffentlichen Lokale sind es aber vorzugsweise, wo sich der Ton der hiesigen Diebe am besten kundgibt, da sie dort in der Regel die gène (Scham) vergessen, die sie sonst noch zu bewahren pflegen. Daß derselbe eben kein feiner sein kann, bedarf wohl keiner Frage, da die Mehrzahl der hiesigen Verbrecher und ihrer Dirnen dem Trunk ergeben ist. Namentlich aber führen die letzteren im Rausche mitunter Szenen auf, wobei das sittliche Gefühl sich entsetzt wegwendet, die rohe Gesellschaft aber in die wildeste Lustbarkeit ausbricht.

Durch das von jeher für hier nötig oder nützlich erachtete Vigilantensystem ist in dem geselligen Leben der Diebe, in ihren gemeinschaftlichen Plänen auf fremdes Eigentum, ein großes wechselseitiges Mißtrauen herrschend geworden. Keiner traut dem anderen, weil er in ihm den Verräter fürchtet. Es sind immer nur wenige Personen, welche untereinander zusammenhalten und eine feste Gesellschaft, eine sogenannte Kabruse, bilden. Daher sind sie auch sehr vorsichtig mit ihren Mitteilungen aus der Vergangenheit, und ich möchte keinem, der sie unter der Maske des Zutrauens listig aushorchen wollte, hierzu raten, entsetzliche Schläge würden sein Lohn sein. Überhaupt gibt es unter den Dieben keinen größeren Schimpf, als ein fauler, d.h. ein Verräter zu sein, jenen Vigilanten stellen sie grimmig nach und machen ihrem Zorn oft erst dann Luft, wenn sie mit denselben in Gefängnissen oder Strafanstalten wieder zusammenkommen.

Es ist merkwürdig, daß fast jeder Dieb seine besondere Geliebte hat, die, ohne jedoch auf gänzliche Exklusivität während der Dauer dieses Verhältnisses Anspruch zu machen, sich als ihm gehörig betrachtet. Ja, die Lohndirnen der aufgehobenen öffentlichen Häuser hielten sich gemeinhin ein solches Individuum, welches sie ihren Bräutigam nannten und welchem sie alles zusteckten, was sie vermochten. Diese Neigung der Diebe zu dauernden Verbindungen trägt für ihre Existenz viel Gefährliches in sich. Zu vertraut geworden mit solchen Frauenzimmern, bei welchen sie heimlich wohnen und nächtigen, bleibt es nicht aus, daß sie dieselben in ihr Gewerbe einweihen müssen und daher später von ihnen verraten werden, wenn ein solches Verhältnis – der Natur der Sache nach – früher oder später wieder aufgelöst wird.

Ein anderer Nachteil für jene Verbrecher, den sie sich aber selbst beizumessen haben, ist der, daß sie ihre äußerliche Lage zu wenig berücksichtigen. Kaum angemeldet in einer Schlafstelle oder Arbeit, verlassen sie dieselbe bald wieder und gehen dem ihnen angeborenen Hang zum liederlichen Umherschweifen nach. Ein anderer Grund hiervon ist auch die fortwährende Nachfrage und Visitation der Polizei.

Sobald ein bestrafter Mann latitiert, wird ihm nachgestellt, und nach seiner Verhaftung erwarten ihn Einsperrungen im Arbeitshaus, welchen er natürlich so lange wie möglich zu entgehen sucht und daher bald hier, bald dort nächtigt und seine Aufnahme oft so teuer bezahlen muß, daß er in einem solchen wilden Leben bei weitem stärkeren Antrieben zu Verbrechen unterliegt, als wenn er in einer festen Wohnung und in einer, auch nur scheinbaren, Arbeitsstelle existierte. Der kluge Dieb hält daher auf feste

Wohnung und Arbeit; letzteres ist so zu verstehen: Er arbeitet nicht, er stiehlt bloß, aber er bringt eine Bescheinigung von einem sogenannten Putzmeister bei, welcher gegen Entgelt schriftlich versichert, daß der Dieb bei ihm für einen bestimmten Wochenlohn in Arbeit stehe und fleißig arbeite, und nachher den kontrollierenden Polizeibeamten diese Versicherung wörtlich wiederholt. Solcher Putzmeister gibt es hier viele, die von diesem Geschäft ein förmliches Gewerbe machen, besonders mit den liederlichen Dirnen, welche bei ihnen auf Putz, Handschuhe nähen, Schuhe einfassen, Schlafröcke wattieren usw., und es wird der Polizei oft sehr schwer, solchen, vorgespiegelten Arbeitsverhältnissen auf die Spur zu kommen, wenn besonders der angebliche Arbeiter bei seinem noch nicht bestraften Putzmeister wohnt oder sonst seinen gewöhnlichen Verkehr hat. Diese Atteste bringen ein schönes Geld ein, daher gibt es aber auch gar zu viele Personen, welche Diebe, Spieler, Prostituierte bei jeder Berührung mit der Polizei in ihren Schutz nehmen und denselben jederzeit kräftig durchzusetzen wissen. (...)

Nach allen diesen praktischen Wahrnehmungen glaube ich nunmehr die Tatsache außer Zweifel gesetzt zu haben: daß unter den meistens schon mit der peinlichen Justiz in Konflikt gewesenen Individuen, welche als Grundsatz den rechtlichen Broterwerb verabscheuen und das fremde Eigentum befehden, eine sozusagen stillschweigende Vereinigung oder Verbrüderung stattfindet, welche auf der einen Seite um sie selbst herum ein engeres Band zieht, auf der anderen Seite die nicht zu ihrem Anhang gehörigen, d.h. die ehrlichen Leute, in einem schroffen Gegensatz zu ihnen erscheinen läßt.

Hiernach scheidet sich in Berlin, wie in jeder anderen großen Stadt, die Welt des Unrechts von der Welt des Rechts. Die Diebe bezeichnen dies mit zwei Worten: kess und witsch.

Die Kessen, d.h. die Klugen, Wissenden, Eingeweihten, dies sind die Diebe selbst mit allem ihrem Anhang, mit ihren vertrauten Hehlern, Kundschaftern, Abnehmern und Helfern, welche ihre natürlichen Feinde erblicken in den Witschen, d.h. den Dummen, Nichteingeweihten, also überhaupt den sämtlichen ehrlichen Leuten in der Welt, weil die Kessen es darauf abgesehen haben, auf unredlichem Weg von dem Besitztum der Witschen zu subsistieren. Daher wird alles, was die Gaunerwelt und ihre Praxis betrifft, mit dem Prädikat kess, und was die ehrlichen Leute und ihr Treiben anlangt, mit dem Prädikat witsch bezeichnet. Ein kesser Junge oder, wie man auch sagt, ein schwerer Gannew (i.e. Dieb) zu sein ist sonach unter den Verbrechern ebenso eine Ehre, als es für eine große Schmach gilt, ein fauler

Junge, d.h. ein Verräter, oder eine witsche Hanne, d.h. ein dummer Tölpel (im Diebeshandwerk), genannt zu werden.

Es liegt in der Natur der Sache, daß, wie die bürgerlichen und geselligen Verbindungen der Diebe, so auch ihre geschlechtlichen Verhältnisse sich nur in der Sphäre bewegen, die von der gesitteten Welt abgegrenzt ist. Ein Kesser wird daher wohl nicht leicht eine Witsche heiraten, so wenig als ein Witscher sich um ein Frauenzimmer bewerben wird, die ihre Jugendbildung in diebischen Kreisen empfangen hat. Ein Glück ist es noch, daß die Mehrzahl jener Verbrecher, mit den in der Folge zu machenden Modifikationen, im ehelosen Stand verbleibt oder in Konkubinatsverhältnissen lebt, welche von der Polizei oder von den Beteiligten selbst gewöhnlich wieder aufgelöst werden und bei dem übrigens ausschweifenden Wandel jener Dirnen wenig für die Bevölkerung versprechen.

Leider haben wir in Berlin so viele Familien, die sich in der Sicherheitspolizei eines ganz besonders schlimmen Rufs erfreuen. Die Eltern waren Diebe und endeten zum Teil in den Zuchthäusern. Die Töchter legen sich auf die feile Unzucht und, wenn die Reize verblühen, auf die Kuppelei; die Söhne treten in die Fußstapfen der Väter. Von jenen Familien sitzen aber auch regelmäßig eins oder mehrere Glieder in den Zuchthäusern, ja, es scheint, als ob dieselben bestimmt wären, sich in einer gewissen Reihenfolge dort immer wieder abzulösen; z.B. die bekannte Familie Br. Der im Verbrechen ergraute Vater starb vor zwei Jahren in völliger Geistesdumpfheit. Der älteste Sohn, der, wie sein jüngerer Bruder und die ältere Schwester, körperlich mißgestaltet ist, starb als meineidiger Betrüger im Arbeitshaus, weil ihn, den Krüppel, die Strafanstalt nicht aufnehmen konnte. Gleiches Verbrechen hat die ältere Schwester begangen. Das jetzige Haupt der Familie, der Seidenwirker Br., ist der im zweiten Kapitel geschilderte falsche Denunziant, Diebeshehler und Brenner (d.h. im Sinne der Kessen). Seine Frau steht ihm hierin trefflich zur Seite und ist überdies eine gefährliche und geschickte Ladendiebin. Sein ältester Sohn kommt fast aus den Zuchthäusern und Kriminalgefängnissen nicht heraus und lebt mit einer Diebin Fl., die er seine Braut nennt. Die jüngeren Kinder sind noch unerzogen, sehen aber nur schlechten Verkehr. Die Schwester jenes Seidenwirkers war öffentliche Dirne und ist jetzt einem Musiker nach Amerika gefolgt. Der jüngere Bruder ist einer der bekanntesten Taschendiebe und falschen Vigilanten in Berlin und sitzt zur Zeit im Zuchthaus. Seine Frau, früher lose Dirne in der Königsmauer, welche ihn geheiratet hat, um das hiesige Domizil zu gewinnen, ist ebenfalls Diebin, obschon sie bisher der strafenden Gerechtigkeit noch zu entgehen gewußt hat. Der schlechteste Zug aber in der geschilderten Familie ist der, daß die einzelnen Glieder wechselseitig einander ausspionieren und bei den Polizeibeamten denunzieren.

Eine ähnliche ist die Familie M...r. Die Eltern sind berüchtigte Hehler von flüchtigen Dieben und gestohlenem Gut. Der Sohn verbüßt auf eine lange Reihe von Jahren die Strafe des zweiten gewaltsamen Diebstahls. Die ältere Tochter, geschiedene M....ch, ist eine berüchtigte Ladendiebin und Hehlerin, die jüngere, früher inskribierte Lohndirne, hat sich mit einem Taschendieb verheiratet und befindet sich, zur Zeit wenigstens, äußerlich ganz wohl, da beide Teile ihre unlauteren Erwerbsquellen vereinigen.

Nach diesen Beispielen könnte es den Anschein gewinnen, als ob die verschiedenen Arten der Eigentumsverbrecher, welche sich in den einzelnen Familien vorfinden, auch im allgemeinen in der Diebeswelt in einer solchen gleichmäßigen wechselseitigen Beziehung ständen. Dies ist jedoch nicht der Fall und kann auch der Natur der Sache nach nicht der Fall sein. Obschon die Kessen den Witschen gegenüber eine, ich möchte sagen, stillschweigende Allianz bilden, so scheiden sich doch die Diebe in Berlin im allgemeinen in vier große Klassen, welche, wo nicht spezielle persönliche Verhältnisse hinzutreten, nur in einem sehr oberflächlichen, fast nur durch das Gefängnis und die Strafanstalt, vielleicht auch durch die Kneipen erhaltenen gegenseitigen Rapport stehen.

Die erste Klasse bilden, ich möchte sie die sicheren, stillsitzenden Diebe nennen. Diese sind die klügsten und für die Polizei wie für das reichbegüterte Publikum die gefährlichsten. Durch früher erlittene Strafen des gewaltsamen Diebstahls vor den Folgen der Rückfälligkeit dieses Verbrechens geschreckt, aber es dennoch sehr bequem findend, aus fremdem Geldbeutel zu leben, haben sie ihre Stellung überlegt und sind durch die Betrachtung, daß zuweilen die kessesten Leute, von denen es niemand erwartet hat, ein Lebensgeständnis ablegen, zu der Einsicht gelangt, daß man keinem Kabber, d.h. keinem Komplizen, trauen dürfe. Die Folge ist, daß sie sich in Zukunft nur auf ihre eigene Person allein verlassen und, um jede Berührung mit der Polizei möglichst abzuwenden, eine ordentliche Wirtschaft, je nach ihrer Hantierung, begründen. Gemeinhin sind sie verheiratet und treiben das Geschäft eines gewöhnlichen Handwerkers, Holzbauers, Arbeitsmanns, Händlers u. dgl. Sie sind fleißig, d.h. vor den Augen des Publikums und besonders der Polizei – namentlich fällt mir hier einer der Gefährlichsten ein, der möglichst alle Woche recht sichtbar vor den Augen der Revierbeamten schweißtriefend Holz kleinmacht, um über die schwere Arbeit klagen zu können –, und halten sich in der Regel vom Verkehr der gewöhnlichen Diebe frei oder beschränken sich nur auf einen oder den anderen vertrauten Abnehmer, welcher, wie oft, noch gar nicht gestraft und auch aus anderen Gründen der Polizei nicht verdächtig ist. Ein solcher Dieb, der immer im Vorrat ist, läßt oft mehrere Jahre verstreichen, bevor er wieder ein Verbrechen begeht. Da er aber beim Holztragen, beim Ausschmieren der Öfen usw. die schönste Gelegenheit hat, sich einen guten Masematten zu baldowern, d.h. sich einen einträglichen Diebstahl auf Schlüssel und andere Instrumente, ganz genau mit Berücksichtigung aller Lokalitäten, der passendsten Zeit zur Ausführung und der vorteilhaftesten Art derselben genau anzusehen, so wird er auch – wenn er alle Eventualitäten genau erwogen hat – nicht zögern, zur Ausführung zu schreiten, welche ihm bei den getroffenen Vorsichtsmaßregeln gewöhnlich gelingt, besonders da die eigene Frau gemeinhin dabei die Wache hält.

Eine große Zahl der beträchtlichen Diebstähle, über deren Urheberschaft auch nicht der leiseste Hauch in der Diebeswelt wahrzunehmen war, sind in den letzten Jahren unzweifelhaft von solchen vorsichtigen Verbrechern begangen worden, und es ist, obschon oft viel Gold, Silber und Papiergeld dabei entwendet wurde, der angestrengtesten Nachforschungen ungeachtet nichts über den Verbleib des Gestohlenen zu ermitteln gewesen. Zu dieser Klasse von Dieben zähle ich aber auch diejenigen noch nie bestraften, welche zwar das Gaunerhandwerk erlernt, jedoch früher das Glück gehabt haben, mit der Kriminalpolizei nie in Berührung zu kommen, die daher auch teilweise gänzlich unbekannt sind und a priori zu der Erkenntnis gelangten, welche bei ihren Genossen erst eine Folge der im Zuchthaus angestellten Betrachtungen war. Alle diese Diebe leben in einem verhältnismäßigem Wohlstand, und es gibt sogar einzelne unter ihnen, welche ihren Kindern eine ganz tüchtige Erziehung geben, um sie zu einem ehrlichen Beruf vorzubereiten, während sie für ihre Person nicht vom Verbrechen ablassen können und dessen Ertrag teilweise für das künftige sittliche Wohl ihrer Kinder verwenden.

Eine zweite besonders markierte Diebesklasse sind die Taschendiebe – ich meine die sogenannten feinen Taschendiebe, welche die hommes de la bonne société (Männer der guten Gesellschaft) unter den Spitzbuben bilden.

Der Taschendieb hat selbstredend ein anderes Terrain zu bearbeiten als der gewaltsame oder Schlüsseldieb. Während der letztere die Stunden der Nacht, besonders den frühen Morgen, die Abwesenheit der zu Bestehlenden und anderer menschlicher Wesen vom Ort des Verbrechens benutzen muß, um sein lichtscheues Gewerbe zu betreiben, so ist es gerade umgekehrt die nächste körperliche Berührung mit dem zu Bestehlenden, die Anwesenheit von möglichst vielen Menschen an einem Ort, wovon der Taschendieb sich Erfolg versprechen kann. Daher ist das Leben der gewaltsamen und der Taschendiebe zu sehr entgegengesetzt, als daß zwischen beiden Diebesklassen Beziehungen stattfinden sollten, denn während die ersteren in der Regel den Tag fliehen und die Finsternis zur Gefährtin wählen, sind es die Morgenparaden, die Eingänge zu den Konzerten, Schauspielhäusern und öffentlichen Museen, die Märkte und stark besuchten Promenaden, wo der Taschendieb seine Freier nüscht, d.h. wo er durch leise Berührungen der Rocktaschen nach Dosen, Brieftaschen, Börsen visitiert, um bei deren Vorhandensein einen glücklichen Griff zu versuchen. Daher bedarf aber auch der Taschendieb, um nicht auffällig zu erscheinen, einer anständigen und modernen Garderobe; er trägt nach Umständen einen Backen-, Schnurr- oder Knebelbart, indem er sogleich nach seiner Entlassung aus dem Zuchthaus, wo bekanntlich keine Bärte oder langes Kopfhaar geduldet werden, sich die Pflege seines Haarwuchses zur angelegentlichen Pflicht macht, um die Diebesphysiognomie loszuwerden, bekleidet sich mit einem Spanier – weil aus diesem heraus sich bequemer manipulieren läßt als aus einem weiten Mantel oder einem zugeknöpften Paletot –, einem Polkahut, einer Rongemütze, und zwar mit der letzteren – welche die Diebe selbst »die Drückermütze« nennen (denn Drücker i.e. Taschendieb) – um so lieber, weil er dieselbe tief in die Augen oder von der Seite herabziehen kann, um sich auf diese Weise dem Auge der Polizei möglichst unkenntlich zu machen. Von diesen Dieben wird in einem besonderen Kapitel ausführlich die Rede sein, und ich bemerke nur, daß die Mehrzahl von ihnen sich in der neuesten Zeit – natürlich mit öffentlichen, zum Teil bereits der Fortweisung unterworfenen Dirnen – verheiratet hat, wodurch einmal sowohl der Mann, der eine eingerichtete Wohnung und Wirtschaft erhält, als auch die Dirne, die sich auf den Mann stützt, der Polizei gegenüber viel sicherer stehen, sodann aber auch ihren beiderseitigen Verdienst vereinigen, also doppelt erwerben.

So sehr selten ist es übrigens nicht, daß Drücker auch gewaltsame Diebstähle und umgekehrt die Schlüsseldiebe einen Taschengriff exerzieren. Eine gute Gelegenheit zum Stehlen läßt überhaupt kein Dieb im Stich.

Die dritte charakteristische Klasse von Dieben gehört ebenfalls zur Kategorie der gewaltsamen, sei es durch eigentliches gefährliches Einsteigen oder Einbrechen in die Hausräume oder durch geschickte Führung der Nachschlüssel. Ich halte die Diebe dieser Klasse für die gefährlichsten in Berlin, denn von ihnen gehen die meisten jener Diebstähle aus, welche durch die Kühnheit der Ausführung, z.B. durch Erklettern der oberen Stockwerke mittels Leitern oder Gasröhren von der Straße aus, durch zersägen der Eisentraillen, Übersteigen der Hofmauern und Eindringen in Zimmer, wo die zu Bestehlenden in tiefem Schlaf liegen oder durch den Wert des gewaltsam Entwendeten das Publikum in Schrecken setzen. Diese Diebe sind regelmäßig nirgends angemeldet, nächtigen fortwährend bald in dieser, bald in jener platten Penne, d.h. an einem Ort und bei Leuten, wo sie – gegen Entgelt – heimlich aufgenommen werden, oder bei Diebesdirnen, die sich ihr Zutrauen erworben haben, lassen sich sehr selten in Kneipen, vor der Polizei möglichst gar nicht sehen und verbrauchen daher zu ihrem Nomadenleben viel Geld, weshalb sie, beim Mangel auch nur eines Scheins von Arbeit oder reellem Erwerb, fortwährend zu Verbrechen gedrängt werden, bis Zufall oder Späher sie der Justiz oder der Polizei in die Hände führen, wo im ungünstigsten Fall die Strafen der Arbeitsscheu – nach dem strengen Gesetz vom 6. Januar 1843 – ihrer warten. Ein Beispiel genüge hier. Es war vor zwei Jahren, als der ein- oder zweimal wegen Betrugs in einer Strafsektion detiniert gewesene Privatschreiber Bethge oder Bethke – zur Zeit in Frankfurt/O. in Haft und Kriminaluntersuchung oder bereits in der Strafanstalt – mit einem bis dahin auch nur wenig bekannt gewesenen Schmiedegesellen, Erdmann Friedrich Schulz, und einigen anderen Personen nicht bloß hier in Berlin, sondern außerhalb, wie in Frankfurt, Beeskow usw., höchst verwegene und bedeutende gewaltsame Diebstähle ausführte. Wie die Vigilanten erzählten, hatte er an einem Abend in einem Keller der Luisenstadt über hundert Taler verspielt und am anderen Tag schon wieder die gleiche Summe besessen. Er und Schulz hatten mit dem Geld rein um sich geworfen und Bethge manchmal fünf bis zehn Taler für die Nachtpenne bezahlt. Die Ergreifung dieses in der Tat plötzlich als höchst gefährliches Individuum aufgetretenen Menschen gelang aber auch erst dann, als seine Geliebte, die unverehelichte Eckardt, eine mehrfach gestrafte Person, sich endlich, nachdem man sie sogar hatte verhaften müssen, entschloß, ihren Liebhaber den Sicherheitsbeamten nachzuweisen. Solcher gefährlichen Charaktere besitzt zwar die hiesige Diebeswelt nicht viele, es ist aber auch gegenwärtig an dem

Barometer der Eigentumssicherheit in der hiesigen Residenz sehr wohl zu spüren, daß, wie die Häupter der Taschendiebe, so auch die Mehrzahl der Individuen aus der dritten Klasse, durch die große Aufmerksamkeit des Publikums, bei der Verübung von Verbrechen auf der Tat ertappt und der verdienten Strafe zugeführt worden sind. Doch neue entstehen!

In die vierte Klasse endlich gehören diejenigen professionierten Diebe, welche, dem Trunk oder andere Arten der Liederlichkeit ergeben, zwar nur von Verbrechen existieren, jedoch in der Gefährlichkeit den drei ersten Klassen weit nachstehen, wenn auch geübt, doch nicht so prinzipiell zu Werke gehen wie diese, ihren Erwerb lediglich in Kneipen, auf Tanzböden und bei liederlichen Dirnen durchbringen, ohne Umstände den ersten Besten zu ihrem Kabber (Genossen) machen, sich wechselseitig bei der Polizei – fälschlich oder richtig – denunzieren und doch wieder zusammen stehlen, mit einem Wort: Das Diebesgesindel verschiedener Abstufungen, welches sich abends bis gegen zehn Uhr in der Landsberger-, Königsstraße usw. herumtreibt und, weil es zu bekannt ist, immer bald wieder polizeilich oder kriminell verhaftet und nach Umständen oft bestraft, noch öfter mit Warnungen, die aber nichts fruchten, wieder entlassen wird. Aus dieser Crême der Gesellschaft, wenn man sie so nennen darf, gehen immer wieder neue Vigilanten hervor, wenn die alten abgenutzt oder sonst des Vertrauens unwert geworden sind. Diese ganze Diebesklasse ist aus Lügen und Schwindeleien zusammengesetzt, und die Mitteilungen, welche dergleichen Personen machen, sind nur mit großer Vorsicht zu brauchen, da sie zu ihrem eigenen Nachteil mit Taten, Verbindungen, Geheimnissen usw. renommieren, woran gewöhnlich nicht viel ist. Ihre wirklich begangenen Diebstähle verschweigen sie aber wohlweislich, und wenn sie irgend etwas auf unredlichem Wege erlangen können, so machen sie sich auch gewiß recht schnell darüber her. Zu ihnen halten sich die Taugenichts und schlechtesten Dirnen von ganz Berlin und ihre Rekruten müssen natürlich mit der Bevölkerung, mit den unehelichen Kindern, entlaufenen Lehrjungen, entlassenen Sträflingen und dergleichen täglich zunehmen. Außer dem, was ich hier andeute, wird sich schwerlich dieser Klasse eine besondere Färbung geben lassen, da ihre Bestandteile zu verschiedenartiger Natur sind. Jedoch ist es auch nur diese Klasse, wo sich, wie wir später sehen werden, noch einigermaßen mit Erfolg bessernd und veredelnd wirken lassen wird.

Das Resultat dieses Kapitels ist sonach lediglich nur dieses: daß ein so scharf und individuell ausgeprägter Typus wie in den jüdischen Gaunern oder den englischen Dieben in den Verbrecherklassen sich nicht in gleichem Grad vorfindet, sondern daß es nur meistens allgemeinere Umrisse sind, in welchen sich der Gegensatz derselben zueinander wie zu der moralischen Welt zwar schroff, aber nicht immer gleich erkennbar bewegt, daß aber auch, je weniger der individuelle Charakter hervortritt, die Gefährlichkeit des Individuums abnimmt und daher den Funktionen der entdeckenden Tätigkeit der Sicherheitspolizei ein um so fruchtbareres Feld geboten wird.

Vom baldowerten gewaltsamen Diebstahl

Die landrechtliche Einteilung der Diebstähle, wie sie aus dem gemeinen Recht stammt und den Grad der Strafbarkeit bestimmt, also: großer, kleiner Diebstahl (ob über oder unter fünf Taler), gemeiner Diebstahl mit oder ohne erschwerende Umstände, Hausdiebstahl, gewaltsamer Diebstahl, erster, zweiter, dritter gemeiner oder gewaltsamer Diebstahl usw. setze ich als bekannt voraus. Diese Einteilung machen aber die Diebe nicht, welche mehr die Art und Weise der Ausführung als die rechtliche Imputation berücksichtigen und deren Unterscheidungen daher auch in der Tat viel praktischer sind.

Vor allen Dingen trennen sie die diebischen Angriffe auf fremdes Eigentum in zwei Klassen: in solche Diebstähle, welche die Täter beabsichtigt und vorbereitet haben, und in solche, wozu sie durch die augenblickliche Gelegenheit ohne vorherige Präparation bewogen worden sind.

Zu den ersteren gehören nicht bloß diejenigen Diebstähle, welche in Rücksicht der Lokalität, Zeit und Art der Ausführung vorher genau ausgekundschaftet, also eigentlich baldowert sind, sondern auch überhaupt alle Diebstähle, auf deren Verübung der Täter ausgegangen ist und im allgemeinen sich vorbereitet hatte, wie Taschen-, Ladendiebstähle u.a.m. Der eigentliche Gelegenheitsdiebstahl erstreckt sich nur auf die Fälle, wo im allgemeinen das diebische Talent ohne Vorbereitung in fremden Häusern oder sonst die – wenn auch gesuchte – Gelegenheit erfaßte und einen Diebstahl beging. Überhaupt kann man den gelegentlichen Diebstahl auch den nicht qualifizierten nennen, da jeder Diebstahl, der nicht als ein gewaltsamer oder unter erschwerenden Umständen begangener (wie Taschen- oder Ladendiebstahl) geahndet wird, als ein gelegentlicher – in der weiteren Ausdehnung des Wortes angesehen wird. Über den gelegentlichen Diebstahl an sich läßt sich daher auch nur wenig sagen, da derselbe der Natur der Sache nach so vielgestaltig ist, daß von einer Klassifikation dabei keine Rede sein kann.

Am gefährlichsten für das Eigentum und regelmäßig am einträglichsten für die Täter sind aber diejenigen Diebstahlsarten, mittels derer durch Anwendung der Brecheisen oder anderer gewaltsamer Instrumente oder der Dietriche und Sperrhaken das fremde Gut hinter Schloß und Riegel hervorgeholt wird. Einen solchen Diebstahl nennt man einen Masematten oder, wie die Diebe auch hier sagen, eine Masematte. (...)

Erst seit einigen Jahren haben sich die derartigen Verbrechen außerordentlich vermehrt, und man kann daher nur auf eine Steigerung der diebischen Bosheit schließen, da es nicht das unmittelbare Bedürfnis ist, welches solche extravaganten Gewalttätigkeiten hervorruft. Namentlich ist es aber Klasse III. des vorigen Kapitels, welcher diese Verbrechen zur Last fallen. Zur Erläuterung einige Beispiele:

1. Im Jahr 1837 wurde das Schaufenster des Hofjuweliers H. von außen her mit dem Brecheisen erbrochen, die Scheiben eingedrückt und der ganze, höchst wertvolle Inhalt des Schaufensters gestohlen. Obschon der Verdacht auf die wahren Täter fiel, so war doch nichts zu ermitteln, bis der eine der Diebe, Handschuhmacher B...w, in der Folge bei einem anderen gewaltsamen Einbruch auf der Tat ergriffen wurde, während seine Komplizen entflohen. Ihn traf einmal eine harte Strafe, daher entschloß er sich, am Ende der wider ihn geführten Untersuchung nicht bloß seine Kabbern zu vermasseln, d.h. seine entsprungenen Teilnehmer anzugeben, sondern auch Emmess (Geständnis) auf Lebenszeit zu machen. Er bekannte nun, den Schaufensterdiebstahl mit dem bestraften Buchbinder Schl...ck gemeinschaftlich begangen zu haben. Das Resultat war auf anderweitige Geständnisse, daß wegen jenes Verbrechens

1. B...w mit 25, 2. Schl...ck mit 15, 3. seine Frau mit 2 und 4. ein Jude, welcher den Diebstahl geschärft hatte, ebenfalls mit 2 Jahren Zuchthaus bestraft wurde.

2. Im Jahre 1838 erstiegen der Schlosser Kr. und der Arbeitsmann, jetzt Bauer-Fänger (i.e. Betrüger) P. mittels einer Leiter von der Holzmarktstraße aus den ersten Stock in der Wohnung des Maschinenbauers S., und was war das Resultat? Zwei Jahre für Kr. und vorläufige Freisprechung für P.!

3. Höchst bedrohlich haben aber jene gefährlichen Verbrechen von der offenen Straße aus seit dem Winter von 1842/43 zugenommen. Namentlich waren es vier Verbrechen, welche, in nächtlicher Weile verübt, damals durch ihre Kühnheit die Stadt in Schrecken setzten und wovon wir nachher viele Nachahmungen erlebt haben, nämlich die auf Gasröhren oder Leitern ver-

übten gewaltsamen und ihrem Wert nach sehr beträchtlichen Einsteigediebstähle in den oberen Stockwerken neben den Schlafgemächern der Bewohner

1. in der Markgrafen-,
2. in der Leipziger.,
3. in der großen Präsidentenstraße und
4. auf der neuen Promenade.

Die Folge davon war, daß den Winter hindurch verstärkte Militärpatrouillen nachts über die Straßen durchziehen mußten und daß die städtische Behörde sogar die Mitwirkung der Bürgerschaft zu offerieren sich bewogen sah, worauf jedoch von seiten der Polizeibehörde nicht eingegangen wurde. Zwar ist über den ersten dieser Diebstähle einiges Licht verbreitet worden. In der Auguststraße wohnten zwei heute noch sehr gefährliche Diebe zusammen: der stammrige oder stottrige B. und ein Arbeitsmann B...l. Zu beiden hatte sich der schwer bestrafte Buchbinder E. gesellt. Alle drei waren ausgegangen und, wie sich später mit Wahrscheinlichkeit ermittelte, hatten sie in Gemeinschaft mit den bestraften B...ck und Sch...t den Diebstahl in der Markgrafenstraße durch Erklettern der Gasröhre vollführt. Nach ihrer Rückkunft hatten sie etwas im Bett versteckt und waren mit dem übrigen gestohlenen Gut fortgegangen. Die Wirtin hatte dies gesehen und der Polizei angezeigt, welche in dem Bett Silber vorfand. Die Verhaftung der Verdächtigen erfolgte, es geschah aber nichts, als daß der Buchbinder E. zu zwölf Jahren Zuchthausstrafe verurteilt wurde, da er anderweitig hinreichend bezichtigt war.

4. Im Frühjahr 1844 stiegen zwei Diebe, der Maler Alexander K. und der Arbeitsmann W...l, welche sich aber losgelogen haben, vor dem Rosentaler Tor durch die hinteren Fenster der Küche nachts in die Wohnung des Seifensieders K., machten sich helles Licht und gingen damit in die Zimmer, wo die Familie schlafend lag, öffneten und bestahlen die Sekretäre und Kommoden, ohne daß jemand erwachte, und ließen endlich bei ihrem Weggehen noch zwei große Knüppel zurück, wahrscheinlich um der Familie anzudeuten, wessen die Erwachenden sich von den Übeltätern – falls man ihre Flucht verhindert – hätten versehen sollen.

5. Ein Seitenstück hierzu geschah im Frühjahr 1845. Zwei gefährliche Diebe, vermutlich der ad 3. genannte B...ck und sein Komplize Schl...n, erstiegen in der Brückenstraße von außen durch die mit Laden verschlossen gewesenen Fenster die Wohnung des Zimmermeisters S. und begaben sich,

nachdem sie in den Vorderzimmern alles genau untersucht, mit Licht in die Gemächer, in welchen die Familie schlief. Hier suchten sie, nachdem sie ein von den Schlafenden früher ausgelöschtes Licht angezündet und sich in den Gemächern umgesehen hatten, die silbernen Löffel aus den dazwischen liegenden Messern usw. heraus und verübten einen sehr beträchtlichen Diebstahl, ohne daß jemand erwacht wäre.

In beiden Fällen waren die Diebe natürlich auf den Strümpfen oder auf Parisern (Gummisohlen) gegangen.

6. Vor zirka fünf Jahren wurde das Museum im Monbijougarten um viele der wertvollsten Gegenstände auf eine ungewöhnlich freche Art bestohlen. Die Diebe waren in der Nacht von der Wassergasse aus über die gemauerte Waschbank herum nach dem Monbijougarten gegangen, hatten dort die Fenster des Museums mit einem Pflaster eingedrückt und waren auf diese Weise eingestiegen. Die Schildwache hatte sie nicht bemerken können, da sie nach der Hofseite zu stand und der Privatwächter des Museums geschlafen hatte. Am anderen Morgen fand man nichts als ein Handtuch auf der Waschbank, welches mit J.D. gezeichnet war. Dies führte den Polizeirat Duncker auf die Entdeckung der Täter. Schon früher waren demselben der Möbelpolier Gütte und der Gärtner Dulke verdächtig geworden, da dieselben fast den ganzen Tag in der Königsmauer debauchirten und namentlich in dem D'schen Bordell verkehrten, wo eine gewisse Caroline L., die Geliebte des Dulke, eingeschrieben war. Die Kombination des Polizeirats Duncker war sehr richtig, die Diebe hatten das Handtuch in dem D'schen Bordell von der Caroline L. am Abend des Diebstahls mitgenommen, und endlich entschloß sich dieselbe auch nach längerem Zureden einzugestehen, daß sie die gestohlenen Kostbarkeiten bei den Dieben in einem Schnupftuch eingebunden gesehen habe. Dieselben leugneten aber hartnäckig und waren zu keinem Geständnis der Tat oder des Verbleibs der gestohlenen Gegenstände, auf deren Herbeischaffung die Generaldirektion der Museen sogar eine Belohnung von 1000 Taler gesetzt hatte, zu bewegen, bis endlich ein Königl. Ordre erschien, worin den Dieben für den Fall, daß sie keine Verbrechen wieder begingen, Begnadigung angeboten wurde, wenn sie das Gestohlene herbeischafften. Nun bequemten sie sich zum Geständnis und wiesen das gesamte gestohlene Gut, welches sie versargt, d.h. vergraben hatten, nach, bis auf einen zerbrochenen schweren goldenen Ring, den der Goldarbeiter L...f zum Teil geschärft hatte, welcher erst im vorigen Jahr zur Abbüßung der wider ihn rechtskräftig erkannten sechsmonatigen Zuchthausstrafe in

Folge erlassener Steckbriefe ergriffen und in die Strafanstalt nach Spandau eingeliefert worden ist. Das Schicksal hat sowohl Gütte als Dulke in der Folge wieder ereilt, beide haben sich der Königl. Gnade unwert gemacht und daher nebst den von neuem verwirkten Strafen auch die ihnen bedingungsweise erlassene frühere Strafe nachbüßen müssen. Gütte wurde nämlich mit dem bekannten Gärtner B. bei einem im Frühjahr 1844 im Hause des Weinhändlers R. in der großen Friedrichsstraße versuchten Einbruch in flagranti ergriffen und ist im vorigen Jahr in der Strafanstalt zu Spandau an der Abzehrung verstorben. Dulke wurde bei der Verübung eines Taschendiebstahls an der Börse verhaftet und zu acht Jahren Strafarbeit verurteilt. Auch er ist vor kurzem verstorben.

7. Die Einbrüche in Kirchen sind in neuerer Zeit sehr vielfältig vorgekommen, ich erinnere nur, wie im vorigen Frühjahr zwei junge Burschen die Gertrauden-, Waisen-, Dom- und Georgenkirche, früher auch vielleicht dieselben schon die Garnisonkirche nach Einschlagen der Fenster bestohlen haben. Merkwürdiger war aber der Einsteigediebstahl in die Johanniskirche zu Moabit im April des vorigen Jahres.

Der Dieb war, wie sich später ergab, vermittels einer von dem Küsterhause herbeigeholten und wieder dahin zurückgetragenen Leiter etwa zwölf Fuß hoch bis an das vergitterte Doppelfenster der Türen der Sakristei, worin er die bedeutenden Gold- und Silbergefäße der Kirche, die er von seiner darin geschehenen Einsegnung her kannte, vermutete, hinaufgestiegen, hatte die eiserne Verstäbung und die Glasscheiben zerbrochen und war, über die beiden Türen hinwegkletternd, in die Sakristei gesprungen oder vielmehr gestürzt, wie die Blutflecken am Boden deutlich erkennen ließen. Zur Besinnung gekommen, hatte er Licht angemacht, jedoch vergeblich mit dem Stemmeisen die sehr starke Kirchentür zu erbrechen gesucht, und sich nur mit der schwarzen Altar- und Kanzelbekleidung, einem alten Talar und einigen Handtüchern wieder entfernt, indem er den Tisch der Sakristei vor die Tür geschoben, darauf einen Stuhl gestellt und auf diese Weise zum Fenster über der Tür hinangeklettert war, durch welches er seinen Rückzug wieder angetreten hatte. Da das Verbrechen damals viel Aufsehen machte, wurde ein Prämie auf die Ermittlung der Täter gesetzt, daher die öffentliche Aufmerksamkeit in hohem Grad angeregt.

Durch die Aussicht auf Gewinn verlockt, fand sich auch ein früherer Komplize des Diebes, ein Schriftsetzer namens Bl. bewogen, den Polizeibeamten Aufschlüsse über die Person des Täters und den Verbleib namentlich der Kanzel- und Altarbekleidung zu geben, denn den Talar hatte der Dieb am Tag nach der Tat mit seinem Vertrauten in der Jungfernheide weggeworfen und die abgetrennten weißen Fransen der Kanzel- und Altarbedeckung in den Moabiter oder sogenannten Spießbergen verscharrt, wo sie später ausgegraben wurden.

Kurz, das gestohlene Gut wurde an den bezeichneten Stellen, wo es der Dieb teils deponiert, teils verkauft hatte, gefunden und er nebst seinem Helfer verhaftet. Es ist ein schon früher wegen gewaltsamen Diebstahls gestrafter Kellner A. und sein Vertrauter, ein Töpferlehrling R. Beide waren geständig, und da A. erfuhr, daß sein früherer Mitverbrecher Bl., ihn aus Gewinnsucht verraten hatte, so legte er freiwillig eine Menge Geständnisse von Diebstählen ab, bei welchen Bl. so impliziert erschien, daß er verhaftet, zur Untersuchung gezogen und in Folge seiner ebenfalls nicht zurückgehaltenen Bekenntnisse streng bestraft wurde.

8. Etwas früher erfolgte im vorigen Jahr ein ähnlicher gefährlicher Einbruch bei dem Stadtrat S. in der alten Leipzigerstraße.

Ein früherer Diener desselben, der in einem später aufgehobenen Diebeskeller verkehrte, hatte die Gelegenheit zu dem Diebstahl erspäht, welche darauf von den eigentlichen Dieben praktisch befunden wurde. Diese, ein sehr berüchtigter Tischlergesell Kasimir K. und ein seinem Vater entlaufener Bursche B...n, begaben sich abends auf den Hof des Gasthofes zum Roten Adler in der Kurstraße und setzten sich ungesehen in einen leeren Wagen, wo sie das Verschließen des Hauses und die späte Nacht abwarteten. Nachdem alles ganz still geworden war, stiegen sie mittels einer kleinen Leiter, welche in dem offenen Schuppen des Gasthofes stand, über eine mit Zink belegte Mauer nach dem Grundstück des Stadtrats S., zerdrückten die Scheiben des Doppelfensters an dessen Komptoir mit einem Pflaster, wirbelten die Fenster auf und stiegen hinein, wo sie freilich an dem großen eisernen Geldspind vergebliche Angriffe machten, jedoch zirka 50 Taler Courant aus einer Schublade, einen Paletot, eine Stutzuhr, zwei Medaillen und ein seidenes Taschentuch entwendeten. Vielfältige früher vorgenommene Recherchen wollten, obschon der Bestohlene seinen Verdacht auf seinen früheren Diener lenkte, zu keinem Ergebnis führen. Zuletzt verriet sich der eine der Täter, B., selbst. Dieser verbrecherische Bursche gab sich zu Vigilantendiensten her und erzählte bei einer nächtlichen Expedition den Polizeibeamten alle Einzelheiten des besprochenen Einbruchs, als dessen Täter er den Kasimir K. und natürlich nicht sich, sondern einen Unbekannten bezeichnete, so speziell, ferner machte er so umständliche Mitteilungen über den Verbleib des Gestohlenen und erwähnte überdies der beiden Medaillen, auf welche sich bis zur Anzeige des B. der Bestohlene noch nicht besonnen hatte, so daß namentlich durch letzteres Moment jeder Zweifel über die Wahrheit der Mitteilungen schwand. Die angeschuldigten Verdächtigen wurden sämtlich eingezogen, und der frühere Diener des Stadtrats S. legte auch sofort ein Geständnis über seine Teilnahme an der Ausführung und den Vorteilen jenes Diebstahls ab. Endlich wurde auch ein sehr kennbares seidenes Tuch, das zum Diebstahl gehörte, da, wo B. angab, versetzt vorgefunden, und seine Angaben über die in dem Diebeskeller verborgenen Schließzeuge usw. waren so wahrheitsgemäß, daß man nachher wirklich in Erstaunen geriet, als im Fortgang der gerichtlichen Untersuchung B. zuletzt so in die Enge getrieben wurde, daß er, anstatt als Teilnehmer an den Vorteilen des Diebstahls, sich als Haupturheber zu bekennen genötigt war. Er büßt dafür seine Strafe ab, während Kasimir K. sich dennoch durchgeschwindelt hat. (...)

9. In jene Zeit fällt ein mit einer fast unerhörten Gewalt ausgeführter Einsteigediebstahl in das mit Eisenstangen wohl verschlossene Komptoir der Maschinenbauanstalt der Seehandlung zu Moabit, aus welchem 600 Taler Courant entwendet wurden. Augenscheinlich hatte den Diebstahl kein Fremder, sondern einer von den Arbeitern, welcher sich in dem Raum der Anstalt einschließen lassen und auf den die Wachhunde, weil sie ihn gekannt, nicht laut geworden waren, verübt. Ein schwarzer Schmutzfleck, ähnlich dem Staub, welcher sich auf den Schurzfellen derjenigen Arbeiter festsetzt, welche Eisen feilen, war an dem Fenster, wodurch der Dieb gestiegen, sitzengeblieben, und dieser Umstand bestimmte den die Sache recherchierenden Polizeibeamten, sich die Arbeiter jener Fabrik genauer anzusehen, ob vielleicht einer mit einer ähnlichen Masse besudelt sei. Wirklich klebte eine solche an den Arbeitskleidern des einen, in dessen Wohnung, obschon er noch nicht peinlich gestraft war, aufgrund noch anderer verdächtiger Anzeigen eine Visitation abgehalten wurde. Bei derselben fanden sich eben solche, mit glacierter roter Farbe überzogenen Streichzündhölzer vor, als in dem erbrochenen Komptoir gefunden worden waren, und dieses Indizium, verbunden mit dem Besitz einer ihre Verhältnisse übersteigenden Summe Geldes, die bei der Ehefrau des Verdächtigen angetroffen wurde, obschon sie die sonst allernötigsten Gegenstände versetzt hatte, führte zu einer vorläufigen Verhaftung der beiden Eheleute. Schon sollten beide von dem Gericht wegen Beweismangels ohne Einleitung der Kriminaluntersuchung

wieder entlassen werden, als die Frau gesprächsweise ihren Mitgefangenen erzählte, daß ihr Mann dennoch das Geld aus der Seehandlungskasse gestohlen und in einem eisernen oder blechernen Topf eingepackt in ihrem Stall vergraben habe. Wie es in den Gefängnisse üblich ist, um sich in eine gewisse Gunst zu setzen, so zögerte die eine der Gefangenen auch nicht, dem Inquirenten der Plauderin hiervon Mitteilung zu machen, welche demnächst auch so gut als ihr Mann ein offenes Geständnis ablegte, nachdem jene 600 Taler, woran, glaube ich, etwa 30 Taler fehlten, in dem Stall richtig wieder ausgegraben worden waren.

10. Nicht minderes Aufsehen erregte drei Vierteljahre früher ein gewaltsamer Einsteigediebstahl, welchen die Diebe nach Überkletterung der Mauer mittels einer Leiter gewaltsam in dem in der Stallstraße gelegenen Montierungsdepot ausgeführt und dabei 300 Taler Courant aus dem Komptoir gestohlen hatten. Die Sache blieb lange dunkel, bis endlich bei einer von mehreren Polizeibeamten und Vigilanten ausgeführten, im übrigen erfolglosen Partie nach Zossen dennoch ein Klempner D. verhaftet wurde, welcher sich zu diesem Diebstahl bekannte. Wie das vorige und dieses Beispiel zeigen, sind es aber nicht immer gerade die allerschlimmsten und bekanntesten Individuen, von denen jene gefährlichen Verbrechen ausgeführt werden, es sind oft Menschen, auf welche niemand denkt, und von denen man am allerwenigsten vermutet, daß sie sogleich mit solchen gefahrvollen und sogar halsbrechenden Eigentumsangriffen debütieren würden.

11. So erinnere ich mich eines Vorfalls, der vor noch nicht zwei Jahren – etwa im Dezember 1844 – passierte. Von einer anderen amtlichen Veranlassung in Begleitung eines Gendarmen zurückkehrend, bemerkte ich kurz nach zehn Uhr, als der Mühlendamm noch von Fußgängern bedeutend frequentiert wurde, daß an jenem etwas finsteren Abend sich ein Mensch an die Tür des einen von außen verschlossenen Ladens herandrückte und sichtlich zu verbergen suchte. Ehe wir an ihn herangetreten waren, ergriff er die Flucht, wurde aber an der Kölnischen Wache eingeholt und vorläufig festgenommen. Als jetzt der Laden, vor welchem er gestanden, näher besichtigt wurde, fand sich, daß er den Haken der eisernen Vorlegestange mit Hilfe eines bei ihm gefundenen Brecheisens bereits aus der Wand herausgerissen, die äußere Tür geöffnet und eben versucht hatte, durch die innere (Glas-) Tür in den Laden zu dringen, zu dessen Ausräumung er sich mit einem großen Sack versehen hatte. Und dies geschah nicht zu lange nach zehn Uhr, gerade der Stadtvogtei vis-à-vis! Der Täter, Albert G., war noch nie gestraft!

Noch könnte ich, wenn ich nicht die Ermüdung des Lesers fürchten müßte, unendlich viele Beispiele von derartigen in der neueren und neuesten Zeit hier vorgekommenen, gefährlichen Diebstähle anführen, diese wenigen Beispiele werden aber hoffentlich einen Beleg für meine Behauptung bilden: daß mit der Zunahme der Verbrechen überhaupt die Gefährlichkeit der Verbrecher gleichen Schritt hält, wo nicht zuvoreilt.

Zu den Einbrüchen im engeren Sinne rechne ich alle die mittels der vorhin beschriebenen Brech-, Bohr- und Schneideinstrumente verübten gewaltsamen Diebstähle, bei denen ein gefährliches Steigen oder Klettern auf Leitern, Simsen, Kellerhälsen, Gasröhren usw. nicht erforderlich ist. Gemeinhin lassen sich die Einbrecher, um in die Häuser zu gelangen, durch den Wächter, Portier usw. abends einschließen, oder sie öffnen die Haustür mittels angefertigter Nachschlüssel, wenn dieselbe nicht besonders von innen verriegelt ist, was nur in weniger bewohnten Häusern stattfinden kann. Der Gebrauch der Brechstange wird bei der Schwere vieler Haustüren oder wegen des besonderen Krachens der losgesprengten oder ausgehobenen Türflügel in den wenigsten Fällen hier anwendbar sein. (...)

Der gefährlichste und geübteste Dieb muß, wie die Erfahrung lehrt, von den sonderbarsten Gefühlen der inneren Angst ergriffen werden, wenn er eine fremde Wohnung zu verbrecherischen Zwecken betritt: So groß ist die Macht des Gewissens selbst bei verstockten Leuten. Nicht minder groß ist aber auch die Geistesgegenwart im Augenblick wirklicher Gefahr. Vor einigen Jahren kam ein hiesiger Dieb, der jetzt körperlich so herabgekommen ist, daß er als Stammgast des Arbeitshauses angesehen wird, aus der Stube, worin er bereits ausgeräumt hatte, mit einem Licht in das Nebenkabinett hinein, wo der Bestohlene, den er auf einer Hochzeit wußte, zu schlafen pflegte. Plötzliches Unwohlsein hatte diesen jedoch früh nach Hause geführt, und wie erstaunte nunmehr der Dieb, als bei dem Öffnen der Kabinettür der Schlafende die Augen aufschlug! Nicht im mindesten erschreckt, blies er sogleich das Licht aus und verschwand, indem er natürlich in der Schnelligkeit das Eigentum des noch zur rechten Zeit erwachten Schläfers zurückließ!

Vor etwa zwölf Jahren schwebte bei dem Kriminalgericht hierselbst eine vielverzweigte Untersuchung wider Chartron und Genossen. In dieselbe war ein Goldarbeiter F. verwickelt, welcher einst, die Blendlaterne in der Tasche, die Wohnung eines jungen Arztes bestehlen wollte, aber, als er hineintrat und das von dem Mediziner aufgestellte große Skelett an der Tür erblickte, so erschrak, daß er zu Boden fiel und heftige epileptische Krämpfe bekam, woran er überhaupt litt. Als der Arzt nach seiner Wohnung zurückkehrte, fand er ihn noch besinnungslos auf den Dielen, und da die vorgefundenen Diebesinstrumente keinen Zweifel über die Absicht seines Gastes übrigließen, bewirkte er dessen Verhaftung. Auf ähnliche Weise sind Diebe durch das Gekläff eines kleinen Stubenhundes, durch einen, beim Öffnen der Tür gesprengten Knallfidibus, den der Bewohner des Zimmers dort angebracht hatte, durch ein plötzliches Geschrei, Geräusch oder Gepolter usw. verscheucht worden.

Ein Beispiel von Frechheit gibt der als kühner Masemattenmacher sehr verschriene Arbeitsmann B...ch...t...l, welcher sich jetzt etwas zurückzuziehen scheint, indem er wie viele sich von seiner Keibe, d.h. von seiner Geliebten, der Louise W., durch den Verdienst ihres Körpers ernähren läßt. Dieser war noch als junger Bursche bei einem Maurer in der Lehre, als er bereits gewaltsame Diebstähle allein und selbständig beging. Eines Abends kommt er in die finstere Wohnung eines alten Kapitäns in der Klosterstraße, welche er verschlossen und den Schlüssel abgezogen findet. Er schränkt auf und zündet ein Schwefelholz an. Wie groß ist aber sein Erstaunen, als er den zu Bestehlenden schlafend auf dem Sofa vor sich sieht, welcher den Stubenschlüssel auf dem Tisch liegen hat. Ohne viel Federlesens zu machen, löscht er das Schwefelholz aus, nimmt rasch die über dem Schlafenden an der Wand hängende goldene Uhr und Kette desselben und verschwindet, wie er gekommen war. Man kann sich das Staunen des Bestohlenen vorstellen, als er nachher seine Uhr vermißt und die Stubentür offenstehen sieht.

Es dürfte wohl als in der Natur der Sache liegend anzusehen sein, daß die genannten Einsteiger auch ebenso die jetzt geschilderten Einbrüche und Schlüsseldiebstähle exerzieren, während auf der anderen Seite die Einbrecher nicht allemal auch gefährliche Kletterer und die Schlüsseldiebe nicht immer Einbrecher sind, d.h. von jenen Brech-, Bohr- und Schneideinstrumenten Gebrauch machen. Doch lassen sich Grenzen nur objektiv, d.h. nur bei der äußerlichen Betrachtung der Diebstahlsmanöver, ohne Rücksicht auf die subjektive Täterschaft, einigermaßen bestimmen. Die Einbrüche im engeren Sinn, besonders durch nächtliches Einschleichen in die noch nicht verschlossenen Häuser, sind die gewöhnlichsten. Einige Beispiele sollen hier ausreichen:

1. Vor zwei Jahren im Winter wurde der Rentier Kl. in der Burgstraße auf eine eigene Art bestohlen. Die Diebe, wie sich in der Folge ermittelt hat, der

bereits genannte Malergehilfe Alexander K. und der Arbeitsmann W...z...l, hatten sich abends in das Haus geschlichen und bis zur Zeit der Ausführung des Verbrechens, gewöhnlich die Morgenfrühe, darin versteckt. Hierauf hatten sie, wahrscheinlich um das Rauschen des Zentrumbohrers und der Stichsäge wegen der in der Nähe schlafenden Bewohner zu vermeiden, mit einem feinen Nagelbohrer um und unter dem von innen verriegelten Türschloß je sechzehn Löcher gebohrt und von einem Loch zum anderen mit einem Böttchermesser geschnitten, bis die Tür aufgegangen war. Der Diebstahl in Silberzeug usw. wurde auf mehr als 1000 Taler geschätzt und hätte für die Bestohlenen noch schlimmer ausfallen können, wenn die Diebe ein eisernes Geldspind, welches sich hinter der Tapete in der Mauer befand, hätten erbrechen können, worin über 100.000 Taler Papiergeld usw. deponiert lagen. Entweder hatte das Spind, den äußeren Spuren nach, dem nur schwachen Stemmeisen widerstanden oder sie hatten, eines möglichen Geräuschs willen, die Erbrechung desselben freiwillig aufgegeben. Ob sie ihren Rückzug erst nach Öffnung der Haustür angetreten oder dieselbe mit einem Hauptschlüssel geöffnet hatten, ist mir nicht mehr erinnerlich.

2. Vor jetzt etwa einem Jahr kam eine hier seltene Diebstahlsart kurz hintereinander und in drei benachbarten Häusern in der Markgrafen- und Lindenstraße vor. Die Diebe hatten sich in zwei Fällen die Haustür aufgeschränkt, im dritten Fall einschließen lassen und, da sie die von innen mit Eisen beschlagenen und fest verriegelten Ladentüren nicht zu sprengen vermochten, mit dem Brecheisen ein Loch durch die Mauer gebrochen und den einen Genossen hindurchkriechen und in den Laden steigen lassen, wo derselbe die teils offenen, teils mit dem Stemmeisen erbrochenen Ladenkassen entwendet hatte. In dem letzteren Fall, wo die Diebe sich hatten einschließen lassen, waren sie nach der Verübung des Verbrechens über den langen Hof des in der Lindenstraße gelegenen Hauses gegangen, hatten die Tür des nach der Markgrafenstraße zu gelegenen Holzkellers mit der Brechstange gewaltsam erbrochen und waren dann durch das von dem Keller nach der Straße führende, weiter ausgebrochene Zugloch hindurchgeklettert. Nach den in der Mauer und im Keller befindlichen Öffnungen waren die Diebe ganz junge Burschen gewesen; ein gegründeter Verdacht der Täterschaft ist nicht ermittelt worden.

3. Viel Aufsehen machte vor dreieinhalb Jahren der Einbruch in die Königl. Münze. Wie sofort zu ersehen war, hatte sich der Dieb vor dem Entlassen der Münzarbeiter auf den Hof des Münzgebäudes geschlichen und bis zur

Nachtzeit versteckt. Darauf hatte er den Einbruch in die Räume bewerkstelligt, wo das geprägte Geld aufbewahrt wird, namentlich darin aus einem hölzernen Kasten, worin neue Zweitalerstücke befindlich waren, mit dem Bohrer und der Stichsäge ein viereckiges Loch ausgeschnitten, daraus die Zweitalerstücke, an Wert über 900 Taler, hervorgelangt und durch ein zerschlagenes Fenster seinem draußen wartenden Genossen herausgegeben, welcher sich damit in Sicherheit begeben hatte. Die Art der Ausführung sowie der Rückzug, den der eigentliche Dieb genommen, ließ deutlich erkennen, daß derselbe die genauesten Lokalkenntnisse besessen hatte, vielleicht also selbst ein früherer Münzarbeiter war. Die Verfolgung dieser Spur führte den Polizeidirektor Duncker auf den richtigen Weg, indem derselbe durch sehr künstliche und komplizierte Nachforschungen die Diebe in der Person des Arbeitsmanns W...d und B...n ermittelte und geständlich überführte, auch die von hier nach Angermünde gesandten Kommissarien das bare Geld, welches dorthin geschafft und Kabohre gelegt worden war, auffanden und mit Ausnahme einer geringen Summe vollständig wieder herbeischafften.

Überhaupt sind die Münze, die Kasse des Schauspielhauses, das Depositorium des Landgerichts Berlin u.a., auch Privatpersonen gehörige Kassen, nach den in der Diebeswelt verbreitet gewesenen Gerüchten, schon öfter Gegenstand der verbrecherischen Spekulation gewesen, und das Polizeipräsidium hat in mehreren solchen Fällen sich, nach Beschaffenheit und Glaubwürdigkeit der Mitteilungen bewogen gesehen, hiervon den Beteiligten zur Ergreifung der nötigen Vorsichtsmaßregeln Mitteilung zu machen.

4. Einer der gefährlichsten Diebe in Berlin ist der Vergolder D...l. Vor zwei Jahren hatte sich dieses Individuum, mit Zentrumbohrer, Stichsäge und Brecheisen gehörig bewaffnet, in ein großes Haus der Poststraße geschlichen, um einen Einbruch zu begehen. Obschon er bereits das Schloß der zu bestehlenden Wohnung angebohrt hatte, müssen ihn dennoch unüberwindliche Hindernisse von der Ausführung abgehalten haben, auch keine Gelegenheit zum Entkommen gewesen sein. Man fand in aller Frühe die Diebesinstrumente an der angebohrten Tür und suchte, da das Haus bei dieser Entdeckung noch verschlossen war, nach dem Täter, den man endlich auch in den obersten Balken des Daches fand. Wenn auch der Plan mißlungen war, so wurde D...l doch, nach Vorschrift der Gesetze, wegen versuchten gewaltsamen und zugleich dritten Diebstahls mit zweijähriger Zuchthausstrafe, seines Leugnens ungeachtet, bestraft.

5. Ein ähnlicher gewaltsamer Diebstahl – durch Einschleichen vor dem Verschluß der Tür – wurde bei einem Destillateur verübt. Da die Tür des zu öffnenden Komptoirs jedoch innerlich sehr stark verblecht und die Wand am Fußboden gut getäfelt war, so konnte weder das Schloß ausgeschnitten noch das Fachwerk ausgebrochen werden. Die Diebe bohrten daher in der Mitte der Tür an und schnitten eine runde Öffnung hinein, durch welche einer von ihnen durchlangte, das Schloß mit dem inwendig darin steckenden Schlüssel öffnete, den Nachtriegel aufzog und auf diese Weise den Einlaß gewann.

Viel mehr üblich als alle bisherigen Diebstahlsmethoden sind aber

Die gewaltsamen Diebstähle mittels der Nachschlüssel

Bei den alten, gewöhnlichen Schlössern genügt dem geübten Klitscher ein bloßer Draht, den er sich zum Schließhaken biegt und mit dem mitgeführten Hammer zurechtklopft, bis derselbe das Schloß aufzieht. So gehen viele der hiesigen Schlüsseldiebe bloß mit diesen beiden Instrumenten und einem Meißel auf Verbrechen aus und erzielen dabei zuweilen fast unglaubliche Erfolge. Die vorangegangene Übung im Schließen, in der Kenntnis der Konstruktion der Schlösser usw., ist aber auch ganz hierauf berechnet. Wir wissen, daß der bekannte Jude Moses Levin Löwenthal, bevor er ein Gannew wurde, für mehr als 300 Taler Schlösser von allen nur möglichen Arten aufgekauft haben soll, um daran seine später sehr erprobten Studien zu machen. Nicht minder geschickt als er war der bekannte Hirsch Salomon W., zur Zeit in Spandau detiniert, welcher bloß mittels eines am Messer angebrachten Scharniers, eines sogenannten Pfeifenräumers, die größten Vorlegeschlösser vor Läden, Gewölben usw. geöffnet hat. Solche außerordentlichen Qualifikationen sind zwar jetzt selten, allein das Faktum steht fest, daß die Diebe in der Anfertigung und im Gebrauch der Nachschlüssel in Berlin viel weiter vorangeschritten sind als sonst irgendwo. Der Beweis liegt in den unendlichen vielen Nachschlüsseldiebstählen, welche im Sommer wie im Winter fortwährend bei der Polizeibehörde angezeigt werden. (...)

Die Art und Weise des Gebrauchs dieser Schlüssel ergibt sich aus der Natur der Sache. Die diebische Kunst bleibt immer die Anfertigung oder das Zurechtfeilen nach dem vom Schloß abgenommenen Wachsabdruck und nach der Betrachtung der inneren Konstruktion desselben, soweit solche durch das Schließloch möglich ist. Wenn der Schlüssel erst stimmt, so kann natürlich in der Regel jeder schließen, wogegen der Gebrauch der Sperrhaken technische Geschicklichkeit voraussetzt.

Je nachdem nun die Schlösser noch mit einem Dorn versehen sind, wird zu dem Nachschlüssel ein hohles Rohr genommen, sonst bleibt der Bart unverändert.

Es ist kaum möglich, von den hiernach vorkommenden Nachschlüsseldiebstählen irgendwie eine besondere Charakteristik zu geben, da die Fälle zu mannigfaltig oder, wenn man will, auch eigentlich zu einfach sind.

Jedoch auf einige spezielle Gattungen muß ich aufmerksam machen:

1. Die sogenannte Flatterfahrt. Hierunter versteht man das Stehlen der Wäsche, welche auf den Hausböden zum Trocknen aufgehängt ist. Gemeiniglich sind die Böden verschlossen und der Dieb, der einen solchen verschlossenen Boden abräumen will, muß daher, während einer seiner Genossen auf Schmiere stehenbleibt, entweder das Vorhängeschloß mit einem Brecheisen usw. absprengen oder die Bodentür mit dem Tantel öffnen. Wenn beides jedoch nicht geht, so durchbrechen die Diebe gewöhnliche die Latten und verschaffen sich dadurch Ein- und Ausgang, wovon in den letzten Tagen, z.B. in der Post- und Behrenstraße und sonst mehrere Exempel vorgekommen sind, wie ich denn überhaupt behaupten muß, daß das Brechen immer mehr und allgemeiner unter den hiesigen Dieben Mode wird.

Ist der Boden nicht verschlossen, so geben in der Regel Dienstboten oder Familienmitglieder Achtung, indessen man weiß, wie leicht besonders weibliche Dienstboten sich in Unterhaltungen auf Höfen, an Brunnen usw. vertiefen, so daß die unverschlossenen Räume zum Wäschetrocknen wohl ebenso oft als die verschlossenen bestohlen werden. Der Wäschediebstahl von den Böden kommt in der Regel noch häufiger vor als der Diebstahl der auf dem Hof frei aufgehängten oder am Brunnen zum Spülen ausgesetzten Gegenstände.

2. Der baldowerte Schlüsselmasematten wird aber, wie schon das Beispiel der immer am Tag verübten Flatterfahrten ergibt, fast noch häufiger bei Tag als bei Nacht verübt. Namentlich sind es die Morgenstunden, wo die Kinder sich in der Schule und die Herrschaften in Geschäften oder mit dem Gesinde auf dem Markt befinden, ferner die Stunden des Mittagessens, der Spaziergänge, der Theaterzeit usw., in welchen gewöhnlich auch die Domestiken sich die Abwesenheit der Herrschaften zu ihren Privatzwecken zunutze machen, wo die meisten Nachschlüsseldiebstähle begangen werden. Ich kenne einige Fälle, wo die Hausbewohner den Dieben mit Paketen gestohle-

nen Guts auf den Treppen, Hausfluren usw. begegnet und sie dann ruhig damit in die nächste Droschke haben steigen sehen, ohne daß sie dabei etwas Arges dachten. Später waren dann jene Miteinwohner oft recht ersprießliche Zeugen zur Rekognition der in anderem Weg ermittelten Diebe. Auch ist es vorgekommen, daß die Droschkenkutscher selbst Argwohn schöpften und die Diebe mit dem ganzen Schierich, i.e. dem zusammengepackten gestohlenen Gut, in die Hände der Behörden zu liefern verstanden. Inwiefern ein verbesserter Nachtwachdienst wesentlich auf die Abnahme der nächtlichen Diebstähle überhaupt einwirken würde, darüber werde ich mich gehörigen Orts ausführlicher auslassen.

3. Gefährlicher als zehn männliche Diebe zu gleicher Zeit ist ein Weib, welches den Diebstahl auf Schlüssel exerziert. Wer sieht in einem schlichten Frauenzimmer mit ihrem Handkorb, die Schlüssel in einer versteckten Diebestasche im Rock usw. verborgen, wohl die gefährliche Verbrecherin, besonders wenn sie mit einem gewandten Betragen sich beim Begegnen unwillkommener Personen nach diesem oder jenem gleichgültigen Umstand erkundigt, während jedermann bereit ist, jene, schon durch ihr herabgekommenes Äußeres, ihre Physiognomie, ihr durch Liederlichkeit zerrissenes oder verlebtes Ansehen kennbare männliche Individuen zu beargwöhnen. Namentlich habe ich zwei Nachschlüsseldiebinnen kennengelernt, welche ich für die gefährlichsten in Berlin halte.

Die eine ist die bekannte Franziska Braun. Sie ist die Tochter einer ehrlichen Handelsfrau und noch vielen bekannt, welche sie als junges, ansehnliches Mädchen mit Obst usw. vor dem Hallischen Tor sitzen gesehen haben. Jetzt steht sie in der Höhe der zwanziger, an der Grenze der dreißiger Jahre. Ein unbesieglicher Hang zum Stehlen führte sie früh dem Verbrechen in die Arme, und es war zu gleicher Zeit der Schlüsseldiebstahl, in allen seinen Variationen, der Taschen-, Laden- und Marktdiebstahl, worin sie es bald gleichmäßig zur Meisterschaft brachte. Merkwürdig, daß sie ihre Verbrechen nach der Verhaftung nie geleugnet oder zu beschönigen gesucht, ja, daß sie vielmehr damit renommiert und in der Regel wohl noch etwas zugelogen hat. Wegen zweiten gewaltsamen Diebstahls endlich zu einer zwölfjährigen Zuchthausstrafe verurteilt, entsprang sie, nachdem sie hiervon dreieinhalb Jahr verbüßt hatte, durch einen Salto mortale über ein zwölf Fuß hohes Gitter aus der Strafanstalt in Brandenburg und wandte sich, wie alle Berliner Verbrecher, direkt nach Berlin, wo sie immer noch eher Aussichten hatte, längere Zeit auf freiem Fuß zu bleiben, als auf dem platten

Land oder in kleineren Städten. Es gelang ihr, sich vom 11. November 1843 bis zum 7. Januar 1844 hier in Berlin zu verbergen, besonders da sie nur wenigen Polizeibeamten bekannt, in der Wahl ihres Aufenthalts sehr vorsichtig und beim Begegnen einiger Polizeikommissarien, von denen sie möglicherweise erkannt zu werden fürchten mußte, geständlich so klug war, diese durch eine angenommene schiefe Haltung und durch affektiertes Hinken irrezuführen, obschon man nicht in Abrede stellen kann, daß, wer sie einmal gesehen, sie an ihrer großen und anscheinend unbehilflichen Figur, an ihrem frechen Gesichtsausdruck und an dem Mangel der Vorderzähne unbedingt wiedererkennen müßte. Endlich wurde sie bei der Verübung eines gewaltsamen Diebstahls betroffen und, nachdem sie noch über eine hohe Mauer gesprungen, bis in einen Keller der Weberstraße verfolgt, vom Publikum festgenommen und zu dem sie noch nicht kennenden Revierpolizei-Kommissarius gebracht, welchem sie unverhohlen ihren Namen sagte und ein offenes Geständnis der von ihr während der Dauer ihrer letzten Freiheit verübten Diebstähle ablegte. Es waren einige dreißig gewaltsame oder sonst sehr listig angelegte derartige Verbrechen, welche sie einräumte und an deren Vorteilen eine Menge von ihr bezichtigter Personen teilgenommen hatten. Inzwischen hatte sie auch ein Liebesverhältnis mit dem Dieb früheren Zuckersieder, Karl P. – genannt der süße oder Zuckersieder-Karl – angeknüpft, in Folge dessen sie schwanger geworden war und während der Dauer der wider sie schwebenden Untersuchung in der Charité entbunden werden mußte. Obschon sie von hier aus, so wie später aus dem Arbeitshaus, wo sie ihr Kind säugte, entspringen konnte, so machte sie doch, wie sie selbst angab, von diesen Gelegenheiten zur Entweichung keinen Gebrauch, weil sie ihr Kind – ein Mädchen – zu lieb gehabt habe. Bemerken will ich noch vorläufig, daß, wovon später ausführlicher die Rede sein wird, Franziska Braun während ihrer Untersuchungshaft in Gemeinschaft mit der Henriette Fr., geb. M. und der jetzt verehelichten M., durch Ausforschen der bekannten Minna Bandolin zur Entdeckung und Überführung der Täter des Frevels vom 8. Januar 1843 in der Lietzmannsgasse 10 a, geführt, daß sie aber auch wegen des ihr bei dieser Gelegenheit bewiesenen Zutrauens sich vielfacher Schwindeleien und Mystifikationen der Beamten – wozu sie besonders zu incliniren (neigen) scheint – schuldig gemacht.

Eine 25jährige Zuchthausstrafe, welche sie in der Strafanstalt zu Sagan verbüßen sollte, wurde ihr zuerkannt. Doch gelang es ihr noch einmal, auf dem Transport dahin zu entspringen. Sie kam, nachdem sie durch begangene Diebstähle sich schickliche Kleidung verschafft hatte, wieder nach Berlin, wurde aber von den Frauen zweier Taschendiebe, die damals im Arbeitshaus eine polizeiliche Korrektionsstrafe verbüßten und deren Freilassung jene Frauen hierdurch herbeizuführen hofften, der Polizei verraten. Jetzt befindet sie sich in Sagan, wo man sie mit der größten Vorsicht und Aufmerksamkeit zu beobachten haben wird, und eben, als ich diese kurze Skizze ihres Lebens niederschreibe, ersehe ich aus den Totenlisten, daß ihr außerehelich gezeugtes Kind – Maria Franziska Braun – im Alter von zwei Jahren verstorben ist. Sonderbar! Diese große Verbrecherin, welche selbst erklärte, daß sie vom Stehlen nie und unter keinen Umständen ablassen könne, hat jederzeit eine unverkennbare zärtliche Liebe zu ihrem Kind, zu ihrer alten Mutter und zu ihrer sehr braven Schwester an den Tag gelegt!

Die zweite jener gefährlichen Schlüsseldiebinnen ist die geschiedene Kutscherfrau L., geb. H. Durch einen leichtfertigen Lebenswandel geriet sie – jetzt etwa 35 bis 36 Jahre alt – frühzeitig unter Verbrecher, verheiratete sich auch mit dem bald wieder von ihr geschiedenen Kutscher L., einem gefährlichen Dieb, von dem sie alle jene gaunerischen Kunstgriffe kennenlernte, und steht jetzt in dem Ruf, nicht bloß Hehlerin, Ladendiebin und Kupplerin zu sein, sondern namentlich auch die Schlüssel mit großer Sicherheit und Geschicklichkeit zu führen. Es blieb nicht aus, daß sie mit der Franziska Braun Bekanntschaft machte und dieselbe beherbergte. Deshalb wurde sie auch verhaftet und mußte, wie ihre Schwester, die Witwe Ph., die Untersuchung mit durchmachen. Späterhin hat sie mit dem berüchtigten Schärfenspieler, Schneider Tr...m und dem Kracherfahrer (d.h. Kofferabschneider auf den Landstraßen) Rh. zusammengelebt, sie ist aber mit beiden in Prozessen auseinandergegangen. Ihr Verkehr ist vielleicht der gefährlichste, den ein Weib zur Zeit hier unterhält, und es ist daher sehr natürlich, daß sie von den Polizeibeamten, welche sie kennen, streng überwacht wird. Selbst der schon genannte Privatschreiber B. gehörte zur Zahl ihrer Liebhaber, welchen sie auch in Frankfurt a.O. im Gefängnis besuchen wollte, wo sie aber angehalten und mit Reiseroute nach Berlin zurückgewiesen wurde. Neuerdings habe ich sie regelmäßig des Abends in der neuen Friedrichstraße, auf der Spandauer Brücke usw. begegnet, wo sie ihren Strich zu halten, d.h. jenem ehrlosen Gewerbe gesunkener Weiber nachzugehen pflegt. Auch hat sie bereits wegen Kuppelei in Haft und Untersuchung gesessen, nachdem ihre eigene Schwester, die Witwe Ph., sie wegen dieses Verbrechens polizeilich denunziert hatte.

Zur Zeit der französischen Invasion wurden bekanntlich die Marken und selbst die Umgegend der Stadt Berlin im höchsten Grade durch gefährliche Diebesbanden in Schrecken gesetzt. Eines jener verbrecherischen Individuen, der Schuhmacher Columbus, wurde nach einer mehrjährigen Untersuchungshaft wegen Raubes und Diebstahls in Banden zu einer 25jährigen Festungsstrafe rechtskräftig verurteilt und im Jahre 1809 nach der Zitadelle von Danzig abgeführt, wo das französische Gouvernement die Aufnahme wegen der großen Gefährlichkeit dieses Menschen bewilligt hatte. Nach Ablauf der Strafzeit im Jahre 1834, kehrte nach Berlin, seiner Heimat, zurück und nahm zunächst sein Absteigequartier bei der unverehelichten St., seiner früheren Geliebten, die ihm über ein Vierteljahrhundert hindurch getreu geblieben war! An demselben Tag, wo Columbus eingetroffen war, kam der Herr P. aus W. mit seinem Sohn hier an, welcher als Kommis in ein Geschäft eintreten sollte und daher seine ganze, übrigens bedeutende Ausstattung mit sich brachte. Beide waren in der Bischofstraße in einem jüdischen Gasthaus abgestiegen, hatten ihre sämtlichen Effekten im Zimmer abgelegt und nach Verschließung desselben sich in die Stadt begeben. Als sie am Abend heimkehrten, fanden sie die Tür mit einem Nachschlüssel geöffnet, und alle ihre Sachen waren verschwunden. Noch am nämlichen Abend machte sie ihre polizeiliche Anzeige, und schon am anderen Morgen waren ihre sämtlichen Effekten wieder herbeigeschafft. Dies ging so zu. Der Kriminal-Kommissarius S., an welchen sie sich zunächst gewendet, hatte in Folge noch anderweitiger Kombinationen Verdacht gegen Columbus geschöpft, welcher auch um so mehr als begründet anzusehen sein mußte, weil gerade in den ersten Tagen nach der Entlassung der Gestrafte am tat- und hilflosesten und überhaupt von der sittlichen Gesellschaft, von welcher ihn seine Verbrechen entfremdet haben, zu entfernt dasteht und daher auch, wie die tägliche Erfahrung lehrt, zu neuen Verbrechen am geneigtesten ist. Eine Visitation bei der St. führte zur Entdeckung des sämtlichen gestohlenen Guts und später zur Verhaftung des mutmaßlichen Diebes, Columbus, welcher jedoch, als nicht im Besitz der gestohlenen Sachen betroffen, den Diebstahl leugnete, und da die St. nichts gegen ihn aussagte, mit vorläufiger Freisprechung davonkam, während die St. wegen augenscheinlicher Teilnahme an diesem Diebstahl außerordentlich bestraft wurde. Doch hat sich Columbus für die Folge nicht abschrecken lassen. Jedoch hat er – soviel bekannt geworden – nur gemeine und geringe Diebstähle verübt, er ist aber doch das eine Mal mit vier, das andere Mal mit fünf

Jahren wiederum bestraft worden und hat, soviel mir erinnerlich ist, die letztere Strafe noch nicht vollständig verbüßt. (...)

Zweier Eigenheiten aller gewaltsamen Diebe muß ich hier im allgemeinen Erwähnung tun. Die eine ist das Kabohren des Porums. Wenn der Dieb nämlich die zu bestehlenden Zimmer usw. mit den Tanteln geöffnet hat, so sucht er dieselben an einem versteckten Ort zu verbergen, wenn er sie nicht einem seiner auf Schmiere stehenden Genossen zur Aufbewahrung übergeben kann, damit er, bei einem etwaigen Ergreifen in der geöffneten Wohnung, nicht ganz treefe werde, d.h. der Besitz der Diebesinstrumente nicht die Absicht seines Eindringens unzweifelhaft dokumentiere, sondern damit ihm immer noch die Ausrede bleibe, daß er die Stube, in welche er unter diesem oder jenem erdichteten Vorwand eingetreten, bereits offen vorgefunden habe, eine Ausrede, die namentlich bei noch Unbestraften bisher diese in der Regel mit der vorläufigen Freisprechung hat entwischen lassen. Wenn nicht einer der Kabbern das Schränkzeug kabohrt, so legt es der Dieb gemeinhin unter Treppenstufen, unter Gerülle, Holz usw., weshalb es beim Ertappen solcher Individuen schon sehr ersprießlich gewesen ist, alle in der Nähe befindlichen Winkel, Löcher, Treppen usw. genau zu untersuchen. Daher ist es aber auch die erste Sorge des ertappten Diebes, nicht bloß das gestohlene Gut, sondern auch vorzüglich das Schränkzeug zu planten, d.h. auf eine vor den festhaltenden Personen unbemerkte Art wegzubringen oder an einen solchen Ort zu werfen, wo man es nicht füglich wieder herausholen kann. z.B. ins Wasser, in Apartementsgruben usw.

Die zweite Eigenheit aller gewaltsamen Diebe ist das sogenannte Kiewischen oder, wie es im schlechteren Dialekt heißt, Kiebitschen. Dieses Wort, vom Kiewisch oder Unterkiewisch, i.e. eine Kriminaluntersuchung abgeleitet, bedeutet soviel wie visitieren, untersuchen. Es bedarf wohl nicht erst der Frage, daß ein Dieb auch den anderen bestiehlt oder betrügt, wenn er kann. Daher trauen diejenigen, welche auf Wache stehen müssen oder auch selbst einer der eigentlichen Täter des Diebstahls nie seinem Mittäter in betreff der zur Teilung (zum Helligen) angelieferten gestohlenen Gegenstände. Daher passen sie aber auch beim Zusammentreten nach ausgeführten Diebstählen mit Argusaugen einer auf den anderen auf, damit er seinen Kabbern nichts von dem Ertrag unterkaufe oder untermakkene (d.h. unterschlage), und um hierüber ganz gewiß zu sein, visitieren sie einander auf das genaueste, wie es nur der vorsichtigste Polizeioffiziant mit dem ergriffenen Verbrecher tun kann. Dies heißt kiewischen. Oftmals ist es bei den

Teilungen des gestohlenen Guts schon so hart hergegangen, daß es blutige Köpfe gegeben, ja, daß sogar diejenigen Diebe, die sich durch ihre Teilnehmer verkürzt glaubten, diese heimlich der Polizei denunziert und das denselben zugefallene gestohlene Gut nachgewiesen haben. Überhaupt ist es eigen: Sobald jemand mit Dieben, sei es als Mitteilnehmer an Verbrechen oder als Hehler in Verbindung steht und merkt, daß seine Genossen so verdächtig sind, daß Gericht oder Polizei dieselben wegen bestimmter Verbrechen zur Haft oder Untersuchung heranziehen wollen, so hat er nichts Eiligeres zu tun, als unter der Maske der größten Ehrlichkeit sich den Polizeibeamten zu nähern und ihnen diejenigen Data an die Hand zu geben, welche zur Ergreifung oder teilweisen Überführung der Verdächtigen führen. Hierdurch glaubt er, sich gedinne zu stellen, d.h. für den unverhofften Fall, daß die Diebe ein Geständnis ablegen und ihn der Teilnahme an ihren Verbrechen mit bezichtigen, sich die Ausrede zu sichern, daß sie fälschlich und aus Rache gegen ihn geschlichnet, d.h. denunziert haben, weil er ihre Verhaftung oder teilweise Überführung möglich gemacht habe. So machte es der bekannte Schlosser H., nachdem er lange Zeit von den Dieben Maler K., Arbeitsmann W.R. u.a. das gestohlene Gold und Silber geschärft hatte, insofern, als er sie sofort den Beamten zur Verhaftung nachwies, als er erfuhr, wie man ihnen nachspüre. Obschon zwar später derjenige, an welchen er das Gestohlene mit mehreren hundert Prozent weiterverkauft hatte, einräumte, dasselbe von H. empfangen zu haben, und dieser deshalb zur Haft und Untersuchung gezogen wurde, so mußte er doch wieder ohne Strafe entlassen werden, weil die Hauptdiebe kesse Leugner waren und sonach sich der objektive Tatbestand des Diebstahls nicht für spezielle Verbrechen erweislich machen ließ.

Schlimmer ging es dem jetzt wegen Betrugs in der Strafanstalt befindlichen Juden L. Dieser hatte in der D...zschen Untersuchung bei einem großen gewaltsamen Diebstahl 1) das ganze bare Geld fast allein vorweggenommen, 2) die Papiere verkauft und 3) die übrige Sore, d.h. das gestohlene Gut, geschärft und seine Genossen dabei arg betrogen. Er ging aber noch weiter. Um sich vor der Behörde als ein recht redlicher Mann zu zeigen, zeigte er sogar die übrigen Täter an und gab die Überführungsbeweise gegen sie an die Hand, da er sich nicht träumen ließ, daß von diesen ein einziger ein Geständnis ablegen könnte. Aber er hatte sich geirrt! Aus Wut über die doppelte Nichtswürdigkeit des L. und da sie andererseits sehr graviert dastanden, machten die Diebe über das ihnen von L. zur Last gelegte Verbrechen ein unumwundenes Geständnis, und die Folge war nunmehr, daß alle Teilnehmer gebührend bestraft wurden.

Noch einmal muß ich aber auf die wirkliche Geschicklichkeit der hiesigen Diebe in Anfertigung und Führung der Schlüssel zurückkommen. Wenn zwar auch nicht alle, so wie einige, imstande sind, mittels eines schmalen Blechs, welches sie in der Hand oder auf dem Kopf eines Hammers, nach Inspektion des Schießloches im Inneren mit einer scharfen Eisenfeile so zurechtfeilen, daß sie damit künstliche und komplizierte Schlösser, ohne eines ordentlichen Dietrichs oder Nachschlüssels zu bedürfen, aufmachen, so ist im allgemeinen doch der Gebrauch der Schlüssel bei den nicht ausschließlich dem Taschendiebstahl nachgehenden Dieben die erste und wichtigste Aufgabe, welche sich der angehende Dieb stellt und worin es – wie jeder in dieser Branche erfahrene Polizeibeamte mit mir übereinstimmen wird – gerade die jüngsten der hiesigen Diebe, namentlich ehemalige Schlosserlehrlinge, am weitesten gebracht haben. Beispielsweise will ich in betreff jener aus der Lehre entlaufenen Schlosser nur an August L...z, Sch...n, H. vorzugsweise erinnern. Allein das Publikum kommt, wie ich späterhin noch in anderer Beziehung erörtern werde, auch den Nachschlüsseldieben insofern zu willfährig entgegen, als bei den Spekulations-Neubauten (Schwindelbauten) und sogar bei Reparaturen und Ausbauten eigener Häuser die Bauherren bloß das Prinzip der möglichsten Billigkeit vor Augen haben. Ein französisches Fabrikschloß, ein dergleichen Drückerschloß, an die Tür geheftet, und das Eigentum ist geschützt. Daß derartige Schlösser oft nicht einmal einem gebogenen Nagel geschweige einem kunstmäßigen Dietrich widerstehen, sehen wir alle Tage, und dennoch tun dabei viele unserer guten Eigentümer nichts dabei, als daß sie lediglich den nachlässigen Mieter schelten, der mit Frau und Kindern gezwungen war, nach einer Werkstatt oder Fabrik zu gehen, und sein Brot rechtlich zu verdienen. Dem Mieter, der vielleicht alle halbe Jahre den kostspieligen Umzug zu bewirken hat, kann man wahrhaftig doch nicht zumuten, sich teure und kostbare Schlösser bei der ohnehin so teuren Miete und Mietsabgabe anzuschaffen. Zuletzt werfen endlich beide Teile alle Schuld auf die Polizei, die dennoch bei diesem Punkt ganz schuldlos dasteht, da niemand ein Recht hat, zu fordern, daß eine Behörde für die Festigkeit seiner Verschlußmittel garantieren soll.

Karl Masch, der schreckliche Räuber und Mordbrenner aus der Neumark

1875 erschien in dem von Willibald Alexis und Eduard J. Hitzig herausgegebenen »Neuen Pitaval« die Geschichte des Räubers und Mordbrenners Karl Masch. Mit seiner Schutzhöhle im Wald bei Pyritz und seinen ausgedehnten Raubzügen vor allem in der Mark Brandenburg schien er alle typischen Merkmale einer frei umherschweifenden Räuberexistenz zu erfüllen. Aber schon dadurch, daß er, folgt man seinen detaillierten Geständnissen, stets allein »arbeitete«, niemals einer Bande anzugehören schien, unterschied er sich vom gewöhnlichen Räuber. Alles wird jedoch in den Schatten gestellt von seiner exorbitanten Brutalität, die ihm selbst, offenbar eine Art Hamann-Vorläufer, kaum ins Bewußtsein drang. Ähnlich wie das Mordbrenner-Pärchen Horst/Delitz, über das bereits berichtet wurde, störte es ihn nicht, in der Aussicht auf Diebesgut ganze Häuser einzuäschern: »... Deshalb beschloß ich, auf eigene Faust ins Ausland zu gehen. Dafür brauchte ich Geld. So steckte ich in Dertzow ein Haus in Brand in der Hoffnung, hineingehen und mir das Geld holen zu können, während die Bewohner vor dem Feuer flüchteten. Leider flüchteten sie zu spät. Ich kam nicht mehr hinein.«

Besonders grausig erscheint uns die lakonische Art, in der er in seinem Geständnis über seine Sexualmorde und Leichenschändungen berichtet. Als sei es das Normalste von der Welt, eine Frau, die sich ihm nicht freiwillig hingibt, zu ermorden, um sich an der Leiche zu vergehen. Wie nahe das Monströse am Gewöhnlichen liegen kann, was einer anzurichten vermag, der aus der gesellschaftlichen Ordnung herausgefallen ist, darüber belehrt uns dieser besonders schreckliche Lebensbericht aus dem »Neuen Pitaval«.

Am Nachmittag des 23. August 1861 traf der Polizeiassistent Räck an der Ecke Richt- und Jüdenstraße in Frankfurt an der Oder auf einen 37jährigen

Mann, der soeben aus einer Wirtschaft getreten war und hier in aller Öffentlichkeit seine Notdurft verrichtete. Der Mann war wie ein Bauer gekleidet, der einen Ausflug in die Stadt gemacht und eins über den Durst getrunken hatte. Als der Polizist ihn wegen seines ungebührlichen Benehmens zur Rede stellte, wurde der Betrunkene frech. Schließlich zeigte er dem Ordnungshüter einen Vogel, ging in die Wirtschaft zurück und setzte sich dort zu zwei Handwerksburschen an den Tisch, mit denen er gekommen war und seit einigen Stunden fröhlich gezecht hatte.

Wäre der Betrunkene friedlich geblieben und hätte sich die Ermahnungen des Polizisten reuevoll zu Herzen genommen, er würde ungeschoren und sogar ohne Strafmandat davongekommen sein. So aber, durch den beleidigenden Widerstand in seiner Amtsehre gekränkt, folgte Räck dem Mann in die Wirtschaft und verlangte, seine Papiere zu sehen. Der aber weigerte sich und rückte sie nicht heraus. Er sei ein harmloser Bauersmann aus Müncheberg, erklärte er. In Müncheberg träte man an den Dunghaufen im Hof, sobald einen die Blase drücke. Da käme kein Büttel und verlange einen Ausweis, nur weil man austreten müsse. Und es sei schließlich nicht seine Schuld, daß die Gastwirte in Frankfurt keinen Dunghaufen besäßen. Der Disput wurde erregter. Die beiden Handwerksburschen standen ihrem Saufkumpanen wacker bei. Das Ende vom Lied war, daß Räck den Betrunkenen festnahm und ihm befahl, mit auf die Wache zu kommen.

Als die beiden das Lokal verlassen hatten, machten sich die Handwerksburschen zusammen mit der Wirtin über den Kober (das ist ein länglicher Rückenkorb, den die Bauern damals trugen) her, den der Abgeführte offenbar vergessen hatte mitzunehmen. In Wirklichkeit kannten auch sie ihren dritten Mann nicht. Sie hatten ihn unterwegs getroffen, waren das letzte Wegstück bis Frankfurt gemeinsam gewandert und dann eingekehrt, um sich den Staub der Landstraße aus den Kehlen zu spülen. Die drei fanden in dem Kober nichts Besonderes, nur das übliche Zeug, das ein Bauer eben so mit sich führt. Ausgenommen ein langes, frisch geschärftes Rasiermesser. Der eine Handwerksbursche klappte es auf, prüfte seine Schneide und meinte zweifelnd: »Wie ein Barbier sah der aber nicht aus?« Worauf die Wirtin lachend erwiderte: »Weiß Gott, das ist auch eher ein Messer zum Halsabschneiden.«

Inzwischen war der Polizist mit seinem Arrestanten bis zum Markt gekommen. Hier warf der angebliche Bauer plötzlich seinen Wanderstock weg und rannte davon. Räck setzte ihm nach, holte ihn auch ein, aber als er den

Burschen eben am Kragen packen wollte, erkannte er gerade noch rechtzeitig, wie der Kerl nach einer versteckten Pistole griff. Es kam zu einem wütenden Handgemenge, aus dem der Polizist mit Hilfe eines Passanten endlich als Sieger hervorging. Zu zweit brachten sie den Mann dann ohne weiteren Zwischenfall aufs Revier. Hier stellte sich nach kurzer Zeit heraus, was für ein Fisch da ins Netz gegangen war. Der Nachmittag des 23. August 1861 brachte für die damalige Zeit eine Sensation. Auch heute noch würde der Fang des Polizeiassistenten Räck die Titelblätter mancher Zeitungen und viele Seiten der Illustrierten-Presse füllen. Denn der angeblich harmlose Bauer war kein anderer als der lang gesuchte Höhlenbewohner aus den Wäldern von Pyritz und Warsin: der Einbrecher, Brandstifter und Mörder Karl Friedrich Masch.

Im nachfolgenden Prozeß traten über einhundert Zeugen und Sachverständige auf. Aber das Gericht hatte es nicht schwer, Masch seiner Verbrechen zu überführen. Er legte bald ein umfassendes Geständnis ab.

Masch: »Ich bin 38 Jahre alt. Am 28. April 1824 im Forsthaus Brunken bei Berlinchen geboren. Aufgewachsen bin ich in Hohenziethen. Mein Vater starb, als ich vierzehn war. Er war Arbeiter und fleißig in seinem Beruf. Aber er trank viel und war wenig zu Hause. Die Mutter zog uns Kinder auf. Ich trieb mich viel in Wald und Feld herum. Und wenn sie mich mal schlug, blieb ich tagelang fort, damit sie sich um mich ängstigen sollte.

Meine erste Stellung trat ich 1838 auf dem Rittergut Hohenziethen an. Ich war Knecht und blieb vier Jahre lang, bis ich davongejagt wurde, weil mein Herr mit mir nie ganz zufrieden war und nachdem ich in betrunkenem Zustand ein paar dumme Sachen gemacht hatte.

Ich ging nach Beyersdorf und arbeitete bei einem Bauern. In Beyersdorf war auch mein Bruder Johann Gottlieb. Er hatte ein Verhältnis mit der Tochter seines Dienstherrn. Ich erlebte, wie er seine Geliebte aus Eifersucht erstach, sich dann in einen Brunnen stürzte, aber herausgezogen wurde. Sie haben ihn erst zum Tod verurteilt, nachher jedoch zu lebenslänglich Zuchthaus begnadigt. Ich würde lügen, wollte ich sagen, daß mich sein Schicksal beeindruckt hätte. Ich vergaß ihn sehr schnell.

Dafür beging ich bald die erste eigene Straftat. Aus Rache, weil auch meiner zweiter Brotherr dauernd an mir herumzumäkeln hatte. Ich zündete eine Scheune an. Erst bekam ich furchtbare Angst, als die Polizei den Brandstifter suchte. Ich war drauf und dran, mich freiwillig zu stellen. Als aber keiner den geringsten Verdacht gegen mich schöpfte, lachte ich über meine Angst. Ich wußte jetzt, daß nicht jedes Verbrechen aufgedeckt werden kann.

Bis ich 1844 in Soldin Soldat wurde, habe ich in Neuendorf und wieder in Hohenziethen gearbeitet. Da habe ich mir durch kleinere Diebstähle, die wieder keiner aufklärte, das Leben so angenehm wie möglich gemacht. Bei den Soldaten herrschte eine strenge Zucht. Aber das machte mir nichts aus. Ich wurde in den ganzen zwei Jahren nur einmal mit Arrest bestraft. Ich war denen nicht ordentlich genug. Wieder Zivilist, arbeitete ich in Hohenziethen, Dertzow, Soldin und Naulin. Im März 1848 kam ich zum zweitenmal zu den Soldaten. Wir marschierten erst in Berlin, dann nach Schlesien, Sachsen und Thüringen. Es waren sehr unblutige Revolutionen, die wir zu bekämpfen hatten. Wo wir hinkamen, war der letzte Schuß bereits gefallen. Dafür gab's genug zu saufen. Und Weiber in Hülle und Fülle.

Als Soldat habe ich das Leben in den großen Städten kennengelernt. Drum zog's mich, als ich abgemustert hatte, wieder nach Berlin. Hier arbeitete ich erst bei einem Gärtner. Ich verkaufte sein Gemüse auf den Märkten. Vom Markt weg heuerte mich ein Gastwirt als Hausdiener an. Aber ich war nicht lange Hausdiener. Ich wurde schnell sein Freund, genau genommen sein Geliebter. Weil ich's unter dieser Voraussetzung gut bei ihm hatte, hielt ich ihm die Treue und ging, als er die Gastwirtschaft aufgab, mit ihm nach Magdeburg in eine Zuckersiederei. Von Magdeburg gingen wir später zurück nach Berlin. Dann nach Potsdam und Hamburg. Und schließlich wieder nach Berlin.

Hier stand eines Tages plötzlich ein Mädchen vor mir, mit dem ich in Soldin ein Verhältnis gehabt hatte. Sie war nur nach Berlin gekommen, um mich zu suchen. Das rührte mich so, daß ich meinen Freund bei Nacht und Nebel verließ und mit meiner Braut nach Soldin zurückkehrte. Wir wollten hier ein gemeinsames Leben beginnen und zogen zusammen in eine Wohnung. Ich arbeitete als Taglöhner. Wir standen kurz vor der Heirat.

Ich wäre heute nicht angeklagt und ein ehrbarer Mensch geworden, würde mir nicht in jenen Tagen ein Brief in die Hände gefallen sein, der an meine Braut adressiert war, und hinter dem ich einen anderen Mann und Verrat vermutete. Aber meine Eifersucht war so groß, daß ich meine Braut verließ und auch nicht zurückkehrte, als sich der Brief als völlig harmlos erwiesen hatte.

Ich ging nach Berlin zurück, dann nach Potsdam und wieder aufs Land nach Buckow. Hier wurde ich krank. Der Bauer war herzlos genug, mich deshalb auf die Straße zu setzen. Vom Fieber geschüttelt, schleppte ich mich in die Heimat und bettelte bei meinem Bruder Martin in Dertzow um Aufnahme. Obwohl er Frau und Kinder hatte und die Mutter bei ihm wohnte, nahm er mich auf. Sie pflegten mich gesund. Weil ich zu lange blieb, machte meine Schwägerin mir Vorwürfe. Es gab Streit, und ich ging mit dem Messer auf sie los. Ich hätte sie erstochen, wäre meine Mutter nicht dazwischengegangen.

Nun strich ich wieder im Land umher. Ich nächtigte in Scheunen oder im Freien und ernährte mich durch Bettelei. Im Sommer arbeitete ich in Wriezen an der Oder. Als der Winter kam, stand ich wieder vor der Tür meines Bruders. Er nahm mich zum zweitenmal auf. Aber diesmal ging ich nach einiger Zeit freiwillig. Ich wollte seiner Familie nicht wieder zu lange zur Last fallen.

Ich hatte vom Krieg gehört, den England und Frankreich gegen Rußland führten, und daß die Engländer dabei waren, eine Fremdenlegion aufzustellen. Da wollte ich hin. Weg aus Deutschland. Und in der Fremde ein besseres Leben führen. Vorm Soldatsein hatte ich keine Angst. So machte ich mich zu Fuß auf den Weg nach Hamburg.

Das Wetter war schlecht, die Nächte waren kalt und feucht. Ich kam schon krank in Hamburg an. Und als mich der Arzt auf dem englischen Helgoland untersuchte, wies er mich als untauglich für die Legion zurück. So stand ich im Januar 1856 zum drittenmal vor der Tür meines Bruders. Er nahm mich zum drittenmal auf.

Doch diesmal wollte ich selbst etwas zum Unterhalt beitragen. Deshalb begann ich zu stehlen.«

Richter: »Wußte Ihr Bruder, daß Sie in fremde Häuser einbrachen?«

Masch: »Ich konnte es nicht verheimlichen. Ich wurde gefaßt, als ich Getreide stahl. Und kam ins Gefängnis dafür. Aber ich brach aus. Die Eisengitter waren schwächer als ich. Ich stahl mir Brot und Fleisch und trieb mich im Wald herum. Dabei ließ mich die Angst nicht los, daß man mich fassen und ins Gefängnis zurückschicken würde. Deshalb beschloß ich, auf eigene Faust ins Ausland zu gehen.

Dafür brauchte ich Geld. So steckte ich in Dertzow ein Haus in Brand in der Hoffnung, hineingehen und mir das Geld holen zu können, während die Bewohner vor dem Feuer flüchteten. Leider flüchteten sie zu spät. Ich kam nicht mehr hinein. So trieb ich mich weiter im Wald herum. Wochenlang. Bis ich das Einsiedlerleben nicht mehr ertrug und mich freiwillig der Polizei stellte.

Aber ich brach wieder aus dem Gefängnis aus und ging zum drittenmal nach Hamburg. Diesmal wollte ich zur See fahren und wanderte bis Glückstadt. Ich fand keinen Kapitän, der mich anheuerte, weil ich keine Papiere hatte, dazu lausig und heruntergekommen aussah. Wohl auch, weil sie mir die Angst vom Gesicht ablasen, daß irgendwo ein Polizist auftauchen und mich abführen würde.

Da machte ich aus lauter Verzweiflung einen Selbstmordversuch. Ich löste Schwefelhölzer in Wasser auf und trank es. Aber ich bekam nur Magengrimmen davon. Als das vorüber war, beschloß ich, wieder in die Heimat zu gehen. Ich war nun fest entschlossen, mich dort in den Wäldern zu verstecken und meine Freiheit mit allen Mittel so lange zu verteidigen, wie es mir möglich war.

Im Wald bei Pyritz baute ich eine Höhle. Handwerkszeug und Material dafür holte ich nachts aus den umliegenden Dörfern. Ich warf erst ein Erdloch aus, darüber legte ich Bretter. Diese Decke legte ich mit Waldboden und Moos so sorgfältig aus, daß kein Mensch das Versteck erkennen konnte. Am meisten Arbeit machte die Ausschachtung der Höhle. Ich trug die Erde eimerweise in den Wald hinein und zerstreute sie handvoll in alle Windrichtungen, damit auch sie mich nicht verraten konnte. Erst nach vielen Wochen war die unterirdische Behausung so tief, daß ich darin aufrecht gehen konnte. Nun stützte ich die Decke mit Holzpfeilern ab und richtete die Höhle wohnlich ein.

Als der Winter kam, hatte ich einen Herd, einen Abzug für den Rauch und genug Vorrat zum Essen und Trinken, daß ich die Kälte nicht mehr zu fürchten brauchte. Solange Schnee lag, verließ ich die Höhle selten. Allmählich lernte ich in Wildspuren so leichtfüßig zu gehen, daß keiner den Abdruck meiner Schuhe in den Fährten erkennen konnte. Da wagte ich mich häufiger hinaus. Manchmal hörte ich Stimmen von Bauersleuten, Jägern oder Forstbeamten in der Nähe oder direkt über meiner Höhle. Sie gingen ahnungslos an meinem Versteck vorüber.

Zu frieren, zu hungern oder zu dürsten brauchte ich in diesem Winter nicht. Aber mich quälte die Einsamkeit. Ich litt vor allem darunter, daß ich keinen Verkehr mit Frauen haben konnte.

Erst als der Frühling 1857 kam, wagte ich mich häufiger aus meiner Höhle und streifte wieder im Wald umher. Das war eine schöne und ruhige Zeit. Ich holte mir weiter von den Bauern, was ich zum Leben brauchte. Ich hatte es im Stehlen zu einer gewissen Übung gebracht. Ich verstand etwas von diesem Handwerk und fühlte mich nie in Gefahr. Gewalt habe ich einem Menschen nur einmal, im Frühsommer, angetan. Es war die 17jährige Tochter eines Försters, die ich würgen mußte, weil sie mir nicht gefügig sein wollte. Da sich aber ein Wagen der Stelle näherte, wo wir lagen, floh ich und überließ das Mädchen bewußtlos seinem Schicksal.

Auch den Winter 1857/58 verbrachte ich in meiner Höhle. Im März mußte ich sie aufgeben. Es lag noch Schnee, ich saß in meinem Bau, als ich Schritte hörte, die näher kamen. Es waren nicht die Schritte eines Vorübergehenden. Sie klangen tastend, vorsichtig. Der Mann suchte etwas. Ich lauschte angespannt. Nach einer Weile hörte ich es direkt über mir rascheln. Die Zweige über dem Eingang wurden auseinandergebogen. Laub und Schnee fielen herein. Ein schwerer Fuß klopfte die Decke ab. Jetzt wußte ich, daß die Höhle entdeckt war. Ich fuhr wie der Blitz heraus, erschreckte den Eindringling, bedrohte ihn mit einem Knüppel und trieb ihn einige Meter zurück. Damals fiel es mir noch schwer, einen Menschen zu töten. Ein Jahr später hätte ich den Mann einfach erschlagen. So nutzte ich seine Bestürzung und rannte davon. Zurückkehren konnte ich nicht mehr.

Ich wechselte die Gegend. Eine neue Höhle baute ich mir zunächst nicht. Ich schlief wieder im Freien, im Wald und in einsam gelegenen Heuschobern. Meist trieb ich mich in der Neumark herum. Bei Wormsfelde quartierte ich mich eine Zeitlang in einem Schafstall ein.

Mitte April geriet ich nachts auf der Suche nach etwas Eßbarem an einen verlassenen Backofen. Aber er war, als ich die Tür geöffnet hatte, gar nicht so verlassen. Drin hockte die Bettlerin Wall aus Altenfließ. Sie pflege hier häufig zu schlafen, verriet sie mir. Sie war nicht mehr die Jüngste, aber eine Frau und als solche meinem leiblichen Begehren lieber als zehn Laib Brot oder der schönste Schinken, den ich hier zu finden gehofft hatte. Ich legte mich zu ihr an den warmen Platz, und sie rückte auch gleich zur Seite. Doch als ich zärtlich werden wollte, stieß sie mich wütend und mit beleidigenden Worten zurück. Darüber geriet ich so sehr in Wut, daß ich sie zu würgen begann und weiter würgte, bis sie keinen Schnaufer mehr tat und mir als Leiche gewähren mußte, was sie mir lebendig versagt hatte. Ich warf die Tote nachher in den See, stieg in derselben Nacht noch in die Küche des Pfarrhofs ein, holte mir einen mächtigen Schinken aus dem Rauch und zog zufrieden weiter.«

Richter: »Das war Ihr erster Mord?«

Masch: »Ja.«

Richter: »Hatten Sie keine Gewissensbisse hinterher?«

Masch: »Keine. Es war alles so glatt verlaufen, daß ich mir vornahm, bei nächster Gelegenheit wieder so zu handeln. Sie bot sich im August in Albertinenburg bei Berlinchen. Ich hatte vor, beim Gutsbesitzer Neumann einzubrechen, um zu Geld zu kommen. Nach Einbruch der Dämmerung umschlich ich das Herrschaftshaus. Durch ein Fenster zu ebener Erde, hinter dem Licht brannte, sah ich ein junges Mädchen, das sich eben entkleidete. Ich starrte wie gebannt durch die Scheiben. Ich zitterte vor Erregung und konnte kaum abwarten, bis alles im Haus ruhig geworden war. Dann stieg ich durch ein anderes Fenster und kam durch mehrere offene Türen in das Zimmer des Mädchens. Sie schlief. Eine Weile horchte ich hinaus und betrachtete den jungen Körper vor mir. Darauf ließ ich mich am Bett nieder und legte zur Vorsicht die Rechte an den Hals des Mädchens, damit sie nicht schreien konnte. Mit der Linken betastete ich ihren Leib. Plötzlich riß sie die Augen auf und wollte entsetzt in die Höhe fahren. Ich drückte sie mit beiden Händen in die Kissen zurück. Dabei gebrauchte ich in meiner Erregung wohl zu viel Gewalt. Sie hauchte nur noch leise: »O Gott!« Dann röchelte sie und war auch schon tot. Ich mißbrauchte die noch warme Leiche, suchte die paar Münzen der Toten zusammen und verließ das Haus auf demselben Weg, den ich gekommen war. Gewissensbisse hatte ich auch diesmal nicht.

Ich achtete in meinem ganzen Leben immer auf eins: daß ich die Gegend, wo ich ein größeres Verbrechen begangen hatte, jedesmal so schnell wie möglich verließ, um vor allen Nachstellungen sicher zu sein. Ich brach auch lieber ein Unternehmen erfolglos ab, wenn es nicht glatt gelingen wollte.

Nach dem Mord in Albertinenburg verbarg ich mich mit einem Gewehr, das ich erbeutet hatte, im Heidekruger Forst. Hier konnte ich die Landstraße nach Berlin überblicken. Es kamen da viele Reisende des Wegs. Die wollte ich überfallen und ausrauben. Aber gleich der erste Versuch schlug fehl. Ich feuerte einen Schuß auf ein Pferdefuhrwerk ab. Aber statt den Fuhrmann zu treffen, machte der Knall nur die Pferde scheu. Sie galoppierten wild geworden davon, und ich machte mich schnell aus dem Staub.

Ein Ausflug nach Berlin war erfolgreicher. Ich kehrte mit einem Sack voll Würsten in den Wald zurück.

Pech hatte ich wieder in Hasselberg bei Wriezen. Dort bereitete ich mich sehr sorgfältig auf einen nächtlichen Überfall bei einem reichen jüdischen Händler vor. Von ihm war bekannt, daß er seine ganze Barschaft im Haus aufzubewahren pflegte. Ich hatte die Absicht, ihn mit dem Beil zu erschlagen und dann sein Geld an mich zu nehmen. Als es dunkel war, drang ich in das Haus ein, stand aber plötzlich in einer Stube, in der eine ganze Familie von mindestens fünf Körpern schlief. Ich zögerte einen Augenblick, weil ich glaubte, ich hätte mich im Haus geirrt. Da erwachte der Mann, und ich hob schon das Beil, um ihn zu töten. Dabei hörte ich aus dem Nebenzimmer ein lautes Husten und floh Hals über Kopf davon. Später erfuhr ich, daß ich wohl ins richtige Haus, aber in die falsche Stube geraten war. Nämlich in die Schlafkammer des bei dem Juden wohnenden Tischlermeisters Lauersdorff und seiner Familie, während der Jude nebenan schlief. Er hatte gehustet. Seinem Husten verdankten die Lauersdorffs das Leben.

Schief lief auch mein Anschlag auf einen Chausseegeldeinnehmer an der Straße von Bernstein nach Dölitz. Ich wollte ihn in einer Oktobernacht 1858 von einem erhöhten Standort aus durch das Fenster erschießen. Aber kaum war der Schuß gefallen, der nicht traf, hörte ich Schritte um das Haus und rannte davon.

Nun stand der Winter wieder vor der Tür. Ich wußte immer noch nicht, wohin. Ich träumte stärker als je von einem Ausweg: ins Ausland zu entkommen, somit der kalten Jahreszeit zu entfliehen und vielleicht sogar ein neues Leben beginnen zu können. Dieser Gedanke ließ mich nie los. Aber dazu brauchte ich Geld. Auf der Suche nach Essen und Trinken hatte ich immer Glück. Aber zu Geld kam ich nie.«

Richter: »Ihr Bruder Martin hat Sie früher bereitwillig aufgenommen, wenn Sie nicht weiterwußten. Haben Sie ihn in dieser Zeit nie besucht?«

Masch: »Ein paarmal. Immer nur kurz. Solange ich noch in der Pyritzer Höhle wohnte. Später kaum mehr. Er hätte mich weder verstecken noch mir Geld geben können.«

Richter: »Um zu Geld zu kommen, brachen Sie jetzt in einer Kirche ein.«

Masch: »In Großlatzkow. Aber als ich den Kasten erbrochen hatte, in dem ich Geld vermutete, lagen nur der Altarkelch und das übrige Abendmahlsgerät vor mir. Also Silbergeschirr, das ich nirgendwo hätte ummünzen können. Ich stieg mit leeren Händen wieder aus und habe nie mehr eine Kirche besucht.

An jenen Winter denke ich nur mit Grauen zurück. Ich verbrachte ihn in einem Kanaltunnel bei Neumellentin. Durch ihn fließt der Berlingsee ab. Sein Eingang ist durch Eisenstäbe gesichert. Ich zwängte mich durch sie wie eine Katze hindurch. Das hatte ich gelernt. Der Tunnel ist so niedrig, daß kein Mensch drin aufrecht gehen kann. Und es stinkt dort wie die Pest. Als das Wasser gefroren war, machte ich mir auf dem Eis ein Lager zurecht. Ich stahl Kleidungsstücke, Bettzeug, Essen und viel Branntwein. Aber ich fror doch entsetzlich. Monatelang. Die wenigen Ausflüge, die ich nachts in die Umgebung machte, brachten die einzige Abwechslung. Ich konnte mich so wenigstens strecken und bewegen. Aber einmal wurde ich beinahe entdeckt, als der Gutsbesitzer, der in der Nähe wohnte, mit seinem Sohn und zwei Hunden an meinem Versteck vorüberkam. Die Viecher begannen plötzlich hartnäckig am Eingang des Tunnels herumzuschnuppern. Die Männer schöpften Verdacht und versuchten, die Hunde hineinzuschicken. Ich lag mit dem Gewehr im Anschlag hinter dem Gitter und hätte Tiere und Menschen erschossen, wenn die Hunde dem Befehl gefolgt wären. Glücklicherweise taten sie es nicht. Ich vermute, daß sie wegen des Gestanks die Spur verloren hatten.

Weil ich solch einen Winter nicht wieder erleben wollte, ging ich gleich im Frühjahr daran, mir wieder eine Höhle zu bauen. Ich fand einen geeigneten Platz in den Wäldern, die zum Gut von Warsin gehören. Ich arbeitete, sobald die Erde aufgetaut war, jede Nacht an meinem Bau, das ganze Jahr durch, bis in den Herbst hinein. Die neue Wohnung war dann auch größer und bequemer als die Höhle im Wald von Pyritz. Sie war zwölf Fuß lang, acht Fuß breit und lag in einer Kiefernschonung, von deren Rand ich elf Ortschaften überblicken konnte. Man gelangte über eine Leiter aus Kiefernholz ins Innere, nachdem man einen mit Moos bepflanzten Deckel beiseite geschoben hatte. Ein aus Steinen gemauerter Kamin gab dem Raum genügend Wärme. Ein Rohr aus dem Jagower Treibhaus diente als Rauchfang, den ich bei Tag von außen verschloß. Um immer frische Luft zu haben, baute ich in den Ecken der Höhle armstarke Röhren ein. Sie endeten an Baumstämmen und unter ausgewachsenen Wurzeln, unsichtbar für fremde Augen. Ich zimmerte mir Tisch, Bett und Regale zurecht, schachtete auch einen kleinen Weinkeller aus. Es fehlte nichts für ein bequemes Leben. Ich besaß eine große Wassertonne, Eimer, Töpfe, Teller, Tassen und Besteck. Die Regale waren angefüllt mit Kartoffeln, Speck, Schinken, Reis, Brot, Käse und Salz. Ebenso hatte ich genug Kleidungsstücke und Wäsche. Daneben eine Reihe Bücher. Auch zwei Bibeln, die ich allerdings nicht zum Lesen benutzte, sondern als Schießscheiben. Ich hatte mir neben allem Einbruchswerkzeug auch eine kleine Waffensammlung angelegt: Messer jede Menge, Dolche, Gewehre und Pistolen, Pulver, Blei, Zundhütchen und Spitzkugeln.

Bis diese Höhle gebaut und eingerichtet war, hauste ich in einem Brennofen bei Trampe. Er war sehr baufällig und kein Mensch benutzte ihn. Mir diente er gleichzeitig als Lager für viele Dinge, die ich später in meiner Höhle brauchen konnte. Da erfuhr ich durch Zufall, daß er am nächsten Tag abgebrochen werden sollte. Weil ich so schnell mein Lager nicht räumen und alle Spuren verwischen konnte, brannte ich ihn kurz entschlossen nieder.

Von meiner neuen Warsinger Höhle aus besuchte ich im September 1860 die Krugwirtschaft in Stölpchen in der Gegend von Bärwalde. Ich war dort vor einem Jahr schon mal gewesen. Damals war die Gaststube voller Leute. Der Pächter war gestorben. Und es war im allgemeinen Trubel keinem aufgefallen, daß ich mir das Haus genau ansah und mir einprägte, wie die Zimmer und Kammern zueinander lagen. Auch auf welchem Weg man hinein- und wieder herauskommen konnte. Kurz darauf hatte ich dann einen Einbruch versucht. Ich war aber nur durch die Häckselkammer in die Wohnstube gelangt. Da mußte ich fliehen. Man war auf mich aufmerksam geworden.

Jetzt versuchte ich es zum zweitenmal. Ich nahm einen doppelläufigen Gewehrstutzen mit, ein Stemmeisen und eine zum Dolch umgearbeitete Feile. Der Krug war nur von den Eheleuten Brandt bewohnt. Ich nahm mir vor, die beiden zu töten, um desto ungestörter aussuchen zu können, was ich mitnehmen wollte.

Am ersten Abend wurde ich vom Hund der Brandts verjagt, als ich das Gebäude umschlich. Am zweiten Abend bellte mich der Köter des Feldwächters fort. Bei dritten Versuch klappte es. Ich beobachtete erst durch das Fenster, wie der 27jährige Krugwirt und seine blutjunge Frau ins Bett gingen und nach langer Umarmung endlich einschliefen. Der Neid packte mich. Aber ich wartete doch eine Weile, bis ich das Fenster zur Häckselkammer aufbrach und einstieg. Ich fand aber die Tür zum Hausflur verschlossen, mußte zurück und versuchte es mit dem gleichen Mißerfolg durch die Küchenkammer. Das dritte Mal versuchte ich es durch die Rumpelkammer und kam in den Flur. Dort entriegelte ich erst die Haustür von innen, um jederzeit einen Fluchtweg zu haben. Dann schlich ich in die Küche. Im Schein eines Schwefelhölzchens entdeckte ich ein Beil. Das nahm ich an mich. Von der Küche kam ich durch die Gaststube in die Schlafkammer.

Die beiden schliefen tief und ahnungslos. Ich zögerte nicht lange und gab erst dem Mann, dann der Frau eins mit dem Beil über den Kopf. In diesem Augenblick fuhr der Hund, der unterm Bett lag, auf mich los. Brandt war nicht gleich tot. Er stöhnte noch. Ich gab ihm einen zweiten Schlag, verjagte den Hund und schnitt den Wirtsleuten die Hälse durch.

Jetzt verhängte ich die Fenster, zündete eine Kerze an und durchsuchte die Wohnung nach Geld. Ich hatte damit gerechnet, mindestens 60 Taler zu finden. Das ist die Pachtsumme, die Brandt zu Michaelis zu zahlen hatte. Aber ich fand nur lumpige 6 Taler. Die nahm ich an mich. Ebenso eine Flasche Schnaps, eine Pistole und eine Handvoll Zigarren. Bevor ich das Haus verließ, zog ich die Leiche des Wirts aus dem Bett und schändete die seiner 18jährigen Frau. Ich kam so rechtzeitig in meine Höhle zurück, daß ich dort noch den Sonnenaufgang erlebte.«

Richter: »Wer war Ihr Komplice bei diesem Mord?«

Masch: »Ich hab's allein getan.«

Richter: »Die ermordete Ehefrau Brandts war die Schwester des mit Ihnen angeklagten Schmiedegesellen Karl Liebig. Er war mit seiner Schwester verfeindet und hat ihr oft angedroht, sie umbringen zu wollen. Er hat kein Alibi für die Mordnacht. Außerdem sprechen viele Indizien dafür, daß dieser Doppelmord nicht von einem Täter ausgeführt wurde.«

Masch: »Ich hab's allein getan.«

Richter: »Erzählen Sie weiter.«

Masch: »Im Oktober 1860 habe ich dann die Caroline Zipperling getötet. Das Mädchen könnte noch leben, wenn sie mir nur ein wenig Liebe gegeben hätte. Ich stand an der Straße zwischen Soldin und Lippehne und wartete den Abend ab, um mir im nahen Adamsdorf etwas zu essen zu holen. Die Zipperling kam aus Soldin. Am Arm trug sie einen Korb, an dem ein Paar Stiefel hingen. Ich trat auf sie zu und bot ihr meine Begleitung an. Dabei erfuhr ich, daß sie ihren Verlobten nach Soldin gebracht hatte, wo er zu den Soldaten mußte. Sie war ein sauberes Ding. Sie verhehlte nicht, daß ihr der Abschied von ihrem Verlobten sehr schwer gefallen war. Es gelang mir aber bald, sie gesprächiger zu machen. Dabei fragte ich frei heraus, ob sie ihrem Liebsten zum Abschied wohl auch gewährt habe, wonach es einen Soldaten vor so langer Trennung verlange? Sie antwortete ungeniert: ›Und? Wär' das vielleicht schlimm?‹ Leider zeigte sie sich auf meine nächste Frage, mit der ich das gleiche von ihr für mich erbat, weniger verständig. So nahm ich mir's mit Gewalt. Ich stieß sie in einen Graben und erdrosselte sie in der Umarmung mit einem Strick. Ich bedaure nicht, daß ich sie getötet habe. Eher, daß sie mir nicht lebend zu Willen gewesen ist.

Denn dies war inzwischen mein stärkster Wunsch geworden: Eine Frau zu haben, die in meiner Höhle wohnte und das Leben mit mir teilte. Sie hätte es in der Warsiner Höhle nicht schlecht gehabt. Und mit mir auch nicht.

Sie brauchte nicht zu frieren. An Essen und Trinken hätte es nie gefehlt. Sie hätte mein Geheimnis und das Bett mit mir geteilt. Ich hätte höchstens noch gestohlen, aber keinen Menschen mehr getötet. Und vielleicht wäre es uns gemeinsam sogar gelungen, ins Ausland zu kommen und ein neues Leben zu beginnen.

Aber ich fand niemand. Ich mußte allein bleiben. Nur ganz selten noch besuchte ich meinen Bruder Martin, der mit seiner Familie nach Schönow gezogen war. Und manchmal kam seine Frau, mit der ich mich ausgesöhnt hatte, zu mir in die Höhle. Sie brachte gekochte Speisen, machte ein wenig Ordnung, und ich schenkte ihr Geld dafür oder andere Dinge, die sie brauchen konnte.

Im März 1861 versuchte ich, um zu Geld zu kommen, einen Einbruch bei einem jüdischen Kaufmann in Dobberpuhl. Er mißglückte.

Dann folgte der Mord in der Chursdorfer Mühle. Daran denke ich nur mit Grauen zurück und schwöre, daß ich nicht in der Absicht gekommen war, sechs Menschen zu töten. Nur die Umstände zwangen mich dazu.

Zur Vorbereitung des Einbruchs war ich in das unbewohnte Försterhaus zwischen Deetz und Trampe gezogen, ein verfallenes Gebäude mit herausgebrochenen Fenstern, von wo aus ich die Mühle ungesehen erreichen konnte. Ich schlich Abende lang um das Gehöft herum. Dabei sah ich außer dem Müller Baumgart, seiner Frau und der jungen Magd Caroline Hartmann nie einen andern Bewohner. Diese drei wollte ich töten und dann das Geld des Müllers mitnehmen, der als reicher Mann bekannt war.

Am Abend des 10. Mai war es soweit. Bewaffnet war ich mit einem Messer, einer Zange, einem Bohrer, einem Stemmeisen und meinem doppelläufigen Stutzen, an dessen Ende ein Dolch als Bajonett steckte. Außerdem hatte ich mir um den Leib einen Strick gebunden, in dem ein Beil steckte. Die Fenster waren noch erleuchtet, als ich ankam. Ich wartete, bis alles dunkel und ruhig war.

Gegen Mitternacht zog ich die Stiefel aus und stieg über den Zaun in den Hof. Hier knurrten mich zwei Hunde an, die ich durch Steinwürfe zum Schweigen brachte. Dann bog ich die Eisenstäbe vor einem Kellerfenster mit einem dicken Holzscheit so weit auseinander, daß ich durchschlüpfen konnte. Ich gelangte vom Keller in den Hausflur und entriegelte wie immer die Haustür, um besser fliehen zu können. Durch die Küche kam ich in die Schlafstube der Müllersleute. Ich erschlug erst den Mann mit dem Beil, dann die laut schreiende Frau. Durch den Lärm geweckt, kam plötzlich ein kleines

Mädchen zur Tür herein, mit dem ich nicht gerechnet hatte. Ich tötete es. Da der Müller noch röchelte, durchschnitt ich ihm den Hals und gab ihm zwei Bajonettstiche in die Brust. In der Kammer nebenan, aus der das Mädchen gekommen war, fand ich einen Knaben, der sich unter der Bettdecke versteckte. Er lächelte mich ängstlich an, aber ich konnte ihn nicht schonen. Dann stürzte ich in das Zimmer der Magd. Mit ihr zusammen schlief ein drittes Kind. Ich tötete beide und stillte an der toten Magd meine Lust. Später tat ich das gleiche an der Leiche der Müllerin. Erst jetzt durchwühlte ich alle Schränke und Kästen nach Geld. Aber ich fand zusammen nicht mehr als 30 Taler. Das war nicht viel für die Ermordung von sechs Menschen.

Richter: »Wer war Ihr Komplice?«

Masch: »Keiner.«

Richter: »Sie wissen, daß Ihr Bruder Martin kein Alibi für diese Nacht hat.«

Masch: »Er war nicht dabei.«

Richter: »Sie haben gestanden, daß Sie ihm von Ihrer Beute 16 Taler und eine Flasche Rum abgaben. Das sieht sehr nach einer Teilung unter Komplicen aus.«

Masch: »Er hat mir so oft geholfen. Ich war froh, daß ich ihm auch mal etwas geben konnte.«

Richter: »Es ist Ihnen bekannt, daß am Morgen nach der Tat Fußspuren von zwei Menschen vor der Mühle entdeckt wurden. In Ihrer Höhle wurden später drei Beile gefunden, die Spuren von Blut und Menschenhaar aufwiesen. An einem davon wurde deutlich das Blut Ihres Bruders und Fasern vom Kopfkissen und der Nachthaube der Müllerin erkannt.«

Masch: »Ich hab's allein getan.«

Der Richter schweigt.

Masch fährt fort: »Nach dem Chursdorfer Mord begann ein neuer Abschnitt meines Lebens. Ich wußte, daß es endgültig verpfuscht war, daß ich da nicht mehr herauskonnte. Und wenn ich an die unschuldigen Kinder dachte, bekam ich Gewissensbisse. Ich rechnete nun auch damit, daß ich nicht mehr lange frei herumlaufen würde.

Man sprach überall davon, daß nur ich der Mann sein konnte, der die Gegend unsicher machte. Überall suchte man mich steckbrieflich. Die Polizei in Soldin wurde verstärkt. Kriminalbeamte aus Berlin, Stettin und Frankfurt kamen ihr zu Hilfe. In der Nacht vom 13. zum 14. Mai suchte ein ganzes Bataillon Soldaten den Wald ab, in dem ich mich versteckt hielt. Ich hörte sie, aber sie fanden mich nicht.

Vier Tage später wurde meine Höhle jedoch entdeckt. Es regnete. Ich war gerade eingestiegen und hatte den Deckel noch nicht wieder über den Eingang gelegt. Da hörte ich zwei Männer kommen. Ich wagte mich nicht zu rühren. Sie mußten den Deckel bemerkt haben und blieben in einiger Entfernung stehen. Sie flüsterten aufgeregt miteinander. Dann entfernten sich ihre Schritte schnell. Sie hatten offenbar Angst. Und ich machte den größten Fehler meines Lebens. Ich stieg auf die Leiter, um ihnen nachzuschauen. In diesem Augenblick blickte sich einer von ihnen um und sah mich. Sie rannten schreiend davon.

So mußte ich von einer halben Stunde zur andern alles im Stich lassen. Ich nahm mein Gewehr, die Pistole sowie alles Geld und flüchtete durch den Wald. Erst ging ich zu meinem Bruder und nahm von ihm Abschied. Dann schlug ich mich durch den Dammschen Forst nach Stettin durch.

In der Vorstadt jenseits der Oder kehrte ich in verschiedenen Schenken ein, auch in einem Tanzlokal, und trank und ließ andere mit leben, bis ich keinen Heller mehr in der Tasche hatte. Vom Tanzlokal wollte mich einer, als ich vor lauter Trunkenheit nicht mehr auf den Beinen stehen konnte, nach Hause bringen. Drum entwischte ich dem fröhlichen Gelage, floh wieder in den Wald und hielt mich einige Wochen in einer Laubhütte bei Colbatz verborgen. Bis mich auch hier ein Mann, der in der Heide Gras mähte, verscheuchte.

Am 22. Juli kam ich abends nach Neuendorf. Dort sah ich durch ein Fenster ein junges Mädchen im Schein einer Lampe am Tisch sitzen. Es war eingeschlafen. Ich drang in das Haus ein, nahm auf dem Weg durch den Keller einen Hammer mit und schlug ihn der Schlafenden auf den Kopf. Aber sie brach nicht zusammen. Sie sprang auf. Ich würgte sie. Sie wehrte sich und fing an, so laut zu schreien, daß ich davonrannte.

Über Neustadt-Eberswalde floh ich in den Lauenburger Forst. Ich besaß überhaupt nichts mehr außer meinem Gewehr und einer Pistole. Um zu Geld zu kommen, beschloß ich, den Fuhrleuten, die aus Berlin heimkehrten, aufzulauern und sie zu berauben, wie ich das früher schon getan hatte. Diesmal hatte ich Glück. Am Abend des 21. August schwang ich mich an der Chaussee zwischen Tiefensee und Heckelberg von hinten auf einen vorüberkommenden Planwagen. Ich schoß den Fuhrmann tot, griff in die Zügel und lenkte den Wagen in den Wald. In der Geldkatze des Toten waren 42 Taler. Die nahm ich an mich. Auch eine silberne Taschenuhr.

Noch einmal glaubte ich, daß das Geld mir helfen könnte, aus der Gegend wegzukommen. Ich wollte jetzt nach Frankfurt an der Oder. Aber schon in Müncheberg blieb ich bei einer lustigen Gesellschaft hängen.

Dies war der letzte Tage meiner Freiheit. Am 23. August wanderte ich mit zwei Handwerksburschen von Müncheberg nach Frankfurt. Wie mir's dort erging, ist bekannt. Seither trage ich Fesseln. Man kann sie mir ruhig abnehmen. Ich breche nicht mehr aus. Ich habe keinen Geschmack mehr am Leben.«

Karl Masch behauptete bis zum letzten Atemzug, daß er alle Taten allein verübt hatte. Der Überzeugung des Gerichts, daß ihm zumindest sein Bruder Martin bei der Mordtat in der Chursdorfer Mühle und Karl Liebig beim Mord in Stölpchen Beistand geleistet hätten, widersprach er während seiner rund drei Jahre dauernden Haft hartnäckig. Er blieb auch dem Geistlichen gegenüber, der ihn im Gefängnis betreute, bei dieser Behauptung, obwohl er sich diesem in allen Dingen anvertraute, eifrig in der Bibel las und offensichtlich echte Reue zeigte.

So waren die Meinungen geteilt. Die einen, unter ihnen der Pfarrer, glaubten Masch und waren von seiner inneren Einkehr überzeugt. Die ihm nicht glaubten, respektierten dafür seine Kameraderie, keinen Komplicen zu verraten, vor aller Welt die ganze Schuld auf sich zu nehmen und dafür allein zu sühnen.

Dennoch wurden mit Karl Masch auch Martin Masch und Karl Liebig zum Tode verurteilt, später aber zu lebenslänglich Zuchthaus begnadigt. Die Ehefrau Martin Maschs hatte sich der Verurteilung durch Selbstmord während der Untersuchungshaft entzogen. Karl Masch soll gefaßt und ruhig zum Richtplatz gegangen sein. Er wurde in der Frühe des 18. Juli 1864 enthauptet.

Berliner Gaunersprache

Nicht erst seit Avé-Lallemants klassischem Grundbuch über das Gaunerwesen (1855-62), das sich besonders eingehend mit der Sprache der Diebe, Räuber und Vaganten befaßt, besteht ein ausgeprägtes Interesse der Verfolgungsmacht an den unterschiedlichen »Dialekten« der gaunerischen geheimen Sondersprache.

Wer Herkunft und Gebrauch des Rotwelschen in seinen unterschiedlichen regionalen und historischen Färbungen durchschaute, für den schien sich der Schleier zu lüften, mit dem sich das Volk der Verbrecher umgab. Im Laufe des 19. Jahrhunderts bildete sich eine polizeiliche Linguistik heraus, der es, mit welch verqueren Methoden auch immer, um die Entschlüsselung und Systematik der Gaunersprache ging. Über die Herkunft des Rotwelschen wurde zuweilen wild spekuliert. Gern wurde die geheime Sondersprache der Diebe und Gauner vollständig dem jüdischen Milieu zugerechnet, was der wahren Herkunft nicht entspricht. Zwar spiegeln die aus der jüdischen Volkssprache des ausgehenden Mittelalters entnommenen Wörter den Anteil jüdischer Gauner und Vaganten am umherziehenden Volk wider, die Grammatik und Bildregeln entstammen aber der deutschen Sprache.

Berlin entwickelte sich in der zweiten Hälfte des 19. Jahrhunderts zur deutschen Metropole, und damit auch zur Metropole des Verbrechens. Die legendäre »Berliner Schnauze« war für die Gaunersprache äußerst produktiv. Hier wimmelte es auf der Basis des Rotwelschen von kühnen, rotzfrechen und staubtrockenen Neologismen. Eine eher langweilige und äußerst knappe Studie zur Gaunersprache lieferte der ehemalige Kommissar Karl Weien 1887 in seinem Enthüllungsbuch »Aus dem Berliner Verbrecherleben«. Etwas detaillierter verfährt der Publizist Paul Lindenberg in seiner Schrift über »Berliner Polizei und Verbrechertum«. Neben den einschlägigen gaunerischen Hauptwörtern teilt er dort auch einige Originalnamen der Berliner Verbrecherwelt mit:

Dem Zweck eines festen Zusammenschlusses der Berliner Verbrecherwelt dienen denn auch die Verbrechersprache wie die Verbrechernamen. Hat die Berliner Spitzbubenzunft einen neuen Genossen erhalten, so wird ihm sofort ein Beiname zugelegt, der in irgendeiner Verbindung zu ihm steht und den er sein Leben lang nicht wieder verliert, über welchem seine Gefährten alsbald seinen eigentlichen Namen vergessen und der oft noch nach seinem Tode lange Zeit in der Erinnerung der übrigen weiterlebt. Derartige Namen sind beispielsweise: »Blechkopf«, »der schöne Robert«, »Plierauge«, »der Regierungsrat«, »Pulverkopf«, »Schuster-Karl«, »Opernsänger«, »Glatter Adolf«, »Schiefmaul«, »Plattbein«, »Sonntagsreiter«, »Blücher-Max«, »Langer Ede«, »Platzmajor«, »Gärtner-August«, »Strippen-Friedrich«, »Spitzmaus«, »Staatsanwalt«, »Droschken-Karl«, »Mohrenschmidt«, »Goldfasan« etc. Daß auch die Verbrecherinnen hierbei nicht leer ausgehen, beweist folgende Blumenlese: »Chokoladen-Minna«, »Falsche Gräfin«, »Keller-Jette«, »Lange Klara«, »Schottische Marie«, »Bouillonkopf«, »Blubber-Juste«, »Schiefe Laterne«, »Langnasige Pauline«, »Spitzbuben-Ida«, »Mohren-Hedwig«, »Perl-Agathe«, »Dragoner-Anna«, »Königin der Nacht« und »Bankierswitwe«.

Die Sprache der Berliner Verbrecher, das »Gaunerdeutsch« oder »Rotwelsch«, hat einen bedeutenden Vokabelreichtum dem Hebräischen entnommen (schon Luther sagt: »daß solche Rotwelsche Sprache von den Juden kommt, denn viel hebräischer Worte drinnen sind, wie den wohl merken werden, die sich auf hebräisch verstehen«); im Laufe der Zeit sind die Worte, welche vielfache Auffrischungen und Ergänzungen durch die bekannten Diebesbanden der 20er und 30er Jahre in Berlin erfuhren, etwas verändert oder auch teilweise berolinisiert worden und weisen daneben häufige Anklänge an die Zigeunersprache sowie mit jedem Jahre neue Bereicherungen auf. Der Neuling auf der Verbrecherbahn wird sich bemühen, dieses Idiom sobald wie möglich zu erlernen, und es bereitet ihm wenig Schwierigkeiten, denn die Unterhaltung wird in »jenen Kreisen« eben nur in dieser Sprache geführt.

Der »berufsmäßige« Dieb heißt »Gannew«, der Einbrecher »schwerer Junge«, der Taschendieb »Torfdrucker«, der Kollidieb »Johlegänger«, der Bodendieb »Flatterfahrer«, der Schaufensterdieb »Abhänger«, der Ladendieb »Schottenfeller«, der Bauernfänger »Türmer«, der gewerbsmäßige Spieler »Zocker«, der Bettler »Schmalmacher«. Vereinigen sich mehrere Diebe, so bilden sie eine »Chawrusse«, stehlen sie gelegentlich, so

»schießen« sie, während der Diebstahl selbst mit »Masematten« bezeichnet wird; fast immer wird dieser, wie oben geschildert, »ausbaldowert«, während die Helfer »Schmiere« stehen. Alles ist vorher aufs genaueste »bedibbert« (besprochen) worden, und zwar »betuch geschmust« (sehr leise); ist der mit den »Kabbern« (Gefährten) unternommene Diebstahl »koscher« (gut) gegangen und hat das »Geschäft« (die Tat) gelohnt, so wird die »Sore« (Beute) sofort zum »Schärfer« (Hehler) gebracht, der sie »verschiebt« (weiter befördert) und den »Draht« (das Geld) »abladet« (hergibt). Oft geht aber alles nicht so »keß« (gut), die »Schmieresteher« »bekommen Lampen« (wittern Gefahr) und »stechen Zinken« (geben ein Zeichen), worauf, wenn diese Störung nur eine vorübergehende ist, alles »verduftet« (kurze Zeit verschwindet) oder, wenn ernste Störung droht, »wandert« (flüchtet), dabei wird leicht dieser oder jener »verschüttet« (gefangen genommen), der hoffentlich nichts von den übrigen »pfeift« (verrät) und sich auch nicht »reinrudert« (schlecht verteidigt), sondern dem Richter »einen Putz vormacht« (sich herauszulügen sucht), damit er nicht mehr wie »Schurf« (ein Jahr Zuchthaus) bekommt oder auch nur das »Tfieze« (Gefängnis) bezieht, wo er leichter mit anderen Gefangenen »kaspern« (verstohlen sprechen) und sich mit ihnen trotz der »Amtsschauter« (Gefängniswärter) »Zinken« (Zeichen) geben sowie schriftlich durch »Kassiber« (kleine Zettel) verständigen und womöglich neue Pläne »bedibbern« kann.

Auch für die »Technik« des Einbrechens oder Diebstahls hat diese merkwürdige Sprache ihre besonderen Ausdrücke; »ein Ding schwenken« heißt einen schweren Einbruch vollziehen, zu welchem die ganze »Tandelei« (Diebswerkzeug) und namentlich »der Lude« (Brecheisen) nötig ist; kann man nicht »tandeln« (mit falschen Schlüsseln öffnen) und helfen auch die »Haken« (Dietriche) nicht, so muß man »knacken« (aufbrechen), wozu nur »kesse Jungen« (mutige, erfahrene Verbrecher) und nicht »schalfe« (Anfänger) benutzt werden können, die keine Furcht vor »Greifern« (Kriminalbeamten) und »Eulen« (Nachtwächtern) haben. Ist das Geschäft glatt gegangen, so sucht man die »Klappe« oder »Kaschemme« (Verbrecherkneipe) auf, um sich dort mit anderen »Geschäftsgängern« (Dieben) zu erholen und dann in der »Bleibe« (Schlafstelle) zu »joschen« (ruhen), falls man sich nicht »plattmacht« (obdachlos umhertreibt) oder in eine »Penne« geht. Dieses aber nur, wenn man vom »Schärfer« (Hehler) nicht genug »Männer« (Taler) erhalten hat.

Den eigentlichen Kenner und Sammler der Berliner Gaunersprache aber fand die Metropole in Hans Ostwald. Der Enzyklopäde der Berliner Unterwelt, der Sitten- und Unsittengeschichte der kleinen und gefallenen Leute brachte 1906 sein »Lexikon der Gauner-, Dirnen- und Landstreichersprache« heraus (ausgerechnet in der »Harmonie«, einem Verein für Literatur und Kunst).

Ostwald schrieb über Zuhälter, Dirnen, Gauner und Vagabunden nicht als Voyeur oder Agent der Polizei. Er sah in seinen zahlreichen Veröffentlichungen zur Archäologie abweichender Milieus und Kulturen die Großstadt als eine Art fremden Kontinent, der enträtselt und gewürdigt werden mußte. Und so sammelte er kühl und interessiert die Idiome der Subkultur. Freundlich bat er alle Kenner, für weitere Auflagen Spezialausdrücke mitzuteilen. Gemeint waren damit durchaus auch die schweren Jungs und lockeren Mädels selbst, deren Milieu er sich als teilnehmender Beobachter ausgiebig zugesellt hatte. Wir bringen das Nachwort der »Rinnsteinsprache« sowie – als Kostprobe – den Buchstaben A.

Ganz unbekannt dürften manche Worte der Gaunersprache einem größeren Kreis gerade nicht sein. Draht = Geld, mieß = schlecht, elend, fasten = betteln, schwerer Junge = Einbrecher, Bauernfänger = Falschspieler, Hochstapler = nobler Gauner sind ja geläufige Worte. Und zugleich sind sie ein Beweis, wie unsere deutsche Sprache sich von allen Seiten ergänzt und nicht scheu ist, auch aus der Tiefe und aus Verbrecherkreisen sich Neubildungen zu holen. Selbst das Wort »radeln« ist aus der Gaunersprache hergeholt, wo es soviel bedeutete wie auf Rädern fahren, auf einem Wagen transportieren. Die Treffsicherheit der Ausdrücke ist jedenfalls so groß, daß wir uns nicht schämen brauchen, von ihnen für den täglichen Gebrauch manches zu entlehnen. Denn das ist nun mal gewiß: gerade das niedere Volk ist außerordentlich tätig an der Fortbildung der Sprache. Während in den mittleren gebildeten Kreisen sich alle Menschen an die korrekten Schulausdrücke halten, bildet das niedere Volk aus Bedürfnis, alles möglichst bildlich zu bezeichnen, aus der Haupttätigkeit oder aus einer hervorstechenden Eigenschaft einer Sache heraus einen neuen Namen. Wenn die Bettler die Kirche eine Schmeichelwinde, das Huhn einen Kratzfuß, den alten gewitzten Fechtbruder einen Speckjäger nennen, haben sie die Absicht, möglichst kurze, treffende Bezeichnungen zu geben.

Nicht immer ist bei diesem Bestreben nur als Ursache anzunehmen, die Gauner wollten ihre Sprache für Uneingeweihte unverständlich machen. Zweifellos ist das oft der Fall. Und besonders bei wirklichen Verbrechern, wenn sie durch Kassiber einander Nachricht geben wollen. Oft aber reizte sicher nur eine spielerische und humorvolle Eigenheit die Gauner zu Neubildungen. Die Gaunersprache ist also auch in der Anlage, im Charakter des Gaunertums begründet – wenn der auch nicht allein entscheidend war für die Entstehung der Gaunersprache. Tatsächlich wird sie doch zur Geheimhaltung von lichtscheuen Dingen und Vorkommnissen benutzt. Aber auch die dazu gebrauchten Worte sind einem größeren Kreis nicht mehr fremd und in den allgemeinen Gebrauch übergegangen. Wenn wir sagen, wir wollen einem andern den roten Hahn aufs Dach setzen, so weiß jeder, daß es heißt, wir wollen ihm sein Haus anzünden. Und so sind schon viele solcher Redewendungen und Sprichworte in die Umgangssprache übergegangen. Es handelt sich allerdings dann meist um recht bildliche oder humorvolle Ausdrücke. Aber da im Gaunertum täglich neue Redensarten entstehen, wird die Übernahme von ihnen nicht aufhören. Ein sehr beliebtes Sprichwort ist augenblicklich »Wer nichts riskiert, kommt nicht nach Tegel«, das je nach der Gegend variiert wird und stets einen anderen Namen einer Strafanstalt enthält. Aus den Worten der Gaunersprache selbst werden fortwährend neue Redensarten gebildet – ein Zeichen, wie lebendig sie ist.

Reich genug an Worten ist sie jedenfalls. Reicher als jede andere Spezialsprache. Hinzu kommt, daß die Gauner noch andere Verständigungsmittel haben. Außer der auch von Kindern geübten a-, e-, o-, u-Sprache, bei der vor oder hinter allen Silben immer ein bestimmter Vokal eingeschoben wird: Eru hatu seinu Zeugu verulorunenu = Er hat sein Zeug verloren. – Außer dieser Sprache, die bei schnellem Sprechen einem Nichtgeübten gänzlich unverständlich bleibt, verständigen sich die Gauner noch durch Zinken (Zeichen an Zäunen, Wänden, Türen) und durch die Klopfsprache. Die Zinken werden vorzüglich von Bettlern gebraucht. Eine geöffnete Hand deutet an, im Hause sei gut betteln. Ein Kreis ist das Symbol für das Geld, das der Bettler vom Wohnungsinhaber erhält. Vor einem Kreuz schreckt jeder Fechtbruder zurück; er weiß, dort gibt es nichts. Wo das Kreuz aber im Kreis steht, bekommt der Stromer Suppe und Brot. Ein nach oben offener Winkel sagt an, daß eine Frau im Hause ist. Nach unten geschlossene Winkel geben die Zahl der anwesenden Personen an: ΔΔ = ,2 ΔΔΔ = 3. Eine Bretzel weist auf einen Bäcker hin, ein langer Strich auf einen Scheeks, dessen Tippelschickse mit einem halben Strich und deren Kinder je mit einer Null angekündigt werden. Ein aus vier waagerechten und vier senkrechten Strichen bestehendes Gitter deutet an, daß der Besitzer die Polizei holen läßt, und zwei Pfeile, die durch einen Ring gehen, fordern den Bettler auf, sich schleunigst aus der gefährlichen Gegend zu entfernen. Wer also vom Bettel verschont bleiben will, mache nur jene Zeichen mit einem Stück Kohle oder Ziegelstein auf der Tür oder male auch das Zeichen für den Gendarm, ein Gewehr, oder das Zeichen für die Polizei, einen Säbel an. Die richtigen Stromer werden ihn verschonen, denn sie sind es, die jene Zeichensprache kennen und sie benutzen. Ein harmloser Wanderer und Arbeitsloser versteht sie nicht und bittet, wo ihn der Hunger hintreibt, um eine milde Gabe.

Über die Klopfsprache berichtete Polizeikommissar Rabben:

Der »Apparat« wird wie folgt in Funktion gesetzt: Der Sprecher gibt durch Schlagen mit einem Hosenknopf an die Heizungs- oder Abort-Röhren, an die Stangen, das Fenster oder an die Eisenteile der Zellentüre ein Zeichen, worauf der Nachbar von oben, unten, links oder rechts antwortet, auch durch »Klopfzeichen«. Natürlich kann man nur des Nachts, wenn Totenstille herrscht, ein solches »Telegramm« aufgeben. Jeder Buchstabe des Alphabetes hat nun ein bestimmtes Klopfzeichen, etwa wie folgt: a, wird durch einen kurzen Schlag angedeutet, b, durch zwei schnelle Schläge hintereinander, c, durch zwei Schläge mit einer kleinen Pause zwischen dem ersten und zweiten Schlag usw.

Aus den auf diese Weise markierten Buchstaben werden Worte und aus diesen wieder kürzere oder längere Mitteilungen. Hieraus folgert, daß gut aufgepaßt, genau gezählt werden sowie das Klopfalphabet fest im Kopf sitzen muß. Wenn man aber bedenkt, daß schwere Verbrecher manchmal lange, lange Jahre interniert sind, so haben sie hinreichend Zeit zur Einstudierung der Klopfsprache. Es liegt hier ähnlich wie bei der »Mnemotechnik« oder »Gedächtniskunst«.

Ein Nachteil für die Verbrecher besteht darin, daß die Klopfsprache nicht geräuschlos ist, und wird sie sehr leicht von den Gefängnisbeamten auf ihren Rundgängen gehört; diese veranlassen dann natürlich, daß der »Telegraphendirektor« in eine andere Station und selbstverständlich sehr weit von seinem bisherigen Logis entfernt in einen andern Flügel der Anstalt verlegt wird.

A

aalen, sich behaglich fühlen.
abbauen, flüchten beim Einbruch, davonlaufen.
abbeizen, abbetteln.
abbleffen, abschrecken, einschüchtern.
abbürsten, erpressen.
abchalchen, davonlaufen.
abdalfen, abbetteln.
Abdruck, Abdruck eines Schlüssellochs in Wachs.
abfassen, verhaften, bei der Tat ertappen, beim Betteln erwischen.
abfetzen, abschneiden von Koffern von Wagen, von Waren, die an Türeingängen befestigt sind, auch Messerstechen.
abfinkeln, abkochen, besprechen.
abfocken, heimlich davongehen.
abgehaicht, alt, hinfällig
abgeilen, erbetteln, abbetteln.
abgezinkt sein, gestört sein.
Abgott, Hostie.
abgrasen, eine Gegend abbetteln oder bestehlen.
Abhänger, Schaukastendieb.
abkaspern, betrügen.
abklopfen, auch abkloppen, betteln, an den Türen klopfen.
abkrauten, aus dem Gefängnis entfliehen, fortgehen.
abkröpfen, Portemonnaie oder Uhr stehlen.
abladen, bezahlen.
Ablassen, durch Bellen verscheuchen.
einen Ort abnehmen, ihn abbetteln.
abmecken, töten.
Abouscha, Besprechung.
absäbern, abschreiben.
abschalchen, davongehen.
abschieben, auf den Schubb bringen, oder überreden zum Weitergehen, sich flüchten.
abschnurren, abbetteln.
abschrenken, entspringen.
absetzen, durch Stich töten.
Abstecher, spitzes Instrument um Vorlegeschlösser zu erbrechen.

abtippeln, davongehen.
Achelei, Essen.
Acheliniken kommt, Mittagessen wird in die Strafanstalt gebracht.
Achelfahrt, Mahlzeit.
Achelkeß, dumm, unerfahren.
Achelkies, Geld für Verpflegung Armenhäusler.
acheln, essen (auch achielen).
Achelpeter, alter, arbeitsunfähiger Kunde, der nur noch essen, aber nichts mehr leisten kann.
Achelputz (Achelincken), Gefängnis- und Zuchthausessen.
Achelsore, Speise.
Achergonin, der Hintern.
Achillesgänger, Abendstundeneinschleicher.
die Acht, Handschellen; die beiden runden Eisen, zusammengelegt, ergeben die Form der 8.
Achtgroschenjunge, Vigilant, Späher der Polizei.
Achtundzwanziger, offener Überfall.
Äffchen, junger Handwerksbursche in guter Kleidung.
Affe, Neuling, Bäcker, eigentlich Teigaffe.
Affenfett, Schmalz.
Affenfleisch, Büchsenfleisch.
Affen kaufen, sich betrinken.
Album, Verbrecheralbum.
alchen, gehen.
Alfons, Zuhälter der feineren Dirnen.
alle werden, verhaftet werden, verschwinden.
jemanden alle werden lassen, ihn verhaften lassen.
Alphons, internationaler Name für Louis, Zuhälter.
Alte, der Meister.
alt machen, kurzen Prozeß machen.
Altfuchs, Gold, Goldstück.
Ammenmacher, Mädchenjäger.
Ammi, Tölpel.
Amor, Dolch, männliches Glied.
Amtskehr, Richter.
Amtskehrspieße, Gerichtsgebäude.
Amtsschauter, Gefängniswärter.

anbauen, verschlossene Lokale mit Diebesinstrumenten zu öffnen suchen, schweren Diebstahl vorbereiten.
anbeulen, zum Narren halten.
anblasen, anschreien.
anbleffen, jemand erschrecken.
anbohren, betteln, erpressen.
Anchoratz, Unwissender.
Anbrungern, anbohren einer Tür, um das Schloß herauszuschneiden.
anfassen, stehlen; Anfasser, Dieb.
anfetzen, anschneiden.
anfinkeln, brandstiften, Säcke oder Ballen aufschneiden.
angappen, ergreifen.
angeigen, stechen.
angeln, stehlen, um das Ortsgeschenk nachsuchen.
Angströhre, Zylinderhut.
angesandelt sein, Läuse haben.
Anhängsel, 1) Geliebte, 2) Nebenstrafe.
um etwas anhauen, um etwas besonders Wünschenswertes extra bitten.
Ankerfahrt, Einsteigen mittelst eines vom Hausboden herabgelassenen Seiles.
ankobern, den Dummen an sich bringen.
anölen, zum Besten haben.
Anreißer, Zutreiber.
anschieben, Arbeit annehmen.
anschmieren, betrügen.
anstiebeln, anstiften.
Anstoß, Krankheit, Unglück, Störung.
Antonikloster, Gefängnis.
antreten, fechten gehen.
Antrittsstoß, der erste Bettelgang.
Apostelklopfer, Buchbinder.
Appell, Arbeitshaus.
Appelkesser, jemand, der so tut, als sei er ein gewiegter Junge, der es aber nicht ist.
arbeiten, einbrechen.
Armspangen, Handschellen.
sich den Arsch ausreißen lassen, (im Spiel) sein Geld verlieren.

Arschkratzer, Barbier.
Arschpauker, Lehrer.
Asche, Geld.
blanke Asche, Silbergeld.
rote Asche, Goldgeld, Kupfergeld.
schwarze Asche, Kupfergeld.
Die Asche ist verbrannt, das Geld ist durchgebracht.
Die Asche vergraben, Geld verstecken.
aschingern, schlemmen.
Aschmedy, Teufel.
assern, gegen einen andern sprechen, verraten.
Ast, einen Buckel haben; daher ich lach mir'n Ast!
Astel, häßliches Geschöpf.
Asterwitz, Buckliger.
Astmann, Buckliger.
Athletenfutter, Reis (militärisch), bei Kunden: Saure Heringe mit Kartoffeln.
Athletenfrühstück, Schmalzstulle.
aufbegehren, schelten.
aufdecken, ein Geständnis ablegen.
auf der Walze, auf der Wanderschaft.
aufmucken, einen großen Mund haben.
Aufnahme, in die Anstalt, Vernehmung durch Gerichtsschreiber.
aufplatzen, aufsprengen.
aufschränken, aufbrechen.
Aufstoß, Störung, Hindernis beim Einbruch.
August mit der Latte, der Gendarm, Polizist.
Aul, das Jahr.
ausbaldowern, auskundschaften.
ausblinden, auskundschaften.
eine Blinde machen, noch einmal alles genau ansehen.
auscher horn, reich.
auseinander machen (die Beute) teilen.
ausfehmern, ausräuchern, ausbrennen (die Kleider).
Ausflucht, Diebesreise.
ausgeschnoben, aufspüren.
aushusten, aufhängen; gestehen.
ausgekocht, raffiniert, erfahren.

auskluften, jemand berauben, betrügen.
ausknobeln, besprechen.
außihäkeln, herauslocken.
außireißen, entlasten.
Außireißer, der Verteidiger, Entlastungszeuge.
auslinsen, ausfragen.
ausschabbern, ausbrechen.
awon, gut, echt.
azza, herrlich, gut.

Der Albertskeller.

Mädchen in der Mulackstraße.

Straßenmädchen in der Münzstraße.

Einzelzelle im Frauengefängnis Barnim Straße, Berlin.

Eine Gemeinschaftszelle im Strafgefängnis Berlin-Plötzensee.

Bahnhofsdieb stülpt eine Handtasche ohne Boden, aber mit Greifvorrichtung versehen, über ein fremdes Gepäckstück.

Kollidieb.

Ladendieb mit falschem Arm. Der natürliche Arm ist unter der Pelerine verborgen und ergreift im geeigneten Moment das Beutestück.

Gefährliche, verstellbare Diebesschlüssel.

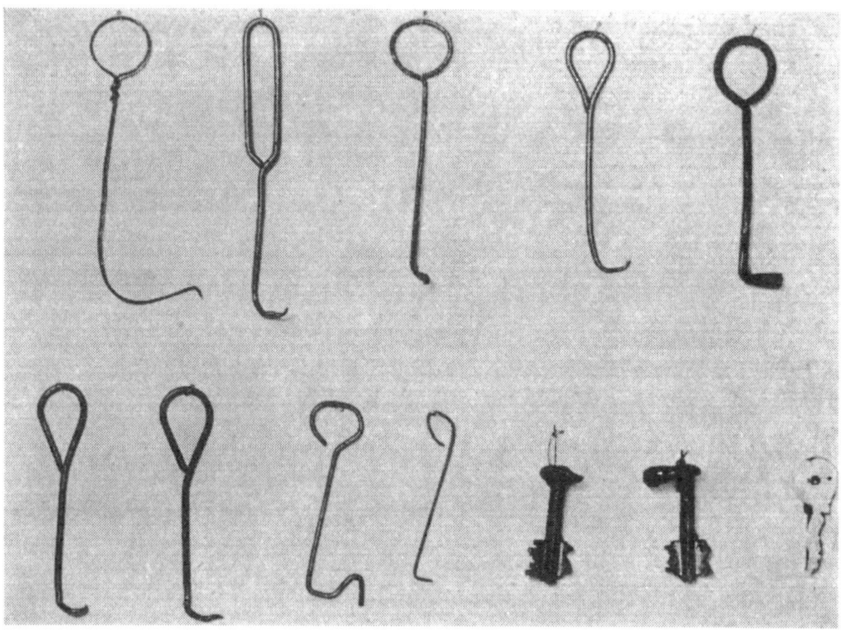

Schuh- und Handschuhknöpfer als Dietriche. (Einem Dienstmädchen abgenommen.) 5. und 6. Bild der unteren Reihe: ein vorzüglich nachgeformter Geldschrankschlüssel. Letztes Bild der unteren Reihe: ein Nachschlüssel, aus dem Blech einer Zigarettenschachtel gefertigt.

Raubüberfall in einem Berliner Juwelengeschäft.
Rekonstruktion des Überfalls am Tatort durch die Kriminialpolizei.

Von Torfdruckern, Klingelfahrern und Patent-Luden
Die Enthüllungen des Karl Weien und des Paul Lindenberg

Kurz vor der Jahrhundertwende herrschte in der Berliner Bevölkerung Angst und Unsicherheit. Die Kriminalitätsrate erreichte von Jahr zu Jahr neue Rekordmarken, und, was besonders erschreckend war, immer mehr Jugendliche wurden straffällig. So mußten z.B. 1891 insgesamt 12.719 Personen den Gang in die Gefängnisse und Zuchthäuser antreten oder eine saftige Geldstrafe bezahlen. Von den Verurteilten war jeder zwölfte unter achtzehn Jahren. Bei schwerem Diebstahl stellten die Jugendlichen sogar ein Drittel der Delinquenten, bei einfachem Diebstahl noch ein Viertel. Überdurchschnittlich hoch war ihr Anteil auch bei einfacher Hehlerei, Urkundenfälschung und »Unzucht mit Gewalt«. Da ein Drittel aller Verurteilten bereits Vorstrafen aufwies, besteht kein Zweifel daran, daß es in der Reichshauptstadt eine kriminelle Subkultur gab, die sich intensiv um den Nachwuchs »kümmerte«. Die Behörden reagierten auf diese Entwicklung mit einer personellen Verstärkung von Polizei und Justiz, mit Formen von Sicherheitsverwahrung und dem Bau eines neuen Polizeipräsidiums, weil das alte zu klein geworden war. Ab Herbst 1889 wurden in dem großen, aus hellroten Ziegelsteinen, belgischem Granit und schlesischem Sandstein errichteten Bau am Alexanderplatz Verdächtige befragt und in Untersuchungshaft genommen. Mit seinen beeindruckenden, 300 Meter langen Korridoren wurde er zum sichtbaren Symbol einer veränderten Zeit: Die Kriminalität fand nicht mehr am Rand, sondern im Zentrum der Gesellschaft statt.

Wie stark die Beunruhigung im Berliner Bürgertum gewesen sein muß, macht auch die Flut von Publikationen deutlich, die sich dokumentarisch oder romanhaft mit der Kriminalität in der Reichshauptstadt beschäftigten. Zu fast legendärer Berühmtheit gelangte der über 3.000seitige Kolportageroman »Der Scharfrichter von Berlin nach den Akten, Aufzeichnungen und Mitteilungen des Scharfrichters Julius Krautz«. Trotz seines hohen Preises von 13 Goldmark fand das 1889 publizierte Werk eine Viertelmillion Käufer. Bereits zwei Jahre zuvor waren die »Enthüllungen aus der Praxis« des ehemaligen Kommissars Karl Weien unter dem Titel »Aus dem Berliner Verbrecherleben« erschienen. Der schmale Band erreichte bis 1903 sechs Auflagen und konkurrierte mit Broschüren wie »Aus der Berliner Verbrecherwelt« oder mit den Erinnerungen des Matrosen-Albert »Aus meinem dunklen Leben. Memoiren eines Einbrechers«.

Aus dieser Fülle ragt eine Schrift hervor, die 1892 im Leipziger Reclam Verlag erschien und auch über die Grenzen Berlins hinaus weite Verbreitung fand. Der Publizist Paul Lindenberg, der bereits mit einem Band über Paris (und die dortigen Polizeieinrichtungen) hervorgetreten war, lieferte auf 192 Seiten einen genauen Überblick über »Berliner Polizei und Verbrechertum«, so der Titel seiner Schrift. Den größten Raum widmete er den Einbrechern, Dieben und Schwindlern, die zum einen die kriminelle Szene Berlins dominierten und zum anderen für das Bürgertum die stärkste Bedrohung darstellten. Wir geben im folgenden diese Kapitel, die auch Auszüge aus den Erinnerungen des Matrosen-Albert enthalten, weitgehend ungekürzt wieder.

Wenden wir uns Berlins Verbrechertum zu, so können wir uns mit demselben weniger im allgemeinen beschäftigen, sondern müssen es nach seinen einzelnen Kreisen schildern, die, obwohl sämtlich dem gleichen Ziele: Aneignung fremden Eigentums, zustrebend und untereinander bald fester, bald enger verbunden, doch ziemlich streng voneinander geschieden sind, wie dies ja auch in der von uns im letzten Abschnitt mitgeteilten Einrichtung des Verbrecheralbums der Kriminalpolizei ausgedrückt ist.

So viele »Spezialitäten« auch wieder die Diebe aufweisen, so sind hier zunächst nur zwei Parteien zu unterscheiden, die der Gelegenheits- und die der Gewohnheitsdiebe. Unter den letzteren wieder stehen die auf gewaltsamen Diebstahl ausgehenden oben an, sie gehören zu den gefährlichsten Elementen Berlins und bilden den Schrecken der begüterten Einwohner, wie sie auch der Kriminalpolizei die schwierigste Arbeit verursachen. Für sie, diese Einbrecher, in der Diebessprache »schwere Jungen« genannt, gibt es eigentlich kein Hindernis – im Umsehen öffnen sie die kunstvollsten Schlösser, schneiden Türfüllungen aus, drücken mittelst Terpentin- oder Pechpflasters die Fenster ein, heben an diesen die Eisenstäbe aus, schieben Jalousien empor, ja, wenn es sich um reiche Beute handelt, durchbrechen sie Mauern und bahnen sich einen Weg durch den Fußboden, wie erst kürzlich bei einem Einbruch in einem Juwelierladen der Friedrichstraße, wo die Einbrecher vom Keller aus durch die Dielen in das im Erdgeschoß gelegene Geschäftslokal gedrungen waren. Sind sie erst in den zu beraubenden Räumlichkeiten angelangt, so macht das Öffnen der verschlossenen Schränke und Schubläden wenig Mühe mehr; entweder passen die Nachschlüssel oder es genügt ein Druck mit dem Stemmeisen, um das Ziel zu erreichen. Mehr Umstände verursachen schon die eisernen Geldspinden, aber auch ihre Eisenplatten halten, mit wenigen Ausnahmen, den kunstvollen Instrumenten der Einbrecher nicht stand, zumal die meisten von ihnen sich aufs genaueste mit den neuen Konstruktionen vertraut gemacht und – zu diesem Zweck – als Lehrlinge oder Gesellen in Schlosserwerkstätten gearbeitet haben, oft sogar nur aus Rücksicht auf einen ganz speziellen, gewinnverheißenden Einbruch. Daher rührt denn auch die Leichtigkeit und Schnelligkeit her, mit der die erfahrenen Verbrecher die Korridortüren öffnen; hat doch ein bestrafter Verbrecher im Verlaufe des Dickhoffschen Prozesses offen eingestanden, daß er ein Schloß nur einmal genau zu betrachten brauche, um den passenden Nachschlüssel anzufertigen. Genügt dieser nicht, ist die Tür durch besondere Schlösser oder durch Sicherheitsketten und Riegel versperrt, so wird mittelst der Kreis- oder Stichsäge das um das Schloß befindliche Holz der Tür ausgeschnitten und diese öffnet sich von selbst, oder der Dieb greift durch die Öffnung und schiebt die Riegel zurück; ist dies zu umständlich oder verursacht es zuviel Geräusch, so wird an der unteren Hälfte der Tür eine der Füllungen ausgebrochen, indem an dem einen Ende derselben mit dem Bohrer eine Öffnung gebohrt und diese vorsichtig mit dem Meißel vergrößert wird, bis die ganze Füllung einem Druck mit der Hand weicht, und der Dieb hindurchkriechen kann.

Es liegt auf der Hand, daß die Einbrecher, um alle Hindernisse schnell aus dem Wege räumen zu können, mit einem umfangreichen »Hilfsmaterial« ausgerüstet sein müssen; zu demselben gehören neben einer größeren Zahl – zwischen dreißig und fünfzig schwankend – von Nachschlüsseln (darunter zuweilen solche mit verstellbaren Bärten) und Dietrichen sowie starken Drähten eine etwa einundeinhalb Fuß lange und höchstens zwei Zoll starke Brechstange mit breiter und scharfer Spitze, am unteren Ende etwas gebogen, dann ein Zentrumbohrer, mehrere größere und kleinere Bohrer, eine Stichsäge, ein Stemmeisen, Hammer, Zange und Nägel, Terpentinpflaster, einige Stückchen Licht nebst Streichhölzern, in einer Tasche loser

Schnupftabak, um ihn den Verfolgern in die Augen zu werfen, und schließlich, als besondere Waffe, wenn als solche nicht Brechstange oder Stemmeisen genommen werden, ein Messer, meistens ein sogenannter Genickfänger, in den seltensten Fällen ein Revolver.

Zur Ausführung eines gewaltsamen Einbruchs vereinigen sich fast immer mehrere Verbrecher, die sich willig der Führung des gewandtesten unter ihnen anvertrauen und diesem blindlings gehorchen. Stets wird ein solcher Einbruch vorher genau ausgekundschaftet, wobei sich die Täter die eingehendste Kenntnis der Örtlichkeiten, der besten Gelegenheiten zum Einbruch, der Lebensgewohnheiten der Eigentümer, des Dienstbotenpersonals, der Vorteile bei einer Flucht etc. verschaffen. Unter den verschiedensten Verkleidungen suchen die Kundschafter – in der Gaunersprache »Ausbaldowerer« genannt – ihre Zwecke zu erreichen: bald meldet sich ein elegant gekleideter Herr, um die Wohnung (falls sie zu vermieten ist) zu besichtigen, bald kommt ein Arbeiter, um die Gasröhren auf ihre Dichtigkeit zu prüfen, eine Frau klingelt und wünscht die Dame des Hauses zu sprechen, um dann irgendeine nichtige Frage oder Bettelei an sie zu richten, ein Paket wird für den Hausherrn abgegeben und – da eine Verwechslung der Adresse stattgefunden – bald wieder abgeholt, an der Küchentür meldet sich ein Kolporteur und knüpft mit dem Dienstmädchen ein Gespräch an, oder ein Kohlenträger fragt, ob hier Kohlen bestellt wären, und auf das erfolgende »nein« bittet er, sich einen Augenblick ausruhen zu dürfen, wobei er, wie auch seine Gefährten bei den eben angeführten Vorwänden, die sorgfältigste Umschau hält und seinen spähenden Augen nichts entgeht, was bei dem Einbruch von Wichtigkeit sein könnte. Häufig geschieht es auch, daß vorher mit den Dienstmädchen Liebschaften oder mit den Dienern Freundschaften angeknüpft werden; ja, es ist schon vorgekommen, daß der eine oder andere Verbrecher in den Dienst einer Herrschaft trat, auf deren Beraubung es abgesehen war.

Ist alles zur Tat vorbereitet, so geht es zur Ausführung derselben, meistenteils unter dem Schutze der Nacht, wobei hervorgehoben werden muß, daß der Eintritt in die Häuser nie auf gewalttätige Weise versucht wird, sondern der oder die Täter schleichen sich vorher ein und verbergen sich irgendwo, um zur geeigneten Stunde ihr Versteck zu verlassen. Zur selben Zeit oder bereits vorher haben auch auf der Straße die Aufpasser – »Schmieresteher« – ihr »Amt« angetreten und warnen erforderlichen Falls ihre Gefährten, von denen oft wieder einer auf dem Flur oder auf der Treppe Wache hält, durch ein verabredetes Zeichen, einen leisen Pfiff, ein Wort, einen Ruf.

Ist der Dieb in die Wohnung eingedrungen, so hält er zunächst Umschau, ob eine Entdeckung droht, dann macht er sich hastig und doch planmäßig auf die Suche nach Wertsachen, wobei er stets zwischen echten und unechten Stücken unterscheidet und nur die echten mitgehen heißt; wie genau diese »Kennerschaft« häufig ist, beweist folgendes kleine, nicht eines humoristischen Beigeschmacks entbehrende Vorkommnis: ein am Pariser Platz in Berlin wohnender reicher Kaufmann machte eines Morgens die Entdeckung, daß ihm über Nacht neben vielen anderen Wertsachen sein gesamtes Silberzeug gestohlen worden war bis auf zwei schwere silberne Serviettenbänder, die er vor einiger Zeit von einem Freunde aus Anlaß einer Familienfeier zum Geschenk erhalten hatte. Daß der Spitzbube diese massiven Bänder verschmäht hatte, kam dem Bestohlenen so sonderbar vor, daß er dieselben von einem Juwelier prüfen ließ, und dieser stellte nach kunstgerechten Proben zu allgemeiner Überraschung fest, daß die schweren Serviettenbänder nicht von Silber, sondern aus Alfenide hergestellt und bloß stark versilbert wären. Der Ärger des Geschenkgebers soll groß gewesen sein, daß der Dieb nicht auch seine Gabe mitgenommen.

Sind dem Einbrecher einzelne Dinge zum Fortbringen zu umfangreich oder beschwerlich, so zerstückelt er sie und nimmt die wertvollsten Teile mit; am willkommensten ist ihm natürlich Geld in bar oder in Scheinen, auch Wertpapiere läßt er nicht liegen, wenn sie nicht, wie ausländische, schwer zu verkaufen sind. Welche Frechheit oft die Diebe bei diesen Einbrüchen entwickeln, geht daraus hervor, daß sie selbst in die Schlafstuben der Bewohner dringen und dort nach Geldtaschen, Uhren, Ringen etc. forschen; an anderen Stellen wieder verschmähen sie eine Stärkung mit Wein oder Bier nicht und rauchen behaglich beim Ausräumen der Kisten und Kasten die Zigarren des Besitzers. Im Gegensatz zu dieser Frechheit steht häufig ihre Angst und Fassungslosigkeit bei unerwarteter Überraschung. So unternahm vor einer Reihe von Jahren ein Dieb einen Einbruch in die Wohnung eines Arztes; als er behutsam in das Arbeitszimmer desselben trat, befand er sich plötzlich einem menschlichen Skelett gegenüber und erschrak dermaßen, daß er in epileptische Krämpfe verfiel; spät nachts wurde er von dem nach Hause kehrenden Mediziner in diesem Zustande aufgefunden und natürlich der Polizei übergeben.

Hat der Dieb die Räumlichkeiten durchsucht, findet er nichts Mitnehmenswertes mehr oder kann nichts weiter fortbringen, so lauscht er geraume Zeit, ob alles ruhig ist oder gibt den Schmierestehern ein leises Signal, welches diese in entsprechender Weise erwidern, damit er weiß, ob er noch bleiben soll oder kommen kann; in letzterem Falle wird der Einbrecher möglichst bald das gestohlene Gut loszuwerden suchen, indem er es einem der Aufpasser oder einem besonders dazu bestellten Helfer übergibt, welcher es seinerseits sofort zu dem meist schon vorher unterrichteten Hehler bringt, der entweder gleich oder später mit den an dem Einbruch Beteiligten abrechnet, wobei der größere Anteil auf den eigentlichen Täter entfällt.

An dieser Stelle möchten wir einen »Mittätigen« selbst zu Worte kommen lassen, einen unter dem Namen »Matrosen-Albert« in der Berliner Verbrecherwelt bekannten, mehrfach bestraften Spitzbuben, der unter dem Titel: »Aus einem dunklen Leben, Memoiren eines Einbrechers« vor Jahr und Tag seine Erinnerungen in Buchform herausgegeben hat. Ehe wir seine Schilderung eines gewalttätigen Einbruchs folgen lassen, können wir es uns nicht versagen, hier zunächst die Einleitung zu seinen Aufzeichnungen zu veröffentlichen, die an sich schon einen interessanten Einblick in das Verbrecherleben gewährt: »Sie tauchen auf, die Erinnerungen, wie sie nur dunkle Existenzen bekunden; ich schaue zurück auf achtzehn Jahre meines Lebens, welche nur einer solchen Existenz geweiht waren. Sie ziehen an mir vorüber, all die Genossen, mit denen vereint ich gestrebt und gerungen habe, so oft den Gefahren getrotzt, um das uns einmal gesteckte Ziel zu erreichen. Viele sind dahingegangen, aber ihr Gedächtnis unter uns blieb wach, wenn wir in unserem Kreise ihrer Taten gedachten. Nun modern sie in der kühlen Erde! Wir, die noch Lebenden, fristen unser bewegtes Dasein, unsere dunkle Existenz. Ich sehe im Geiste vor mir jenen fidelen Alten mit dem silbernen Haar; – wie haben wir alle zu ihm aufgeschaut, wenn er uns, dem Nachwuchs, aus dem reichen Schatze seiner Erlebnisse und Erfahrungen aufmunternd Belehrung gab! Ich sehe die Genossen, mit denen ich die dunklen Wege verfolgte, – heut vereint zu Lust und Freud', morgen vielleicht sämtlich hinter den schweren Schlössern und Riegeln der Riesenburg. (Die bei den Verbrechern seit vielen Jahren gebräuchliche Bezeichnung für das ehemalige Polizeigefängnis am Wolkenmarkt in Berlin.) Mit ihnen gemeinsam kostete ich die Freuden und ertrug die Leiden. War uns eine Arbeit geglückt, so amüsierten wir uns im Orpheum oder in der Villa nova, hatten wir ›Pech‹ gehabt, dann tranken wir in derselben Gemütlichkeit, wie dort den Wein, in irgendeiner grauen Spelunke unsern heißen Kaffee oder das Bier. Wie schön saß es sich in der ›tiefen Kute‹ (früherer Verbrecherkeller am Dönhoffsplatz) oder beim ›Dowen‹ (das heißt beim Tauben, ebenfalls ein Verbrecherlokal in der Oranienstraße) – besonders dann, wenn es einem gelang, eine Ecke des großen Ledersofas einzunehmen! Mochte es nun regnen oder schneien, wir saßen in der Gesellschaft unserer Liebchen sicher und warm. Das einzige, was uns in solchem süßen Nichtstun stören konnte, war ein ›Grüner‹ (ein Fremder, d.h. ein nicht dem Verbrecherkreise Angehöriger), der sich in unseren dunklen Schlupfwinkel verirrte. Wenn er aber sah, daß er bei uns keinen Anklang fand und hinausgegrault wurde, kam er ein zweites Mal zu uns sicherlich nicht wieder. Was weiß der heutige junge Nachwuchs von Comment? Was wissen sie von einem Zusammenhalten unter Brüdern, von gegenseitiger Unterstützung bis zum äußersten? – Heute, wo einer den andern an die ›Greiffer‹ (die Kriminalpolizisten) verkauft, der Bruder dem Bruder eine Mark gilt! (Eine Mark pro Tag erhalten die Vigilanten der Kriminalpolizei, die sich, wie schon erwähnt, meist aus Verbrecherkreisen rekrutieren.) Fest geschlossen standen wir damals dem Verrat gegenüber. In kritischen Fällen hatten wir – obgleich, wie es zuweilen vorkam, etwas zerstreut – immer miteinander Fühlung, und unser gegenseitiges Vertrauen war unerschütterlich und unbegrenzt, gleichviel, ob die Sache für uns gut oder schlecht stand. Eine festgegliederte Kette bildeten wir, und war es einer Memme einmal gelungen, sich in unsere Reihen einzudrängen, dann wehe ihr, wenn sie, erkannt, von unserer Rache ereilt wurde! So zieht denn vorüber, Bilder aus meiner Vergangenheit, gute und böse! Dem Jüngling aber, dem Knaben, dem diese Zeilen zu Gesicht kommen, sei die ernste Mahnung zugerufen: Hütet euch vor dem ersten Schritt vom Wege des Guten! Wehe dem, der ihn getan! Abschüssiger wird die einmal betretene Bahn, unaufhaltsam eilt er dem Verderben entgegen, dem Fluch und der Schmach, und unter Tausenden gelingt es kaum einem umzukehren und sich eine Stelle unter den ehrlichen Menschen wieder zu erobern und zu behaupten!«

Jener »Matrosen-Albert« war, wie viele seinesgleichen, zuerst durch eine Liebschaft auf die abschüssige Bahn geraten; kaum siebzehn Jahre alt, nachdem er den deutsch-französischen Krieg als fünfzehnjähriger »Volontär« mitgemacht, hatte er als Austräger eines Berliner Geschäfts die Jugendfreundschaft mit einem jungen Mädchen erneuert und, um dieser die ihr nach seiner Ansicht nötigen Toilettengegenstände kaufen zu können, die von ihm einkassierten Geldbeträge nicht abgeliefert; seine Unterschlagungen kamen heraus, er wurde flüchtig, später eingefangen und bestraft und, einmal erst mit anderen Verbrechern bekannt geworden, verließ er nicht mehr die dunklen Wege, die Laufbahn des Verbrechers durchmachend, wie wir sie weiter oben geschildert. Lassen wir ihn nun selbst über seine erste Tätigkeit als »Schmieresteher« bei einem Einbruch berichten: »In einer an der Alexandrinens- und Kürassierstraßenecke gelegenen Konditorei wurde alles gehörig erwogen, alle möglichen Eventualitäten in Betracht gezogen und die Arbeit auf jeden verteilt. So wohl vorbereitet, gingen wir nach dem Orte unserer Tätigkeit ab. Es sollten Geschäftsräume erbrochen werden, um das dort in der Kasse befindliche Geld zu nehmen und das Warenlager, soweit es ging, zu berauben. In den im ersten Stock liegenden Geschäftsräumen schlief niemand, jedoch befand sich die Privatwohnung mit den Schlafzimmern unmittelbar über jenen. Mittels eines von dem Baldowerer verschafften Schlüssels zwischen 12 und 1 Uhr in das Haus gekommen, sollten Reefe und der Dicke (die Namen zweier Einbrecher) brechen, während ich vor der Privatwohnung Schmiere zu stehen hatte, um uns den Rückzug für den Fall zu sichern, wenn die ›Lampen‹ kämen. Es lag alles nach Wunsch. Zunächst legte Reefe der Tür zur Privatwohnung die ›Holzschraube‹ an, d.h. schraubte geräuschlos die Tür an den Pfosten fest, damit man auf alle Fälle nicht sogleich herauskommen konnte. Ich mußte nun hier als Posten stehen bleiben und hatte mich überhaupt ganz streng nach der mir gegebenen Instruktion zu verhalten, während Reefe zu dem Dicken hinunterging, um mit dem Einbruch zu beginnen. Ich hatte zunächst recht aufmerksam zu lauschen und – ich muß gestehen, daß es mir, dem Anfänger, bei dem Diebstahl in so schwerem Stil doch nicht sehr wohl zu Mute war; es war meine Feuerprobe. Es hat doch so seine eigene Bewandtnis, um einen ›mit allen Schikanen‹ auszuführenden nächtlichen Einbruch; man denke sich einen solchen nicht so leicht. Der Dieb lebt in emsigem Kampfe mit der Technik der Kunstschlosserei; bezüglich der immer zahlreicher werdenden Erfindungen an den Sicherheitsschlössern muß er sich auf dem Laufenden erhalten, wenn anders er nicht unbrauchbar in seinem Fache werden will. Die gute alte Zeit, in welcher der Dieb mit drei Dietrichen, ein paar ›Häuptern‹ und einem Brecheisen durch ganz Berlin gehen konnte, ist längst gewesen. Heute hat er die Augen offen zu behalten und emsig zu lernen – sonst kann er nichts erreichen!

Während ich nun also Schmiere stand, war das erste, was ich hörte, ein Knacken von untenher. Es war die Niete des Schlosses gebrochen, welches eine schwere Eisenstange quer über der Tür zum Geschäftslokal hielt. Nun machten meine Freunde nach dem von mir deutlich vernommenen Geräusch das Schloß auf und ließen die Eisenstangen leise herabfallen; jetzt pausierten sie, um zu lauschen, ob nicht ›Lampen‹ kämen. Da sie nichts vernehmen konnten, setzten sie ihre Arbeit mit derselben Umsicht fort. Es war eine Doppeltür zu erbrechen, und dies konnte auf folgende Weise geschehen: entweder erbricht man den Schloßriegel mittelst der ›Elle‹, indem man dieselbe unterhalb des Riegels einsetzt und die Tür etwas lüftet. Dasselbe tut nun auch der zweite Dieb mit seiner Elle, und so geht es abwechselnd mit voller Kraft weiter, bis der Riegel brechen muß. Der dadurch verursachte Krach ist oft ein sehr gewaltiger, und ich habe mich später oft wundern müssen, daß die Leute, welche in derselben Etage und nur wenige Zimmer entfernt schliefen, von dem durch mich bewerkstelligten Einbruch nichts hörten.

Hat die Tür dagegen keinen Riegelhaken und geht der ›Zapfen‹ in die Pfosten, so wird die Tür auf andere Weise geöffnet, und zwar dadurch, daß man sie mittels der Brechstangen aus den Haspen hebt, welches ebenfalls von mindestens zwei Leuten mit allen Kräften zu bewerkstelligen ist. Meine Komplizen hatten sich für die letztere Weise entschlossen, weil, wie ihnen bekannt war, die Tür einen sehr starken Schloßriegel hatte. So hörte ich denn ein gleichmäßig fortgesetztes, jedoch nur leises Knattern. Wenige Minuten erst mochten dabei vergangen sein, als man mich zischelnd fragte, ob da oben bei mir auch alles ›toff‹ sei. Nachdem ich solches bejaht, rief man mir zu, ich möchte nicht erschrecken, und gleich darauf krachte es unter mir so gewaltig, daß es mir vorkam, als stürze die Treppe ein. Atemlose Stille folgte. Mit schlotternden Knien näherte ich mich ganz dicht der Tür zur Privatwohnung und lauschte mit angehaltenem Atem: es war drinnen alles ruhig. Ich erhielt nun die Ordre, herunterzukommen – und welch eine Arbeit hatten meine Genossen verrichtet! Die schwere Blocktür war herausgesprungen, indem die Haspendorne den Ellen zum Opfer gefallen waren. Der Weg war somit so gut wie geebnet, denn die zweite Tür, welche eine nur schwache Füllung hatte, war kein großes Hindernis. Sie wurde nicht erbrochen, sondern mittels eines Schnitzers eine Füllung herausgenommen, und somit war der Zugang zum Ladengeschäft in etwa zehn Minuten vollständig frei. Meine Freunde zogen nun die Außentür, soweit es ging, heran, und jetzt lautete meine Ordre: vor dem Eingang stehen bleiben und sowohl nach oben als nach unten aufmerksam lauschen. Käme jemand, dann sollte ich ›Zinken stechen‹ und die ›Kabber‹ hätten jetzt mit mir an der Tür erst abzuwarten und zu horchen, ob uns wirklich eine Gefahr drohte. Wären Leute gekommen, so hätten wir uns mit unsern Ellen durchgeschlagen, die Haustür hinter uns geschlossen und, um die weitere Verfolgung abzuschneiden, den Hausschlüssel einfach in der Tür stecken lassen.

Die beiden Freunde gingen nun also an ihre weitere Arbeit, während ich mit starkem Herzklopfen Posten stand. Es ging alles glücklich von statten. Der Dicke kam bald mit einem Blechkasten an, welcher die Kasse und andere Wertgegenstände enthielt; sodann ging er zu Reefe zurück. Es mochten zehn bis fünfzehn Minuten verstrichen sein, als beide kamen und die Sache für ›glatt‹ erklärten. Sie hatten beschlossen, Soore (Ware) diesmal nicht mitzunehmen, weil das Geschäft ohnehin ein sehr gutes wäre und durch Mitnahme von Paketen leicht in Frage gestellt werden könne.

Wir nahmen daher nur die in ein Tuch gehüllte Kassette sowie zwei kleinere Pakete unter den Arm und verließen nun ganz ungefährdet den Schauplatz unserer Tat. Auf der Straße angelangt, waren die beiden Freunde über meine beim ersten Debut bewiesene Courage des Lobes voll und gaben mir nach vollständiger Überzeugung das Prognostikon, daß ich einmal ein tüchtiger ›Kabber‹ werden könne. – Das ›Geschäft‹ in dieser Nacht war wirklich ein sehr gutes, denn nach Abzug des dem ›Baldowerer‹ zukommenden Teiles kamen auf jeden von uns dreien noch ca. 1460 Mark. Mit etwas mehr Ruhe, die ich inzwischen gewonnen hatte, strich ich diesen Betrag ein, und mußte mir sagen, daß die Angst und das Herzklopfen, welches ich während der kurzen Zeit verspürt hatte, durch den guten Erfolg reichlich aufgewogen worden. Ich sah jetzt auch ein, daß man es hier mit etwas Entschlossenheit und Mut sehr weit bringen kann!«

Wie weit oft die Frechheit der Einbrecher geht, erzählt jener »Matrosen-Albert« an verschiedenen anderen Stellen seines Buches in sehr naiver Weise; so hatte er einmal mit einem Gefährten nachts einen Galanteriewarenladen in der Friedrichstraße ausgeräumt, und sie hatten drei große Kisten mit den besten Waren angefüllt; da sie diese nicht unbemerkt fortschaffen konnten, erwarteten sie den Anbruch des Morgens, zogen die Ladenjalousien auf, zündeten alle Gasflammen an, und während der eine von ihnen in Hemdsärmeln als fleißiger Hausknecht das Schaufenster reinigte, holte der andere eine Droschke, der treue Hausknecht half die Sachen noch einpacken und – fort ging's, wobei weder der Droschkenkutscher noch die Passanten irgendwie Arg schöpften. Man kann sich das Erstaunen des Ladeninhabers und seines Personals vorstellen, als diese sich zur üblichen Stunde einstellten und das Geschäft geöffnet und – ausgeräumt fanden; an diesem »Erstaunen« weideten sich die beiden Spitzbuben, welche, nachdem sie das gestohlene Gut in Sicherheit gebracht, eine Havanna rauchend auf der anderen Straßenseite entlang promenierten!

Ein zweiter Fall illustriert noch mehr den Übermut jener einbrecherischen Herren: der erwähnte »Matrosen-Albert« hatte zur Mittagsstunde eines Pfingstfeiertages mit einem Genossen einen vorher genau »ausbaldowerten« Einbruch in der Bendlerstraße gelegenen Wohnung eines auf einer Vergnügungsreise begriffenen Baumeisters gemacht; gestört dabei, wurde sein Gefährte sogleich festgenommen, während er die Flucht ergriff, auch den nahen Tiergarten erreichte, dort aber über eine Baumwurzel stolperte, zu Fall kam und von den Nachsetzenden erfaßt wurde, worauf man beide Verbrecher zur nächsten Polizeiwache brachte. Während dieses Transportes fuhr an den Verhafteten in einer Droschke erster Klasse ein fein gekleideter »Freund« von ihnen vorüber, der sich sofort den Sachverhalt zusammenreimte, von dem Publikum die weiteren Mitteilungen erfuhr, mit seiner Droschke vor dem betreffenden Hause in der Bendlerstraße hielt, sich den erregten Portiersleuten und Hausbewohnern als Polizeikommissar vorstellte, den Einbruch »sachgemäß« untersuchte, seine Notizen machte und dann wieder von dannen fuhr. Alsbald erschien der richtige Kommissar, der nicht wenig verwundert war, zu vernehmen, daß soeben schon ein »Herr Kollege« von ihm hier gewesen; er ließ sich denselben genau beschreiben, faßte über diesen »Herrn Kollegen« seine besonderen Mutmaßungen, und am nächsten Tage war derselbe wegen dringenden Verdachtes der Beihilfe an dem Einbruch verhaftet, mußte aber doch wieder freigelassen werden! (...)

Versprechen sich gewiegte Verbrecher eine reichliche Beute, so schrecken sie auch nicht vor den denkbarsten Schwierigkeiten zurück; wochen-, ja monatelang behalten sie nur das eine Ziel im Auge und suchen es mit Aufwendung aller Hilfsmittel zu erreichen: sie steigen von Nebenhäusern ein, sie versuchen ihren Weg durch Schornsteine und Kamine zu nehmen, sie bleiben – namentlich während großer Feste – durch zwei Tage und Nächte in der betreffenden Wohnung und machen sich mit größter Umsicht und Ruhe an die Bewältigung der Hindernisse, zum Beispiel der Geldspinde, ja, sie mieten sich auch über den zu erreichenden Wohnungen ein, um durch eine Öffnung der Decke mittelst Strickleitern in den gewünschten Raum zu gelangen. Auf letztere Weise war vor wenigen Jahren ein Einbruch in ein großes Berliner Bankhaus unternommen worden, mit gutem Erfolg, denn der Täter, in welchem man einen internationalen Gauner vermutete, verschwand mit reicher Beute.

Und daß die Einbrecher, hauptsächlich die aus England zu uns kommenden, bestrebt sind, ihre »Gebiete« selbst »wissenschaftlich« zu erweitern und zu beherrschen, geht aus folgendem von der Berliner Kriminalpolizei zur Warnung mitgeteilten Einbruchsversuche in die Geschäftsräume der Niedersächsischen Bank Hannover hervor: jene Geschäftsräume liegen in dem Parterregeschoß eines Hotels, in welches am 28. September des letzten Jahres ein Fremder einkehrte, der sich Kaufmann Grant aus Antwerpen nannte. Er bezog im ersten Stock zwei Zimmer und logierte in denselben einige Tage. Am 20. Dezember bestellte er von Köln aus telegraphisch wieder dieselben Zimmer und traf dann am 22. desselben Monats in dem Hotel mit großen Koffern ein. Er gab an, daß er seinen Vater und seine Schwester erwarte. Die Erwarteten schienen dem angeblichen Grant indes zu lange zu bleiben, denn in der Nacht zum 26. Dezember gegen zwei Uhr verließ er unter Zurücklassung seines Gepäcks plötzlich das Hotel, dessen Personal er angab, er müsse noch mit dem Nachtschnellzug nach Köln und werde am nächsten Tage von dort mit seinen Verwandten zurückkommen. Grant hat sich indes nicht wieder sehen lassen und hatte dazu auch begründete Ursache! Am Morgen des 26. Dezember nämlich bemerkte das Hotelpersonal zu seinem nicht geringen Schrecken, daß Herr Grant in den Fußboden des einen von ihm bewohnten Zimmers eine Öffnung geschnitten und mittels einer Strickleiter den darunter gelegenen Geschäftsräumen der Niedersächsischen Bank eine nächtliche Visite abgestattet hatte. Die letztere würde sich schon verlohnt haben, da sich in einem Kellergewölbe die Kleinigkeit von sieben Millionen Mark befand, – wenn der gewiegte Einbrecher nicht bei der Arbeit gestört worden oder zu derselben einige Stunden mehr Zeit gehabt hätte. Zu dem Gewölbe, welches jene Summe barg, führt eine Wendeltreppe hinab, unten ist der Zugang zu demselben durch zwei starke Eichentüren geschützt. In der vorderen fand sich bereits eine größere Öffnung vor und auch in der zweiten Tür ließen deutliche Spuren erkennen, daß sich der Verbrecher gehörige Mühe gegeben hatte, dieselbe zu durchdringen; er scheint indes zur Vollendung seines Werkes nicht mehr die erforderliche Zeit gehabt oder den Versuch aus anderen Gründen aufgegeben zu haben. Weiter ergab sich, daß der Einbrecher einen Gummischlauch mit einem der Gasbrenner in Verbindung gebracht und in die an die Eichentür gebrachte Flamme Sauerstoff geleitet hatte, welcher bekanntlich den Verbrennungsprozeß ungemein beschleunigt und unter andern auch zum Schmelzen von Platin angewendet wird. Am Tatort fand man auch einen eisernen Ballon, wie solche zur Aufbewahrung konzentrierten Sauerstoffs verwendet werden. Der gasförmige Körper wird nämlich in diesen Ballons bei einem Druck von 525 Atmosphären zu einer Flüssigkeit verdichtet. Es war nun von der Berliner Kriminalpolizei festgestellt worden, daß Ende Oktober v.J. ein Engländer in einer Berliner chemischen Fabrik – angeblich im Auftrag eines in Dresden wohnenden Mr. Brown – zu wissenschaftlichen Zwecken mehrere solcher Ballons mit Sauerstoff gekauft und dabei vier leere Ballons, welche, von einer Pariser Firma herrührend, sich vorgeblich auf der Reise entleert hätten, an Zahlungsstatt mit angegeben hatte! – Zur Entdeckung des eigentlichen Täters vermochte dies freilich nicht beizutragen; nur glaubt man nach der Personalbeschreibung, daß jener Käufer und der Einbrecher dieselbe Persönlichkeit war und daß man in ihm auch den Eindringling in jenes Berliner Bankhaus zu suchen hat.

In der Rangleiter des Verbrechertums – denn auch dieses hat eine solche zu verzeichnen – nehmen die gewaltsamen Einbrüche die »erste Stufe« ein, worauf in langer Reihe die übrigen Diebstahlsarten folgen, unter ihnen wiederum obenan die Gelegenheitseinbrüche, vor allem die sogenannten »Klingelfahrten«, bei denen der Dieb irgendein beliebiges, nicht sehr belebtes Haus betritt und an einer Korridortür mehrmals klingelt. Wird nicht geöffnet und läßt sich auch kein verdächtiges Geräusch in der Wohnung vernehmen, so ist im Umsehen durch einen Dietrich das Schloß geöffnet; um nicht durch die Heimkehrenden überrascht zu werden, schiebt der Dieb von innen einen Riegel vor oder bohrt einen kleinen Bohrer durch die Tür, da ihm fast immer noch ein Ausweg durch die Küche, die Hintertreppen hinunter, offen steht. In größter Eile rafft er alles zusammen, was er mitnehmen kann, und macht sich aus dem Staube. Diese »Klingelfahrten«, bei denen häufig auch zwei Personen beteiligt sind, von denen die eine auf der Treppe Posto gefaßt hat und bei der Rückkehr der vermutlichen Wohnungsinhaber diese, nach einem vorher gegebenen Warnsignal, durch Fragen und Erkundigungen aufhält, werden namentlich gern in der Reisesaison unternommen und gewähren oft eine reiche Beute. Wie ungestört sich die Diebe in jenen Sommermonaten fühlen, erhellt daraus, daß sie zuweilen ein und derselben Wohnung mehrere Besuche an verschiedenen Tagen abstatten, ja, daß sie sogar in fremden Quartieren mit ihren Gefährten ganze Gelage feiern, selbst übernachten, bequem ausgestreckt in den Betten derer, die ahnungslos im Gebirg oder an der See ihre Erholung suchen.

Die umfangreichste Klasse der Berliner Diebeswelt ist die der Taschendiebe – der »Torfdrucker« –, von denen Berlin mehrere Tausend beherbergen mag. Sie sind überall zu finden und unter ihnen wieder gibt es die verschiedensten Abstufungen, von dem mit vornehmen Manieren auftretenden, nach der neuesten Mode gekleideten Elegant an bis herab zu dem Herumstreicher, der sein Beutefeld auf Märkten, bei öffentlichen Schaustellungen, im ausgelassenen Volkstrubel sucht, womit nicht gesagt sein soll, daß sein vornehmer Kollege dort etwa nicht anzutreffen wäre. Lieber freilich hält sich dieser an solchen Orten auf, wo die Fremden verkehren, auf den Bahnhöfen, in Museen und Galerien, in den Theatern und Konzerten, im Zirkus und auf der Rennbahn, selbst im Zuhörerraum des Reichstages und auf Festtribünen, sogar in Kirchen und natürlich auch im Straßengewühl der reicheren Stadtviertel.

Hat der Taschendieb ein Opfer ins Auge gefaßt, von dessen Ausbeutung er sich Gewinn verspricht, so bemüht er sich, demselben möglichst unauffällig nahezukommen, und betastet dann vorsichtig den Anzug des Betreffenden, um die Taschen mit den Wertgegenständen, wie Geldbeutel, Uhr, Brieftasche etc. zu ergründen, wobei er ein selten trügendes Gefühl entwickelt und genau vorher den Gegenstand weiß, wie den Weg, um desselben habhaft zu werden. Kann er in die Tasche von außen hineingelangen, so streckt er den Zeige- und Mittelfinger der rechten Hand lang aus und holt mit diesem, indem er die übrigen Finger fest an die Hand drückt, den Gegenstand hervor; ist die Tasche versteckter oder im Innern der Kleidung, so bedient er sich eines kurzen, sehr spitzen Messerchens oder einer kleinen, äußerst scharfen Schere, schneidet eine Öffnung in das obere Kleid und legt die Tasche frei; ebenso schneidet er mit der Schere die Uhrkette an dem Haken ab und zieht dann Kette nebst Uhr heraus. Sehr selten macht der Taschendieb seine Sache allein, fast immer ist er von einem, zuweilen von zwei Helfershelfern begleitet, die ihm bald den Rücken decken, bald die Aufmerksamkeit des Fremden auf sich lenken, vor allem aber sofort das Gestohlene in Empfang nehmen und damit verschwinden. Denn selbst wenn eine Entdeckung unmittelbar nach dem Diebstahl erfolgt und der Dieb als Täter verhaftet wird, so muß er doch, falls nicht Augenzeugen vorhanden sind, wegen Ergebnislosigkeit der Durchsuchung entlassen werden. Wird daher ein Taschendieb nicht während der Tat ertappt, so ist seine Überführung sehr schwer, da die gestohlenen Sachen schon längst beiseite geschafft sind und alles irgendwie Verräterische davon, wie Börsen, Brieftasche, Berloques etc. sogleich vernichtet oder fortgeworfen werden. Unter den Taschendieben ist das weibliche Geschlecht stark vertreten, auch Kinder üben sich schon früh in diesem »Fach« und bringen es darin zu großer Gewandtheit; besonders gern unterziehen sie während einer Pferdebahnfahrt die am Überzieher oder Jackett der Herren angebrachten sogenannten »Pferdebahntaschen«, in denen die kleine Münze aufbewahrt wird, einer eingehenden Untersuchung.

Die Taschendiebinnen haben fast stets ihre »Specialität« und suchen darin immer neues zu ersinnen; hauptsächlich widmen sie sich ihren Evaschwestern, wie eine vielbestrafte, elegant auftretende Spitzbübin, die nach der gerichtlichen Aussage einer von ihr Bestohlenen folgendermaßen operierte: als die betreffende junge Dame eines Nachmittags durch eine Straße des Berliner Centrums ging, redete sie plötzlich eine hinter ihr gehende Dame mit den Worten an: »Um Gottes willen, meine Dame, wie sehen Sie aus! Man hat ihr Jackett hinten in der häßlichsten Weise beschmutzt; so können Sie nicht weiter gehen, die Leute sehen Sie schon alle an, kommen Sie, bitte, hier auf den nächsten Hausflur, damit ich Sie abwischen kann.« Die junge Dame folgte dem Ratschlage der liebenswürdigen Aufmerksamen, welche auf dem Hausflur um ein Taschentuch bat, holte dies hervor, reichte es ihr, und die Helferin wischte energisch an ihr herum, ihr das Tuch in zusammengewickeltem Zustande mit der Mahnung zurückgebend, es vor geschehener Reinigung nicht zu benutzen. Die junge Dame schied mit herzlichstem Danke, um gleich darauf zu entdecken, daß die Geschichte ein schlau angelegtes Manöver war. Ihr Portemonnaie war verschwunden und jedenfalls während des angeblichen Abwischens von der »gefälligen« Dame aus der Tasche gestohlen worden. Waren die Opfer einfacher gekleidet, so brachte die Diebin eine andere Methode zur Anwendung. Sie suchte sich solche Straßen aus, in denen der Bürgersteig stellenweise so schmal war, daß kaum zwei Personen nebeneinander gehen konnten; sie begann mit den Frauen eine Unterhaltung über das Wetter, hielt sich dabei dich neben ihnen und suchte hierbei Gelegenheit, deren Portemonnaies zu stehlen. Die Erkennung seitens der Bestohlenen wurde noch insofern erschwert, als jene Taschendiebin sich mehrmals am Tage umzog und auch häufig ihre Frisur veränderte; endlich aber erreichte sie doch die Hand der Polizei und – zehn Jahre Zuchthaus waren die Folge!

Die Taschendiebe scheinen übrigens in Berlin die Humoristen unter ihren so verschiedenartig zu Werke gehenden Kollegen zu sein, wenigstens spricht eine Anzahl Fälle dafür, von denen hier einige des Kuriosums halber folgen mögen. Ein Berliner Einwohner besuchte ein Vorstadttheater und bemerkte, als er sich während des Zwischenakts ein Glas Bier kaufen wollte, daß ihm seine Börse gestohlen war; als er nach Schluß des Theaters in der Garderobe seinen Überzieher nahm und diesen anzog, war ihm dabei ein ältlicher Herr behilflich, und wie er vor der Tür nach seinen Handschuhen greifen wollte, bemerkte er in der Überziehertasche seine Börse, aber – leer natürlich! Als er sie genauer untersuchte, fand er drei Zehn-Pfennigstücke darin, jedes in ein Blättchen weißes Papier eingehüllt mit folgenden Bleistiftaufschriften: Nr. 1. »Oller Kootsen, dust Dir dicke mit drei Mark in de Tasche. Na, vor den Groschen kannste Dir unterwegens eenen Topp koofen.« Nr. 2. »Vor det Geld kannste Deinen Leichnam mit de Pferdebahn een Ende weg schaffen lassen, denn det loofen wird Dir doch zu sauer, wegen Deinen Kartoffelbauch, Du siehst also, ick meene et gut mit Dir Schwemmklooß.« Nr. 3. »Vor den Groschen kannste Dir lassen schließen, wenns De keenen Hausschlüssel nich hast, det De nich brauchst draußen zu schtehn und Dir Deine Rabattenbeene verkälten; haste aber eenen Schlüssel denn steck den Groschen Dein Willem in de Sparbüchse.«

Einer sich in Berlin im letzten März zum Besuch aufhaltenden Dame wurde während einer Vorstellung im Opernhause ihr Portemonnaie mit einem Inhalt von zwanzig Mark aus der äußeren Paletottasche gestohlen; nach zehn Tagen erhielt jene sich wieder in ihrer Heimat befindliche Dame das Portemonnaie nebst dem Geld in eingeschriebenem Paket mit folgendem Brief zurück: »Hochverehrte Frau! Als ich an jenem Abend den kühnen Griff in Ihre Tasche machte und dabei Ihre werte Person musterte, hätte ich nicht gedacht, daß der Fund mit seinem Inhalt so weit hinter meinen Erwartungen zurückbleiben würde. Sie glauben gar nicht, wie viel Geld dazu gehört, um hier in Berlin in anständiger Weise leben zu können. Ich hielt Sie für eine Kleinstädterin, die mit gespicktem Geldbeutel sich Berlin ansieht, und glaubte, einen guten Fang zu machen. Da ich nun aber gesehen, daß das Portemonnaie so wenig enthielt, so bin ich zu der Überzeugung gekommen, daß Sie es nötiger als ich gebrauchen, sende es Ihnen zurück und hoffe, Ihnen damit Hochachtung vor unserem Stande beizubringen. Am nächsten Abend fand ich in der Tasche meines Nachbars ein Portefeuille mit ca. 3000 Mark, das lohnte sich doch wenigstens! Sie werden sich wundern, wie ich es fertig gebracht, Ihre Adresse zu erfahren, ja, wir Berliner sind ›verfluchte Kerle‹. Ohne Ihren Portier wäre es mir allerdings nicht gelungen. Sie schließlich ersuchend, das Versehen gütigst zu entschuldigen und Sie bittend, beim nächsten Besuch der Hauptstadt etwas mehr mitzubringen, zeichnet Hochachtungsvoll Haase.«

Derselbe »gefühlsvolle« Spitzbube war es vielleicht, der, nachdem er einem Fähnrich während des Gottesdienstes im Dom den Mantel von hinten aufgeschnitten und ihm aus der Uniform seine Brieftasche, die neben Geld noch Visitenkarten und verschiedene Schriftstücke enthielt, entwendet hatte, ihm diese nach einigen Tagen mit folgenden Zeilen wieder zustellte: »So viel als an dem Inhalt fehlt, ist Ihnen unzweifelhaft der bloße Besitz der Brieftasche mit den darin befindlichen Schriftstücken wert. Im übrigen sehen Sie daraus, wie nützlich es ist, wenn man immer Visitenkarten bei sich führt; sonst wäre die Zurücksendung unmöglich gewesen.« Ein ähnlicher Fall spielte sich bald darauf ebenfalls in Berlin ab: einem auf dem Anhalter Bahnhof angekommenen Herrn ward sein Koffer gestohlen, in dem sich außer Kleidungsstücken und Wäsche auch für ihn sehr wertvolle Baurisse und Zeichnungen befanden. Schon am folgenden Tage erhielt er letztere nach der Wohnung eines Verwandten, bei dem er abgestiegen war, mit folgendem Begleitschreiben zugeschickt: »Beigehend schicke Ihnen Ihre Zeichnungen zurück, da ich dieselben nicht gebrauchen kann. Was Ihre Sachen anbetrifft, die ich auf ungefähr 600 Mark schätze, so werde ich Ihnen den Schaden ersetzen, sobald meine Verhältnisse es gestatten.«

Zahlreich vertreten unter der Berliner Diebsgesellschaft sind neben den Taschendieben die Laden-, Schaufenster- und Kollidiebe. Die Ladendiebe – »Schottenfeller« genannt – unternehmen ihre Diebszüge meist zu zweien; gemeinsam oder auch einzeln betreten sie den Laden, und während der eine von ihnen den Kaufmann beschäftigt und sich immer neue Sachen vorlegen läßt, bringt der andere dies oder jenes Stück beiseite, indem er es unter den Rock knöpft oder in eine der im Futter des Mantels befindlichen langen Diebstaschen steckt oder es scheinbar achtlos von dem Ladentisch wirft und beim Aufheben unter seinem langen Paletot verschwinden läßt. Zu den »Schottenfellern« gehören auch besonders viele Frauen, die mit der größten Routine die schwierigsten Ladendiebstähle verüben und dabei oft eine enorme Willens- und Körperkraft entwickeln, namentlich bei dem sogenannten »Rittmachen«, indem sie die gestohlene Ware zwischen die Schenkel klemmen und nach längerem Feilschen ruhig das Geschäft verlassen. Auch Wickelkinder sind schon zu Ladendiebstählen benutzt worden, indem das kleine Wesen von der vorgeblichen Amme, die scheinbar ermüdet war, auf irgendein Stück Seidentuch, einen Shawl etc. gelegt wurde, der dann beim Aufheben mit verschwand. Juwelendiebe haben besondere Vorrichtungen an den Ärmelaufschlägen der Röcke oder benutzen den mitgebrachten Schirm zum Verschwindenlassen der Gegenstände; auch die Fußzehen wirken bei ihren Diebstählen mit, indem die Diebe diesen oder jenen wertvollen kleinen Gegenstand unbemerkt von dem Ladentisch auf den Fußboden werfen, mit ihrem Fuße aus dem niederen, bequemen Schuh fahren und mit den Zehen – denn die Strümpfe sind vorn abgeschnitten – den bewußten Gegenstand ergreifen und schnell im Schuh verbergen. (...)

Was alles in Berlin gestohlen wird, ist wirklich wie erstaunlich und oft des Gegenstandes wegen unbegreiflich – Lackstiefel und Oberhemden, Kaviarbüchsen und eiserne Nägel, wollene Unterkleider und Schachteln mit Zahnpasta, Teekannen und Fettpuder, medizinische Bücher und angerauchte Meerschaumpfeifen, vernickelte Stahlkämme und Dosen mit Insektenpulver, Suppenterrinen und eingemachte Früchte, selbst mehrere Dutzend Flaschen mit »Antidiphtheritis« und Lebertran beschlagnahmte die Polizei bei einem Hehler. Wurde doch vor wenigen Jahren vom Tegeler Schießplatze – wo wiederum die Geschoßdiebe, welche sich steter Todesgefahr aussetzen, ihre Wesen treiben – das Bronzerohr eines Vierundzwanzigpfünders gestohlen, und die Entdeckung erfolgte nur, weil man wegen eines in derselben Nacht gefallenen leichten Regens noch die tiefen Räderspuren des Fuhrwerks, auf welchem das Rohr fortgeschafft worden war, verfolgen konnte: es war höchste Zeit, denn die »Kanonendiebe« waren bereits eifrig daran, die Bronze zu zersägen! Mehrfach ist es vorgekommen, daß die Zinkdächer einzelner abseits liegender Gebäude teilweise oder ganz abgedeckt und zentnerweise auf Handwagen fortgeschafft wurden. Auch einen »fetten Braten« verschmähen die Spitzbuben nicht; mit langen Stangen haken sie abends die an den Küchenfenstern hängenden Hasen, Gänse, Rehkeulen etc. ab. Einem dieser Diebe stach einst ein feister Martinsvogel in die Augen, aber seine Mühe, ihn abzuheben, war vergeblich, weil jener zu fest angebunden war; durch das Geräusch mochte das Mädchen aufmerksam geworden sein und öffnete das Fenster, worauf der Dieb ihr warnend zurief: »Sie, Rieke, eben war ein Mann hier, der die Gans mausen wollte, sehen Sie sich vor!« – Natürlich beeilte sich die Küchenfee, den Braten loszubinden, im selben Augenblick aber, als sie den Faden gelöst, erhielt sie mit dem Stocke einen solchen Schlag auf die Hand, daß sie erschrocken die Gans fallen ließ, mit welcher der eigennützige Warner flugs verschwand!

Es ist selbstverständlich, daß gerade eine Weltstadt den geeigneten Boden für alle möglichen, oft scheinbar selbst unmöglichen Betrügereien und Schwindeleien abgibt und daß sich in ihrem Banne mit Vorliebe unlautere Existenzen aufhalten, die hier inmitten des gewaltigen Bevölkerungszusammendranges und des sich stets verändernden fieberhaften Lebens und Treibens am ungestörtesten ihre dunklen Wege verfolgen zu können glauben. Nach Tausenden zählen in Berlin jene Menschen, die nur auf unrechte Art und Weise ihren Lebensunterhalt gewinnen, und so groß ihre Zahl ist, ebenso groß ist auch die Mannigfaltigkeit ihrer betrügerischen Manipulationen, von denen wir hier nur wenige charakteristische erwähnen wollen.

Am gefährlichsten dürften die internationalen Gauner sein, die sich unter hochtrabendem Namen oder als vornehme Ausländer einführen, oft sogar infolge ihrer gewandten Manieren in die bessere Gesellschaft eindringen und gewissermaßen unter deren Schutze ihre Hochstapeleien ausführen, bei denen sie sich nie mit einem kleineren Gewinn begnügen. Hauptsächlich haben es diese internationalen Herren auf die Juwelengeschäfte abgesehen, und es ist erstaunlich, welche neuen Mittel sie ersinnen, um jene vielgewarnten und aufmerksamen Geschäftsinhaber wie deren Angestellte immer aufs neue empfindlich zu schädigen.

Früher genügten den Hochstaplern weniger fein ausgeklügelte Schachzüge, um in den Besitz der erstrebten Schmucksachen zu kommen: so trat ein angeblicher Graf in einen Juwelierladen, suchte für mehrere hundert Taler Goldsachen aus und bat, dieselben ihm in sein Hotel zu schicken, er würde sie dort sofort bezahlen. Der Bote des Juweliers kam, der Graf bezahlte einen Teil des Betrages in klingender Münze, den größeren mittelst eines Schecks auf ein bekanntes Berliner Bankhaus; der Bote zögert, ob er letzteren annehmen soll, und der Graf befiehlt seinem Diener, sofort mit dem Boten in jenes Bankhaus zu gehen und persönlich die Auszahlung zu veranlassen. Der Bote entfernt sich, nun beruhigt, und – der Graf verschwindet sofort mit dem Schmuck, denn auch den Diener hatte er nur seit einem Tage angenommen! – Heute verfangen derartige »naive« Mätzchen nicht mehr, und die Hochstapler wissen dies am besten. Zu einem der ersten Berliner Juweliergeschäfte kam vor einem Jahr ein sicher auftretender Herr, sich Lord Th. nennend, der einen Schmuck für dreißigtausend Mark aussuchte, ihn in eine wundervolle Kassette legen ließ und den Juwelier bat, beides ihm sogleich durch einen der Angestellten in sein Hotel bringen zu lassen, woselbst er die Rechnung bezahlen würde. Der Angestellte erschien, der Lord nahm die Kassette in Empfang und verschloß sie in einem im Zimmer stehenden Schreibsekretär, darauf in das Nebengemach tretend, um das Geld zu holen. Der Comtoirist wartete, er war ja seines Schmuckes sicher, der im selben Zimmer dicht bei ihm lag: eine Stunde verstrich, endlich trat er in das Nebengemach, es war leer, und zu seinem Entsetzen bemerkte er, daß ein Loch in die Wand gebrochen und der Schmuck auf diese Weise aus dem Sekretär, dessen Rückwand gleichfalls schon vorher zerstört gewesen, entfernt worden war. Natürlich war der »Lord« schon längst über alle Berge!

Das Hotel spielt bei derartigen Betrügereien stets eine große Rolle, häufig – unfreiwillig – auch der Hotelier selbst, die Kellner oder der Portier. In ein nahe einem Bahnhof gelegenes Restaurant mit wenigen Fremdenzimmern kam wiederholt ein ehrbarer Provinziale, der sich sehr erfreut stellte, als er bei einem seiner Besuche erfuhr, daß er in dem Hause auch übernachten könne; er verhieß seine baldige Wiederkunft und bat den Wirt, die inzwischen für ihn einlaufenden Korrespondenzen etc. in Empfang zu nehmen; nachdem er schon Adieu gesagt, kehrte er nochmals zurück und erkundigte sich nach dem Namen des Wirtes. »Welch sonderbares Zusammentreffen«, rief er erstaunt aus, »ich heiße genau wie Sie!« – Einige Briefe laufen für den Fremden ein, endlich wird auch ein Paket für ihn abgegeben, und der Fremde läßt es sich, da es ihm sehr nötige Warenmuster enthalte, nebst den Korrespondenzen durch einen Dienstmann abholen, bemerkend, daß er am Abend selbst vorsprechen würde. Wer natürlich nicht kam, war der »biedere Provinziale«, dagegen stellte sich einige Tage darauf ein Juwelier mit der Anfrage ein, ob der Wirt schon etwas aus den ihm zur Ansicht gesandten Pretiosen ausgewählt habe? Die Aufklärung ist leicht: Wirt und Juwelier waren betrogen worden und stritten sich, wer den Schaden zu tragen habe, der »ehrliche Fremde« aber lachte sich ins Fäustchen!

Mit Vorliebe werden von den Hochstaplern die Portiers der großen Hotels, die gewöhnlich über nennenswerte Ersparnisse verfügen, geprellt, und trotz ihrer Menschenkenntnis, trotz ihrer Vorsicht lassen sie sich immer wieder und wieder übertölpeln, teils durch das sichere Auftreten der »Fremden«, teils durch die Aussicht auf großen Gewinn. In einem der ersten Berliner Hotels wohnte einige Zeit hindurch ein russischer Graf mit seiner jungen Gattin und einem Kammerdiener; letzterer befreundete sich mit dem Portier des Hotels, erzählte ihm viel von den großen Gütern seines Herrn, von dessen Reichtum, dessen Liebe zu seiner schönen Gemahlin, einer geborenen Prinzessin, die er mit kostbaren Geschenken überhäufe usw. und zeigte dabei dem Portier eine quittierte Rechnung eines bekannten Berliner Juweliergeschäfts über einen Halsschmuck von vierzigtausend Mark. Bald darauf kamen mehrere Depeschen an den Grafen an, er zeigte sich verstört, desgleichen seine junge Frau, sie schrieben und depeschierten viel, und der Kammerdiener erzählte dem Portier, daß sein Herr die Nachricht empfangen habe von der Flucht eines seiner Verwalter, dem die Warschauer Bank dreißigtausend Rubel ausgezahlt, die er persönlich dem Grafen nach Berlin bringen sollte. Am Abend ließ der Graf den Portier rufen, er war sehr aufgeregt, wetterte auf den betrügerischen Verwalter, erzählte in kurzen Worten dem Portier den Vorfall – den dieser ja schon wußte, nicht nur vom Kammerdiener, sondern auch aus den von ihm besorgten Depeschen – und sagte, daß er sofort zur Verfolgung des Entflohenen zwanzigtausend Mark haben müsse, hier, diesen Schmuck, den er vor wenigen Tagen für die doppelte Summe gekauft, gebe er zum Pfand und er wolle gern für die wenigen Tage, während welcher er von Berlin fortbleibe, dreitausend Mark Zinsen geben, – der Portier möchte den Schmuck zu einem Pfandleiher bringen, zu einem Bankier oder auch zu dem Juwelier, wo er gekauft worden sei. Der Portier gönnte den guten Gewinn keinem anderen, er nahm den Schmuck an sich und gab von seinen Ersparnissen dem Grafen das Geld; dieser reiste mit dem Kammerdiener am frühen Morgen ab, seine Wiederkunft in vier, fünf Tagen verheißend, unterdessen die Gräfin in Berlin verblieb und sich unter den Schutz der russischen Botschaft, wohin sie im Hotelwagen fuhr, begab. Die fünf Tage vergingen, der sechste, siebente, achte folgte, der Graf kam nicht; der Portier wurde aufmerksam, er frug in der russischen Botschaft nach, wo man von jener Gräfin überhaupt nichts wußte, und suchte, unruhig gemacht, mit dem ihm zur Verwahrung übergebenen Schmuck den Juwelier auf. Dieser erkannte sofort das Kleinod als eine geschickte Fälschung, ebenso wie auch die Rechnung gefälscht war, denn jener »Graf« hatte nur einen Schmuck für vierhundert Mark gekauft, und die Umänderung der Summe war daher sehr leicht gewesen! Der »Graf« war seinen »Schmuck« los, und – der Portier sein Geld!

Habgier und Vertrauensseligkeit – um nicht Dummheit zu sagen – vereinigen sich meistens, um den Gaunern ihr Handwerk zu erleichtern, und gerade in dem »aufgeklärten« Berlin werden die – Dummen nicht alle! Das war früher schon so und ist's heute genau noch; alle Warnungen helfen nichts, wie aus unzähligen Beispielen hervorgeht. Die Chronik der Nachbarstadt Berlins, Charlottenburgs, weist einen besonderen Fall von unglaublicher Frechheit einer- und unglaublicher Vertrauensduselei andererseits auf, der sich vor mehr als fünfzig Jahren ereignete und damals ungeheuere Erregung verursachte. Ein junges, weder hübsches noch sehr gewandtes Mädchen, Henriette Wilke, Tochter eines Charlottenburger Gärtners, welche mehrere Jahre bei einem Berliner Bankier Bonne gewesen, war plötzlich zu überraschenden Reichtümern gelangt, und zwar sollte sich mit ihr, wie geflüstert wurde, ein Graf aus Brasilien verlobt haben, der sie mit seinen Schätzen überschüttete. Henriette bezog eine vornehme Wohnung, schaffte sich Pferde und Equipage an, hielt sich Dienerschaft und eine Gesellschafterin, ritt täglich mit ihrem Stallmeister im Tiergarten spazieren, kaufte die teuersten Sachen, bezahlte alles bar, machte Reisen mit vierspänniger Extrapost, kurz, sie verdiente sich den ihr vom Volk gegebenen Namen der »Goldprinzessin«. Dabei konnte man ihr nie etwas Böses nachsagen, hörte allerdings auch nichts mehr von dem brasilianischen Grafen; die Polizei zog behutsam Erkundigungen ein und erfuhr, daß einer der ersten Berliner Kaufleute von Hamburg die Anweisung erhalten habe, dem Fräulein Wilke bedeutende Summen auszubezahlen. Endlich mußten wohl die rätselhaften Geldquellen versiegt sein, denn die »Goldprinzessin« verpfändete einem Möbelhändler ein eingesiegeltes Paket mit Staatsschuldscheinen, welche sich jedoch bei einer Nachforschung als Zeitungsblätter entpuppten. Die verschwenderische Henriette wurde verhaftet und gestand sogleich offen ihre Betrügereien ein; sie hatte auch einmal »so leben wollen wie die vornehmen Leute« und sich als Opfer ein in Charlottenburg ansässiges altes, ebenso reiches wie geiziges Fräulein Eversmann, mit der sie bekannt geworden war, ausersehen. Sie kam zu letzterer hin, erzählte ihr, daß die Fürstin Radziwill, mit welcher sie in Berlin häufig zusammentreffe, zum Bau einer Schule 500 Thaler gebrauche und da sie über diese Summe augenblicklich nicht verfüge, das Fräulein Eversmann, von der sie so Treffliches gehört, darum bitten lasse. Diese, sonst jeden Pfennig vor dem Ausgeben zehnmal umdrehend, ging sofort darauf ein und überschickte, hocherfreut über diese Auszeichnung, durch die bereitwillige Henriette das Geld. Nach der Fürstin kam ein Prinz an die Reihe, er war in Verlegenheit, hatte auch von der »guten, loyalen Eversmann« vernommen und nahm ihre Hilfe in Anspruch; schließlich wurde sogar der König vorgeschoben, er bot in einem huldvollen Schreiben der Eversmann, falls sie ihm Geld vorstrecke, 12 Prozent Zinsen und »gelegentliche kleine Aufmerksamkeiten« an, und da die alte Dame sich vor Glück kaum zu fassen vermochte ob so viel Gnade, wiederholte er häufig sein Anliegen und ließ sich sogar von der Köchin der Eversmann 250 Thaler borgen. Die Vermittlerin spielte die liebe Henriette, und binnen zwei Jahren hatte sie das ganze Vermögen der Eversmann – 12.000 Thaler bar und eine Hypothek von 8.000 Thalern auf ein Haus – durchgebracht, wobei sie so vorsichtig gewesen war, eine größere Summe in Hamburg auf ihren Namen einzuzahlen. Die zwölf Jahre Zuchthaus werden der »Goldprinzessin« nach dem kurzen Wohlleben wenig behagt haben!

Und in demselben Charlottenburg kam laut einer Gerichtsverhandlung kürzlich nachstehender Betrug vor. In eine Gastwirtschaft trat eines Nachmittags ein sichtlich den besseren Ständen angehörender Mann und erklärte der allein anwesenden Frau des Besitzers, daß er letzterem, mit welchem er zusammen beim Militär gedient habe, einen Besuch abstatten wolle. Als ihm die Frau antwortete, daß ihr Mann schwer krank darniederliege und der Arzt kaum noch Hoffnung auf Besserung gebe, heuchelte der vorgebliche Freund helle Verzweiflung und wußte die Frau zu bestimmen, ihm Eintritt in das Krankenzimmer zu gestatten, ohne daß sie ihn begleitete. Wie sich später herausgestellt hat, ist der Unbekannte an das Bett herangetreten, hat zu dem Todkranken wie zu einem alten Freund laut gesprochen, so daß die Frau es hören konnte, und ist dann zu dieser zurückgekehrt. Mit trauriger Miene und feuchten Auges suchte er die Gattin seines angeblichen Freundes zu trösten und teilte ihr mit, daß er beauftragt worden sei, das vorhandene Barvermögen in sicheren Papieren anzulegen. Die Frau war hocherfreut über diesen Entschluß ihres Mannes, da er ihren längst gehegten Wünschen entsprach, holte zwölfhundert Mark herbei und übergab sie dem ihr unbekannten Mann. Dieser nun forderte sie auf, ihn zum Bankier zu begleiten, »da in Geldsachen die Gemütlichkeit aufhöre«. Dies geschah, beide begaben sich zu einem in Charlottenburg wohnhaften Bankier, wo die Gastwirtsfrau auf Ansuchen des Fremden vor der Tür wartete, während er selbst das Geschäft betrat. Hier tat er einige gleichgültige Fragen, um dann der draußen stehenden zu erklären, daß in einer Stunde die Papiere abgeholt werden könnten, und beide gingen nun nach der Gastwirtschaft zurück. Auf dem Wege dorthin gab die ganz vertrauensselig gewordene Frau die Absicht kund, die Abwesenheit von zu Hause zum Einkauf von Kaffee zu benutzen, ihr Begleiter möge ihre Rückkehr vor dem Geschäft abwarten. Als sie jedoch mit ihrer Ware die Straße wieder betrat und sich nach dem Freunde ihres Mannes umsah, erfuhr sie, daß der in ihrer Gesellschaft befindlich gewesene Herr den ersten Pferdeeisenbahnwagen benutzt habe, um nach

Berlin zu entkommen. Jetzt erst merkte die Frau, daß sie einem Gauner in die Hände gefallen war, und erstattete sofort bei der Behörde Anzeige, die leider nichts mehr fruchtete.

Als weiteren Beweis, wie weit die – Gutmütigkeit der lieben Mitmenschen oft geht und in welcher Weise sie zu den seltsamsten Gaunerstreichen benutzt wird, lassen wir hier nach einem Zeitungsbericht eine zweite Berliner Gerichtsverhandlung folgen, die nicht minder humoristisch wirkt, aber auch auf unser auf die »allgemeine Bildung« so stolzes Zeitalter bedenkliche Schlaglichter wirft. Wegen Diebstahls einer Brosche und Körperverletzung hatte sich vor einem der Schöffengerichte kürzlich ein siebenundzwanzigjähriger, mit kolossalen Körperkräften ausgestatteter, bisher unbestrafter Speicherarbeiter, den wir Fritz Hamster nennen wollen, zu verantworten. »Derselbe schien ebenso beschränkt wie gutmütig zu sein, und es war ein geradezu rührender Anblick, den ungeschlachten Enakssohn mit den großen, wasserblauen Augen und dem strohgelben, struppigen Vollbart auf der Anklagebank zu sehen. Fritz Hamster arbeitete eines Tages auf dem Warenspeicher des Herrn M., als er ganz hinten aus dem entlegensten Winkel her ein unheimliches Geräusch vernahm. Zuerst hörte es sich an, wie das Schnauben eines wütenden Stieres, alsdann wie das Grunzen eines Schweines, welches wiederum durch Hundegebell abgelöst wurde, dem dann jene melodischen Töne folgten, in welchen verliebte Kater nächtlicherweile dem Überschwang ihrer Gefühle Ausdruck geben. Die Sache war entschieden unheimlich. Fritz Hamster fing an, am ganzen Leibe wie Espenlaub zu zittern. Vor einem Warenballen, der seine drei bis vier Zentner wiegt, würde er sich nicht gefürchtet haben, aber mit einem Spuk wie derjenige, welcher hier offenbar vorlag, wagte er nicht anzubinden. Am geratensten erschien ihm schleunige Flucht. Schon hatte er sich umgewandt, um die Treppe zu gewinnen, als mit einemmale eine dumpf tönende Stimme: ›Stehen bleiben!‹ rief. Fritz Hamster gehorchte. ›Stehen bleiben, oder ich drehe Dir das Genick um!‹ Der Angstschweiß kam dem armen Hamster über das Gesicht herab, seine Zähne klapperten und seine Beine schlotterten vor Furcht. – ›Ich bin der Geist des alten Zanzig‹ – hub es hinten von neuem an – ›und habe Hunger. – Hörst Du auch, Fritz Hamster, Hunger und Durst! Ich verlange von Dir‹ (hier schwoll die Stimme zu einem förmlichen Donnergrollen an) ›ein ordentliches Frühstück und einen halben Liter Nordhäuser, aber gleich – sonst ..‹. Wie von Furien gehetzt, stürmte Fritz Hamster von dannen. Der alte Zanzig, ein früherer Kollege, war schon zu Lebzeiten ein schlimmer Kumpan gewesen, mit dem nicht zu spaßen war. Es war kaum anzunehmen, daß im Jenseits, wo er offenbar nicht in die beste Gesellschaft gekommen, seine Manieren sich gebessert hätten. Eine Viertelstunde später trug unser Hamster eine große Schüssel mit frischgemachter Sülze, ein halbes Laib Brot sowie ein ordentliches Stück Zwiebelwurst und einen halben Liter Kornbranntwein zum Speicher hinauf. Oben auf der drittletzten Treppenstufe stellte er seine Schätze nieder und entfloh. Er meldete sich bei seinem Prinzipal krank und wurde, da die Blässe seines Gesichts und sein verstörtes Wesen für die Richtigkeit seiner Angaben sprachen, beurlaubt. Zwei Tage darauf kam Fritz Hamster wieder. Er mußte notgedrungen auf den Speicher gehen. Das erste, was er dort erblickte, war ein Haufen Scherben. Der Geist des alten Zanzig war wohl mit dem Frühstück nicht so recht zufrieden gewesen; vielleicht hatte er sich aber auch am Branntwein berauscht – auf alle Fälle hatte er die Schüssel und die Flasche entzwei geschlagen. Fritz Hamster blickte sich scheu nach allen Seiten um. Da ertönte wieder jene geisterhafte Stimme: ›Fritz Hamster, ich brauche Zigarren!‹ – rief der Geist. ›Heute abend komme ich sie abholen – adieu!‹ Den Tag über hatte Hamster Ruhe und des Abends deponierte er die Zigarren. Von da ab stellte der Geist täglich neue Anforderungen an Hamster. Dieser zweifelte in seiner unergründlichen Dummheit keinen Augenblick daran, daß er es wirklich mit dem abgeschiedenen alten Zanzig zu tun habe, und erfüllte demselben, so lange er dazu imstande war, jeden billigen Wunsch. Was tut der Mensch nicht, um seine Ruhe zu haben? Schließlich gewöhnte er sich förmlich an seinen eigenartigen Verkehr mit der Geisterwelt. Dennoch aber kam es ihm überraschend, als der Geist eines Tages eine Kravatte, einen Stehkragen, ein paar Manschetten und eine goldene Damenbrosche verlangte, mit dem Hinzufügen, daß er dann Ruhe vor ihm haben sollte. Der Geist des alten Zanzig hatte sich offenbar eine Braut angeschafft und war eitel geworden. Die Krawatte, den Stehkragen und die Manschetten wußte Fritz Hamster sich allenfalls zu verschaffen. Aber woher die Brosche nehmen? Und dennoch mußte er den Geist befriedigen. Einige Tage später – der Geist hatte Wort gehalten und war nicht mehr erschienen – sagte Fritzens Braut ihm auf den Kopf zu, daß er ihre Brosche gestohlen habe. Fritz geriet in höchste Entrüstung hierüber und kündigte seiner Braut die Freundschaft. Die Verlassene ging zur Polizei und erstattete die Strafanzeige wider ihn. Desselben Tages traf Hamster in einer Kneipe den Anton Baltzer, einen Kollegen, der ihn stets wegen seiner Dummheit aufzog und hänselte. Heute trieb es der Baltzer besonders arg. Er meinte, der Hamster sei seit einiger Zeit stolz geworden, aber man wisse ganz genau, woher das komme. Wer auf dem Speicher einen so merkwürdigen Umgang mit der Geisterwelt pflege, dem seien natürlich seine Kollegen zu gering... Diese anzüglichen Bemerkungen fielen wie ein heller Lichtstrahl in das Dunkel des Hamsterschen Schädels. Nunmehr stand es für Fritz fest, daß man ihn auf freche Weise zum besten gehabt – der Baltzer hatte offenbar den Geist gespielt und sich nicht nur auf seine Kosten lustig gemacht, sondern auch bereichert. Das kränkte den gutmütigen Menschen ungemein. Er verabfolgte dem Baltzer eine gehörige Ohrfeige. Baltzer, welcher als Zeuge vernommen wurde, bestritt, den Geist gespielt zu haben. Der Angeklagte habe einem gemeinsamen Kollegen seine Erlebnisse auf dem Speicher erzählt, und von diesem habe er sie erfahren – daher seine Anspielungen. Hamster wurde wegen Körperverletzung unter Annahme mildernder Umstände zu zehn Mark Geldstrafe, eventuell zwei Tagen Gefängnis verurteilt. Wegen des Diebstahls wurde das Verfahren eingestellt, denn Hamster hatte inzwischen seine Braut geheiratet, und diese machte von dem ihr zustehenden Recht der Zeugnisverweigerung Gebrauch. Sie will in Zukunft darüber wachen, daß ihr Fritz nicht mehr in Geisterhände fällt!« (...)

Schließlich noch einige Worte über die Berliner Bauernfänger, die es vor einer Reihe von Jahren zu einer ominösen Berühmtheit gebracht hatten und deren Namen allein schon vielen Provinzialen Berlin in dem düstersten Lichte erscheinen ließ. Seitdem ist seitens der Polizei tüchtig unter den »Rittern vom Kümmelblättchen« aufgeräumt worden, und auch die Zeitungen haben mit ihren fortgesetzten Warnungen und Eröffnungen viel zur Beseitigung dieser Stadtplage beigetragen, aber ganz ist dieselbe doch noch nicht gehoben und wird auch nie gehoben werden, es müßte denn der letzte Dumme aussterben und – das hat noch gute Wege! So gibt es denn auch noch heute Bauernfänger in Berlin, und es fehlt ihnen ebenso wenig an Opfern, die sie zuweilen ganz gehörig rupfen, sei es mittelst des uralten, aber noch immer »zugkräftigen« Kümmelblättchens, bekanntlich nur eines Kartenkunststückes, sei es mittelst anderer Kartenspiele, in welche der Bauernfänger entweder geschickt seine eigenen »gezinkten« (gezeichneten) Karten mischt oder ihm die mit im Komplott befindlichen Umstehenden durch Zeichen und anscheinend harmlose Worte die Karten seines Partners verraten, sei es infolge »Knobelns« mit falschen Würfeln und dergleichen mehr. Auch hier merkt der Geprellte immer erst zu spät, wer denn eigentlich die Herren

»Baumeister«, »Doktor«, »Lieutenant a.D.« und »Gutsbesitzer«, die ihm so liebenswürdig entgegengekommen und ihn so dringend vor den Bauernfängern Berlins gewarnt, waren, und selbst wenn er sich auf die Polizei begibt und dort seine Gefährten im Verbrecheralbum erkennt und jene auch verhaftet werden – das Geld ist doch verloren und die eventuell gleichfalls verspielte Uhr, die Kette, die Ringe sind längst zum Hehler gewandert.

Neben den hauptsächlich vom Falschspiel lebenden Bauernfängern gibt es in Berlin noch Spielklubs in allen Rangabstufungen, in denen das verbotene Hazard eifrig gepflegt wird; unter den Handwerkern sind die Bäcker die leidenschaftlichsten Hazardspieler, und in den Bäckerherbergen wie auch an anderen von ihnen sehr geheim gehaltenen Zusammenkunftsorten wird dem Spielteufel Nächte und – seitens der Gesellen – Tage hindurch gefröhnt. Selten nur glückt es der Polizei, eine derartige Spielbank aufzuheben; die Teilnehmer verraten selbstverständlich nichts, und da man Fremde überhaupt nicht einläßt und selbst gegen die von Freunden Eingeführten die erste Zeit hindurch Argwohn hegt, gehört Glück, Geschick, Verstellungskunst und Geduld dazu, bis ein Kriminalkommissar das: »Im Namen des Gesetzes!« zwischen die Spieler schleudern kann. Und auch das hilft nicht viel, wenn nicht der Ort des Spiels von allen Seiten mit Polizeibeamten umstellt ist und diese im gegebenen Augenblick eindringen, um ein Ausdrehen des Gases, ein Verbergen des Geldes, eine allgemeine Flucht, ja auch Gewaltsamkeiten gegen den gehaßten Eindringling zu verhindern.

Die Prostitution, die in Berlin, wie in den anderen Großstädten des Deutschen Reiches, ein nicht mehr wegzudenkender Faktor der kriminellen Szene war, taucht in Lindenbergs Darstellung nur versteckt auf. Dagegen nimmt sie in Karl Weiens Schrift »Aus dem Berliner Verbrecherleben« breiten Raum ein, was den Erfolg des Büchleins mitbegründet haben dürfte.

Der größte Teil der zu dieser Klasse gefallener Menschen gehörenden Personen ist in Berlin geboren, während erfahrungsmäßig die meisten Prostituierten von außerhalb eingewandert sind.

In ihren Kreisen nennen sich die Leute abgekürzt: L. und P.L., was Lude und Patent-Lude bezeichnen soll. Der letztere Ausdruck bezeichnet einen Zuhälter, der elegant auftritt und das »Geschäft« aus dem Grunde kennt, im

Gegensatz zu den »Luftluden« oder »Brandluden«, welche in dürftiger Kleidung erscheinen und ihr Dasein in Kaffeeklappen, Parkanlagen und auf öffentlichen Plätzen (pennend) hinbringen.

Ein angehender Ludewig wird »achelkeß«, ein geschulter mit »keß« bezeichnet; das Opfer, welches der Prostituierten anheimfällt, wird »Freier« genannt, welche Bezeichnungen, wie ich bereits in einem früheren Artikel erwähnt, der Gaunersprache entlehnt sind.

Der Zuhälter einer Prostituierten hat die Verpflichtung, dieselbe zu beschützen, namentlich für Logis und Absteigequartier zu sorgen, seine »Geliebte« in öffentliche Lokale zu bugsieren, auf herannahende Polizeibeamte aufmerksam zu machen, die nötige Bezahlung seitens der Opfer zu überwachen und ihr endlich bei Angriffen seitens anderer Zuhälter oder Genossinnen körperlich Beistand zu leisten. Er führt die Kasse, d.h. er hat in der Regel unbedingte Gewalt über die erzielten Einnahmen, die Prostituierte erhält nur soviel, als unumgänglich zur Bezahlung der Miete, Kost und Kleidung erforderlich ist. Man kann das Einkommen eines Zuhälters in Berlin durchschnittlich auf 5, 10 oder 15 bis 20 Mark pro Tag veranschlagen. Nicht selten ist es, daß ein solcher 2 oder mehrere Dirnen beherrscht, und erhöht sich selbstverständlich hiernach sein Einkommen.

In der Dämmerstunde beginnt die Arbeit des Ludewig. Er geht in angemessener Entfernung mit auf den »Strich«, begleitet seine Auserkorene später in Tanzlokale, Wiener Cafés etc., steht hier »Spanne« oder »Pröpken« so lange, bis die Geliebte die Räume verläßt, und ist wiederum ihr treuer Begleiter bis an den Ort des Lasters. Entweder eilt er voraus, um im Nebenzimmer oder in einem Spinde, unter dem Bett etc. sich bis zur Entfernung des »Freiers« zur Hilfe bereit zu halten, oder er »spannt« wieder vor der Tür.

Gewöhnlich ist nun die frühe Morgenstunde eingetreten. Die Arbeit ist getan; der Ludewig geht nun mit seiner »Ollen« in Gemütsruhe eine Tasse Kaffee trinken und das »Spinde« wird »geschüttelt«, d.h. die Prostituierte muß Kasse machen und »abladen«.

Meistenteils hat der Zuhälter keine »Bleibe« oder feste Schlafstelle; er logiert nach Beendigung des Geschäfts bei seiner Geliebten oder hält seinen Morgenschlaf in Kaffeeklappen, oder er macht auf Geschäftssprache »Bankarbeit«, d.h. er schläft auf einer Bank oder einem Stuhl sitzend, den Kopf auf den Tisch gelegt.

Tritt keine Störung durch die »Blauen« oder »Heimlichen«, d.h. Sitten-

und Kriminalbeamte ein, so gibt man sich bis gegen Mittag dem Zustande der Ruhe hin. Der Ludewig sucht nunmehr die »Brüder« auf, welche zum großen Teil in Destillationen und Stehbierhallen in der Nähe des Molkenmarktes »Börse« abhalten.

Hier werden die Erlebnisse der letzten Nacht ausgetauscht, es wird auch lustig gezecht und gespielt: namentlich aber wird gespannt, ob auch die zur Kontrolle gehenden Prostituierten von dort zurückkehren, denn es kommt gar häufig vor, daß dieselben »oben« behalten werden. Dann ist das Lamento groß. Die paar tage »Barnim« werden wohl ausgehalten, man liegt »krumm« oder die Brüder helfen aus, indes wird auf »Appel«, d.h. Korrektionshaft erkannt, so ist die Sache sehr »windig«, denn dann muß die Geliebte viele Monate lang entbehrt werden. Der routinierte Ludewig weiß sich aber auch in diesem Falle zu helfen; er sucht sich alsbald eine andere Geliebte, die frei geworden, d.h. deren Liebhaber »alle geworden« oder eingesteckt ist.

Was die Kleidung und das Auftreten dieser Zuhälter anbetrifft, so ist dasselbe je nach ihren Einkommensverhältnissen verschieden. Der Patent-Lude tritt, wie bereits erwähnt, elegant auf; er trägt Kleidung nach modernstem Schnitt, zumeist blaues Stutzer-Jackett, die fast nie fehlenden blauen Beinkleider, hellen Schlips oder Krawatte, sauberste Wäsche, Lackstiefel und Stöckchen. In der freien Nachmittagszeit besucht er die Promenade, Wiener Cafés etc., macht Bekanntschaften mit feinen Herren, um dieselben im Spiel auszuplündern oder sie für sein Geschäft zu verwenden.

Jeder Zuhälter dieser Kategorie ist bewandert in allen Spielen; er ist Künstler auf dem Billard, spielt vorzüglich Skat, Tarock etc., treibt auch, sobald die Luft rein ist, mit Vorliebe Hazardspiel. Fast immer kommt ihm hierbei seine Fingerfertigkeit zu statten, er kann Volte schlagen und versteht sonstige Hilfsmittel, um sich den Gewinn zu sichern.

Nicht selten aber und namentlich bei guter Finanzlage hat die Geliebte Verlangen nach einem Ausfluge. Dann tritt das Paar in höchster Eleganz auf; es wird Droschke erster Güte für den Nachmittag genommen, und fort geht es nach dem Bock, nach Treptow oder hinaus zu den Wettrennen. Hier wird »Großkootze« gespielt, fein gegessen und getrunken, Blumenhändler etc. werden in Nahrung gesetzt und der Kellner erhält für die Anrede »Herr Baron« ein ansehnliches Trinkgeld.

Diese Klasse von Zuhältern nennt sich mit Vorliebe »Friedrichsstädter«.

Einen bedeutenden Abschlag gegen diese bilden die sogenannten »Königsstädter« Ludewigs, auch »Elisabether« genannt. Hier sind die Einnahmen nicht so erheblich; die Landwehr-, Elisabeth-, Schilling-, Gollnow-, Georgenkirch-, Lietzmann-, Waldzeck-, Markus- und Lindenstraße wird nur von weniger bemittelten Freiern besucht. Diese Zuhälter haben ihren »Treff« allabendlich und allnächtlich auf dem Alexander- und Georgenkirchplatz und besuchen Restaurants und Cafés niedrigen Ranges in dortiger Gegend. Sie gehen meist »einspännig«, d.h. ohne Überzieher, die Wäsche ist oft nicht sauber, aber die blauen, unten englisch weiten Beinkleider lassen sie sich nicht nehmen. Als besondere Eigentümlichkeit nehmen sie Schnallenschuhe oder sogenannte Pariser mit roten Strümpfen als Fußbekleidung für sich in Anspruch. Diese Gattung geht des Nachts auf Raub aus; sie liefert das Hauptkontingent der sogenannten Leichenfledderer, setzt Skandal und Schlägereien in Szene, um hierbei Langfingergeschäfte zu machen.

Ich komme endlich zu den sogenannten »Vorstädter« Ludewigs oder »Vogtländern«. Diese setzen sich aus Arbeitsburschen, Strolchen etc. zusammen, gehen mit abgeschabten Kleidern einher und sind leicht an der Ballon-Mütze und an dem hellroten oder hellblauen Halstuche zu erkennen. Die Dirnen derselben, meist eben der Schule entwachsen, sowie die ersteren selbst sind gewöhnlich obdachlos und treiben sich beide Teile in den äußeren Vorstädten, in Sandgruben etc. Tag und Nacht umher.

Wenn ich vorher von einer »Geliebten« gesprochen habe, so ist bei einem Ludewig selbstverständlich von einer Herzensneigung keine Rede; er behandelt das Weib als Erwerbsartikel.

Anders die Prostituierte. Sie gewinnt ihren Beschützer mit der Zeit lieb; sie opfert ihm alles, ihr Geld, im Notfalle ihre Wertsachen, ihre Garderobe, ihre Freiheit, ihre Gesundheit, ihr Leben.

Hat sie des Morgens nicht genug verdient, so wird sie gemißhandelt, mit Füßen getreten. Sie erträgt diese Schmach, sie schmachtet nach einem liebevollen Blick und küßt dem Tyrannen die Hand. Narben im Gesicht, ausgerissene Ohrlöcher, verstümmelte Nasen, ausgeschlagene Zähne sind bei Prostituierten an der Tagesordnung.

Das Louistum rekrutiert sich zumeist aus früheren Schlächtergesellen, Barbieren, Schuhmachern, Tischlern etc. Die Arbeitslosigkeit respektive Arbeitsunlust treibt diese Leute häufig zunächst dem Verbrechen in die Arme, sie ergeben sich ganz dem Müßiggange und kommen hierdurch leicht auf den Gedanken, sich dem Louistum zu widmen, umsomehr, als die Zuhälter

Prostituierter seither unangetastet ihr Gewerbe betreiben konnten. Dieser Erwerb brachte ihnen nicht nur eine verlockende Existenz, sondern man brauchte auch das Zuchthaus nicht mehr zu fürchten. – Daher ist es erklärlich, daß fast jeder Ludewig gleichzeitig Verbrecher ist. Eine durchaus gerechtfertigte Institution ist es deshalb, daß neuerdings die Sittenpolizei mit der Kriminalpolizei verschmolzen ist.

Einen argen Stoß hat das Louistum dadurch erfahren, daß man die Inhaber dieser Zunft jetzt wegen Kuppelei zur Verantwortung zieht. Sie leisten der Unzucht dadurch Vorschub, daß sie ihre Dirnen beschützen und hierfür Bezahlung in Empfang nehmen. Wenngleich die Strafen hierfür in der Regel den Zeitraum einiger Wochen nicht überschreiten, so werden die Zuhälter doch dadurch hart betroffen, daß sie wegen Mangels einer festen Wohnung nach Feststellung des Vergehens ohne weiteres in Untersuchungshaft genommen werden. Möchte die Gesetzgebung die Behörden noch in den Stand setzen, diese Subjekte nach Abbüßung der Gefängnisstrafen – ebenso wie die Prostituierten – einer öffentlichen Arbeitsanstalt überweisen zu können.

Ist heute – nach Verlauf von wenigen Jahren – schon eine nicht unerhebliche Besserung in Bezug auf das Gefahr bringende und schamlose Treiben der Ludewigs bemerkbar, so läßt sich ferner erwarten, daß bei dem energischen Vorgehen der Behörde diesem Gesindel bald das Handwerk noch mehr verleidet, beziehungsweise ganz gelegt werden wird.

Vom Klub der Harmlosen und dem König der Spieler
Hugo Friedländers interessante Kriminalprozesse

Hugo Friedländer war ein weitgereister Mann. Kaum eines der großen Gerichtsverfahren in Europa entging ihm. Jahrelang verfolgte er sorgfältig das, was in der Welt des Verbrechens Aufsehen erregte. Als Berichterstatter notierte er akribisch genau, was Richter, Staatsanwälte, Verteidiger, Angeklagte und Zeugen in den Gerichtssälen sagten. Auf hundert Seiten und mehr breitete er Monologe und Dialoge aus, faßte die Verhandlungstage zusammen und resümierte die Urteile. Mit diesen manchmal etwas mühsam zu lesenden Schilderungen hatte Friedländer bei einem Publikum Erfolg, das noch nicht die großaufgemachte Zeitschriftenreportage geschweige denn Reality-TV kannte. Zwischen 1910 und 1920 erschienen zwölf Bände seiner »Interessanten Kriminal-Prozesse von kulturhistorischer Bedeutung«, die das wiedergeben, was sich an »merkwürdigen Strafrechtsfällen« in »Gegenwart und Jüngstvergangenheit« ereignet hatte.

Friedländer war ein sorgfältiger Chronist, der sich im wesentlichen auf die Tatsachen beschränkte und sich mit Wertungen zurückhielt. Wenn es bei ihm wirklich so etwas wie eine persönliche Vorliebe gab, dann waren es die Prozesse gegen die großen (Falsch-)Spieler. Denn dabei traten als Hauptakteure nicht nur – wie in den meisten anderen Verhandlungen – die Deklassierten, sondern gelegentlich auch die Spitzen der sozialen Hierarchie auf. Auch wenn es ihm Vergnügen bereitet haben sollte, die Verfehlungen von Adel, Militär und Politik zu registrieren, so war Friedländer alles andere als ein revolutionär gestimmter Journalist. Seine Kritik blieb jederzeit im Rahmen des gesellschaftlichen Konsenses. Richterschelte oder die Parteinahme für einen Angeklagten (wie später bei Sling) waren ihm fremd. Mit positivistischem Ehrgeiz übermittelte er denen, die nicht dabei gewesen waren, den Verlauf eines Prozesses. Die Reportagen endeten jeweils mit dem Richterspruch. Ohne den Fleiß des über Jahrzehnte tätigen »Gerichts-Berichterstatters« wüßten wir über manche Verfahren wenig, denn nicht immer haben sich die entsprechenden Akten erhalten.

Ein bezeichnendes Licht auf die wilhelminische Rechtsprechung wirft ein Fall, über den Friedländer im siebten Band seiner »Interessanten Kriminal-Prozesse« (Berlin 1920) berichtet. Es geht um den »Klub der Harmlosen«, der des gewerbsmäßigen Falschspiels angeklagt war. Bevor Friedländer die Ausgangslage schildert, gestattet er sich einen Exkurs über das Glücksspiel im allgemeinen und dessen preußische Varianten im besonderen.

Das Glücksspiel ist zweifellos eine der größten Leidenschaften der Menschheit, das schon im grauen Altertum nicht unbekannt war. Das »Corriger la fortune« hat in unserem materiellen Zeitalter alle Gesellschaftskreise ergriffen. Schon im alten Rom muß das Glücksspiel eine sehr große Ausdehnung angenommen haben, denn es wurde ein Gesetz erlassen, wonach Schulden, die aus dem Glücksspiel entstanden waren, nicht eingeklagt werden durften. Das Verlorene konnte gesetzlich zurückgefordert werden, und das Haus, in welchem Glücksspieler auf der Tat betroffen wurden, unterlag der Konfiskation. Nach dem älteren deutschen Recht galten Spielgeschäfte als erlaubte Geschäfte. Das Verlorene konnte demgemäß auch von dem Gewinnenden eingeklagt werden. Allein schon im vierzehnten Jahrhundert, mehr aber noch im sechzehnten und siebzehnten Jahrhundert, erachtete man es in Deutschland als notwendig, das hohe und übermäßige Spiel, besonders das auf Borg, bei Strafe zu verbieten. Auf diese Weise gelangte man zur Unterscheidung zwischen verbotenen und erlaubten Spielen, die sich weniger auf die Art als auf die Höhe des Spiels bezog. Es wurde dabei immer der Grundsatz festgehalten, daß Spielschulden nicht einklagbar seien. In Frankreich gab es in früheren Jahren in fast allen größeren Städten privilegierte Spielhäuser. Bereits 1839 wurden jedoch alle Spielhäuser in Frankreich geschlossen. Die französischen Bankhalter Benazet, die Gebrüder Blanc u.a. errichteten deshalb Spielbanken in Deutschland. Jedoch schon 1848, noch vor der Märzrevolution, wurden in Preußen die Spielbanken aufgehoben. In den 1866 annektierten Ländern wurde den dort aufgrund von Verträgen mit den früheren Regierungen errichteten Spielbanken die Fortdauer bis zum Schluß des Jahres 1872 gestattet. Sie hatten dabei die Bedingung zu erfüllen, daß ein bedeutender Teil des Reingewinns der Banken zur Bildung eines Kur- und Verschönerungsfonds für die beteiligten Städte gegeben wurde. Ende 1872 wurden die Spielbanken in Baden-Baden, Homburg, Wiesbaden, Ems, Nauheim und Pyrmont geschlossen. Das österreichische Strafgesetzbuch verbietet alle Hazardspiele und bedroht alle Spieler sowie denjenigen, der in seiner Wohnung spielen läßt, mit Strafe; dem Denunzianten wird Straffreiheit und außerdem ein Drittel der Geldstrafen gewährt. Nach dem deutschen Reichs-Strafgesetzbuch werden diejenigen bestraft, die aus dem Glücksspiel ein Gewerbe machen. Ferner werden die Inhaber eines öffentlichen Versammlungsortes bestraft, welche Glücksspiele gestatten oder zur Verheimlichung solcher Spiele mitwirken. Bekannte Spielbankorte im Auslande waren Spa in Belgien und Saxon im schweizer Kanton Wallis. Jetzt besteht in Europa noch eine große öffentliche Spielbank in Monte Carlo. Trotz gesetzlichen Verbots ist das Glücksspiel und wohl auch das Falschspiel ungemein, und zwar in fast allen Gesellschaftskreisen verbreitet. Das Kümmelblättchen, »Meine Tante, deine Tante« wird in den Vorstadtkneipen der Großstädte, insbesondere von den Bauernfängern, noch immer mit Vorliebe gespielt. Es ist geradezu beschämend, daß es in unserem fortgeschrittenen Zeitalter noch immer eine Anzahl Gauner in der deutschen Reichshauptstadt und auch anderen deutschen Großstädten gelingt, ankommende Fremde in ein obskures Vorstadtlokal zu verschleppen und diesen beim Kümmelblättchen- oder beim »Meine Tante, deine Tante«-Spiel die gesamte Barschaft abzunehmen. Diese Gauner, die mit gezeichneten Karten spielen, lassen ihre verschleppten Opfer zunächst gewinnen. Dadurch werden die Verschleppten zu höheren Einsätzen verleitet, und nach kaum einer halben Stunde ist zumeist die ganze Barschaft Eigentum der Falschspieler. Der »olle ehrliche Seemann«, einer der Hauptangeklagten in dem großen hannoverschen Spielerprozeß (Oktober 1893) durchzog mit einer Roulette alle größeren Städte Europas. Er hatte selbst aus den höchsten Kreisen einen ungeheuren Zulauf; insbesondere, so versicherte Seemann in der erwähnten Strafkammerverhandlung, gehörten junge Offiziere zu seinen Kunden. Diese sollen ihm auch, wie Samuel Seemann allen Ernstes beteuerte, die Bezeichnung »der olle ehrliche Seemann« beigelegt haben. Seitdem Seemann das in öffentlicher Gerichtssitzung mitgeteilt hatte, ist dieser Spitzname eine allgemeine Bezeichnung für Falschspieler und Gauner aller Art geworden. Samuel Seemann hatte selbst unter dem hohen Adel seine Helfershelfer. Er wohnte selbstverständlich in den feinsten Hotels. Wenn er nach Hannover kam, da hatte der Husarenrittmeister a.D. Freiherr v. Meyerinck schon vorher im feinsten Hotel die erforderlichen Zimmer bestellt. Ein Offizier eines feudalen Kavallerieregiments von hohem Adel bekundete in Hannover als Zeuge: »*Ich sagte mir, ob ich nach Monaco gehe oder zu Seemann, das bleibt sich im Grunde genommen ziemlich gleich.*« Obwohl Seemann mit gezeichneten Karten spielte und sein Roulettespiel auf offenbarem Betrug beruhte, sollen die Offiziere in Scharen zu ihm gekommen sein. Der letzte Prozeß gegen den Rumänen Bujes und den Grafen Gisbert von Wolff-Metternich, der im März 1912 die erste Strafkammer des Landgerichts Berlin I unter dem Vorsitz des Landgerichtsdirektors Schmidt beschäftigte, hat den Beweis geliefert, daß noch immer gemeingefährliche Falschspieler die europäischen Lande, insbesondere Weltbadeorte und Weltstädte, durchziehen und es durch Beilegung hochadliger Namen verstehen, immer wieder zahlungsfähige Leute zu rupfen. Und immer wieder sind es zumeist junge, unerfahrene Offiziere, die diesen internationalen Hochstaplern bzw. Falschspielern ins Garn gehen. Der erwähnte Prozeß hat allerdings auch den Beweis geliefert, daß eine Anzahl ehemaliger Offiziere, zum Teil solcher von hohem Adel, zu den Falschspielern oder deren Schleppern zählen. Das ist wohl auch der Erklärungsgrund, daß sich junge deutsche Offiziere, zum großen Schaden nicht nur ihres Vermögens, sondern auch ihrer militärischen Karriere, von Falschspielern einfangen lassen. Im Interesse der Gerechtigkeit muß ausdrücklich gesagt werden, daß Graf Gisbert von Wolff-Metternich wohl mit internationalen Falschspielern, wie dem sogenannten »König der Falschspieler«, Baron v. Korff-König, oder richtiger gesagt: dem ehemaligen Handlungsgehilfen Stallmann u.a. bekannt war, es konnte aber nicht nachgewiesen werden, daß er sich des gewerbsmäßigen Glücksspiels oder gar Falschspiels schuldig gemacht oder Schlepperdienste geleistet hat. Er ist auch in dem Prozeß, in dem er zusammen mit Buis angeklagt war, lediglich wegen Betruges, den er begangen haben soll, weil er sich von dem Oberkellner des Café Astoria am Potsdamer Platz in Berlin unter Vorspiegelung falscher Tatsachen ein Darlehn von hundert Mark hatte geben lassen, zu acht Tagen Gefängnis verurteilt worden. Diese Strafe wurde selbstverständlich durch die lange Untersuchungshaft, die er in der Hauptsache wegen Verdachts des Falschspiels zu erleiden hatte, als verbüßt erachtet.

In der Mitte des vorigen Jahrhunderts soll das Hazardspiel in der vornehmen Gesellschaft Berlins in erschreckender Weise überhand genommen haben. Viele junge Edelleute aus den ersten Familien des Landes, so erzählt Adolf Streckfuß in seiner »Berliner Geschichte«, sollen, infolge Spieles, moralisch und finanziell ruiniert worden sein. Die Brutstätte des wildesten

Spiels war der Jockeyklub, dessen Mitglieder dem höchsten Adel angehörten. Der damalige Berliner Polizeipräsident v. Hinckeldey schritt gegen diesen Klub, der im »Hotel du Nord« Unter den Linden eine Spielhölle heimlich unterhielt, ein. Der Klub wurde eines Abends von Polizeibeamten »im Namen des Gesetzes« aufgelöst. Es kam infolgedessen zwischen einem Mitglied des Herrenhauses, Herrn v. Rochow-Plessow, und dem Polizeipräsidenten zu einer peinlichen Auseinandersetzung, die mit einer Pistolenforderung endete. Am 10. März 1856 fand in der Jungfernheide, in der Nähe des Försterhauses »Königsbau«, das Duell statt, in dem Polizeipräsident v. Hinckeldey erschossen wurde.

Schon während des hannoverschen Spielerprozesses ging das Gerücht, daß in Berlin ebenfalls geheime Spielklubs existieren, in denen gewiegte Falschspieler, die bereits mit Zuchthaus bestraft sind, eine hervorragende Rolle einnehmen, und in denen junge Offiziere und Beamte, die zum Teil dem preußischen Hochadel angehören, Unsummen verspielen. Es wurde festgestellt, daß seit einer Reihe von Jahren eine große Gesellschaft von jungen Offizieren, Beamten und Lebemännern, zumeist im Anschluß an Pferderennen, sich zusammenfanden, um beim Bakkaratspiel ihr Glück zu versuchen. Es wurde gespielt bei Lauter, im Savoy-Hotel (Dorotheenstraße), im Café Josty am Potsdamer Platz, im Restaurant von Philipp Albrecht in der Mohrenstraße, bei Hecht in der Jägerstraße, in der Eremitage in der Jägerstraße, bei Knoop in der Potsdamer Straße, bei Wittkopp in der Kleinen Mauerstraße. In den Jahren 1894 bis 1898 soll vorzugsweise an den Sonnabend-Abenden im Viktoriahotel gespielt worden sein. Dort sollen an einem Abend viele Tausende verspielt worden sein. Der Spielklub im Viktoriahotel ging aber eines Tages, aus Anlaß eines unliebsamen Vorfalls, in die Brüche. Man hatte einen Bankhalter im Verdacht, an jenem Abend unredlich gespielt zu haben. Dieser Verdacht wurde dadurch bestärkt, daß, als man die Karten nachzählte, sich herausstellte, daß statt sechs vollständiger Spiele, d.h. anstatt 312 Karten, 360 Karten vorhanden waren. Dieses Vorkommnis führte zur Auflösung der Spielergesellschaft im Viktoria-Hotel. Es fand nun eine Scheidung statt. Ein Teil bestand zumeist aus Offizieren, die nach dem Vorfall das Bedürfnis einer größeren Abgeschlossenheit empfanden. Diese Herren arrangierten nunmehr Spielabende unter sich im Savoyhotel und bei Philipp Albrecht in der Mohrenstraße. Der andere Teil wechselte mehrfach seine Klublokale.

Im Winter 1896/97 tauchten in diesen Spielerkreisen zwei Personen auf, die offenbar nicht dahin gehörten, aber von einem jungen Gardeoffizier eingeführt waren. Der eine war der in Spielerkreisen sehr bekannte Ernst Levin, der andere der bekannte Glücksspieler Hermann Wolff. Letzterer hatte in den 1880er Jahren in Gemeinschaft mit dem bekannten Falschspieler Konrad Reuter dem Fabrikbesitzer Arthur Prins-Reichenheim in der Tiergartenstraße zu Berlin in einer Nacht über 100.000 Mark im Spiel abgenommen. Er wurde, da er nachweislich falsch gespielt hatte, zu einer längeren Gefängnisstrafe und Ehrverlust verurteilt. Dieser sehr fein auftretende alte Herr – er war zur Zeit bereits 60 Jahre – wurde als ein sehr reicher Rentier eingeführt. Er sprach ein sehr elegantes Französisch, so daß der junge Fürst von Thurn und Taxis, der als Leutnant beim Garde-Kürassierregiment stand, es als großes Vergnügen empfand, sich an den Spielabenden in den Wandelgängen des vornehmen Berliner Zentralhotels stundenlang mit Wolff zu unterhalten. Wolff wurde von den jungen Offizieren »Kartenkünstler« genannt. Allerdings soll er eine Geschicklichkeit im Kartenspiel besessen haben, die schließlich den Mitspielern großes Unbehagen bereitete. Aber auch der Regierungsreferendar v. Kayser, Leutnant der Reserve v. Kröcher und Kaufmann v. Schachtmeyer hatten ein geradezu fabelhaftes Spielglück, so daß die Mitspieler schließlich mißtrauisch wurden. Als dies Mißtrauen zum Ausdruck kam, gründeten v. Kayser, v. Kröcher und v. Schachtmeyer den »Klub der Harmlosen«, dessen Sitz das Zentralhotel in der Friedrichstraße wurde. Es wurde ein Saal und zwei Zimmer für monatlich tausend Mark gemietet. Der Klub wurde am 14. Oktober 1898 durch ein glänzendes Diner eröffnet. Die Werbetrommel war für den Klub tüchtig in Bewegung gesetzt worden. Es wurden die Offiziere aller feudalen Regimenter, aber auch Hermann Wolff und Ernst Levin zu dem Eröffnungsdiner eingeladen. Kurze Zeit nach diesem Diner schieden Leutnant Graf von Egloffstein und Graf v. Königsmark aus dem Vorstande. An deren Stelle wurde v. Schachtmeyer gewählt. Ende November 1898 siedelte der Klub in das Minerva-Hotel über, weil der Pächter des Zentral-Hotels Unannehmlichkeiten befürchtete und die Auflösung des Mietvertrages durchsetzte. Im Dezember 1898 brachte das »Berliner Tageblatt« aus der Feder eines Dr. Kornblum Aufsehen erregende Artikel über das Leben und Treiben in dem »Klub der Harmlosen«. Diese Artikel hatten zur Folge, daß das Klubunternehmen zusammenbrach und Wolff, Levin und auch der Klubdiener von der Bildfläche verschwanden. Nach einiger Zeit wurden v. Kayser, v. Kröcher und v. Schachtmeyer verhaftet und die Anklage wegen Falschspiels und gewerbsmäßigen Glücksspiels gegen sie erhoben. Die Eröffnungskammer hatte es aber wegen Mangels an Beweisen abgelehnt, das Verfahren wegen Betruges zu eröffnen. Die Staatsanwaltschaft führte Beschwerde. Das Kammergericht trat jedoch dem Beschluß der Eröffnungskammer bei: v. Kayser, v. Kröcher und v. Schachtmeyer hatten sich deshalb nur wegen gewerbsmäßigen Glücksspiels vor der dritten Strafkammer des Landgerichts Berlin I zu verantworten. Gegen Dr. Kornblum wurde das Verfahren wegen Mangels an Beweisen gänzlich, gegen Wolff und Levin wegen ihrer »Abwesenheit« vorläufig eingestellt. Die Verhandlung gegen v. Kayser und Genossen begann am 2. Oktober 1899 im großen Schwurgerichtssaale des alten Moabiter Gerichtsgebäudes. Den Vorsitz des Gerichtshofes führte Landgerichtsdirektor Denso. Der Angeklagte Bruno v. Kayser, der bereits acht Monate in Untersuchungshaft saß, war 30 Jahre alt, Regierungsreferendar bei der Regierung zu Frankfurt a.d.O., Leutnant der Reserve im zweiten Garde-Ulanenregiment. Er war der Sohn eines Obersten. Hans Bernhard v. Kröcher war 23 Jahre alt, gleichfalls seit acht Monaten in Untersuchungshaft und Leutnant der Reserve im zweiten Garde-Feldartillerieregiment. Er war der Sohn eines Generalmajors und Brigadekommandeurs. Alexander Paul v. Schachtmeyer war 27 Jahre alt, Kaufmann und Unteroffizier der Reserve im Feldartillerieregiment Nr. 3. Er war der Sohn eines Eisenbahnassistenten. Alle drei Angeklagten waren noch unbestraft. Es wurde behauptet, daß sie ein sehr luxuriöses Leben geführt haben, das mit ihren Einnahmen in keinem Verhältnis stand. v. Kayser soll trotz des geringen Zuschusses stets in den feinsten Hotels verkehrt haben und wie ein steinreicher Mann aufgetreten sein. v. Kröcher, der wegen seiner Spielwut den aktiven Dienst quittieren mußte, hielt sich Pferd und Wagen und einen Kammerdiener, der ihn auf seinen kostspieligen Reisen nach Ostende, Monte Carlo, Aachen, Wiesbaden, Paris usw. begleitete. Er hatte außerdem in der Friedrich-Wilhelm-Straße in Berlin eine elegant eingerichtete Wohnung und unterhielt mit einer Sängerin ein Liebesverhältnis.

Obwohl sich während des Verfahrens herausstellte, daß der »Klub der Harmlosen« keineswegs so harmlos war, wie es der Namen nahelegte, plädierte der damalige (Star-) Verteidiger Justizrat Sello auf nichts anderes als Freispruch. Seine Begründung verdient eine genauere Betrachtung. Denn daß um hohe Summen gezockt wurde, konnte auch er nicht in Abrede stellen. Aber der Paragraph 284, der das gewerbsmäßige Glücksspiel verbot, könne in diesem speziellen Fall, so Sello, nicht zur Anwendung gebracht werden. Personen aus der gesellschaftlichen Schicht, der die Angeklagten angehörten, spielten nämlich nur um des Spieles willen und nie, um damit Geld zu verdienen. Das sei die Sache der kleinen Gauner, die aus einem entsprechenden Milieu stammten:

Der Prozeß ist einzig in seiner Art. Ich will kein Gewicht auf die sonderbaren Vorgänge legen, die sich in den Vorstadien des Prozesses und in der Hauptverhandlung selbst abgespielt haben. Aber einzig bezeichne ich den Prozeß, weil er einzig dasteht in der Rechtspflege. Es stehen zum ersten Male Leute von der Kategorie der Angeklagten wegen gewerbsmäßigen Glücksspiels auf der Anklagebank. Die Entscheidungen des Obertribunals und des Reichsgerichts stellen als gewerbsmäßiges Glücksspiel immer nur eine Tätigkeit hin, wie Seemann, Reuter, Lichtner usw. sie ausgeübt haben. Gegen Leute aus dem Milieu der Angeklagten ist § 284 nur ein einziges Mal zur Anwendung gekommen, und diese Sache endete mit Freisprechung. Die neue Auffassung des Oberstaatsanwalts läßt vermuten, daß dieser Prozeß eine ganze Reihe neuer Prozesse wegen gewerbsmäßigen Glücksspiels zur Folge haben wird. Seit 50 Jahren hat man der Anschauung gehuldigt, daß man gegen Leute von dem Schlage der Angeklagten nicht aus § 284 vorgehen müsse, nicht gegen Leute, die sich in gleicher Stellung wie die Angeklagten befinden, gegen junge, lebenslustige Offiziere, welche in überschäumender Lebenskraft einmal ihrer Leidenschaft die Zügel schießen lassen. Der hannoversche Spielerprozeß hat zuerst den Vorhang hochgezogen, aber nur Leute wie ein Seemann waren damals zur Verantwortung gezogen, und nur ein einziger Adeliger war dabei, der Schlepperdienste geleistet und dadurch seinen Namen mit Schande bedeckt hatte. Selbst Staatsanwälte haben sich über die Erhebung der Anklage gewundert. Sind wir denn nicht alle einmal jung gewesen? Wenn wir alle, die wir ins reifere Leben eingetreten sind, uns unserer Jugend erinnern, sollten wir nicht auch auf Stunden zurückblicken, die in den Rahmen dieser Verhandlung hineingebracht werden könnten? Nach diesen Vorausbetrachtungen will ich mich mit der Frage beschäftigen, ob die Anklage mit Grund erhoben und mit Grund aufrechterhalten wurde und ob sie mit Grund zu einer Verurteilung führen kann. Die Verteidigung wird sich der Aufgabe nicht entziehen können, die Frage der

Gewerbsmäßigkeit einer sorgfältigen Prüfung nach den verschiedenen Gesichtspunkten zu unterwerfen. Entschieden ist der Ansicht entgegenzutreten, daß es zur Entscheidung der hier gestellten Frage auf die Gewinnsucht ankommt. Die Gewinnsucht ist ein integrierender Bestandteil eines jeden Glücksspiels; so weit der Himmel blau ist und man um Kokosnüsse oder um Muscheln spielt, oder ob der biedere Bürger des Abends bei seinem Skat sitzt: Jeder, der spielt, will nicht verlieren, sondern gewinnen. Die Absicht, zu gewinnen, macht noch nicht den Gewerbsspieler, sondern überhaupt den Spieler als solchen. Die Angeklagten sind genau wie alle übrigen natürlich durch den Spielgewinn und die Hoffnung auf solchen zum Spiel gelockt worden. Die Charakteristik, die der Oberstaatsanwalt von dem Gewerbsspieler entworfen hat, stimmt für alle Gewohnheitsspieler. Es ist ja äußerst schwer, festzustellen, in welchem Moment der Gewohnheitsspieler ein Gewerbsspieler wird. Dieser Prozeß hat eine Fülle der verschiedensten Spielertypen vorgeführt, vom Prinzen von Thurn bis hinab zum Vizekonsul Moos, von dem Offizier, der zum ersten Male nach einem Liebesmahl sich zum Spieltisch begibt, bis zum Freiherrn v. Galy, der nichts ist als Spieler, der sich mit Stolz den König der Spieler nennen ließ, den alle Welt kennt – mit Ausnahme des Herrn v. Manteuffel. Der Nerv der Entscheidung liegt im innersten sittlichen Kern der einzelnen Individualitäten, und die Verteidigung verlangt mindestens ein Non liquet für die Angeklagten. Das Urteil im hannoverschen Spielerprozeß hat deutlich gezeigt, wer als gewerbsmäßiger Glücksspieler zu betrachten ist. Die dort vorgeführten Glücksspieler waren der Typus derjenigen Gewerbsspieler, den der Gesetzgeber im Auge hatte und der auch in den Anschauungen unseres Volkes Geltung hat. Einen diametraleren Gegensatz zwischen der Spieltätigkeit des Herrn v. Kayser und derjenigen Tätigkeit, die bei den Spielern in Hannover zutage getreten ist, kann sich die kühnste Phantasie nicht ersinnen. Der junge Referendar, der außerordentlich ernst gearbeitet hat, der sein Doktorexamen machte, der im orientalischen Seminar tätig war und dem seine Dienstvorgesetzten das glänzendste Zeugnis geben, hat doch den Spielerkreis nicht geschaffen, sondern ist hineingetreten, wie so viele andere. Der Verteidiger ging sodann auf eine eingehende Würdigung der Beweisaufnahme über und suchte die Beweisführung des Oberstaatsanwalts, daß v. Kayser als gewerbsmäßiger Glücksspieler zu gelten habe, zu zerstören. Die Tatsache, daß eine Anzahl von Leuten viel Geld verloren habe, so fuhr der Verteidiger fort, ließ sich für die Gewerbsmäßigkeit nicht verwerten, denn Herr v. Kayser hat am meisten mit verloren! Er hat nie den Anlaß zu hohem Spiel gegeben. Auch die Art und Weise seines Spiels gibt keinen Anhalt für den schweren Vorwurf, ein Gewerbsspieler zu sein. Der Verteidiger führte zur Begründung seiner Ausführungen eine Menge Belegstellen aus der Judikatur der höchsten Gerichte und aus der Literatur an. Der Angeklagte v. Kayser ist, so fuhr der Verteidiger fort, kein oberflächlicher Mensch, sondern eine tiefe und schwer angelegte Natur, bei welcher die Leidenschaften ganz besonders stark arbeiten. Diese Natur bedurfte des dämonischen Reizes, des kühnen Wagnisses im wechselvollen Spiel, weil er in seinem ganzen Tun und Treiben aufs Große, aufs Energische gerichtet war. Auch Männer wie Blücher, Lessing und die Könige der Literatur, die großen Staatsmänner der englischen Geschichte haben in dem Spiel ein Gegengewicht gegen ihr Übermaß von Arbeit erblickt. Der Angeklagte v. Kayser hat ebenfalls ernst und angestrengt gearbeitet und in dem Spiel eine Art Kompensation für angestrengte Tagesarbeit gesucht. Und die kritische Zeit, um die es sich hier handelt, war gewissermaßen das letzte Aufflackern dieser Leidenschaft; er stand vor dem Assessorexamen und konnte sicher sein, daß dies für ihn die Pforte zu einer glänzenden Lebenslaufbahn öffnete. Hätte die unglückselige Kornblum-Affäre noch vier Wochen sich verzögert, so wäre der Angeklagte als freier und glücklicher Mann aus den Jugendwirrnissen seines Lebens hervorgegangen. Er ist jetzt durch ein Fegefeuer von einer Gründlichkeit und Grausamkeit hindurchgegangen, vor dem einen jeden der Himmel behüten möge. In tiefer Reue hat er erkannt, daß er viel getan und gelitten, was seiner unwürdig war. Aber keiner seiner zahlreichen Freunde hat jemals den Gedanken gehabt, daß er ein gewerbsmäßiger Glücksspieler sei, ja, seine Freunde haben trotz alledem und alledem zu ihm gehalten.

Der vorsitzende Richter folgte dieser Argumentation – auch wenn ihm dabei nicht ganz wohl gewesen sein dürfte. Denn in der Begründung für den Freispruch hieß es, daß sich die Angeklagten zwar »nicht in besonders günstigen Verhältnissen« befanden, aber »nicht ganz mittellos« waren: »Würde Mittellosigkeit vorgelegen haben, so würde § 284 sich leichter anwenden lassen. Die Angeklagten sagten selbst, sie seien keine Gewerbsspieler, sondern nur einem hohen Grade von Leichtsinn verfallen. Man kann ihnen nicht ins Herz sehen, und deshalb muß, wenn Zweifel obwalten, die den Angeklagten günstigere Absicht Platz greifen. Deshalb liegt nachweisbar gewerbsmäßiges Glücksspiel bei ihnen nicht vor.« Die Kosten des Verfahrens trug die Staatskasse. Erst bei der Revision, die die Staatsanwaltschaft angestrengt hatte, wurden im November 1900 vom Berliner Landgericht I (geringe) Strafen verhängt.

Eindeutiger war der Fall, der zwölf Jahre später vor dem Berliner Landgericht verhandelt wurde. Der »König der Spieler«, der ehemalige Handlungsgehilfe Rudolf Stallmann alias Freiherr von Korff-König alias von Roßbach-König alias von König-Körner, war den Häschern ins Netz gegangen. Lange genug hatte man nach ihm gesucht. Stallmann war ein mit allen Wassern gewaschener Schwindler, den die schwarzen Roben der Richter nicht im mindesten beeindruckten. Selbst im Gerichtssaal log er das Blaue vom Himmel herab – immer in der begründeten Hoffnung, daß es gar nicht oder zumindest nicht so schnell nachgeprüft werden konnte. Amtshilfe über die Grenzen hinweg war noch nicht selbstverständlich, und so hatte ein gerissener Betrüger eine durchaus realistische Chance, wenn er nur geschickt genug schwindelte. Stallmann zog alle Register seines Könnens und bemühte von der reichen Ehefrau bis zum großen Unbekannten alles, was zu seiner Entlastung dienen konnte – letztlich mit Erfolg. Friedländer schildert die Verhandlung im zehnten Band seiner »Interessanten Kriminal-Prozesse« (Berlin 1920). Wir geben die erste Vernehmung Stallmanns ungekürzt wieder.

Eine neue Generation von Falschspielern ist erstanden, die in der ganzen Welt zusammenströmen, wo das zahlungsfähige Reisepublikum sich einfindet, in Ostende, in Monte Carlo, in Davos, in St. Moritz, in Venedig, in Florenz usw. Ganz besonders suchen die internationalen Falschspieler ihre Opfer, wie es schon Seemann und Genossen machten, unter den deutschen Offizieren. Es ist diesen Gaunern bekannt, daß den Offizieren das Glücksspiel durch Regimentsbefehl streng verboten ist und daß sie auch, aus Anlaß der strengen Begriffe über Ehrenschulden im deutschen Offizierkorps, glatte Regulierung von deutschen Offizieren erwarten können. Die internationalen Falsch- und gewerbsmäßigen Glücksspieler erkennen in den Cafés und Hotelrestaurants der Weltstädte und Weltbadeorte sofort mit Kennerblick den deutschen Offizier, auch wenn dieser Zivilkleidung trägt. Der »König der Spieler« soll der ehemalige Berliner Handlungsgehilfe Rudolf Stallmann gewesen sein.

Dieser seltene Abenteurer gab an, neunmal den Erdball durchquert zu haben. Im Juni 1910 war Stallmann, der sich Freiherr v. Korff-König, auch v. Roßbach-König oder v. König-Körner nannte, in Berlin. Er wurde beschuldigt, in Gemeinschaft mit dem Rumänen Stefan Bujes und dem Leutnant a.D. Niemela den damals 21jährigen Husarenleutnant Georg v. Dippe im Hotel »Fürstenhof« in Berlin, Königgrätzer Straße, beim Spiel innerhalb ganz kurzer Zeit 80.000 Mark abgewonnen zu haben. Georg v. Dippe ist, beiläufig erwähnt, der einzige Sohn eines Rittergutsbesitzers, der ein Vermögen von weit über 60 Millionen Mark besitzt. Zu der internationalen Spielerbande gehörten außerdem Bela Klimm, genannt Graf de Ramée, Leutnant a.D. Freiherr Schenk zu Schweinsberg, Mr. Owen, v. Heßdorf, Oszegowitsch, Tartière, Maringer, Kapitän Newton, Rentier Benno Kramer und Leutnant a.D. Edmund Niemela. Vor längerer Zeit gelang es, den Rumänen Bujes zu verhaften. Er wurde im März 1912 nach mehrtägiger Verhandlung von der ersten Strafkammer des Landgerichts Berlin I wegen Falschspiels zu einer längeren Gefängnisstrafe verurteilt. Mit ihm war der bekannte Graf Gisbert v. Wolff-Metternich, Neffe des ehemaligen Botschafters des Deutschen Reiches in London, angeklagt. Er wurde beschuldigt, bei dem Spiel im Hotel »Fürstenhof« und auch bei anderen Gelegenheiten der internationalen Falschspielerbande als Schlepper gedient zu haben. Er wurde jedoch wegen Mangels an Beweisen freigesprochen. Gegen andere Mitglieder der internationalen Spielerbande fanden Prozesse wegen Falschspiels in Frankfurt a.M. und Düsseldorf statt, die sämtlich mit Verurteilungen der Angeklagten endeten. Stallmann soll während des Prozesses wider Bujes-Metternich in Berlin gewesen sein. Die Berliner Polizei setzte seit Jahren alle Hebel in Bewegung, um Stallmann, den »König der Spieler«, zu verhaften.

Eines Abends, im August 1912, als Stallmann aus einem Spielklub in London trat, um nach Hause zu gehen, wurde er verhaftet und nach längeren diplomatischen Verhandlungen an das Landgericht Berlin I ausgeliefert. Bald darauf gelang es auch, Niemela und Kramer – letzterer war beschuldigt, einen Erpressungsversuch gegen den Leutnant Georg v. Dippe unternommen zu haben – zu verhaften. Beide wurden ebenfalls ausgeliefert. Der Spielerkönig Stallmann hatte sich in Gemeinschaft mit Niemela und Kramer vom 26. März bis 10. April 1913 vor der ersten Strafkammer des Landgerichts Berlin I, Stallmann und Niemela wegen Betruges, Kramer wegen versuchter Erpressung zu verantworten. Den Vorsitz des Gerichtshofes führte Landgerichtsrat Lampe. Der alte freundliche Herr hat den Krieg gegen Frankreich mitgemacht und in der Schlacht bei Gravelotte den linken Arm verloren. Der mittelgroße Stallmann machte wohl einen sehr intelligenten, aber keineswegs den Eindruck eines Weltkavaliers, wie man sich den »König der Spieler« doch allgemein vorstellte. Er war am 14. April 1871 als Sohn des Kaufmanns Louis Stallmann in Berlin geboren, evangelischer Konfession und verheiratet. Er war 1889 in Berlin wegen Hausfriedensbruchs und Sachbeschädigung mit einer Woche Gefängnis, in München wegen Betruges (Zechprellerei) und Führung falschen Namens mit einem Monat Gefängnis und drei Tagen Haft bestraft. Niemela war ein kleiner, noch sehr jugendlich aussehender, sorgsam gekleideter Herr, mit blondem, nett gescheiteltem Haar und kleinem, wohlgepflegten blonden Schnurrbart. Ein Sturz mit dem Aeroplan hatte ihn den Verlust der Nasenspitze gekostet. Dies verunstaltete das sonst nicht unschöne Gesicht. Niemela war als Sohn eines Tierarztes am 7. Juli 1884 in Ratibor geboren und unbestraft. Kramer war ein großer, breitschultriger Herr mit sehr intelligentem Gesichtsausdruck. Er war 1855 in Nordhausen geboren. Während seiner Militärzeit war er wegen Diebstahls, begangen gegen einen Kameraden, mit drei Wochen strengen Arrests und Versetzung in die zweite Klasse des Soldatenstandes, im Jahre 1912 in London wegen Führung eines Spielklubs mit vier Wochen einfacher Haft bestraft. Die Verhandlung gestaltete sich folgendermaßen:

Vorsitzender Landgerichtsrat Lampe: Angeklagter Stallmann, ich muß zuerst auf Ihre persönlichen Verhältnisse eingehen. Ihr Vater hat in Berlin das Grundstück Oranienstraße 98, in der Nähe der Jerusalemer Kirche, besessen. Was war denn eigentlich Ihr Vater? – Angekl. Stallmann: Mein Vater war Fabrikant und dann Rentier. – Vors.: Erzählen Sie uns doch etwas über Ihr Vorleben. – Angekl.: Ich habe in Berlin das Louisenstädtische Gymnasium besucht und dort die Berechtigung zum einjährigen Militärdienst erworben. Nachdem ich die Schule verlassen hatte, kam ich aufs Land, um dort bei einem Privatlehrer Sprachen zu lernen. – Vors.: Hatten Sie nicht vorher noch eine andere Stellung? – Angekl.: Jawohl, ich war in Berlin in einem Engros-Kommissions- und Exportgeschäft. Die Sache paßte mir aber nicht, denn beim Briefekopieren konnte ich nichts lernen. Nachdem ich mit den Sprachstudien fertig war, ging ich nach Südamerika, und zwar im Jahre 1897, zur Zeit der Revolution in Venezuela. Ich war Volontär in Chile und habe in dem Freiwilligenkorps die Revolution in Venezuela mitgemacht. Dann habe ich Amerika zu Pferde durchkreuzt und gejagt. – Vors.: Woher hatten Sie denn die Mittel zu diesem Leben? – Angekl.: Ich erhielt ständig die Zinsen eines Kapitals von 20.000 Mark. Von meinem Vater erhielt ich 2000 Mark und außerdem von meiner Mutter noch 3500 Mark jährlich. Insgesamt bin ich 1½ Jahre in Südamerika gewesen, dann bin ich nach Berlin zurückgekommen. – Vors.: Hatten Sie denn alsdann noch Geld? – Angekl.: Als ich in Berlin ankam, nicht mehr, obgleich ich in Neuyork auf der deutschen Gesandtschaft Geld für mich gefunden hatte. – Vors.: Was machten Sie denn hier in Berlin? – Angekl.: Mein damaliger Schwager, der Weinhändler Witkop, Unter den Linden, hatte sich in der Potsdamer Straße ein neues Haus gebaut. Ich habe ihm geholfen, sein wertvolles Weinlager nach der Potsdamer Straße zu überführen, was etwa zwei Monate gedauert hat. Hiervon mag es wohl auch kommen, daß ich als »Handlungsgehilfe« bezeichnet wurde. Ich kam dann auf die Idee, nach Monte Carlo zu gehen und dort zu spielen. – Vors.: Hatten Sie denn dazu Geld? – Angekl.: Jawohl, etwa 20.000 Mark! – Vors.: Woher hatten Sie das Geld? – Angekl.: Von Richard Meier und Pariser, zwei Geldverleihern. Ich war dann etwa sechs Monate in Monte Carlo. – Vors.: Haben Sie von dort noch Geld zurückgebracht? – Angekl.: Nicht einen Pfennig. Ich bin dann über Paris nach Spa gefahren. – Vors.: Dort haben Sie wohl auch Fräulein Gaum kennengelernt, ebenso haben Sie sich hier zuerst »König« genannt? – Angekl.: Jawohl. – Vors.: Wie sind Sie denn auf diesen Namen gekommen? – Angekl.: Das weiß ich selbst nicht. – Vors.: Wie kamen Sie denn überhaupt dazu, sich einen falschen Namen beizulegen? – Angekl.: In sämtlichen Spielplätzen wird eine Liste mit den Namen der Mitglieder der betreffenden Klubs geführt, die an alle Spielklubs in Europa versandt werden. Es war mir unangenehm, daß alle Augenblicke in den nach Berlin gesandten Listen der Name »Rudolf Stallmann« auftauchte. – Vors.: Dann muß doch nach Ihrer eigenen Meinung der Beruf eines Spielers etwas anrüchig sein? – Angekl.: Jawohl, in gewissem Sinne kann ich das nicht bestreiten. – Vors.: Sie sind doch aber selbst Spieler? – Angekl.: In gewissem Sinne ja, denn ich spiele leidenschaftlich gern. Ich habe aber stets nicht nur mein Geld, sondern auch das Geld meines Vaters und meines Onkels verspielt, da kann doch von einer Gewerbsmäßigkeit keine Rede sein.

Auf weiteren Vorhalt des Vorsitzenden erklärte Stallmann: Von Spa sei er nach anderen Plätzen gefahren und alsdann mit seiner Geliebten Anna Gaum nach München gekommen. Die Geliebte hatte, wie der Vorsitzende feststellte, angegeben, daß sie von der Erwerbsunzucht gelebt und daß sie Stallmann aus den Erträgen dieses Lebenswandels unterstützt habe. Stallmann stellte das ganz entschieden in Abrede. In München konnte er seine Hotelrechnung nicht bezahlen und verwies den Hotelier auf seine Koffer und seine Uhr. Er sei deshalb wegen Zechprellerei zu einem Monat Gefängnis verurteilt worden. Im Jahre 1896 sei er mit einem gewissen Rieger in eine Anklagesache wegen schwerer Urkundenfälschung und Betruges verwickelt gewesen. Es sei damals, da er nicht zu finden war, ein Steckbrief gegen ihn erlassen worden. Das Verfahren endete mit der Verurteilung Riegers und mit Einstellung des Verfahrens gegen ihn (Stallmann), da Verjährung eingetreten war. In jenem Verfahren hatte seine Mutter eidlich bekundet, daß er nichts habe und auch von seinem Schwager nichts zu erwarten habe. Stallmann erklärte, daß er bei seiner Vernehmung in München das Protokoll gewissermaßen als »dummer Junge« unterschrieben habe. Er habe nicht gewußt, daß ein Steckbrief gegen ihn erlassen war; der Vorsitzende werde aus den Akten wissen, daß alle möglichen Steckbriefe gegen ihn erlassen worden seien, doch habe sich herausgestellt, daß alle Anschuldigungen gegen ihn unwahr waren. Er sei in München zu Unrecht verurteilt worden, denn er habe stets von seiner Mutter Geld erhalten. Er gebe aber zu, daß er vorübergehend wenig Geld hatte. – Vors.: Sie haben aber bald darauf mit ungeheuren Summen operiert. Woher stammten diese? – Angekl.: Ich habe schon gesagt, daß ich in Südamerika große Terraingeschäfte gemacht habe, wozu ja keine großen Kapitalien gehörten, denn das Terrain dort kostet eigentlich nur den Stempel, allerdings unter der Bedingung, daß auch Arbeit geleistet wird. Ich habe nach und nach 5000 Pfund Sterling in diese Geschäfte hineingesteckt und etwa 400.000 Mark herausgezogen. Ich habe dann zehn Jahre lang in einem großen englischen Haus Finanzgeschäfte, in Rumänien Petroleumgeschäfte gemacht u.a.m. Ich habe bei vielen Geschäften dieser Art gewonnen, bei einigen auch verloren.

Vors.: Von München gingen Sie nach Belgien und England? – Angekl.: Jawohl. Es war dies zu einer Zeit, wo ein früherer Oberkellner Marquet, aufgrund eines erfolgreich durchgefochtenen Prozesses, die Erlaubnis erhalten hatte, Spielklubs zu gründen, allerdings unter der Bedingung, daß Vorsitzender und Komiteemitglieder Belgier sein mußten. Durch meine Verbindungen wurde es mir nicht schwer, solche Leute zu finden. Ich habe neun Klubs gegründet; die Sache ging sehr gut, und ich schaffte mir dadurch ein Kapital von etwa 100.000 Franken, mit dem ich nach London ging. Dort befaßte ich mich mit Minengeschäften und ging nach Afrika; das war im Jahre 1902 oder 1903 während der Zeit des Burenkrieges. – Vors.: Wann haben Sie geheiratet? – Angekl.: Im Jahre 1905. – Vors.: Aus welchem Grunde haben Sie sich denn den Adel zugelegt? – Angekl.: Nun, weil dies doch immer einen gewissen Vorteil hat, beispielsweise bessere Chancen in Hotels gewährleistet. Es ist das derselbe Grund, weshalb in Deutschland manche Offiziere, die bloß Herren »von« sind, sich »Baron« nennen. Die Herren gehen eine Stufe höher, und ich bin auch eine Stufe höher gegangen. – Vors.: Wie sind Sie denn nach Argentinien gekommen? – Angekl.: Herr Präsident, ich bin neunmal um die Welt gereist, da werde ich doch wohl auch nach Argentinien kommen. – Vors.: Sie behielten den Adel ständig bei? – Angekl.: Ich war in weiten Kreisen als »v. König« bekannt geworden und habe alle möglichen Schritte getan, um rechtsgültig den Namen tragen zu können. – Vors.: Sie gingen also im Jahre 1905 nach Argentinien? – Angekl.: Ich lernte meine Frau, ein Fräulein Lemoine, schon auf dem Schiff während der Überfahrt nach Argentinien kennen. Meine Frau und ihre Mutter fuhren nach Argentinien zurück. Der Mann meiner Schwiegermutter war gestorben, und der Großvater meiner Frau hatte gewünscht, daß die Damen zurückkehrten. – Vors.: Ihre Frau ist die Tochter eines katholischen Arztes. Sie sind aber evangelisch? – Angekl.: Ich habe einen Revers wegen der katholischen Kindererziehung unterschrieben. Ich bin getraut worden von einem Onkel meiner Schwiegermutter, der Erzbischof ist und zu dem Zweck der Trauung eine 48stündige Reise unternommen hatte. – Auf weiteren Vorhalt des Vorsitzenden erklärte der Angeklagte: Mein verstorbener Schwiegervater hat kein größeres Vermögen hinterlassen, aber der Großvater meiner Frau, Herr Escalada, hat – sehr niedrig gegriffen – ein Vermögen von 25 Millionen. Vor neun Monaten ist ein einziges Grundstück des Herrn Escalada für acht Millionen Pesos verkauft worden. Meine Frau und meine Schwiegermutter bekamen über 400.000 Mark jährlich, die mir unbeschränkt zur Verfügung stehen. Ich habe aber nie von meiner Frau auch nur einen Pfennig verlangt, denn ich bin nicht erbärmlich genug, um mich von meiner Frau ernähren zu lassen. – Vors.: Leben Sie mit ihrer Frau zusammen? – Angekl.: Ich habe mich noch nie von meiner Frau getrennt. Meine Frau würde nie von mir lassen. Wenn ich mal Geld zu meinen Geschäften brauchte, habe ich wohl zu meiner Frau gesagt: »Hast du 50.000 Mark da?« Ich habe diese Gelder aber prompt zurückgezahlt. Unsere Heirat ist keineswegs eine sogenannte Geldheirat gewesen.

Staatsanwalt Dr. Weismann: Es wird nicht behauptet, daß der Angeklagte Stallmann vermögenslos ist. Im Gegenteil: er besitzt viel mehr, als wir glauben; es fragt sich bloß, wie das Geld erworben worden ist. – Angekl.: Durch zehnjährige Geschäfte in London! Die Auskunft des Generalkonsuls, auf welche immer wieder Bezug genommen wird, ist vollständig falsch! – Vors.: Sie sind im Jahre 1901 aus Paris wegen Verdachts der Spionage ausgewiesen worden. Nach amtlicher Auskunft aus Paris sind Sie allerdings dort nie wegen Falschspiels verhaftet oder verfolgt worden, aber im Februar 1910 hat Sie ein Spanier, namens Comas de Mora, beschuldigt, daß Sie im Jahre vorher in Rom beim Bakkarat ihm eine große Summe Geldes abgenommen haben. – Angekl.: Bei dem Comas de Mora handelte es sich um einen Erpressungsversuch, der nicht gelungen ist. – Vors.: Wie kommt es aber, daß Sie von den verschiedensten Polizeibehörden als Falschspieler bezeichnet werden? – Angekl.: Ich erkläre mir dies aus zwei Gesichtspunkten. Nach all den Zeitungsberichten ist der französischen Regierung wohl diese Ansicht suggeriert worden. Ich bin ja noch Mitglied aller Spielklubs in Paris. Ich bin Gegenstand verschiedenster Erpressungen geworden, bis es mir mal zuviel wurde. Andererseits gibt es nach meiner festen Überzeugung einen Falschspieler, der sich »Rudolf v. König» nennt. Dies ergibt sich aus der Verhandlung, in der behauptet wurde, ich hätte auch in Davos und Chiavenna Leuten ihr Spielgeld abgenommen. Auf meinen Antrag bin ich mit den betreffenden Leuten konfrontiert worden, und diese haben sofort gesagt: »I bewahre! Das ist nicht derselbe Mann; der v. König, den wir meinen, hatte eine Adlernase.« Ich hoffe, noch im Laufe dieser Verhandlung Beweise erbringen zu können, wo dieser Rudolf v. König ist. Es soll nämlich eine Gräfin v. Arnim von einem Rudolf v. König um 6000 bis 8000 Mark beschwindelt worden sein.

Der Vorsitzende hielt alsdann dem Angeklagten Einzelheiten aus der Auskunft der Zentralpolizeibehörde in Paris vor, die ihn als den Anführer einer Bande von Leuten bezeichnete, die von Diebstählen in Luxuszügen, Betrügereien und Falschspielen lebe. – Angekl.: Das ist absolut unwahr. – Vors.: Es wird außerdem behauptet, daß Sie im September 1908 in Münster am Stein einen Diebstahl an einem mit Juwelen gefüllten Postgeldsack ausgeführt haben. – Angekl.: Da ist die Polizeibehörde sicher einem schlechten Scherz zum Opfer gefallen. Ich bin nie in Münster am Stein gewesen! Mir wird jetzt alles mögliche nachgesagt. Wenn man heute von mir sagt, ich habe mit dem Raubmörder Trenkler Geschäfte gemacht, so bin ich auch ziemlich machtlos dagegen.

Da es dem Gericht nicht möglich war, Stallmanns Angaben und die der Pariser oder Londoner Polizei während der Verhandlung zu überprüfen, blieb als einziger Anklagepunkt, dem naiven Husarenleutnant von Dippe beim Kartenspiel das Fell über die Ohren gezogen zu haben. Dafür wurde Stallmann zu einem Jahr Gefängnis verurteilt. Neun Monate galten durch die Untersuchungshaft als verbüßt. Wegen der »erwiesenen ehrlosen Gesinnung« erkannte das Gericht zusätzlich auf drei Jahre Ehrverlust. Stallmann verzichtete auf die Revision: »Er werde aber Dokumente bringen, die beweisen, daß er unschuldig sei.«

Fassadenkletterer und Banderolendiebe
Berliner Kriminalfälle in Reportagen von Sling

»Die Zeit liegt noch nicht lange zurück«, schrieb der große Strafrechtsreformer Gustav Radbruch 1930, »da unter der Rubrik ›Aus dem Gerichtssaal‹ unter neckischen Überschriften – ›Ein sauberes Früchtchen‹, ›Wer andern eine Grube gräbt‹ usw. – Reportagen minderwertigster Art getrieben wurden und der Gehalt an tragischer Kasuistik, die Fülle der Einsichten in Mängel des Rechts und seiner Handhabung, die sich im Gerichtssaal entfalten, an stumpfen Ohren ungehört vorüberzog. Wohl rief ein Sensationsprozeß gelegentlich auch bessere Kräfte auf den Plan, der juristische Alltag aber arbeitete ohne die wohltätige Kontrolle journalistischer Kritik.«

Selbst bei den wichtigsten Berliner Zeitungen rangierte noch zu Beginn unseres Jahrhunderts die Gerichtsreportage unter der Rubrik »Buntes«, die vor allem auf die Neugier und den Voyeurismus des Lesepublikums zielte. Was im Gerichtssaal verhandelt wurde, erhielt von einem versierten Kolporteur die nötige Form und bediente, zumindest zwischen den Zeilen, die Lust am Laster, die sich der »gesittete« Bürger in dieser Form erlaubte.

Erst in der Weimarer Republik begannen sich ernsthafte und demokratisch gesinnte Journalisten mit dem zu beschäftigen, was eine durch den Ersten Weltkrieg grundlegend veränderte Gesellschaft an krimineller Energie produzierte.

Einer dieser Journalisten war der am 11. Mai 1878 in Berlin geborene Paul Schlesinger, der seit 1921 unter dem Pseudonym Sling in der Vossischen Zeitung veröffentlichte. Als Autor hatte Schlesinger u.a. Komödien, Romane, Kinderbücher und Theaterkritiken verfaßt, er war Mitglied des Münchner Kabaretts »Die Elf Scharfrichter« gewesen und schrieb für die »Schaubühne«, den »Simplicissimus«, die »Weltbühne« und in der Zeitschrift des Republikanischen Richterbundes »Die Justiz«. Berühmt wurde er aber durch seine Gerichtsreportagen. Dabei hatte er keineswegs Jura studiert, sondern u.a. Germanistik und Musikwissenschaften. Wie er Gerichts-

Berichterstatter wurde, schilderte er im September 1924 in der Vossischen Zeitung:

Den Grund meiner juristischen Kenntnisse legte ich als Lehrling einer sehr alten, sehr ehrenwerten Firma der Textilbranche. Wir fabrizierten Damenkleiderstoffe, Schals und Tücher. Da keiner der Söhne und Schwiegersöhne des Chefs Rechtsanwalt geworden war, führte die Firma prinzipiell keine Prozesse. Infolgedessen ließ er die unbefriedigte Streitlust in den Geschäftsräumen des Hauses aus, besonders an mir. Er war gewöhnlich anderer Ansicht wie ich. Dennoch hat er mich höchstens dreimal einen Esel genannt.

In dieser trüben Lehrzeit gab es einen Lichtblick. Alle zwei, drei Monate passierte es, daß der jeweilige Lehrling mit dem Hausdiener Justav auf dem Packhof zu tun hatte. Nun war es eine geheiligte Tradition der Firma, daß jede Erledigung auf dem Packhof fünf Stunden dauerte. In Wirklichkeit brauchte man zwei Stunden zu dem Geschäft. Justav und der Lehrling gingen zunächst in eine Destille frühstücken, sodann zogen sie in gehobener Stimmung in das nahegelegene Kriminalgericht, um ein paar Verbrecher aburteilen zu sehen. So kam ich nach Moabit. In Moabit rollten Justavs und meine Filme.

Ich habe das Wollwarenhandwerk nie gelernt. Aber von Moabit blieb was in mir hängen. Ich habe inzwischen alles mögliche getrieben (außer Jurisprudenz). Musik, Literatur, ja Schauspielerei. Ich habe Stücke geschrieben, wurde Journalist, zog in Deutschland hin und her. Ging ins Ausland. Nach fünfundzwanzig Wanderjahren kam ich heim. Nun bin ich wieder in Moabit. Ich kann jetzt alle Tage nach Moabit gehen. Nur Justav ist nicht mehr dabei. Er ist längst tot. Er fehlt mir sehr.

Die Frage, ob ich auf all diesen Umwegen wenigstens das Handwerk eines Gerichtsberichterstatters erlernt habe, ist nicht von mir zu beantworten. Aber ich verdanke dieser Tätigkeit ein Erleben, das zu hübsch ist, um verschwiegen zu werden. Es war vor etwa einem Jahr in einer Strafkammersitzung in Moabit. Das Gericht hatte gerade eine kleine Pause eintreten lassen, als der Herr Staatsanwalt seinen Platz verließ, auf mich zukam und mich fragte, ob ich der Herr Sling sei.

»Nun denn, wenn Sie Herr Sling sind, habe ich den Auftrag, Ihnen zu sagen, daß der Gerichtshof Ihnen seinen Dank aussprechen läßt für manche vergnügte Viertelstunde, die den Herren Ihre netten boshaften Artikel bereitet haben. Nur hat der Gerichtshof eine Bitte: Falls Sie über die heutige Verhandlung schreiben, gehen Sie einigermaßen glimpflich mit uns um.« Ich lächelte unbeschreiblich geschmeichelt, dankte dem Gerichtshof für sein freundliches Interesse, versprach mein möglichstes zu tun und bat nur, falls ich mal auf der Anklagebank sitzen sollte, mögen die Herren auch mit mir glimpflich umgehen.

Dennoch weiß ich, daß nicht alle Juristen derselben freundlichen Ansicht sind. Es sind (sogar wohlmeinende) Stimmen laut geworden, die mir Mangel an Objektivität vorwerfen. Ja, nichtjuristische Freunde haben mir gelegentlich Komplimente gemacht: es gehöre doch eine große Phantasie dazu, die nüchternen Vorgänge so auszuschmücken.

Ich habe darauf zu erwidern, daß ich mich selbst für einen durchaus phantasielosen Menschen halte. (Es ist mir trotz vielfachen Versuchs niemals gelungen, eine brauchbare Filmidee zu erfinden!) Ich habe kein ernsteres Bestreben, als die Dinge so zu zeichnen, wie ich sie sehe.

Freilich – das sage ich auch. Auf mein seelisches Erleben kommt es an. Eine Objektivität gibt es nicht. Weder in der Wissenschaft noch am Richtertisch. Selbst das photographische Objektiv ist nicht objektiv. Helmholtz hat gesagt, daß er das menschliche Auge dem Optiker zurückschicken würde, wenn er es bei ihm bestellt hätte – so fehlerhaft sei es konstruiert. Wir leben alle von Konventionen: optischen, akustischen, gefühlsmäßigen. Selbst die stenographische Berichterstattung, die ja schon aus praktischen, zeitungstechnischen Gründen unmöglich sei, wäre weder garantiert fehlerlos, noch gäbe sie ein vollkommenes Bild. Denn die Tonfarbe, die Geste würde fehlen. Man hat sich vielfach mit einer quasi-stenographischen Wiedergabe in ganz großen Prozessen geholfen. Gerade die Richter wissen, welche ungeheuren Fehlersummen sich in diesen Berichten zu häufen pflegen.

Ich suche im Gerichtssaal die seelischen Beweggründe der auftretenden Personen, der Angeklagten, der Zeugen. Ich kann es auch nicht unversucht lassen, in die Herzen des Staatsanwalts und des Richters zu blicken. Das aufgenommene Bild erzeugt in mir Trauer, Empörung, Furcht, Mitleid, Verachtung, Heiterkeit, Spottlust, Liebe und Haß. Dann versuche ich, mein Gefühl nachzuschaffen, es dem Leser kenntlich zu machen.

Ich bin gewiß imstande, ich habe es gelernt, den Bericht zu schreiben, den man im Grunde deshalb objektiv nennt, weil er die Ansicht des Richters ausspricht oder ihr wenigstens nahezukommen versucht. Aber »richtig«

ist dieser richteroffiziöse Bericht schon deshalb nicht, weil im Gericht ebensowenig was richtig ist wie sonst im Leben. Wie oft möchte man sich einmischen, nur weil der Angeklagte nicht die Sprache des Richters, der nicht die Sprache des Angeklagten versteht. Das soll durchaus kein Vorwurf sein. Die verantwortlich handelnde Person ist immer befangener, durch Formalien, Gesetzesfassungen, dann aber auch durch menschliche Hemmungen, als die unbeteiligt zuschauende Person.

Indem ich mich zum verantwortungsbewußten subjektiven Schaffen bekenne, sage ich auch, daß die suggestive Mitteilung eines eigenen seelischen Erlebnisses in der gedrängten Form eines Zeitungsberichtes nur durch die Anwendung künstlerischer Mittel möglich sei. Das schließt weder den intellektuellen Irrtum noch die ungeschickte Handhabung, noch die Unzulänglichkeit dieser Mittel aus.

Selbstverständlich: der Kritiker untersteht der Kritik.

Daß Sling in Berlin eine Institution wurde, an der auch die Justiz schließlich nicht mehr vorbeikommen sollte, verdankt sich der besonderen Art seiner Berichterstattung. Mit äußerster Ernsthaftigkeit, demokratischem Engagement und psychologischem Einfühlungsvermögen nahm er Angeklagte, Richter und den Fall selbst unter die Lupe. In dem postum erschienenen Sammelband mit Slings Artikeln (»Richter und Gerichtete«, Berlin 1930) versuchte der ehemalige Justizminister Gustav Radbruch die Besonderheiten dieser Gerichtsreportagen zu erklären, wenn er im Vorwort schrieb:

Sling hat in zähem Kampfe der Justiz die gebührende Beachtung in der Presse verschafft. Zunächst zog ihn wohl das Menschliche an, das im Gerichtssaal seine Hüllen fallen läßt und in seiner Blöße beschämt oder frech vor aller Augen dasteht. Er hat uns in der »Vossischen Zeitung« unzählige verständnisvoll nachgefühlte und menschlich durcherlebte Bilder aus dem Gerichtssaal geschenkt, von Lichtern gütig lächelnden Spottes überspielt, getragen von dem stillen Wissen um die Fehlsamkeit alles Menschlichen. »Jeder Mensch ist irgendwo nur ein armer Teufel.«

Er hat nicht nur den armen Teufel auf der Anklagebank, er hat auch den auf hohem Stuhle thronenden Mann mit Barett und Talar in seiner Menschlichkeit gesehen, er hat immer dem gerichteten Menschen gegenüber auch den richtenden Menschen gesehen und mit unaufdringlicher Andeutung seiner Eindrücke an manches richterliche Gewissen gerührt.

Aber mehr und mehr gewann neben dem Menschlichen auch das Juristische sein Interesse. Selbst ohne juristische Vorbildung, hatte er ein durch Berufsroutine unverbrauchtes, erstaunlich ursprüngliches und sicheres Urteil über die Handhabung des Rechts. Der Kampf insbesondere, den er gegen die Seuche der Meineidsprozesse aufgenommen hat, wird unvergessen und nicht ohne Wirkung bleiben.

Sling hat glücklicherweise keine eigene »Strafrechtstheorie«. Er schiebt mit ungläubigem Lächeln alle diese eifernden Theorien beiseite und bewahrt dem Strafrecht gegenüber die Haltung, die einer so fragwürdigen Erscheinung gegenüber allein möglich ist: abgründige Skepsis.

Slings Engagement, das Radbruch so treffend charakterisierte, wirbelte die Berliner Justiz mehr als einmal kräftig durcheinander. Wenn er einen Richter attackierte oder ein Urteil anzweifelte, dann hatte das Folgen. Ein herausragendes Beispiel ist seine Berichterstattung über den Mordfall Krantz. Im Juni 1927 hatte der Primaner Günther Scheller in der Steglitzer Wohnung seiner Eltern den Kochlehrling Hans Stephan getötet und danach sich selbst umgebracht. Hans Stephan war während der Nacht in der Wohnung mit Günthers Schwester, der 16jährigen Hildegard Scheller, zusammengewesen. Der Primaner Paul Krantz, Augenzeuge der Tat, wurde unter dem Verdacht der Mittäterschaft verhaftet und vor dem Schwurgericht II in Berlin des gemeinschaftlichen Mordes angeklagt. Der Prozeß erregte großes Aufsehen, nicht zuletzt deshalb, weil der stellvertretende Landgerichtspräsident und Schwurgerichtsvorsitzende Dust auf recht plumpe Weise nach sexuellen Details gefragt hatte. Sling berichtete mehrfach über den Prozeß und forderte schließlich personelle Konsequenzen.

Diese Verhandlung, dieser ganze Prozeß: eine erschreckende Ungeistigkeit, eine Anklageschrift, auf die man kein Verfahren eröffnet, sondern über die ein kluger Strafkammervorsitzender eine Beschwerde an den Justizminister verfaßt. Daß man es wagte, ein so haltloses Machwerk einem denkenden Richter vorzusetzen! Was zur Entkräftung der winzigen Verdachtsmerkmale geschehen konnte, mußte sich jeder vernünftige Mensch selber sagen. Dazu brauchte es keines Aufmarsches von Sachverständigen. Aber nein, die Routine macht es: gemeinschaftlicher Mord, Verabredung zum Mord. Und die Staatsanwaltschaft im Gerichtssaal – ein vergessenes Requisit der wilhelminischen Ära, von verzweifelter Überflüssigkeit. Zwei Staatsanwälte braucht man, um so tief zu ruhen. Nie eine Frage, nie ein Eingehen auf den Verhandlungsgegenstand. Stumpf, müde, nur dasitzend und gelegentlich – ach, mit welch kläglichen Mitteln – Staatsautorität zu markieren.

Ein Präsidium – sprachlich gehemmt.

Eine Verteidigung, der es nicht an Begabung und Temperament, wohl aber an jener Vornehmheit der Form gebricht, ohne die jede noch so scharf gedachte Attacke zu peinlicher Anrempelei wird. (...)

Herr Dust ist ein sehr verbindlicher, ein sehr gutherziger Mann, der zu seinem Posten sicher den besten Willen mitbringt und ganz zweifellos ein ausgesprochenes Verantwortungsgefühl. Alle ethischen und juristischen Voraussetzungen darf man als erfüllt erachten. Er hat es durch sein Urteil bewiesen, das nicht nur im materiellen Sinne als vernünftig gepriesen werden muß.

In der Begründung, die ja zugleich eine Charakterisierung des Prozesses und seiner Nebenerscheinungen war, zeigte er auch da, wo man ihm vielleicht nicht zustimmen kann, weites Verständnis für unsere Zeit und ihre Nöte.

Außerdem soll Herr Dust ein ganz besonders befähigter Justizverwaltungsbeamter sein. So darf man ohne weiteres glauben, daß er für den Posten des stellvertretenden Landgerichtspräsidenten hervorragend geeignet ist. Man gönnt ihm von Herzen, daß er recht bald irgendwo ein eigenes Präsidium bekommt. Aber zum Schwurgerichtsvorsitzenden eignet er sich nun mal nicht. Das ist keine Schande, aber es ist eine Tatsache, auf die wir sogar an dieser Stelle gleich hingewiesen haben, nachdem er sein Amt übernommen hatte. Er hat inzwischen in zahllosen kleineren Fällen seines Amtes gewaltet zur Qual aller Prozeßbeteiligten. Es bedurfte des großen Falles, um seine mangelnde Eignung weiteren Kreisen bekanntzumachen.

Und aus politischen Gründen wandte er sich auch gegen den Präsidenten des Landgerichts III, Bombe:

Herr Bombe möge anderen Kräften Platz machen. Man kann bei ihm nicht mit voller Sicherheit sagen, wie weit er, der Leiter zahlreicher Feme-Mordprozesse, persönlich rechts eingestellt ist, wie weit er seinem eifernden Beisitzer, Landgerichtsrat Vorbaum, nachgibt. Aber es geht nicht an, daß man immer wieder dasselbe Stoffgebiet Richtern überläßt, von denen man weiß, daß sie der neuen Ordnung der Dinge gleichgültig oder gar antipathisch gegenüberstehen.

Slings Forderung nach Absetzung von zwei Schwurgerichtsvorsitzenden und seine Vorschläge für mögliche Nachfolger lösten eine langanhaltende Diskussion aus, die zuletzt sogar den preußischen Landtag und den Reichstag beschäftigte. Im Berliner Anwaltsblatt vom Februar 1928 äußerte sich ein Dr. Hans Fritz Abraham, Rechtsanwalt am Kammergericht, zu diesem Fall und forderte schärfste Maßnahmen gegen die Presseberichterstattung:

»Der Nachprüfung bedarf es zunächst, inwieweit überhaupt an dem Grundsatz der Öffentlichkeit in der Hauptverhandlung in Zukunft festgehalten werden soll. Es muß die Möglichkeit geschaffen werden, daß auf Antrag des Angeklagten oder auch des Zeugen die Öffentlichkeit für die ganze Dauer der Verhandlung oder für Teile derselben ausgeschlossen werden kann, sofern nicht überwiegende öffentliche Interessen diesem Ausschluß entgegenstehen. Die Anprangerung des Angeklagten oder andrer Prozeßbeteiligter, wie sie jetzt möglich ist, führt häufig zu einer durch den Strafzweck in keiner Weise gerechtfertigten Schädigung. Nur dann, wenn begründete Interessen der Allgemeinheit die Beibehaltung der Öffentlichkeit des Verfahrens fordern, ist an der Publizität der Hauptverhandlung festzuhalten.«

Ähnlich sah es der preußische Justizminister, so daß sich Sling in der Vossischen Zeitung zu einer weiteren Stellungnahme veranlaßt sah.

In Wirklichkeit ist die Öffentlichkeit des Verfahrens die Luft, in der das Rechtsleben allein gedeiht, ohne die es dazu verurteilt ist, hinzuwelken und zu sterben. Man wird dem Verfasser dieser Zeilen nicht den Sinn dafür absprechen, daß die Anprangerung eines Angeklagten für diesen schmerzlichere Folgen haben kann als die Verurteilung zu ein paar Monaten Gefängnis. Auch die Lage des Zeugen, der plötzlich gezwungen ist, peinliche Dinge über sich selbst auszusagen, ist zweifellos beklagenswert. Im übrigen tun wir Gerichtsberichterstatter in aller Stille viel Gutes: viele von uns nennen möglichst überhaupt keine Namen oder verändern diese Namen, so daß doch die Möglichkeit besteht, über einen an sich interessanten, aber nach der personellen Seite nicht wichtigen Prozeß zu berichten, ohne dem Wiederaufbau einer Existenz das schwerste Hindernis in den Weg zu legen. Andererseits aber muß man sagen: es ist in erster Linie Sache jedes einzelnen Menschen, ob er es riskieren will, durch einen Rechtsbruch die Maschine der Strafjustiz in Bewegung zu setzen. Tut er es gar in einer Weise, die das Leben der Gesellschaft beunruhigt und stört, so daß durch die Tat selbst das allgemeine Aufsehen erregt ist, so muß er das Opfer der Anprangerung auf sich nehmen. Die Öffentlichkeit unseres Rechtsgeschehens muß uns im großen und ganzen als wichtiger und unverletzlicher erscheinen denn irgendein Privatinteresse. Handelt es sich um Vergehen auf sexuellem Gebiete, so hat auch heute schon der Verteidiger die Möglichkeit, den Ausschluß der Öffentlichkeit zu beantragen. Wollte man darüber hinaus aber jedem Angeklagten oder jedem Zeugen es ermöglichen, die Öffentlichkeit auszuschließen, nur weil es ihm peinlich wäre, wenn die Sache in die Presse käme, so wäre die Öffentlichkeit unseres Rechtslebens einfach erledigt. Den Angeklagten möchte ich sehen, der nicht die Gelegenheit benutzte, Zuhörer und Presse von seiner Verhandlung fernzuhalten. Wenigstens zunächst. Sehr bald würden freilich gerade die Angeklagten, die sich gar nicht oder wenigstens nicht im Sinne der Anklage für schuldig halten, nach der Öffentlichkeit des Verfahrens schreien, da sie nur auf diese Weise eine öffentliche Kontrolle ihres Falles, eine Korrektur des über sie gefällten Spruches erwarten dürfen. (...)

Zweifellos: wie überall, so gibt es auch in der Gerichtsberichterstattung Mißbräuche und Auswüchse. Man darf aber hoffen, daß die ihrer Verantwortung bewußte Presse immer die maß- und richtunggebende sein wird. Erst gestern klagte im Gerichtssaal der frühere Herausgeber eines Skandalblattes: »Meine Zeitung ist eingegangen, weil das Publikum sowas nicht mehr will.« Ein Bravo dem Publikum!

Kritik braucht auch die Presse. Zwangs- und Gewaltmaßnahmen lehnt sie ab. Ihre Erziehung hat sie in eigene Regie übernommen.

Bereits ein Jahr zuvor hatte Sling das preußische Justizministerium beschäftigt, als er in der Vossischen Zeitung einen offenen Brief veröffentlichte, in dem er die Freilassung des Arbeiterführers und revolutionären Sozialisten Max Hoelz forderte. Hoelz sollte 1921 einen Gutsbesitzer getötet haben, was aber offensichtlich nicht zutraf. Für die Freilassung von Hoelz setzte sich ein Komitee ein, dem neben Sling auch Bertolt Brecht, Heinrich und Thomas Mann, Oskar Maria Graf, Alfred Kerr und Arnold Zweig angehörten.

Sling besuchte Hoelz im Zuchthaus Groß-Strelitz und verfaßte ein differenziertes Porträt des Arbeiterführers, das zusätzliche Bewegung in den Fall brachte. Hoelz wurde im Juli 1928 freigelassen. Sling erlebte das nicht mehr. Er hatte sich zuviel zugemutet. In der Nacht vom 22. auf den 23. Mai 1928 war Paul Schlesinger in seinem Haus am Schlachtensee einem Herzinfarkt erlegen.

»Mittlerweile«, schreibt Ruth Greuner in ihrer 1989 in Berlin erschienenen Auswahl mit Sling-Texten (»Der Fassadenkletterer vom Kaiserhof«), »hatte seine Art, die Justiz zu kritisieren, Schule gemacht. Seine Anregungen und Vorschläge fielen wie Steine in untiefes Wasser. Viele Tageszeitungen und Wochenschriften leisteten sich ›ihren‹ Sling. Sein jahrelanger Kampf um die Neufassung der Strafordnung, gegen die Meineidseuche und für eine nochmalige Umgestaltung des Emmingerschen Schwurgerichts führte zu mehr Abstimmungsdemokratie in den Verhandlungs- und Beratungszimmern, zu einer Aufwertung der Schöffen, zu einer deutlichen Einschränkung der Machtbefugnisse der Präsidenten und ihrer Stellvertreter in den Landgerichten, vor allem aber zur Abschaffung des Eideszwanges bei deutlicher Befangenheit des Zeugen.«

Zu Lebzeiten hatte Sling seine Gerichtsreportagen nicht in Buchform veröffentlicht. Erst 1930, zwei Jahre nach seinem Tod, erschien bei Ullstein eine Auswahl, die der kämpferische Jurist und spätere stellvertretende Chefankläger beim Nürnberger Prozeß, Robert W. Kempner, zusammengestellt hatte. Sie zeigt ein weites Spektrum: von der »großen Wut des kleinen Mannes« bis zu den spektakulären Mordfällen der Weimarer Republik.

Wir haben aus diesem Band Reportagen über Einbrecher, Diebe und Betrüger ausgewählt.

Der schwarze Harry und der eiserne Willy

Ja-a Die Zöllner sind auch Sünder!...

»Carmen«, 3. Akt

Der Prozeß gegen den Zollinspektor Ludwig Plaumann, den Artisten Cohn und den Bankbeamten Silberstein bietet den kostbarsten Stoff für einen Dichter, der sich vorgenommen hätte, in einer Komödie die Korruption einer Behörde zu schildern. Eine bittere Komödie würde es freilich. Über Cohn und Silberstein, zur Not noch über Plaumann, ließe sich lachen. Was dahinter steckt – stecken mag, ist unangenehm, unangenehm, unangenehm.

Man stelle sich vor: Da ist das Landesfinanzamt, das die richtigen Steuerbanderolen drucken läßt und eine eigene Fahndungsstelle unterhält, um die falschen Banderolen und ihre Hersteller zu ermitteln. Auch kümmert man sich – wie man aus anderen Prozesse weiß – um verschobenen Sprit. Die Beamten dieses Dezernats sind besonders tüchtig, weil es Belohnungen für glückliche Fahndungen gibt, und da die Kriminalpolizei auf dem gleichen Felde ackert, muß man scharf hinterher sein. Man ist nicht nur auf die Polizei eifersüchtig, man ist es auch unter sich.

Und bei dem Geschäft rauscht Geld durch die Finger. Man zahlt »Bewegungsgelder« an Vigilanten, man zahlt Vorschuß, man zahlt eventuell für falsche Banderolen viel Geld (wo man doch die echten aus der Reichsdruckerei so billig hat) – man zahlt dieses viele Geld, um den Verfertigern auf die Spur zu kommen. Eigentlich soll man's nicht zahlen, man soll es nur den Schiebern »zeigen«, damit sie gieprig werden. Aber das Merkwürdige ist, daß immerzu Geld zum Vorzeigen verlangt wird, ohne daß man es je wieder zurückzugeben braucht. Und die Summen sind stattlich. Durch die Hände des Zollinspektors Plaumann allein sollen 67.000 Mark gegangen sein.

Wo gingen sie hin? In irgendeiner Banderolensache wurde Silberstein verhaftet, ein kluger, feiner Kopf. »Ein feiner Gesellschafter«, sagt Plaumann von ihm. Plaumann vernimmt also den Verhafteten Silberstein und bemerkt dabei, daß Silberstein zum Bestraftwerden viel zu schade ist. Das mit ihm aufgenommene Protokoll verschwindet – Herr Silberstein ist von Herrn Plaumann als Vigilant engagiert. Bekommt seine Bewegungsgelder, und nun bewegt er sich – einschließlich Cohn. Denn Cohn ist sein Freund. Etwas soll Cohn tatsächlich in Hamburg herausbekommen haben – wofür er von Plaumann 6000 Mark Belohnung bekam. Im übrigen lebte man ja auch von Vorschüssen sehr gut, die Plaumann so glänzend herbeischaffte. Aber die Vorgesetzten des Finanzamtes fanden, daß für die vielen Vorschüsse doch ein bißchen zu wenig geleistet würde, und es mußte wieder einmal ein großer Coup gelandet werden. Plaumann selbst war wohl nicht mehr so ganz bei bester Laune. Und so verbündete er sich mit Cohn und Silberstein zu folgendem Geschäft:

Die beiden sollten eine Druckmaschine kaufen, sie in ein Zimmer stellen, ein Klischee für falsche Banderolen herstellen lassen. Und wenn dann alles fertig war, sollte Plaumann kommen, die Fälscherwerkstatt ausheben. Zu erwarten war, daß die Entdecker der Fälscherwerkstatt 12.000 Mark Belohnung bekamen. Die eigentlichen Fälscher sollten aber der schwarze Harry und der eiserne Willy sein, die selbstverständlich bei der Aushebung nicht gekriegt werden würden.

Es ist unmöglich, ein genaues Bild von den Vorgängen zu geben, die von den Angeklagten sehr verschieden geschildert werden. Cohn und Silberstein behaupten, überhaupt von Plaumann zu dem ganzen Schwindel angestiftet worden zu sein, während Plaumann sich damit verteidigt, er sei von Cohn und Silberstein betrogen worden, er selber habe stets an den eisernen Willy und den schwarzen Harry geglaubt. Tatsache ist, daß das Geld zur Anschaffung der Fälschermaschine vom Finanzamt selbst durch Plaumann gezahlt worden ist, daß weitere Vorschüsse für die Herstellung des Klischees geleistet wurden und daß – kurz bevor die feierliche Aushebung der Fälscherwerkstatt durch Plaumann erfolgte – die Kriminalpolizei selbst kam und Cohn und Silberstein verhaftete. Tatsache aber ist, daß es Plaumann gelang, die beiden aus dem polizeilichen Gewahrsam wieder zu befreien, indem er sie als Vigilanten legitimierte. Tatsache ist auch, daß er die beiden noch nachher mit amtlichem Geld versorgt hat.

Dem jungen schneidigen Zollinspektor wird es vor Gericht nicht leicht gemacht. Er möchte so gern mit einem Lächeln von den beiden anderen abrücken. Aber es gelingt ihm nicht. Der Vorsitzende leitet die Verhandlung mit einer erbarmungslosen Nüchternheit, einer Nüchternheit, die oft zum schlagenden Witz wird. Nur eine Dialogstelle sei wiedergegeben:

Plaumann: Ich sagte zu Silberstein: Ihr seid Schweine –

Silberstein: Nie hat er so etwas gesagt. Hätte er es getan, ich würde ihm eine Ohrfeige gegeben haben. –

Vorsitzender: Dazu hatten Sie keine Veranlassung.

Die Glückspilze

Der eine hat nächtlings – wie er sagt – im Rausche mit dem Fuß die kleine Scheibe eines Schuhladens eingedrückt. Der andere stand dabei. Am nächsten Morgen fehlten drei linke Damenschuhe. (Der Ladenbesitzer erklärt: wir stellen immer nur linke oder nur rechte Schuhe aus, um den Appetit der Einbrecher zu dämpfen.)

Beide sind vorbestraft – auch wegen Einbruchs. Der eigentliche Täter sagt: »Seit meiner Kriegsverletzung vertrage ich keinen Alkohol mehr. Im Rausche habe ich die Neigung, Ladenfenster einzuschlagen. Das klirrt so.« Er ist tatsächlich wegen derartiger Beschädigungen mehrfach bestraft.

Der Staatsanwalt beantragt zwei Jahre Zuchthaus, der Verteidiger Freisprechung – das Fehlen der linken Schuhe sei ja erst viele Stunden nach dem Einbruch bemerkt worden. Sie können von anderen Passanten gestohlen sein.

Das Gericht zieht sich zurück – kommt aber nach einer Weile wieder, um zu fragen, ob der Ladenbesitzer Strafanzeige wegen Sachbeschädigung stellt.

»O nein – ich habe ja fast keinen Schaden gehabt.«

Noch einmal berät das Gericht und verkündet endlich:

Freispruch von der Anklage des schweren Diebstahls; mangels Strafantrages wegen Sachbeschädigung Einstellung des Verfahrens – Aufhebung des Haftbefehls.

Die beiden Spitzbuben sehen sich verständnislos an. So viel Glück erscheint ihnen unheimlich.

Der Schattenfürst

Auf einer Tragbahre bringt man ihn aus dem Zuchthaus in den Gerichtssaal. Einst ein großer internationaler Gentleman-Einbrecher. Heute ein unheilbarer Rückenmärker, der die letzten Jahre seines Lebens im Zuchthaus zubringen muß, wo er über sein wechselvolles Schicksal nachdenken kann. Auch auf der Tragbahre zeigt er noch einen Schimmer von Eleganz: einen tadellosen Cutaway, weißeste Wäsche.

Die Schicksale waren vielgestaltig. Einmal bekam er zu einer Operation einen Zuchthausurlaub – floh nach Italien und Holland, wo er seine jetzige Frau – eine hübsche, offenbar kluge und tüchtige Person kennenlernte. Als er 1919 von Amnestie hörte, kehrte er irrtümlich zurück, wurde gefaßt, brach wieder aus und wurde noch einmal ergriffen. Bis 1931 hat er sowieso zu sitzen. Gestern verhandelte man über zahllose Einbrüche, die er 1919 in den elegantesten Berliner Hotels verübte. Man kann sie im einzelnen kaum noch durchsprechen – die Zeugen erinnern sich nicht mehr recht. Zwei Fälle werden herausgegriffen. Für seine Frau spricht er ritterlich und reinigt sie vom Verdacht der Hehlerei. Er selbst bekommt noch zwei Jahre Zuchthaus dazu, bis 1933, das er nicht mehr erleben wird. Und er nimmt Abschied.

Der Frechdachs

Er hat einen leisen Sprachfehler, eine schöne, wenn auch untugendhafte Braut; und er ist außerordentlich frech. Er sagt zum Beispiel: Jeder Landgerichtsdirektor sollte inkognito mal ein halbes Jahr im Zuchthaus sitzen, um zu sehen, was das ist. Und der amtierende Landgerichtsdirektor bringt den Humor zur Gegenfrage auf: Warum inkognito?

Bei einem Einbruch erbeutete Seidenwaren hat er seiner Braut geschenkt. Er gibt Hehlerei zu, den Einbruch selbst will er nicht begangen haben. Viel spricht dafür, nichts dagegen. Man möchte darauf wetten – aber ist es auch erwiesen?

Und ist die Braut der Hehlerei schuldig? Der Frechdachs verteidigt sie energisch:

»Sie hat nichts gewußt – meine Braut hat mit der Polizei noch nie etwas zu tun gehabt.«

»Na erlauben Sie mal –«, unterbricht der Vorsitzende.

»In der Beziehung –«, sagt der Bräutigam verständnisinnig. Nachdem der Staatsanwalt gegen den schwer Vorbestraften vier Jahre Zuchthaus beantragt hatte, plädiert der Frechdachs selbst: »Ich wende mich an die Herren Schöffen und bitte sie, sich nicht von dem Vorsitzenden beeinflussen zu lassen, der als ein besonders scharfer Richter bekannt ist...«

Frechdachs war falsch unterrichtet. Der Richter ist einer der mildesten und läßt die Braut mit einer Geldstrafe davon. Der Frechdachs kommt auf drei Jahre ins Zuchthaus. Der sonst so sanfte Richter kann nicht umhin, die besondere Dreistigkeit des Angeklagten zu kennzeichnen. Fast sieht es aus, er wäre ohne Frechheit besser gefahren. Aber es sieht wohl nur so aus – denn die Ungebühr vor Gericht ist ein Ding für sich. Und daß der Milde für ein paar dumme Witze ein Jahr mehr gegeben hat, will man nicht glauben. Der Tag des Gerichts ist der große Tag in dem Leben des Berufsverbrechers; da muß er den Witz, wenn er ihn hat, springen lassen. Wann sonst?

Nein, das Einbrechen ist kein Geschäft. Dieser ausgezeichnete Einbrecher hat nach seiner eigenen Erinnerung etwa 55 Einbrüche ausgeführt. Er hat Werte von zwei Millionen Mark erbeutet, und er hat dafür 42.000 Mark gelöst.

Fritz Wald ist mit diesem Ergebnis durchaus unzufrieden, und es ist eine Bitterkeit in diesem blonden 27jährigen Menschen, der, für seine Münchner und Hamburger Einbrüche schon zu neun Jahren Zuchthaus verurteilt, jetzt das Urteil für 19 Berliner Fälle in Empfang nehmen soll. Ein kleiner, schmaler Bursche. Das glatt zurückgestrichene Haar läßt nicht viel Stirn sehen, zeichnet aber die Konturen des hochgewölbten Schädels schwungvoll nach. Das glattrasierte Gesicht ist eher jünglingshaft. Die ausgesprochen diebische Nase springt kühn und spitz hervor, der Mund versteht zu lächeln, die Augen sind verschlagen, listig, klug und kühn.

Man glaubt ihm, der sich sprachlich fehlerlos, gewandt und mit einer gewissen Beredsamkeit ausdrückt, daß er aus bürgerlichen Kreisen stammt. Gelernt hat er nichts. Er brannte früh von Hause durch, machte seine ersten Streiche und kam in Fürsorgeerziehung. Er entlief und wurde eines schönen Tages Fassadenkletterer – weil es ihm einmal glückte.

Er sagte am Schluß seiner Vernehmung: »Ich habe oft einen moralischen Kater gehabt, wäre an einzelnen Tagen nicht imstande gewesen, was zu nehmen. Aber dann, wenn ich so im Smoking über den Kurfürstendamm ging, bekam ich plötzlich Lust. Es liegt ein eigener Reiz darin, einen tüchtigen Einbruch zu liefern. Es trieb mich Abenteuerlust. Zuweilen hatte ich Reue, versuchte ein anderes Leben. Eine Weile war ich Aushilfskellner, aber es ist ja doch damit nichts zu verdienen, und mit meinen falschen Papieren wäre ich sowieso nicht weit gekommen.«

Die Bitterkeit Walds stammt aus zwei Ursachen: die Hehler haben ihn betrogen; einer, Lohrer, sitzt neben ihm auf der Anklagebank. Sein Haupthehler, Plückhahn, ist bereits zu zwei Jahren sieben Monaten Zuchthaus verurteilt. Dem Lohrer wirft er vor, daß er ihm das versprochene Geld nie voll ausgezahlt hat. Die andere Bitterkeit gab ihm das in seinem Falle nicht sehr verlockende weibliche Geschlecht.

Es liest sich immer so schön in Hochstaplererzählungen, wenn Frauen der bürgerlichen Gesellschaft sich ihnen zuneigen. Wenn man sie nachher sieht, findet man die Erfolge wenig erstaunlich. Zwei Frauen sind mit ihm angeklagt, Frau St., eine nicht mehr junge Dame, mit weichen, zerfließenden Zügen, und eine spitzige, scharfe: Frau A. Von Frau St. hält er nicht mehr viel. Er hat zeitweise bei ihr gewohnt, und er hat sie in seinen früheren Vernehmungen stark belastet, als habe sie ihm Tips für seine Einbrüche geliefert. Diese Belastung hält er nicht mehr aufrecht. Er hat ihr viel Schmuck aus den Einbrüchen geschenkt, aber er behauptet nicht mehr, daß sie von der Herkunft der Gegenstände etwas gewußt haben müsse. Er kann sie nicht leiden, denn »sie lügt wie gedruckt«. »Ich wollte mich immer von ihr zurückziehen, aber sie lief mir nach. Ich habe niemals den Frauen gegenüber angegeben, daß ich ein vollkommen ehrlicher Mann sei. Ich ließ aber durchblicken, daß ich Juwelenschiebereien mache. Sie wußte, daß ich vorbestraft sei, aber ausdrücklich von den Einbrüchen habe ich nur mit einem Fräulein G. gesprochen.«

Mit Frau A. lag es wieder anders. Mit ihr hat er nur platonisch verkehrt, er wollte sie heiraten und hatte ihr bereits seine Papiere für das Aufgebot übergeben. Er hatte ihr 10.000 Mark anvertraut, die ihr nach der Eheschließung gehören sollten. Zu ihr blickte er in gewisser Beziehung auf. »Sie war mir geistig überlegen, ihre Schulbildung war die größere, und sie ließ mich zuweilen den Unterschied spüren.« Die 10.000 Mark sind später beschlagnahmt worden, ebenso die weiteren 3000 Mark, die auf einer Bank deponiert waren. Die Freundschaft mit Frau A. ging allmählich in die Brüche. Sie war ihm zu anspruchsvoll, sie wollte 500 Mark als Wirtschaftsgeld im Monat haben, und er sah ein, daß er auf diesem Fuß nicht von seinen Zinsen werde leben können. Der Vorsitzende fragt ihn: »Sie haben heute noch Geld hinter sich?«

Fritz Wald lächelnd: »Nein, ich habe nichts.«

Der Vorsitzende hält ihm die Momente vor, aus denen unbedingt geschlossen werden müsse, daß er noch Helfer und Geldgeber habe. Wald beharrt bei seiner Aussage.

Immer wieder fragt der Vorsitzende, warum Wald, der doch offenbar über so große Geschicklichkeit und Energie verfüge, sich nicht doch schließlich einem besseren Leben zugewandt hätte, und sucht nach gewissen moralischen Triebfedern seines Tuns. Und Wald sagt: »Ich empfand sehr stark die Ungerechtigkeit, die darin liegt, daß es so viel reiche Leute und so viel Arme gibt. Ich sagte mir, daß die reichen Leute sehr gut ihren Schmuck entbehren könnten, und im übrigen verloren sie doch auch nichts, da sie ja meist versichert waren und so den Schaden sofort ersetzt erhielten. Ich gebe aber zu, daß er nicht logisch war, so zu denken; denn ich habe ja selbst meine Beute nie an die Armen verteilt. Ich habe niemals Gewalt angewendet; ich habe in einem Falle in Hamburg, als ich im Schlafzimmer einer Dame nach Schmucksachen suchte, mich wieder entfernt, ohne etwas genommen zu haben, weil ich mich mit der Frau gut unterhalten hatte, und diese Frau auch nicht wollte, daß ich ihren Mann störe. Ich habe es auch abgelehnt, wenn mir andere Verbrecher Anträge machten, mit Gewalt gegen Opfer vorzugehen. Mein Bestreben war, mir Geld zu sparen, um davon später ein Geschäft zu kaufen.«

Der Fassadenkletterer

Der Fall des »Fassadenkletterers vom Kaiserhof«, Wilhelm Kaßner, zerfällt in drei Abschnitte: erstens einen realistisch-romantischen, zweitens einen schwindligen und drittens einen zweifelhaften.

Realistisch-romantisch ist Wilhelm Kaßners Jugend. Ein Kind, das seiner Mutter in den Morgenstunden vor der Schule die Zeitungen austragen hilft. Dann mit sechzehn Jahren Automobilwäscher und Stallknecht. Dann Heizer und später Matrose auf Kauffahrteischiffen aller Länder. Er sieht Australien, Nordamerika, Südamerika; hat bei seinen Kameraden wegen seiner außerordentlichen Gewandtheit den Beinamen »das Wiesel«, ist in der Höhe von Montevideo, als der Krieg ausbricht. Er macht zahlreiche Versuche, nach Deutschland zu kommen, die alle mißlingen, wird Arbeiter in einer Kaffeeplantage, in einer Silbermine, spart sich etwas Geld, versteckt sich auf einem norwegisches Schiff, wird vom Kapitän bemerkt und von Bord gewiesen. Schwimmt nachts auf das Schiff zurück, versteckt sich abermals, kommt erst auf hoher See zum Vorschein; nun duldet man ihn. Zahlreiche Untersuchungen durch die Engländer auf hoher See. Zuletzt wird das Schiff bei den Orkney-Inseln aufgegriffen, wegen schlechten Wetters in einen Hafen geschleppt. Schließlich treibt ihn der Hunger aus seinem Versteck. Internierung mit zahlreichen Fluchtversuchen. Rückkehr nach Deutschland 1919.

In Berlin sieht er seinen Bruder Paul wieder, der eben aus dem Zuchthaus entsprungen ist. Er fährt mit dem Bruder nach Lübeck, um diesem dort zur Flucht ins Ausland zu verhelfen. Aber vor der Ausführung begehen beide einen Fassadendiebstahl, werden gefaßt und abgeurteilt. Erste Strafe: ein Jahr sechs Monate Zuchthaus, zweite: sechs Monate Gefängnis (er war in einen Keller gedrungen, um – Einbruchswerkzeug zu stehlen). Dann zwei Jahre Zuchthaus wegen Fassadeneinbruchs, sechs Monate Gefängnis wegen Meuterei im Zuchthaus. Ausbruch aus dem Zellengefängnis, dann drei Jahre Zuchthaus wegen Rückfalldiebstahls in zehn Fällen. Flucht aus der Strafanstalt Luckau. Vier Wochen später mit zerbrochenem Oberschenkel, Hand- und Kopfverletzungen auf dem Pflaster vor dem Kaiserhof. Die Anklage nimmt an, daß er in das Zimmer des Schweizer Direktors H. eingedrungen und von diesem aus dem Fenster geworfen worden war. Außerdem glaubt man, daß er den sehr ähnlichen Fassadeneinbruch bei dem amerikanischen Studenten Joffe in der Kaiserin-Augusta-Straße begangen hat.

Diesen zweiten Einbruch streitet Kaßner ab, kann aber natürlich nicht leugnen, mit zerbrochenen Gliedern vor dem Kaiserhof gelegen zu haben. Wie er dahingekommen sei, das bildet den schwindligen Abschnitt seiner Biographie. Er behauptet, abends spazierengegangen zu sein. Er sei um halb elf am Kaiserhof vorbeigegangen, habe die Fassade unwillkürlich betrachtet und als Fachmann gesehen, daß sie besonders schwierig zu ersteigen sei. Das habe ihn außerordentlich gereizt, er habe die Stiefel ausgezogen, sei an der Fassade emporgeklettert, deren Fenster alle dunkel und verschlossen gewesen seien. Er kletterte weiter an einem Balkon entlang, kam plötzlich an ein inzwischen erleuchtetes Milchglasfenster, wich noch einmal zurück, kletterte dann doch an dem Fenster vorüber, fand das nächte ein Viertel geöffnet, sah hinein. Jemand schrie auf, ein Mann stürzte von nebenan herein, auf ihn zu. Beide ringen miteinander, der Mann im Zimmer schlägt auf ihn, er klammert sich fest an, zieht auch seinen Revolver, den er als Schlagwaffe gegen den Mann benutzt, der Mann stürzt ihn hinab.

Daß Kaßner nur aus sportlichem Trieb diese besonders reizvolle Fassade hinaufgeklettert sei, glaubt ihm kein Mensch. Er selbst sagt auch ganz offen, daß er sicher irgendwo eingestiegen wäre, wenn er günstige Umstände vorgefunden hätte. Aber, er sei in diesem Falle nicht eingestiegen, und er bleibt in diesem Punkt sehr hartnäckig, weil dieses Moment strafrechtlich für ihn von der größten Bedeutung ist.

Herr H. hat bei seiner Vernehmung durch die Polizei ausgesagt, daß er auf die Hilferufe seiner Frau aus dem Waschraum in das zehn Minuten vorher bezogene Schlafzimmer zurückgekehrt sei und gesehen habe, wie Kaßner eben ins Zimmer sprang und mit vorgehaltenem Revolver in die Mitte des Raumes vordrang. Er habe Kaßner erst bei den Händen, dann am Bauch gepackt und ihm zum Fenster zurückgedrängt. Es sei ein kurzer, aber heißer Kampf gewesen, in dem er über seinem Kopfe zweimal den Revolver knacken hörte. Er, H., sei aber der Stärkere gewesen und habe Kaßner aus dem Fenster geworfen, mit den Worten, er solle wieder da hinausgehen, wo er hergekommen sei.

Niemand würde die Wahrheit der H.schen Aussage bezweifeln, wenn Herr H. zu dem Termin erschienen wäre. Man verhandelte zunächst in der Erwartung eines telegraphisch avisierten Kommens, dann aber wurde glücklicherweise ein Telegramm aufgefunden, das bereits am 12. in Moabit eingetroffen war und das zwei Tage gebraucht hatte, um in die Hände des Schwurgerichtspräsidenten zu gelangen. Herr H. ist erkältet und möchte an seinem Wohnort Zürich kommissarisch vernommen werden.

Welche Darstellung ist die richtige? Über jeden Zweifel erhaben ist die H.sche nicht. Herr H. selbst hat sich während seines Aufenthalts in Berlin nur sehr ungern von der Polizei vernehmen lassen. Er hatte gesagt, der Kerl habe seine Strafe, und an einer weiteren strafrechtlichen Verfolgung sei ihm nicht gelegen. Er hat im übrigen am Morgen nach dem Vorfall Berlin wieder verlassen. Nun soll Herr H. ein sehr kräftiger Mann sein, aber Kaßner sagt: Der Mann kann noch so kräftig sein, ich bin Boxer, Jiu-Jitsu-Kämpfer und doch nicht einfach aus dem Fenster zu werfen. Und selbst das Gericht kann die Darlegungen Kaßners nicht ganz von der Hand weisen. Man könnte sich aber eine dritte Möglichkeit denken: daß Kaßner das Zimmer durch das Fenster betreten hat, bevor es von dem H.schen Ehepaar bezogen wurde – daß er sich bei dem Eintreten H.s zuerst versteckt habe und später einen günstigen Augenblick benutzen wollte, um den Rückzug durch das Fenster anzutreten. Hierbei wurde er von H. erwischt, dem es nun doch wohl leichter wurde, einen Menschen, der sich auf der Flucht durch das Fenster befand, hinabzustürzen. Die Verteidigung stellt selbst die Hypothese auf, daß Herr H. einen Augenblick nach dem Überfall das Gefühl hatte, in der Verteidigung zu weit gegangen zu sein, daß er deshalb eine etwas abseitige Darstellung des Sachverhalts gegeben hatte, die er nun unter seinem Eide nicht wiederholen möchte.

Da auch der amerikanische Student Joffe zum Termin nicht erschienen war, beschloß das Gericht nach fünfstündiger Verhandlung, die Sache auf unbestimmte Zeit zu vertagen.

Kaßner wurde schließlich zu sechs Jahren Zuchthaus und 10 Jahren Ehrverlust verurteilt. Nach seiner Entlassung, in der Nacht zum 2. Juni 1933, tötete ihn die Kugel eines Polizisten in Dresden, nachdem er wieder einen Raub begangen hatte.

Der Räuber aus Reklamesucht

Sachverständige werden darüber urteilen, ob der Räuber Johannes Spruch, der am 25. September den verwegenen Überfall auf das Juweliergeschäft in der Tauentzienstraße verübte, ein Psychopath sei – und das Gericht wird darüber beschließen, bis zu welchem Grade die psychopathische Veranlagung etwa ein Grund sei, ihm mildernde Umstände für eine Tat zuzubilligen, zu der er sich ja im übrigen offen bekennt.

Der Typ des Räubers Spruch ist in Deutschland ein verhältnismäßig seltener; in romanischen Ländern trifft man ihn häufig und immer wieder. Man wird angesichts dieses Mannes sehr lebhaft an die Pariser Autobanditen erinnert, die mit unerhörter Verve vor etwa 15 Jahren an hellichtem Tage Pariser Bankfilialen überfielen und ausräumten, die dann, als man ihnen auf der Spur war, sich mit der Waffe in der Hand bis zum letzten Atemzuge verteidigten. So konsequent ist Johannes Spruch Gott sei Dank nicht; aber wenn man ihn von der Anklagebank sprechen hört – besser gesagt; sprechen sieht –, so hat man das deutliche Gefühl: dieser Mann ist nicht Verbrecher geworden aus moralischer Verkommenheit, vielleicht noch nicht einmal aus einer ihn vollkommen beherrschenden Sucht nach Gewinn. Er handelte sichtlich aus einer steten, sprungbereiten Laune heraus, und diese Laune hat er in den Gerichtssaal mitgebracht. Unter den dreihundert Menschen, die an diesem Tage im Schwurgerichtssaal vereinigt sind, ist er zweifellos der Bestgelaunte. Keine Spur von Bewußtsein davon, daß er sich eines schweren Verbrechens zu verantworten hat; kein verstimmender Gedanke an eine mehrjährige Zuchthausstrafe, die ihn bedroht. Er läßt sein Leben an uns vorüberziehen, sein Leben, das scheinbar so lustig war, in dem es aber auch an verzweiflungsvollen Momenten nicht gefehlt hat. Dreimal hat er versucht, sich dieses Leben zu nehmen – vielleicht ohne selbst recht zu wissen, warum es ihm nicht behagte.

Es ist kein Anlaß, die geistigen Fähigkeiten Spruchs zu überschätzen. Er war ein durchschnittlicher Volksschüler, ein wenig ausdauernder Angestellter, ein gelegentlich zu Heldentaten, dann wieder zum Auskneifen geneigter Soldat, er war ein sentimentaler Liebhaber und dann wieder einer, der von den Einkünften seiner »Sonja« lebte. Er war ein durch blitzhaftes Handeln erfolgreicher Räuber – und er war ein fliehender Verbrecher, der sehr bald der Polizei ins Garn lief.

Er ist ein Angeklagter, der kaum danach trachtet, irgend etwas zu verhüllen. Seine Rede, die fast geschlagene drei Stunden dauert, schmückt er dauernd mit gewissen Naturlauten wie »Puff«, »Tsching«, »Tamtam«. Sein Bedürfnis nach Krach ist so groß, daß er fortwährend mit der Hand auf die Barriere schlägt. Als er in die Mitte des Saales gestellt wird, um vor der Tafel sein Eindringen in den Juwelierladen zu schildern, klatscht er zur Einleitung in die Hände wie ein Schaubudenbesitzer. Den Schuß im Privatkontor hat er nur abgegeben, um Tamtam zu machen – »ohne Tamtam kann ich nichts machen«. Der Höhepunkt seiner Tat ist für ihn die Lektüre der Zeitungen mit ihren großen Überschriften. Er muß noch heute herzlich darüber lachen, wie er nach seiner Verhaftung die Kriminalpolizei mit der Sonja hereingelegt hat – und daß man Reisen nach Polen unternommen hat, um Sonja zu finden, ist für ihn eine Quelle reinsten Vergnügens. Dazwischen machte er noch sentimentale Nebengeschäfte: die Versendung einzelner Schmuckstücke an einige Bräute befriedigte ihn tief: er wollte doch zeigen, daß auch er was geworden sei.

Das Gehirn dieses Menschen gleicht einer Mühle ohne Korn. Es ist in Spruch ein unbändiger Betrieb. Er kann nicht arbeiten, er kann nur handeln. Aber für die Handlung fehlt es ihm an Motiven, Ziel, an Bildung, an irgendwelchem Können. Als er der Angestellte eines Geschäftes war, konnte er nicht vorwärtskommen – »ich konnte mir nie merken, wo die Ware liegt« –, vielleicht erklärt das auch seine Vorliebe für Juwelierläden, die im Schaufenster ihre Kostbarkeiten zeigen. Interessant für ihn ist nur die Tat und das, was die Tat hervorbringt: ein Stab von Beamten um ihn bemüht, Journalisten, Zeitungen, Bilder... man darf überzeugt sein: auch auf das Plätzchen im Verbrecheralbum ist er stolz.

Er weiß nicht, wie kurzlebig der Zeitungsruhm ist, wie rasch der eine Tag vorbeigeht im schönen, alten Schwurgerichtssaal mit den vielen gut angezogenen Leuten im Zuschauerraum und auf den Tribünen. Er weiß eigentlich gar nichts von dieser Welt und am wenigsten von dem patentierten Segen des kleinen Philisters zu Stuckert am Neckar.

Daß er das nicht weiß, ist sein Schwachsinn, der ihm vielleicht mal hie und da die Milderung einer Strafe einbringt und der ihn dennoch zum Untergang verurteilt.

Triumph der Wissenschaft

Man redet dem Angeklagten sanft ins Gewissen, er möge den Einbruch eingestehen, den er versucht hat. Der Staatsanwalt bringt würdige Überredungskünste auf, der Vorsitzende spricht ihm freundlich zu. Beide locken mit der Milde des Gerichts. Der Angeklagte will nicht. Er sieht so ganz anständig aus, benimmt sich ordentlich, gibt bescheidene Antwort auf jede Frage – nur die entscheidende Frage will er durchaus nicht nach dem Willen der Herren beantworten. Er sagt: »Ich weiß wirklich von nichts. Wenn ich es gewesen wäre, hätte ich es längst gesagt, denn es ist kein Vergnügen, in der Untersuchungshaft zu sitzen.«

Die Herren haben schon ihre Gründe, dem Angeklagten so gütlich zuzureden, denn für seine Schuld ist nur ein einziges Beweismittel zur Hand: Fingerabdrücke. Sonst weiß man gar nichts! Dem Dachdeckermeister Soundso aus Charlottenburg wurde eines Morgens mitgeteilt, daß in seinem im Erdgeschoß gelegenen Büro ein Einbruch versucht worden sei. Die Fensterscheibe war eingedrückt, in den Geldschrank war ein großes Loch gebohrt – aber die Diebe hatten ihre Arbeitsstätte verlassen, bevor sie zum Ziele gelangten. Nachträglich erinnerte sich der Dachdeckermeister, in der Nacht ein Geräusch gehört zu haben. Das ist alles, was man weiß.

Dann wurden Fingerabdrücke gefunden, auf der Fensterscheibe und namentlich aber am Fensterbrett. Der eine Finger wurde sehr rasch identifiziert, aber schließlich konnte man feststellen, daß die ganze Hand dem Kellner Kerwin gehören mußte, einem immerhin wegen Eigentumsdelikte zweimal vorbestraften Menschen. Als man ihn suchte, war er gerade nicht in Berlin, dann wurde man seiner habhaft. Man nahm noch einmal seine Fingerabdrücke, die abermals mit den am Tatort gefundenen vollkommen übereinstimmten.

Diese Abdrücke sind nun die einzigen Beweise, die man hat. Zwei Kriminalbeamte treten als sachverständige Zeugen auf und verkünden mit dem Schwung der Überzeugung den Triumph der Wissenschaft, die Unfehlbarkeit der Daktyloskopie. Jeder Mensch habe andere Linien, und um einmal die gleiche Kombination überhaupt möglich zu machen, müßten fünfmal mehr Menschen auf der Erde sein. In der Presse gäbe es wohl ab und zu mal eine Meldung, die besage, daß zwei Menschen mit genau denselben Handlinien aufgefunden seien. Aber das seien Falschmeldungen, die immer von Verbrechern und ihrem Anhang lanciert würden. In dieser Wissenschaft sei ein Irrtum unmöglich. Selbst bei Zwillingen sei die Handzeichnung verschieden. Bei Zwillingen treibe die Natur die Gleichheit gewiß sehr weit, aber die ähnlichsten Zwillinge haben zwar ähnliche und doch nie identische Zeichnungen. Und die Beamten zeigten das Bild eines Londoner Zwillingspaares, das einander so ähnlich ist, daß man es überhaupt nur an seinen Handlinien unterscheiden kann. Aufgrund ihrer Erfahrungen versicherten die Beamten, daß niemand anders der Täter sein könne als der Angeklagte. »Wir wollen mit aller Gewalt keinen Unschuldigen ins Gefängnis bringen, aber die Daktyloskopie ist das zuverlässigste Beweismaterial, das die Kriminalpolizei an der Hand hat.«

Noch einmal wurde der Angeklagte gefragt, noch einmal wurde ihm zugeredet, er blieb bei seinem Leugnen. Dann erhob sich der Staatsanwalt, der den Angeklagten wegen seines Leugnens besonders energisch bestraft wissen wollte, und beantragte eine Zuchthausstrafe von zwei Jahren und fünf Jahre Ehrverlust. Der Verteidiger bemühte sich, die Unfehlbarkeit der Daktyloskopie anzuzweifeln, ließ es aber vorsichtshalber auch sonst nicht an Milderungsgründen fehlen.

Das Gericht verurteilte den Angeklagten zu einem Jahr und drei Monaten Gefängnis. Der Beweiskraft der Daktyloskopie habe man sich nicht verschließen können. Strafmildernd sei aber die Tatsache zu werten gewesen, daß der Angeklagte nur zweimal vorbestraft sei und das letztemal vor acht Jahren. Man sei auch aus anderen Gründen zu der Überzeugung gekommen, daß der Angeklagte nicht der Haupttäter war, sondern daß er der Verführung erfahrener Verbrecher erlegen sei.

Der Zuhörer konnte sich einer gewissen Beängstigung nicht erwehren. Wie die Daktyloskopisten ihr Gutachten im einzelnen begründeten, war sicher schlagend; aber es wurde auch nicht der Schatten eines Nachweises dafür erbracht, daß der Angeklagte zu einem Kreise von Verbrechern gehörte, daß er sich je mit Geldschrankeinbrüchen befaßt hatte, daß er überhaupt seit seiner letzten Strafe in irgendwelche dunklen Geschäfte verwickelt war. Von seinem Privatleben wurde überhaupt nichts hervorgebracht, und so war tatsächlich der Fingerabdruck das einzige Beweismittel, das man gegen ihn hatte. Selbst die Unfehlbarkeit der Daktyloskopie sollte für die Polizei kein Grund sein, Nachforschungen anderer Art unversucht zu lassen.

Noch hat sich der Angeklagte nicht darüber geäußert, ob er die Strafe annehmen wolle. Aber er hat im Untersuchungsgefängnis Zeit, über die Wahrheit eines Satzes nachzudenken, den einer der Sachverständigen aussprach:

»Der größte Feind des Verbrechers ist seine eigene Hand.«

Der Phantasist

In einer Winternacht stieg er durchs Fenster in die Jerusalemer Kirche. Vorher war er beobachtet worden, wie er an der Kellertür der Kirche rüttelte, wie er mit großer Eleganz versuchte, durch die anderen, sehr hoch gelegenen Sakristeifenster einzudringen. Als er drinnen war, holte der Beobachter die Polizei, die den Eindringling unter einer Bank versteckt fand. Gestohlen war nichts – aber die Ausreden, die der bleiche junge Mann vor dem Gericht produzierte, mußten lächerlich erscheinen. Er will in sinnlos betrunkenem Zustand an der Kirchenwand emporgeklettert sein – nein, so was glaubt man nicht einem Menschen, der schon als Sechzehnjähriger wegen schweren Diebstahls bestraft worden ist. Aber irgend etwas empfahl ihn der Milde des Richters, der sich nicht dem (Zuchthaus beantragenden) Staatsanwalt anschließen wollte. War es die nette, bescheidene Haltung des jungen Menschen, der mit offenbar ernsten Tränen die Tat, die er ableugnete, bereute?

Es war vielleicht etwas anderes. Auch seine Wirtin war als Zeugin vernommen worden. Sie bezeichnete ihn als einen »Phantasisten«, der nachts viel stöhnte, am Tage viel las und schrieb. Er habe sich mit Theaterkritiken und Gedichten versucht. Von einem wußte die gute Frau noch den Anfang:

»Schau in die Nacht –«

Das Merkwürdige war nun das Verhalten des Dichters zu seinen Geschöpfen. Den Einbruch hatte er mit einer gewissen Rührung abgeleugnet, doch immerhin seine Ruhe bewahrt. Als aber die Rede auf seine Gedichte kam, wurde er schrecklich nervös. Er verleugnete sie nicht, aber er schlug mit der Hand auf die Holzschranke, rief einmal über das andere: »Das gehört nicht hierher!« Ein anderer hätte vielleicht gesagt: »Ich bin zwar nur ein einfacher Arbeiter – aber ich fühle mich Dichter – ich bin stellungslos, und ich arbeite dennoch, für mich, literarisch – meine Phantasie quält mich Tag und Nacht – dann muß ich stöhnen und schreiben – schreiben und stöhnen – immer abwechselnd – und dann plötzlich weiß ich nicht, wie mir wird – vielleicht ist es der Hunger, vielleicht auch nur die Phantasie – dann treibt es mich von Hause fort – dann jagt es mich zu Abenteuern – und plötzlich findet man mich in einer Kirche, und ich weiß nicht, wie ich hingekommen bin –«

So würden andere sprechen, so würde jeder Schriftsteller sprechen – aber dieser wahre Phantasist tat das nicht. Er wollte nicht zugeben, daß seine Gedichte etwas mit der Tat zu tun haben, er schnitt seinem Verteidiger das

Wort ab, und, als dieser noch weiter davon redete, kehrte er schweigend, trauernd, schämig das Gesicht zur Wand.

Der Richter sah die Tat als erwiesen an und war gewiß geneigt, sie streng zu bestrafen. Aber dieses tadellose literarische Verhalten diktierte ihm mildernde Umstände in die Feder. Mit Recht; denn wer so zu seinen Gedichten steht, hat die bürgerlichen Ehrenrechte noch nicht verwirkt.

Dr. Hauck

Der Gelehrte, Archivdieb Dr. Hauck, und sein Genosse Hohenlochner standen vor dem Berufungsrichter. Man ist geneigt zu sagen: das mäßig interessante Kapitel eines miserablen Romans, der den Titel trägt: Der Mann mit der Maske.

Es stellte sich heraus: die Maske war mir bekannt, irgendwie in Verbindung mit einer schönen Münchner Zeit vor fünfundzwanzig Jahren. Die Maske wird nicht nur durch den unglaublich dichten Schnurr- und Kinnbart gebildet. Das aufrechte Haupthaar wirkt wie eine Kapuze; und sogar die Augenhöhlen sind so dunkel, daß man kein Auge sieht, sondern zwei schwarze Löcher. Es ist, als sei das alles nur dazu da, eine abnorme Häßlichkeit zu verdecken. Jedenfalls, seelische Erregungen werden auf diesem Gesicht nicht erkennbar.

Ich glaube, ich habe diese Maske jahrelang jeden Tag auf der Münchner Ludwigstraße gesehen, ohne mir sehr den Kopf über sie zu zerbrechen. Sie war damals jünger, studentischer, aber sie brachte Gelehrtenhochmut durch eine sehr stolze Haltung prononciert zur Geltung. Ich empfand diesen Menschen abstoßend und einprägsam, aber ich kam nicht auf den Gedanken, seinen Namen zu erfragen.

Jetzt weiß ich es: Dr. Hauck. Und den Gelehrtenhochmut hat er mit auf die Anklagebank gebracht. Er wird von den 1 Jahr 6 Monaten Gefängnis der ersten Instanz einiges herunterhandeln, und es ist ihm ernst darum. Aber leidenschaftlich wird er erst, wenn er den sachverständigen Leitern der Archive, die er bestohlen, etwas am Zeuge flicken kann. Immer noch will er beweisen, daß er die an Händler weiterverkauften Autogramme nicht gestohlen hat – obgleich er nicht leugnet, die großen Mengen gestohlen zu haben, die man bei ihm in seiner Wohnung fand. Tja, wäre bei ihm nichts gefunden worden, so stünde es günstiger um ihn. Denn das wenigste von dem, was in den Archiven ruht, ist mehr als ein- oder zweimal gelesen worden.

Hauck hat – so meinen die Sachverständigen – vielfach die aufgeklebten Adressen der Briefe entfernt. Und wenn der adressenlose Brief irgendeines Potentaten im Handel auftaucht, so wissen oft nicht einmal die bestohlenen Archivare, ob das Stück zu den ihnen gehörigen Schätzen gehört.

Das Bild im Gerichtssaal ist merkwürdig genug: vor dem Richtertisch ein großer Koffer, voll von den gestohlenen Dokumenten. Die Archivare, zumeist jüngere Herren, breiten die Schätze auf dem Richtertisch aus, suchen zu beweisen, was Hauck zu widerlegen trachtet. Aber wenn dann mal ein einzelnes Stück gezeigt werden soll, kommen die jungen Herren in große Verlegenheit: es ist ein so großes Durcheinander. Immerhin einiges wird produziert: Briefe Wallensteins und Friedrichs des Großen; sogar ein schriftliches Überbleibsel Marias der Blutigen, Gattin Philipps des Zwoten, gelangte auf diese Weise nach Moabit.

Nichts aber kränkte wohl Haucks Stolz tiefer als der Vorwurf, er habe die gestohlenen Dinge ohne alle Sorgfalt eines Sammlers und Gelehrten aufbewahrt, sie in Staub und Unordnung verkommen lassen.

Dann wird das Problem von der neuropathischen Seite her untersucht. Die Doktoren Dyrenfurth und Magnus Hirschfeld sprechen. Nach eigener Angabe hat Hauck zum ersten Mal bei einer Handschrift Gortschakoffs eine erotische Empfindung gehabt. Wenn man bedenkt, daß er seitdem Tausende von Briefen gekauft, gestohlen und verkauft hat, muß er eigentlich trotz seiner finsteren Maske ein ganz vergnügtes Innenleben geführt haben.

Magnus Hirschfeld spricht über Fetischismus und Sammlerleidenschaft. Er schildert auch den Sammler, der allmählich zum Amateur-marchand wird. Aber der Vorsitzende, Landgerichtsdirektor Siegert, fragt, ob der berüchtigte Zopfabschneider, der 300 Zöpfe sammelte, einen davon verkauft habe? Hirschfeld weist auch darauf hin, daß der Fetischismus und die homosexuelle Veranlagung des Angeklagten zweifellos auf derselben neuropathischen Grundlage beruhen. Aber wenn er auch glaubt, die Veranlagung beeinträchtige die Verantwortung, so sei diese doch nicht im Sinne des § 51 aufgehoben.

Alles käme eben darauf an, zu wissen, was im erotischen Sinne beseligender ist: das Kaufen, das Stehlen oder das Verkaufen von Autogrammen? Aber das könnte nur Dr. Hauck beantworten, und auf dessen Objektivität kann man sich nicht genau verlassen.

Selbstverständlich – auch er, wie alle, die mit Grund die Anklagebank drücken, ein objektiv unglücklicher Mensch. Ein höchst unordentlicher Gelehrter, ein ungeordneter Gelehrter, in dem Sammelwut, krankhafte Veranlagung, diebisches Geschick sich ein seltsames Stelldichein gaben. Wer weiß, vielleicht erforderte aber gerade seine homosexuelle Veranlagung Opfer, die er auf keine ehrliche Weise mehr aufzubringen verstand. Er sagte es nicht – seine Maske legte er nicht ab.

Die Strafkammer verschärfte die Strafe gegen Dr. Hauck von eineinhalb auf zweieinhalb Jahre Gefängnis, nahm bei Hohenlochner einfache Hehlerei an und erkannte gegen ihn ebenfalls auf zweieinhalb Jahre Gefängnis. Beide Angeklagten wurden sofort in Haft genommen.

Das Bothmer-Urteil

Ellinor Gräfin Bothmer, die Frau eines Potsdamer Regierungsrats, wurde unter dem Verdacht verhaftet, zahlreiche Hausdiebstähle bei Verwandten und Freunden ausgeführt zu haben. – Wochenlang war der Fall Bothmer das Gesprächsthema von Potsdam.

Auch das Berufungsgericht hat die Gräfin Bothmer schuldig gesprochen. An der Tatsache, daß die Gräfin eine Reihe von Diebstählen begangen hat, kann kein Zweifel bestehen. Über Einzelheiten mögen unterschiedliche Meinungen berechtigt sein; aber diese Abweichungen spielen keine wesentliche Rolle.

Man wird dem Berufungsgericht zustimmen, wenn es sein Urteil wesentlich milder ausfallen läßt, als es die erste Instanz getan hat. Denn es handelte sich am Ende um Familiendiebstähle. Um so mehr wird man durch die Tatsache befremdet, daß die Gräfin, nachdem das Gericht eben die Haftentlassung ausgesprochen hat, wegen der Urkundenfälschung sofort wieder in Gewahrsam genommen worden ist. Sicher erfordert auch die Urkundenfälschung ihre gerichtliche Sühne, namentlich schon deshalb, weil diese Straftat mehr als die anderen die Kennzeichen einer undelikaten Gesinnung trägt. Aber wenn die Untersuchungshaft der Gräfin in dem ersten Prozeß gerechtfertigt war durch ihre eigenen Bestrebungen, den Tatbestand zu verdunkeln – in der Urkundenfälschungsangelegenheit besteht eine solche Gefahr nicht. Die Gräfin selbst hat die Tat schließlich zugegeben, und irgendwelche Verschleierungen sind nicht mehr möglich.

Auch der Staatsanwalt befürchtet wohl gar nicht Kollisionsgefahr, vielmehr scheint ihm Fluchtverdacht vorzuliegen. Gewiß ist die schwere Urkundenfälschung der Gräfin mit einer so schweren Strafe – evtl. mit Zuchthaus – bedroht, daß ein Fluchtverdacht und damit auch die Untersuchungshaft formell gerechtfertigt erscheint. Andererseits befinden wir uns mit Bezug auf die Untersuchungshaft nicht erst seit dem Fall Höfle in einer Art Mauserung unserer Anschauungen. Die Mehrzahl der des Meineides Angeklagten z.B. werden bis zur Verhandlung in Freiheit gelassen. Ob die Gräfin, die heute vollkommen mittellos und von allen Verwandten und Freunden verlassen in der Welt dasteht, im eigentlichen Sinne fluchtverdächtig ist, kann bezweifelt werden, und so bedeutet die neuerliche Verhaftung doch zweifellos eine Härte.

In der Tat ist das Gericht nicht das einzige Forum, vor dem die Gräfin Bothmer ihre Handlungen zu verantworten hatte. Noch zwei andere Instanzen sind es, die sich ihr Urteil gebildet haben, oder die es vielleicht erst tun werden.

Das zweite Forum ist »die Gesellschaft«. Sie hatte schon lange vor dem Prozeß eine Art Vor-Urteil abgegeben. Man war von der Gräfin längst abgerückt, da man an ihrem Lebenswandel Anstoß nahm. Indessen ist die Prozedur der formellen Ausschließung erst erfolgt, als der Graf zwischen den beiden gerichtlichen Instanzen die Ehescheidungsklage einreichte. Man möchte diese Klage weniger als eine persönliche Auseinandersetzung denn als einen Akt gesellschaftlicher Natur werten. Nach der Beweisaufnahme des ersten Prozesses ist anzunehmen, daß der Graf gewiß nicht von den Diebstählen, wohl aber von den ehelichen Verirrungen seiner Frau Kenntnis hatte. Er hat diese Verirrungen aus irgendwelchen Gründen dulden zu müssen geglaubt, und er stellte sich ja noch im ersten Prozeß ausdrücklich vor seine Frau. Auch diese Ritterlichkeit war mehr gesellschaftlicher denn persönlicher Natur, es war die Handlung eines Mannes, der unter allen Umständen, so widersinnig es sein mochte, in der »Korrektheit« ein wesentliches Lebensziel sieht. Nachdem die Eheirrungen seiner Frau gerichtsnotorisch geworden waren, erschien es ihm wiederum »korrekt«, sich von seiner Gattin zu trennen. Gewiß mag Persönliches mitgespielt haben: vor allem die Hoffnung, nach seiner Scheidung die Beamtenkarriere fortsetzen zu können, was den unschuldigen Kindern dieser traurigen Ehe zu gönnen ist. Wenn aber einmal die Ehe geschieden ist, dann steht die Gräfin gesellschaftlich im leeren Raum. Was aus ihr wird, vermag niemand zu sagen.

Das dritte Forum ist das, was ich das »Herz der Welt« nennen möchte. Dieses Herz hat um das Schicksal der Gräfin sonderbar heftig gezittert.

Tatsächlich sind die Berichte über den ersten Prozeß durch den Draht in alle Länder und Weltteile geschickt worden. Daß Potsdam, daß Berlin sich erregte, war noch verständlich. Aber daß man sich in weiter Ferne so brennend für die Diebstähle einer deutschen Gräfin interessierte, erscheint auf den ersten Blick weniger begreiflich – namentlich wenn man bedenkt, daß es sich um eigentlich ganz geringe Werte handelte.

Blättert man in der nur wenige Monate alten Prozeßgeschichte zurück, so erscheint manches erklärlich: Die Sache fing mit dem rätselhaften Selbstmordversuch eines gräflichen Regierungsrates an; man erfuhr von sittlichen Verfehlungen seiner Frau, dann langsam von anderen. Die Polizei, sonst nicht immer zur Hand, wenn es sich um größere Werte handelt, stellte die Gräfin unter genaueste zeitraubende Beobachtung. Verdunkelungsversuche der Gräfin, die Briefe an die katholischen Geistlichen, die Hinzuziehung des »Zeugen« Stange erhöhten die Spannung. Es ist schon nach dem ersten Prozeß gesagt worden: hätte die Gräfin alles gestanden, der Prozeß hätte wenige Stunden gedauert und wäre vermutlich viel glimpflicher ausgegangen. Es lag aber in der Phantasie dieser merkwürdigen Frau, andere Wege zu gehen, Verwirrungen zu schaffen, die ihr letzten Endes nicht genutzt, sondern nur geschadet haben.

Aber – was sagt nun, nach dem Spruch der zweiten gerichtlichen Instanz – das »Herz der Welt«? Verwirft es die Gräfin, läßt es Milde walten? Erscheint ihm die Gräfin als eine unverbesserliche Verbrecherin, oder hat es doch noch in einem seiner Winkel etwas von der hoffenden Zärtlichkeit, die schöne Sünderinnen so oft zu erwecken und lebendig zu erhalten wissen? Der alte Präsident Rieck hat gestern, als ihn einer der sachverständigen Ärzte fragte, gesagt: »Wir haben nicht alles für wahr gehalten, was die Gräfin gesagt hat, aber wir haben über ihre kleinen Ungenauigkeiten gelacht.« Und der alte Präsident, der einst ein strenger und energischer Strafrichter war, ließ durchblicken, daß gerade diese kleinen Unstimmigkeiten sehr viel zum behaglich heiteren Familienverkehr beigetragen haben. Freilich hatte man damals keine Ahnung, daß diese harmlosen Unstimmigkeiten zu schwereren Verfehlungen führen würden. Einer der früheren Freunde der Gräfin schilderte mir ihr eigentümlich begeisterungsfähiges Wesen, die rasche Güte, die sie ausgezeichnet, die fast ins Krankhafte gesteigerte Sucht, kostbare Geschenke zu machen. Daß sie entgleist ist, daran ist nicht zu zweifeln. Daß sie aber auch gewisse positive Eigenschaften hatte, daß sie diese sogar auf der Anklagebank betätigte, ist nicht zu leugnen. Man möchte hoffen, daß – sie ist ja noch nicht alt – sie imstande sein möge, nach der furchtbaren Erfahrung, die sie gemacht hat, ihre positiven Eigenschaften zu fördern und zu entwickeln.

Einem befreundeten Juristen, der mir eine gewisse Sympathie für die Gräfin zum Vorwurf machte, mußte ich sagen: Da die Gräfin gestohlen hat, so muß sie ihre Strafe erhalten wie jeder andere Dieb, und dagegen wage ich kein Wort zu sagen. Aber ich weiß, daß es im Kerne schlechtere Menschen gibt als diese leichtfertige und spielerische Frau und daß diese schlechteren Menschen Böseres getan haben – Böseres, das eben nur nicht strafrechtlich zu fassen ist. Von diesen böseren Dingen weiß das Herz der Welt, und diese Wissenschaft schwingt oft mit, wenn ihm ein juristisches Urteil zur inneren Stellungnahme vorgelegt wird.

Gräfin Bothner wurde zu vier Monaten Gefängnis und später – wegen anderer Straftaten – noch einmal zu zwei Monaten und 14 Tagen Gefängnis verurteilt.

Phryne ohne

Phryne hieß die griechische Canaille, die ein freisprechendes Urteil dadurch erzielte, daß sie den Blicken des hohen Gerichtshofs den rosigsten aller Tatbestände preisgab.

Heute kommt das nicht mehr vor; also mußte sich Sascha, eine bescheidene Berufsgenossin jener Phryne, damit begnügen, sich dem medizinischen Sachverständigen zu offenbaren. Und der sah etwas sehr Merkwürdiges.

Übrigens gewann man auch so einen gewissen verwirrenden Eindruck von Sascha, die sich wegen eines schweren Diebstahls zu verantworten hatte. Das bleiche Gesicht unter der hohen weißen Stirn erschien besonders fein gezeichnet. Der braune Bubilockenkopf, die dunklen, sehr lebendigen Augen, der zarte und üppige Mund – das alles wäre an sich schon ein lockendes Ensemble gewesen. Es erhielt aber seinen besonderen Reiz durch einen fortwährenden Wechsel des Ausdrucks, der wetterleuchtend über die sich in jeder Sekunde verändernde Stimmung Saschas Auskunft gab. Böse, heiter, schnippisch, gelangweilt, furchtsam, frech, anständig, gemein – alle diese Nuancen huschten in jähem Durcheinander über das Gesicht. Nur die Reinheit der Stirn leuchtete frei über all den krausen Launen Saschas.

Seit Jahren übt sie ihr Gewerbe, verträgt sich mit ihren Wirtinnen gut, die sie als ein besonders gutartiges Geschöpf schildern, die sie aber durch ihr stets unvorhergesehenes Betragen in Verlegenheit bringt: Sie zerreißt plötzlich Kleider und Wäsche, sie legt Butterstullen unter das Bettlaken, sie verschwindet auf Tage, ohne zu sagen, wo sie gewesen. Bei einer dieser Gelegenheiten hatte sie den Schrank der Wirtin gewaltsam geöffnet und bestohlen – dann freilich einen Teil der Gegenstände zurückgegeben und später sogar den Geldwert der fehlenden ersetzt.

Das Merkwürdige aber, das der Sachverständige sah, war dies: von Phrynes holdem Tatbestand fehlte die eine Hälfte, aber völlig. Nicht eine Spur von Muskel oder Drüse war zu sehen. Nichts als Haut und Knochen. Eine angeborene, zumeist erbliche Hemmung in der Entwicklung.

Und der Sachverständige spürte fein die Zusammenhänge zwischen der seelischen und der körperlichen Entwicklungshemmung auf:

Sascha ist für ihren Beruf (auch ohne die andere Hälfte) prädestiniert. Ein Triebgeschöpf, das ohne feste Charakterlinie auf die Welt gekommen ist. Das zu keiner nutzbringenden Tätigkeit angehalten werden kann. Das hemmungslos den eigenen, stets wechselnden Launen preisgegeben ist. Primitiver Verstand, geringe Schulbildung. Bei allem durchaus nicht böse, keineswegs schamlos. Oft zeigt sie den ehrlichen Willen, sich brav zu zeigen. Aber sie kann nichts anderes sein, als was sie ist. Nicht anders handeln, als sie tut. Von einem Ausschluß der freien Willensbestimmung entsprechend dem § 51 könne man nicht reden. Wohl aber von einer Psychopathin, die für ihre Handlungen nicht voll verantwortlich ist.

Kein einheitlicher Mensch, sondern einer, der aus lauter Teilmenschen zusammengesetzt ist, der seine einzelnen Teile nicht kontrolliert und beherrscht, und der kein Organ habe, um vorauszusehen, was dieser oder jener Teil seines Menschtums im nächsten Augenblick unternehmen werde.

Der Staatsanwalt beantragt drei Monate Gefängnis. Zugleich aber bittet er, der Angeklagten Bewährungsfrist zuzubilligen.

Sascha weint leise. Auf die Frage des Vorsitzenden, was sie zu ihrer Verteidigung anzuführen habe, neigt sie das Köpfchen und sagt manierlich: »Danke.«

Das Urteil, das dem Antrage des Staatsanwalts entsprach, nimmt sie ebenso artig in Empfang, verzichtet auf Rechtsmittel, und sie geht mit einer letzten leichten Verbeugung aus dem Saal, für Sekunden sichtlich bewegt von den Ermahnungen des Vorsitzenden.

Im Grunde dasselbe Urteil wie das, das einst Phryne erhielt, wenn auch aus anderen Gründen. Aber es ging auch ohne.

Die Kette

Der liebe Gott hatte sich mal wirklich Mühe gegeben und nach den Erlesensten des Alten Testaments ein Frauenbild getuscht – ein Frauenbild! Und er scheute nicht mal den Weg in das finsterste Galizien. Ausgerechnet dort ließ er das Mädchen erblühen, mit der unausgesprochenen Absicht, es nach zwanzig Jahren auf der Anklagebank in Moabit einem kleinen, aber gewählten Kreise von Bewunderern vorzuführen. Das heißt, ob er das alles gewußt hat, sei lächerlicherweise nicht behauptet. Dies Mädchen hatte wohl seinen eigenen Kopf, und es geschah sicher gegen höheren Willen, daß es mit siebzehn Jahren einen abscheulichen Kellner heiratete. Der Vater aller Dinge hatte vielleicht ganz anderes mit ihr vor; erst, als ihm gar nichts anderes mit ihr glückte, kam er auf die Idee mit der Anklagebank.

Da saß sie nun, schimmernd wie eine Blume im Schaufenster. Mit schwarzbraunem Pagenkopf, großen, klugen, grauen Augen unter der weißen Stirn. Mattgelb die Haut, leuchtend Mund und Zähne, mit einem kurzen vorwitzigen Näschen und zwei etwas dicklichen roten Händen. Auf die hatte man höheren Orts offenbar nicht so geachtet.

Und der Mann war auch dabei, gräßlich anzuschauen wie ein Kaktus. Den man zwar auch ins Blumenfenster stellt, ich weiß nur nicht, warum.

Angeklagt waren beide des Diebstahls. Er hatte die spärlichen Kostbarkeiten aus der Wohnung einer befreundeten Familie entfernt, während sie, die süße Canaille, alles tat, um die Besitzer fernzuhalten – um dem Manne für sein Tun Zeit zu lassen.

Vielleicht wäre der Frau die Mitwisserschaft nicht haarklein nachzuweisen gewesen. Aber – der Kaktus von einem Manne, mit ihr längst verfeindet, legte, um die Mitschuld seiner Frau zu beweisen, eine Photographie vor, auf der sie eine gestohlene goldene Kette um den Blütenhals trägt. Aus dieser Tatsache entwickelte sich eine psychologische Kontroverse zwischen Staatsanwalt und Verteidiger. Dieser meint, die junge Frau hätte sich bestimmt nicht mit der Kette photographieren lassen, wenn sie gewußt hätte, daß sie gestohlen sei. Der Staatsanwalt aber lächelt weise und sagt, da kenne der Herr Verteidiger die Frauenseele schlecht. Sie sei unbedenklich, um zu besitzen, und lasse jede Vorsicht außer acht, wenn es gälte, Schmuck zu zeigen.

Das Gericht schlichtete den Streit, indem es die Frau zwar schuldig sprach – ihr aber die Untersuchungshaft anrechnete und für den Rest Bewährungsfrist zubilligte, so daß sie sofort in Freiheit gesetzt wurde. Den Mann aber ließ man gerechterweise brummen, um seinen stachlichten Anblick solange wie möglich der empörten Mitwelt zu entziehen.

Da geht sie nun dahin, die süße Dame, begleitet von den Segenswünschen aller, die sie je gesehen; das Köpfchen frei und leicht auf dem weißen, schmucklosen Halse.

Wer legt da ein Kettchen herum, ein nach Möglichkeit nicht gestohlenes?

Um 20 Mark 10 Jahre Zuchthaus – und freigesprochen

Aus der Untersuchungshaft werden zwei noch junge Männer vor die Berufungskammer geführt. Die erste Instanz hatte jeden von ihnen zu fünf Jahren Zuchthaus und fünf Jahren Ehrverlust verurteilt. Die Anklage warf ihnen vor, den Arbeiter G. beraubt zu haben.

Was war geschehen? Die beiden Angeklagten, die sich selbst vorher nicht kannten, waren auf einer Bierreise mit dem schon etwas angetrunkenen Zeugen G. zusammengetroffen. G. hatte von einem Laubenverkauf Geld in der Tasche, hielt die beiden in verschiedenen Lokalen frei und wollte schließlich mit ihnen ein Tanzlokal in der Auguststraße aufsuchen. Dort war aber bereits Polizeistunde. Der Portier hieß sie gehen, aber G. skandalierte, wollte durchaus ins Lokal hinein und war nur schwer mit sanfter Gewalt auf die Straße zu befördern. Die beiden Angeklagten hatten ihn dabei untergefaßt. Auf der Straße angekommen, schrie G. nach der Polizei, er erklärte, von seinen beiden Zechbrüdern beraubt zu sein, worauf ihn diese nach der ganz nahegelegenen Wache transportierten. Hier wiederholte G. seine Behauptungen. Er gab an, den Erlös für das Laubengelände in die Brieftasche gesteckt zu haben, weitere 20 Mark aber habe er in der Hosentasche verwahrt – diese sei nun vollkommen aufgerissen, und er bezichtigte die beiden Zechbrüder, ihm die 20 Mark gestohlen zu haben. Willig ließen sich die beiden auf der Polizeiwache untersuchen, man fand bei ihnen nur ganz geringe Geldbeträge. G. aber behauptete, sie hätten unterwegs einem Jungen die 20 Mark zugesteckt. Bei der Feststellung der Personalien ergab sich freilich, daß die beiden keine feste Wohnung hatten. Der eine war erst seit kurzem aus der Strafhaft entlassen. Der andere, wie der erste dreimal vorbestraft, war in den letzten Monaten nur gelegentlich beschäftigt.

In der zweiten Instanz konnte ein Nachtwächter als Zeuge für die Vorgänge an der Tür des Ballokals die Angaben der Angeklagten bestätigen. Er schilderte, wie schwer der Zeuge G. aus dem Hausflur zu entfernen war und wie er draußen plötzlich angefangen habe, nach der Polizei zu schreien. Trotzdem der Staatsanwalt die Verwerfung der Berufung beantragte, sah sich die Strafkammer genötigt, die beiden freizusprechen. Bestünde auch ein gewisser Verdacht, so sei doch die Aneignung eines fremden Gutes nicht nachzuweisen gewesen.

Der Freispruch befriedigt, gewiß. Aber die Verurteilung der beiden zu je fünf Jahren Zuchthaus ist damit für unser Gefühl nicht ganz aus der Welt geschafft. Der Freispruch bezieht sich – streng genommen – auf eine Anklage wegen Diebstahls. Denn im Vordergrunde des Interesses steht die Frage: Haben die beiden das Geld überhaupt genommen? Wenn sich das erste Gericht in diesem Punkte geirrt haben würde, so wäre es verzeihlich gewesen. Gewiß, könnte man auch in diesem Falle sagen, die Beweise waren nicht sehr einwandfrei. Die Aussage eines Halbbetrunkenen kann niemals als ganz unzweifelhaft glaubwürdig angenommen werden. Die größere Summe, die G. in der Brieftasche trug, und anderes zerknittertes Papiergeld hatte sich in der Rocktasche vorgefunden – alles Anzeichen dafür, daß die beiden Angeklagten kaum die Absicht hatten, den G. um seine Barschaft zu erleichtern.

Wo aber waren die Tatbestandsmerkmale für den Raub gegeben? Das Gesetz verlangt dafür Gewaltanwendung, und die Judikatur erblickt ein Merkmal der Gewaltanwendung in dem Widerstand des Bestohlenen. Eine gewisse Gewalt war angewendet worden, um den G. aus dem Hausflur zu entfernen. Hierbei hatte sich der Portier des Ballokals in erster Linie beteiligt. Aber weder der Portier noch der Nachtwächter hatten gesehen, daß die beiden Angeklagten Gewalt anwendeten, um ihm Geld zu entreißen. Wenn sie selbst ein gewisses Getümmel benutzt hätten, um die 20 Mark aus der Tasche zu ziehen, so wäre es auch nur Diebstahl gewesen. Um sein Urteil einigermaßen zu begründen, erwähnt der erste Richter ausdrücklich, daß den beiden Angeklagten, da sie vorbestraft seien, die Tat wohl zuzutrauen sei, und um dieses Zutrauens willen wird in einer an sich höchst zweifelhaften Sache nicht nur das schwerste Delikt angenommen, es werden die mildernden Umstände versagt, so daß die Mindeststrafe für Raub – fünf Jahre Zuchthaus – zur Anwendung kommen muß; es wird wegen der betätigten ehrlosen Gesinnung die Ehrenstrafe über fünf Jahre verhängt. Und es fiel diesem ersten Richter nicht einmal die Tatsache auf, daß die beiden Räuber den angeblich Bestohlenen persönlich zur Polizeiwache begleiteten – eine Handlungsweise, die selten zu den Gewohnheiten der Räuber gehört. Daß der Gegenstand des »Raubes« nur 20 Mark betrug, konnte bei der tiefen juristischen Einsicht des Vorderrichters nicht ins Gewicht fallen.

Man kann sich sehr frei fühlen von jeglicher Sympathie für die Angeklagten. Der eine hatte sich in den letzten drei Jahren immerhin straffrei geführt, der andere war eben aus dem Zuchthaus entlassen und hatte noch keine Zeit gehabt, bessere Grundsätze zu bewähren. Dies alles ist aber erst recht kein Grund dafür, daß man schwache Menschen durch ein leichtfertiges Urteil endgültig zu Zuchthäuslern stempelt.

Statt fünf Jahre Zuchthaus ein Jahr Gefängnis

Als vor einigen Wochen ein junger Mensch, der auf der Straße einer Dame die Handtasche entrissen hatte, vom Schöffengericht zu 5 Jahren Zuchthaus und 10 Jahren Ehrverlust verurteilt wurde, war ein sonst ganz uninteressierter Zuhörer von dem Urteil so erschüttert, daß er dem ihm unbekannten Angeklagten für die Berufungsinstanz einen Verteidiger stellte – mit dem Ergebnis, daß die Strafe auf ein Jahr Gefängnis ermäßigt wurde.

Vor einigen Wochen stand vor dem Charlottenburger Schöffengericht ein zwanzigjähriger Mensch unter der Anklage, einem jungen Mädchen auf der Straße die Geldtasche, die sie in der Hand trug, hinterrücks entrissen zu haben. Der junge Mann war nicht unbescholten. Eine erste kleine Strafe war mit der Untersuchungshaft als verbüßt erachtet worden, eine zweite schwerere sollte er gerade abmachen. Schon hatte er seine Stellung aufgegeben, hatte sich – wie er sagte aus Angst vor dem Gefängnis – tagelang herumgetrieben, als er (wiederum nach seiner eigenen Angabe) aus Not die Tasche an sich riß. Übrigens war er mit seiner Beute nicht weit gekommen. Auf die Hilferufe der jungen Dame wurde er sofort verfolgt und festgenommen, und die Tasche kam unversehrt wieder in die Hand der Besitzerin. So wenig harmlos das Verbrechen des jungen Mannes war, und so sehr man eine ernste Bestrafung als gerechtfertigt ansehen mußte, so überrascht waren die Augenzeugen der ersten Verhandlung, als das Schöffengericht Charlottenburg durch den Mund seines Vorsitzenden, Landgerichtsdirektors Brennhausen, das Urteil fällte: Fünf Jahre Zuchthaus und zehn Jahre Ehrverlust. Der junge Mann stand allein vor Gericht, er hatte keinen Verteidiger, und wenn er auch selbst angab, in der Not gehandelt zu haben, so fehlte ihm doch die Fähigkeit, sich gegenüber dem Staatsanwalt wirkungsvoll zu verantworten.

Allerdings ist die Mindeststrafe für Straßenraub im Gesetz ganz eindeutig auf fünf Jahre Zuchthaus festgesetzt. Aber die Annahme mildernder Umstände hätte ein Herabgehen in dem Strafmaß auf ein Jahr Gefängnis gestattet. Man durfte sich darüber klar sein, daß eine Verurteilung zu fünf Jahren Zuchthaus und zehn Jahren Ehrverlust für den jungen Menschen den moralischen Tod bedeuten würde. Sympathie konnte er, trotz seines artigen Auftretens vor Gericht, für sich als Individuum kaum beanspruchen. Wohl aber war er auch mit seinen beiden Vorstrafen noch nicht als Gewohnheitsverbrecher charakterisiert, und man empfand deshalb die Strafe als eine ungewöhnlich harte – gewissermaßen als eine endgültige, die das Dasein dieses Menschen besiegelte.

Vor der Berufungskammer unter dem Vorsitz des Landgerichtsdirektors Siegert erschien der Angeklagte mit dem Beistand des Rechtsanwalts F. Themal. Der Angeklagte war wiederum vollkommen geständig, schilderte vielleicht etwas ausführlicher sein bisheriges Leben, woraus hervorging, daß er sich jahrelang als Arbeiter anständig durchgebracht hatte, bis er unter dem Einfluß der Inflationszeit zum erstenmal seine Stellung verlor. Der Verteidiger wies von Anfang an au die Frage hin, ob es sich hier denn wirklich um einen Raub im Sinne des Gesetzes handele, da eine eigentliche Gewaltanwendung gegenüber der Beraubten kaum vorliege. Zwar sei bei dem Entreißen der Handtasche der Bügel abgerissen und in der Hand der Beraubten geblieben. Aber der Angeklagte habe diese Tat ausgeführt, während er im schnellsten Tempo an der Dame vorbeilief. Bei dieser Geschwindigkeit sei natürlich der Ruck des Entreißens ziemlich stark gewesen. Eine richtige Gewaltanwendung gegenüber der Person der jungen Dame aber habe nicht stattgefunden. Für den Fall, daß das Gericht dennoch Raub annehmen wollte, plädierte er für mildernde Umstände.

Der Staatsanwalt hielt seine auf Raub lautende Anklage aufrecht, stellte aber selbst mildernde Umstände anheim. Nach einer sehr langen Beratung verkündete Landgerichtsdirektor Siegert das Urteil: es handele sich hier um einen Grenzfall. Vielleicht stünde hier der gesunde Menschenverstand in einem Widerspruch zur Rechtsprechung. Aber es müßte doch eben genau geprüft werden, ob die Tat des Angeklagten sich im strengsten juristischen Sinne als Raub charakterisiere. Nach der Judikatur des Reichsgerichts könne von einem Raube im Sinne des Gesetzes nur gesprochen werden, wenn der Beraubte die Empfindung einer Gewaltanwendung gehabt habe, und wenn von ihm ein gewisser Widerstand geleistet worden wäre. Nach der Aussage der Zeugin habe diese eine Gewaltanwendung nicht gespürt, sie habe auch gar keinen Widerstand geleistet. Der Angeklagte habe also lediglich das Moment der Überraschung ausgenutzt. Unter diesen Umständen charakterisiere sich die Tat als ein Diebstahl und nicht als Raub. Bei der Abmessung des Strafmaßes sei zu berücksichtigen, daß die Straftat eine schwere sei und daß die Sicherheit der Straße unbedingt gewährleistet werden müsse. Auch daß die Tat einer Frau gegenüber verübt worden sei, falle erschwerend ins Gewicht, weil derartige Überfälle oft bei Frauen schwere gesundheitliche Schädigungen nach sich ziehen. Der Angeklagte sei deshalb unter allen Umständen mit einer abschreckenden Strafe zu belegen: ein Jahr Gefängnis sei als angemessen erachtet worden.

Diesem Urteil und seiner Fassung muß man in jeder Beziehung zustimmen. Aber man sieht mit einigem Schrecken auf die ungeheure Verschiedenheit der beiden Urteile. Zwei der bedeutendsten Berliner Strafrichter führten den Vorsitz, und dennoch konnte sich eine Unterschiedlichkeit der Auffassungen ergeben, wie sie eklatanter kaum denkbar ist. Wohlgemerkt: die Divergenz bezog sich nicht, wie so häufig in anderen Fällen, auf die Frage, ob der Angeklagte schuldig ist oder nicht. Da kommt es gewiß oft genug vor, daß die Berufungsinstanz ein ganz anderes Bild ergibt als die erste Verhandlung. In diesem Falle aber war die Tat ebenso klar beweisen wie eingestanden, und nur die Anwendung des Gesetzes war eine verschiedene. Man wünscht sich und seinen Mitmenschen – ganz im Sinne des Landgerichtsdirektors Siegert – die Sicherheit der Straße. Aber man darf als zweiten Wunsch hinzufügen: Auch eine Sicherheit des Rechts.

Der letzte Fall im alten Jahr

Das alte Kriminalgericht ist schon völlig ausgestorben, nur eine Strafkammer behandelt noch ein paar schwere Jungens. Der letzte Fall ist Riebke, ein junger hochgewachsener Mensch im Lazarettkittel – schwindsüchtig. Man hat seine dritte Straftat, begangen während einer Bewährungsfrist, zu beurteilen. Nein, er habe den Einbruch nicht mitgemacht, sich erst hinterher mit der Unterbringung der Beute beschäftigt. Aber Riebke macht seinen eigenen Fall kaum erwähnenswert. Er wird es erst durch den einzigen Zeugen Förster, Berufseinbrecher, aus dem Zuchthaus vorgeführt.

Ein schöner Bursche, klug, energisch, voller Gauner- und Galgenhumor. Der Vorsitzende und er – sie kennen sich. Der Vorsitzende selbst hat ihn – wegen desselben Einbruchs abgeurteilt. Es war eine Kapitalsache: für 40.000 Mark Herrenkleiderstoffe waren gestohlen worden, lauter prima Qualitäten.

Förster tritt ein, ein braunes Zuchthauskleid, mit zwei gelben Streifen am Ärmel. Das ist Auszeichnung wegen guter Führung. Seine hellen, freundlichen Augen blicken rasch zum Zuschauerraum; da sitzt ein schlankes Mädchen, nett angezogen, braunäugig, süß, verhärmt. Förster unterhält sich mit seinem Vorsitzenden, beide sind nett miteinander, lächeln – und wissen warum. Förster hatte die Tat ganz auf sich genommen, keinen seiner Genossen verraten. Er tut es auch heute nicht.

»War Riebke dabei? Aber Sie werden es nicht sagen –«

Förster lächelt. »Er war wirklich nicht dabei. Ich habe übrigens keine Veranlassung, Riebke zu schonen. Wir stehen durchaus nicht gut zusammen. Wir haben ein Hühnchen miteinander, über das wir ein andermal abrechnen.«

Der Vorsitzende unterbricht ihn: »Dann wollen wir auch jetzt nicht davon reden.

»Aber dabei war er nicht. Am Sonnabend ist der Einbruch verübt worden. Am Sonntag war das Geschäft geschlossen. Ich habe aber an dem Sonntag in einer Kneipe erzählt, daß da noch Waren liegen. Und da ist Riebke wohl noch mit anderen hingegangen und hat sich geholt.«

»Immerhin« – sagt der Vorsitzende lächelnd – »Riebke ist auch vons Jeschäft –?«

»Nee – eigentlich nicht – er hat sich immer bloß rinjedrängelt.«

»Sie nehmen ihn in Ihren Kreisen nicht für voll?«

»Nein – ein jewisses Ehrgefühl muß man haben.«

Förster beziffert den Wert der von ihm gestohlenen Waren auf 16.000 Mark – was Riebke und die anderen erbeuteten, muß erheblich gewesen sein.

»Wollen Sie uns sagen, was aus Ihrer Beute wurde?«

Förster lächelt klug. »Nee, das möchte ich nicht sagen. Aber sie wurde im ganzen verschoben.«

Förster setzt sich. Ein langer Blick zu dem süßen Mädel; dann folgt er aufmerksam der Verhandlung, die für Riebke noch einmal glimpflich mit einem Jahr zwei Monaten Gefängnis ausgeht.

Aber während Förster sich so für die juristische Seite der Angelegenheit interessiert, sieht er nicht, daß hinten im Zuschauerraum viele, viele Tränen vergossen werden.

Doch, als er hinausgeführt wird, sieht er die Tränenspuren. Er bewegt hilflos die Arme, dann steigt er hinab, langsam, verdämmernd wie der letzte Tag des Jahres.

Die weibliche Seite des Verbrechens
Hans Ostwald über Dreimarksdirnen und Halbweltmädchen

In der Berliner Literaturgeschichte ist Hans Ostwald (1873-1940) mit einem Buch eingegangen, das sich zwischen 1927 und 1940 über 85.000 mal verkaufte: »Der Urberliner in Witz, Humor und Anekdote«. Der populäre Band, der erst 1991 wieder von Hans Clauert in einer kommentierten Neuedition herausgebracht wurde, hat das Bild eines Autors geprägt, der in seiner Zeit zu den meistgelesenen in Berlin zählte und heute so gut wie vergessen ist. Aber Ostwald war weder Humorist noch feinsinniger Wissenschaftler, sondern ein sozial engagierter Publizist, den vor allem die Schattenseiten der Berliner Gesellschaft interessierten. Der gelernte Goldschmied hatte sich 1894 für drei Jahre auf die Walz begeben und war dabei mit einer sozialen Wirklichkeit konfrontiert worden, die mit den romantischen Vorstellungen vom lustigen Vagabundenleben nichts gemein hatte.

Das Leben auf der Landstraße prägte seinen weiteren beruflichen Weg. Statt Schmuck für die oberen Zehntausend zu fertigen, wandte er sich dem Journalismus zu und veröffentlichte 1900 seine Erfahrungen, die er unter den Tippelbrüdern gesammelt hatte. Das Buch »Vagabunden« wurde ein Erfolg und bestimmte Ostwalds weitere Arbeit. Er publizierte Denkschriften und Broschüren, die sich mit dem Elend der Landstreicher und Arbeitslosen beschäftigten und forderte u.a. eine »Reichsarbeitslosenversicherung«, um die Gemeinden von der Last der Versorgung zu befreien. Aber, so Hans Clauert im Nachwort zu seiner »Urberliner«-Ausgabe, »um jedem vorschnellen Verdacht zu begegnen – Ostwald war kein Sozialist. Er war gutbürgerlich-liberal, jedoch ein tatkräftiger Praktiker, der seine Forderungen lebte. So hat er z.B. in seinem Haushalt stets Personal aus Arbeitshäusern beschäftigt. Er war kein Geldverächter und lebte so gern und so gut wie er arbeitsbesessen war; er war großzügig zu Bedürftigen und teilte mit ihnen bis zu einem gewissen Punkt, bei dem er dann meinte, wenn er das letzte Hemd hergäbe, sei keinem von beiden geholfen«.

Ostwald beließ es nicht dabei, das Los der gesellschaftlich Deklassierten zu beklagen und Verbesserungsvorschläge zu machen. Statt die Ausgegrenzten sozialpflegerisch weiter zu entmündigen, versuchte er, ihrer Kultur nachzuspüren, und brachte Erstaunliches zutage, u.a. seine dreibändige Sammlung »Lieder aus dem Rinnstein« (Berlin 1903-1905) und das fünfbändige »Lexikon der Gauner-, Dirnen- und Landstreichersprache« mit dem Titel »Rinnsteinsprache« (Berlin 1906). »Hans Ostwald hat«, schreibt Hans Clauert, »mit seinen Büchern Neuland betreten, er war in seiner Zeit bahnbrechend, und Legionen von Autoren haben in der Folge daraus ihren Nutzen gezogen, meist ohne auf die Quelle hinzuweisen. Daß er in Lexika oder Literaturgeschichten nur als Randfigur erwähnt wird, wenn überhaupt, sei nebenbei bemerkt. Was Wunder: Er war Autodidakt und kein Wissenschaftler, ein Makel in einer Professorengesellschaft, seine Themen lagen außerhalb der bürgerlichen Norm, Soziologie und die Erforschung der ›Geschichte von innen‹ waren kaum etabliert.«

Bewußt gegen gesellschaftliche Tabus wandte sich Ostwald in seinem 1905/06 erschienenen Werk »Berliner Dirnentum«, das auch die männliche Prostitution nicht aussparte. »Ich behaupte«, schrieb Ostwald, »daß gewisse Dinge, die große Kreise in Mitleidenschaft ziehen, auch vor der breitesten Öffentlichkeit verhandelt werden müssen. Dinge, die sich jeden Tag ereignen, Dinge, die in jeder Familie vorkommen oder vorkommen können, die jeden Bruder, jede Schwester, jeden Sohn, wie jede Tochter von uns treffen können, gehören in die breiteste Öffentlichkeit, müssen so dargeboten werden, daß sie jedem Interessierten zugänglich sind.«

Mit seiner Entlarvung der verlogenen wilhelminischen Sexualmoral machte sich Ostwald nur wenig Freunde. Wie männliche Prostituierte fühlten und dachten, wie ein borniertes Bürgertum homosexuelle Politiker, Ärzte und Juristen in den Selbstmord trieb und wie kriminelle Strichjungen ihre vermögenden Freier erpreßten, das wollten gerade die nicht wissen, die überhaupt jede Form von Prostitution und Homosexualität leugneten und von den Gerichten verfolgen ließen.

Ostwald ging es darum, »das Gerede von der Degeneration und Entartung unsrer Zeit und unsrer Menschen als ein lächerliches Geschwätz und ein ganz grundloses Gefasel« zu entlarven. Auch deshalb verfaßte er zwischen 1910 und 1931 immer wieder umfangreiche Darstellungen der Kultur- und Sittengeschichte Berlins. Auch wenn er der männlichen Prostitution den Ruch des Verwerflichen und Perversen nehmen wollte, so galt sein Interesse doch sehr viel stärker der »Berlinerin«, der er 1921 sogar einen eigenen vierhundertseitigen Band widmete. 1928 folgte mit »Das galante Berlin« eine breit angelegte Gesamtschau der erotischen Verhältnisse in der ehemaligen preußischen Residenz und späteren Reichshauptstadt. Ostwald spannte den Bogen vom höfischen Mätressenwesen über Nacktkunst und Nacktkultur bis zur »Liebe im Grünen« und den mondänen Befriedigungen der Weimarer Zeit. Obwohl er schon im Vorwort resümierte, »daß das Leben in Berlin nie in der Weise von den Einflüssen galanter Kultur bestimmt worden ist, wie das unter vielem Rühmen immer von andern Weltstädten gesagt wird«, sah er durchaus eine positive Entwicklung: »Dieses schnell gewachsene Berlin scheint seine, wenn man so sagen darf, galante Inflation bereits überwunden zu haben und auf dem Wege einer Lebensfreude zu sein, die durch die Körperkultur neuen Anschauungen der aufwachsenden Jugend bestimmt sein wird.«

Aber bei aller positiven Einschätzung übersah er nicht, was der offene Umgang mit Sexualität auch bedeutete und welches Elend die unterdessen geduldete Prostitution mit sich brachte. In Groß-Berlin gehörten etwa 10.000 Frauen zu den »Eingeschriebenen«, den Prostituierten, die amtlich registriert waren und regelmäßig untersucht wurden. Um sie kümmerte sich zunächst die Sittenpolizei, um vor allem die Ausbreitung von ansteckenden Geschlechtskrankheiten zu verhindern. Etwa vier Prozent der Prostituierten in Berlin galten als erkrankt. Seit 1918 gab es auch eine Hilfsstelle mit drei Fürsorgeschwestern, die 1921 die Stadt übernahm und der Sittenpolizei unterstellte. Die Not der Prostituierten war groß. Nur wenige zählten zu den sogenannten »Halbseidenen«, die in den höheren gesellschaftlichen Kreisen verkehrten und einen entsprechenden Lebenswandel führten. Der Rest mußte sich um jeden Preis verkaufen, denn entweder warteten die Zuhälter oder die Gläubiger. Die Sittenpolizei versuchte mit einem gestaffelten System der Erfassung und Registrierung gerade »Anfängerinnen«, die noch nicht fest im Milieu verwurzelt waren, die Rückkehr ins bürgerliche Leben zu erleichtern. Aber was nützten Anonymität und die guten Worte der Fürsorgeschwestern, wenn Arbeitslosigkeit und Verelendung drohten.

Hans Ostwald hat den »Zehn- und Dreimarkmädchen«, den Hochstaplerinnen, Erpresserinnen und Diebinnen in seinem »galanten Berlin« ein eigenes Kapitel gewidmet, das wir leicht gekürzt wiedergeben.

Von den Halbseidenen führen mehrere Stufen hinunter zu den vielen Zehnmarkmädchen. Jene Mädchen in den besseren Kaffeehäusern müssen zu den Zwanzigmarkmädchen gerechnet werden. Das ist jedenfalls abends und in den ersten Nachtstunden ihre Forderung: »Ein Pfund!« Gegen morgen zu fallen ihre Preise. Sie wohnen meist im Südwesten und auch im Norden. Ihr Äußeres ist dem Verkehr der Straße angepaßt. Und auch die Zehnmarkmädchen bedürfen wohl keiner weiteren Darstellung. Es sind die Mädchen, die meist nicht einmal ein richtiges Kleid haben und in Rock und Bluse herumlaufen. Sie gleichen oft den Dreimarkmädchen, ziehen sich nur im Durchschnitt ein wenig geschmackvoller an und gehören zu den vielen, die in der Friedrichstraße, ihrer Nachbarschaft und im inneren Westen herumschwärmen.

Zur Ergänzung schildere ich hier noch einige Typen.

Viktor Noack, der als Musiker in allen möglichen Nachtlokalen tätig war, traf in einem Kaffeehaus der Elsasser Straße seine ehemalige junge Wirtin wieder. Im sicheren Bewußtsein ihrer sieghaften Schönheit kam sie hereingetänzelt, hier und da mit der rauschenden Schleppe ihres Kleides einen der zierlichen goldbronzierten Stühle vor den runden weißen Marmortischen streifend, den blonden, von einem sehr großen, mit Federn reich garnierten Hut überschatteten Kopf nach hinten beugend, so daß das Licht der Menge bunter elektrischer Glühlämpchen, die hinter grellen Fächern, Palmen und roten Plüschdraperien hervorlugten, auf ihr hübsches übernächtigtes Gesicht fiel. Sie hob graziös mit der linken Hand das seidene Kleid, wodurch eine Welle von Spitzen, weiß und zart wie der Schaum des Meeres, sichtbar wurde. Mit den Fingern der Rechten schnackt sie, das Geräusch von Kastagnetten imitierend.

Aller Augen lächelten ihr verlangend zu, und aller Lächeln erwiderte sie süß, kokett, unwiderstehlich. Mit der Miene einer Fürstin reichte sie dem ihr auf dem Fuße folgenden Kellner ihren kostbaren Umhang, setzte sich auf eins der Plüschsofas, nahm eine Zigarette aus silbernem Etui und hüllte sich in eine Wolke duftenden Qualms.

»Kellner, 'ne Melange!«

»Etwas Gebäck gefällig?«

»Natürlich! 's ist ja heute allens da!« näselte sie und schüttelte den klingenden Inhalt ihres Portemonnaies an dem Ohr des Kellners.

»Nich wie bei arme Leute! Wat?« rief eine vis-à-vis sitzende Berufsgenossin.

»Aeh! – Bei uns kann's nie fehlen! – He, Kapelle! Luna-Walzer! – is jibbt 'ne Lage! – Fritze, 'ne Lage für die Musikers!«

Ihr Befehl wurde erfüllt. Sie sang und tanzte bei den leichtsinnigen Klängen, lachte und scherzte, trank und rauchte und fühlte nicht meinen staunenden, forschenden Blick.

Die schauerlichen Bilder der Vergangenheit stiegen in mir auf. Ich wähnte das Weib wieder vor mir zu sehen, das mit vergiftetem Wasser gefüllte Glas an die Lippen führend. Ich hörte wieder ihr Ächzen und Stöhnen: »Laß mich! – Ich – will – sterben!« – Ich hörte auch wieder ihre selbstbewußten Worte bei unserer ersten Unterhaltung: »Ich bin nu' mal für was Besseres geboren.«

Es ward längst Tag draußen. Helles Sonnenlicht überflutete die Straßen. Ein breiter Streifen des grellen Tageslichts folgte einem schnell eintretenden starken Manne, dessen schwarze, stechende Augen spähend die Anwesenden überflogen.

»Sitte kommt!« eilte es wie ein flüsternder Hauch durch die Reihen der Frauenzimmer, die still und einen Schein blasser geworden waren. Nur »Sie«, die nunmehr total betrunken war, lachte kreischend auf.

Der Kriminalbeamte trat an ihren Tisch.

»Du mußt mitkommen! Du hast heute nacht einem 'ne Brieftasche gestohlen! Mach' kein Aufsehen und komm ruhig mit!«

Sie starrte ihn entsetzt an und griff nach dem vor ihr stehenden Glase, um es als Waffe zu gebrauchen. Im Nu hatte er ihre Handgelenke umklammert. Sie brüllte auf vor Schmerz.

»Willst du still sein!«

»Lassen Sie mich los!« Sie warf sich nieder, schlug mit den Füßen und versuchte, ihn zu beißen.

Er schleifte sie nach der Tür, wo ihm sein Kollege, der eine Droschke herbeigerufen hatte, zu Hilfe kam.

Angstvolle Augen starrten hinter den Gardinen des Cafés dem fortrollenden Fuhrwerk nach. Ein Frösteln durchschüttelte die übernächtigten Gestalten. Gleich Schatten der Nacht eilten sie durch die sonnigen Straßen heim, um den Tag zu verschlafen.

Ein charakteristisches Geschöpf ist Wanda, über die ich in den Aufzeichnungen der Gesellschaft für ethische Kultur ermittelte, daß ihr Vater ein ehemaliger Töpfermeister, jetzt Musiker ist und die Mutter mit Blumen handelt. Wanda war als Kind schon sehr naschhaft, war unfähig, die

Volksschule richtig zu erledigen und trieb sich schon mit ihrem vierzehnten Jahre in der Friedrichstraße herum. Aus einem Stift, in das sie zur Besserung kam, wurde sie hinausgeworfen, weil sie zu frech war.

Sie war ferner Geigenspielerin (kalter Schlag) in einem Tingeltangel für acht Mark wöchentlich und Essen, täglich 6–11 Uhr, und Tänzerin in einem Etablissement für sechzig Mark monatlich von 11–2 Uhr abends.

Als Kostümtänzerin tanzte sie Cancan, Serpentin. Es kam hauptsächlich auf das »Beinewerfen« an, wie sie angibt.

In einem anderen Lokal trat sie als Chinesin auf und als Statistin. Dort erhielt sie 70 Mark monatlich. Sie hatte die Stelle sechs Wochen lang.

Mit 16 Jahren kam sie unter polizeiliche Kontrolle.

Da ließ sie der Vormund wegbringen. So lebte sie in verschiedenen Stiften bis zu ihrem zwanzigsten Jahre.

Die Erziehungshaft hat sie nicht wankend gemacht, das begonnene Leben fortzusetzen.

Im äußeren Westen, in der Bülowstraße, behauptet die Fünfmarkdirne den Platz. Sie ist das typische Berliner Kontrollmädchen, das nie, wie etwa das Zehnmark- und Zwanzigmarkmädchen, im Auto oder im Taxameter nach Hause fahren will, sondern immer »hier gleich zwei Häuser um die Ecke« wohnt. Sie ist in ganz Berlin außer in der Friedrichstadt und in den östlich-nördlichen Außenwinkeln zu finden.

Einige kurze Umrisse mögen noch den Typus »Dreimarkmädchen« vervollständigen:

Marie I.

Ein früheres Dienstmädchen aus einer kleinen Stadt. Sie bekam ein Kind, das sie in Pflege gab, und ging als Kellnerin, und zwar im Süden, in der Nähe von den Kavalleriekasernen. Dort verkehrte mit den reichen Bauernsöhnen auch ein armer, aber hübscher Reiter, groß und stark, ein gelernter Metallarbeiter. Sie zog ihn allen andern vor, und nahm ihn, als er frei wurde, zu sich und ging auf den Strich – es nicht duldend, daß er Arbeit suchte. Trotzdem er sie schließlich schlug, ließ sie ihn doch nicht zu seinen Eltern zurückkehren. Sie war gerade nicht hübsch. Ihr etwas knochiges Gesicht mit der stark hervorspringenden Nase und den grauen Augen sah bald verblüht und verwüstet aus. Auch die tief in die Stirn gekämmten Haarlocken machten das Mädchen nicht sympathischer. So konnte denn eine hübschere Marie ihr den Schatz abspenstig machen. Von da an lebte Marie I allein mit ihrem Jungen, der ein kurzes Bein hatte.

Frau S.
Wer sie in dem hellen Gaslicht der Kaschemme sah, hätte nicht geglaubt, daß sich ein Mann von ihr begeistern lassen würde. Bleich, mit abgemagertem Gesicht, in das schleichende Schmerzen graugelbe Runzeln gefressen hatten, saß sie mit eingesunkener Brust da, fortwährend sprechend. Mit kreischender, unangenehmer Stimme, aufdringlich und verbittert. Ihre dünnen Haare trug sie schlicht am Kopf und hatte auch in ihrer Kleidung nichts Auffallendes oder Reizendes. Und doch verdiente sie da oben im Talerviertel der Chaussee- und Elsasser Straße so viel, daß ihr Mann sich wie ein Stadtreisender kleiden konnte und beide mehrere Sparkassenbücher besaßen. Manchmal kamen aus ihrem streitsüchtigen, dünnlippigen Mund aber auch leise gesprochene Erkenntnisse. Sie hatte einen kleinen Hund, den sie wie ein Kind hielt. Als eine Verwandte der Wirtin sie fragte, ob sie denn nicht lieber ein Kind haben wolle als einen Hund, sagte sie: »Ach – für uns ist es besser, wir haben keine Kinder...« Sie ging übrigens seit fünfzehn Jahren regelmäßig zur Kontrolle – da hätte niemand erwartet, daß sie plötzlich an einem Leiden starb, das sie innerlich schon gänzlich zerfressen hatte und das sie schon seit vielen Jahren mit sich herumgetragen haben muß.

Ein Dirnentypus, der ganz und gar sich dem andern anschmiegt, ist die Verbrecherin. Die Hochstaplerin tritt meist als elegante Kokotte auf. Die Erpresserin oft desgleichen, oft aber auch nur als gute Bürgersfrau. Und die Diebin, die ja eigentlich nur eine Hochstaplerin der unteren Klassen darstellt, kommt aus dem großen Haufen der Halbwelt heraus.

Die Hochstaplerin macht es ganz so wie ihre männlichen Kollegen, erschwindelt Ware, die sie nicht bezahlt, betrügt und stiehlt. Nur kann sie nicht falsch spielen. Dazu fehlt ihr vorläufig die Gelegenheit – die sicher bald kommen wird. Aber sie ist unter Umständen mindestens ebenso international wie der männliche Hochstapler – wie zum Beispiel Emma A., die vor Jahren von der Kriminalpolizei verhaftet wurde.

Emma A., eine Deutsche, die nach London gegangen war, weil sie diesseits des Kanals noch ein ziemlich hohes Schuldkonto zu begleichen hatte, war zumeist auf Reisen. Sie machte ihre Bekanntschaften in London in Sportkreisen unter reichen Engländern, Franzosen und Russen. Stets auf das feinste gekleidet – sie trug selten ein Kostüm unter tausend Mark –, konnte sie sich jeden Augenblick überall sehen lassen und war stets bereit, unmittelbar, etwa vom Café aus, jede Reise mit einem neuen Freunde anzutreten.

So kam sie nach Paris, Brüssel, Amsterdam, Köln, Berlin usw. Das Ende der Reise war für den männlichen Teil jedesmal unangenehm. Denn Emma A. stahl auf der Endstation ihrem Begleiter die Brieftasche. Hatte sie die Beute in Händen, so eilte sie in ein Modehaus, kleidete sich vom Fuß bis zum Scheitel neu ein, ließ das alte Kostüm einpacken und nach dem Bahnhof bringen und reiste mit dem nächsten Zuge nach London zurück, um ein neues Opfer zu suchen. Überall wurde die Polizei in Bewegung gesetzt, aber immer zu spät. Ein Russe endlich merkte hier rechtzeitig, daß ihn seine schöne Reisebegleiterin um etwa 10.000 Mark erleichtert hatte. Jetzt wurde Emma gefaßt, als sie eben in einem neuen Berliner Kostüm nach der Themsestadt abdampfen wollte.

Doch gibt es auch einheimische Hochstaplerinnen. Zu ihnen wäre jenes Röschen M. zu zählen, von dem berichtet wurde:

Die kleine Halbweltlerin Röschen M. kann ihrem Schöpfer danken. Sie dachte, wie so manch einer, daß die Gerichtsvollzieher nur für die Dummen wären, und saß nun dafür auf der Anklagebank: fesch, jung, mit strohblonden Haaren und lachenden Nixenaugen. Als sie seidenrauschend und eine Wolke Parfüms um sich verbreitend, hereintrat, reckte sich mancher Hals, um die elegante Weltdame näher bewundern zu können. Nur der Kenner sah sofort, daß es die Talmieleganz einer Halbweltdame war. Das wurde bestätigt, als der Vorsitzende des Schöffengerichts I die Verhandlungen gegen die Dame begann, die sich wegen strafbaren Eigennutzes verantworten mußte. Fräulein M. hatte es sehr gut verstanden, die Allüren der wirklichen Weltdame auch bis auf das Schuldigbleiben ihrer Schneiderrechnungen auszudehnen, nur mit dem Unterschiede, daß sie das Bezahlen überhaupt vergaß und eine andere Firma mit ihrer werten Kundschaft beehrte, als die erste nicht mehr pumpte. Bei einer bekannten Damenkonfektionsfirma in der Charlottenstraße schuldete Fräulein M. die Kleinigkeit von 650 Mark. Als die Firma auf gütlichem Wege zu ihrem Gelde kommen wollte, erfuhr sie erst, daß Fräulein M. sich des – liebenswürdigen Schutzes einer Spezialabteilung des Berliner Polizeipräsidiums erfreute, daß sie mit anderen Worten unter sittenpolizeilicher Kontrolle stand. Nunmehr ließ sie alle Rücksicht beiseite und ging klagbar gegen die faule Kundin vor. Mit einem Arrestbefehl des Amtsgerichts I in der Hand, erschien am 21. Oktober vorigen Jahres in der Wohnung der Demimondäne der vielgehaßte Mann »mit den blauen Adlern«. Allzuviel Pfändbares war nicht vorhanden. Schließlich glückte es dem Gerichtsvollzieher, zwei große Brillanten aufzustöbern, die anscheinend aus einem Paar Ohrringen herausgebrochen waren. Kaum hatte Fräulein Rosa dies bemerkt, als sie auf den Exekutivbeamten zustürzte und ihm die wertvollen Steine aus der Hand riß. Ehe der Bestürzte etwas unternehmen konnte, hatte »Röschen« die Brillanten in den Mund gesteckt und zeigte ihm nun mit einer gewissen Schadenfreude ihre blitzenden Zähne als Ersatz. Trotzdem gelang es dem Beamten, einen der Steine wieder aus dem eigenartigen Versteck hervorzuholen, während der andere spurlos verschwunden war. Dieser war von Fräulein M. in höchster Not verschluckt worden. Erst nach Anwendung geeigneter Mittel erblickte der Stein am andern Tage wieder das Licht der Welt.

Röschen M. gehört jedenfalls zu den Damen, die gern kaufen, aber nicht gern bezahlen. Doch betreibt sie diese Art von Hochstapelei nur nebenbei, schafft sich auf diese Art und Weise nur die Kluft.

Emma A. jedoch gehörte zu jenen Hochstaplerinnen, die sich nur zum Zweck der Hochstapelei prostituieren. Sie gleicht also den Erpresserinnen, von denen es unter der höheren Halbwelt ziemlich viele gibt. Den andern fehlt die nötige Intelligenz dazu. Auch lernen sie ja meist ihre Klienten nicht näher kennen. Die besseren Halbweltdamen machen es aber häufig so wie die 35 Jahre alte Charlotte N., die früher Direktrice in einem Wäschegeschäft war. Seit drei Jahren lebte sie als »Privatiere« und bewohnte im Erdgeschoß des Hauses Gr.......straße 12 sechs Zimmer für 1500 Mark. Ab und zu vermietete sie ein oder zwei Zimmer; in der Regel aber hielt sie die ganze Wohnung für eine Freundin und junge Herren zur Verfügung. Jeden Abend pflegte sie spazieren zu fahren und die besten Restaurants zu besuchen. So machte sie Bekanntschaften in den feinsten Kreisen und erhielt viel Besuch. Trotz ihrer 35 Jahre übte sie gerade auf die jungen Herren einen starken Einfluß aus. Aber sie war auch anspruchsvoll und wollte standesgemäß leben, das heißt gemäß dem Stande ihrer Verehrer. Da das mehr kostete als selbst die bestgestellten jungen Herren freiwillig leisteten, so scheute die N. vor kleinen Erpressungen nicht zurück. Sie drohte, wenn sie einmal mehr brauchte, als man ihr geben wollte, daß sie »Krach« machen, zu den Angehörigen und auch an die Öffentlichkeit gehen werde. Da die Summen, die sie verlangte, immer größer wurden, so konnte die Geschichte nicht gut enden. Einem der geschröpften Herren, einem jungen Grafen, ging schließlich die Geduld aus, und so wurde Lotte N. nach erfolgter Anzeige aus ihrer schönen Wohnung fortgeholt und nach Moabit in das Untersuchungsgefängnis gebracht. Da sie selbst wohl nicht damit rechnete, bald wieder nach

Hause zu kommen, so bevollmächtigte sie ihren Schneider, ihre Privatangelegenheiten zu regeln. Dieser ließ ihre kostbare Wohnungseinrichtung bis auf weiteres nach einem Möbelspeicher bringen.

In raffinierter Weise wollten mehrere andere junge Damen einen jungen Grafen aus der Provinz hineinlegen, der in einem der ersten Hotels Unter den Linden wohnte. Die Linden entlang schlendernd, traf er zwei Damen, die augenscheinlich gern seine Bekanntschaft machten und ihn in ihre Wohnung, eine kleine Villa im Westen, einluden. Dort wurden beim Sekt lebende Bilder gezeigt, an denen sich außer einer dritten »Dame« noch ein junges Mädchen beteiligte. Die beiden Darstellerinnen beteiligten sich dann auch an dem Sektgelage mit den beiden Herren, ohne ihre »Kostüme« zu wechseln. Nach wenigen Tagen erhielt der Graf, dem irgend jemand nachgeschlichen sein mußte, nach dem Hotel einen Brief, in dem die beiden Damen ihm ihre Not klagten. Sie hätten sich, schrieben sie, mit ihrer Freundin, der dritten »Dame« entzweit, und diese drohe nun mit einer Anzeige bei der Polizei und der Staatsanwaltschaft, weil das junge Mädchen, das bei den lebenden Bildern und beim Sekttrinken mitgewirkt habe, noch nicht 14 Jahre alt sei. Der Graf möge so freundlich sein, eine größere Summe zur Verfügung zu stellen, damit sie die Freundin einstweilen versöhnen und selbst ins Ausland entfliehen könnten. Der Lebemann war in Verzweiflung. Er beauftragte das älteste Detektivinstitut, binnen vierundzwanzig Stunden die Angelegenheit zu regeln, widrigenfalls er sich erschießen müsse. Dazu kam es nicht. Vor Ablauf der Frist hatte er die Feststellung in den Händen, daß das »Kind« längst sechzehn Jahre hinter sich hat und daß die Entzweiung mit der Freundin ein auf endloser Erpressung angelegter plumper Schwindel war. Jetzt waren die »Damen« froh, daß man sie nicht dem Staatsanwalt übergab.

Zu dieser Art von Hochstaplerinnen gehörte auch Frau Professor M. mit ihrem Ehemann, dem ehemaligen Handelsredakteur einer großen Berliner Zeitung. Der Prozeß gegen das Ehepaar erregte vor zwanzig Jahren großes Aufsehen und zeigte die Vergnügungs- und Lebesucht der Berliner Gesellschaft, der dieser kleine alte Mann unterlegen war, als sein kärgliches Gehalt nicht ausreichte, die Anforderungen seiner Stellung zu decken. Seine junge Frau, eine Brettlkünstlerin vorletzten Ranges, ohne besondere körperliche Vorzüge, mit einem ziemlich vollen alltäglichen Gesicht und kleinen dunklen Augen, hatte überall herumgepumpt. Ihr Titel galt als genügende Sicherheit. Aber sie veranstaltete auch schlemmerische Abendessen daheim und suchte auf Befehl ihres Mannes größere Summen aus ihren zahlreichen Anbetern herauszupressen. – Gewöhnliche Frauen, die nicht gerade abschreckend häßlich sind und eine gewisse sinnliche Atmosphäre um sich herum verbreiten, haben ja immer die meisten Anhänger.

Nicht alle Hochstaplerinnen haben einen solchen schönen Titel zur Verfügung. Dann erfinden sie sich einen und befördern sich selbst zu höheren Klassen. Adlige Namen und ähnliche Benennungen schwirren bei ihnen nur so in der Luft. Von einer solchen »Adligen« wurde berichtet:

Eine Abenteurerin, die erst 23 Lenze zählt, aber durch Sprachkenntnisse, angenehme Umgangsformen und eine vorteilhafte Erscheinung in ihren Hochstapeleien wirksam unterstützt wurde, ist jetzt in Berlin kurz vor ihrer Abreise nach London verhaftet worden. Die Dame, Olga M. mit Namen, fand Eingang in die Kreise der Sport- und Lebewelt. Man glaubte ihr gern, daß sie die Tochter eines in Rußland begüterten preußischen Offiziers sei, aber wegen eines Liebesverhältnisses von ihrer Familie verstoßen sei. Daß sie sich vor einigen Jahren aber von Z. genannt hatte, wußte niemand mehr. Damals umgarnte sie mit ihren Erzählungen einen jungen Architekten so sehr, daß er willens war, sie zu heiraten. Nicht die 225.000 Mark, die sie als väterliches Erbteil in Aussicht stellte, allein lockten ihn, mehr noch trieb ihn die Pflicht, der jungen Aristokratin die Ehre wiederzugeben. Daß Olga aus reicher Familie stamme, bezweifelte der Architekt nicht, zumal da sie immer über Mittel verfügte. Daß das Geld von Liebhabern stammte, die sie hinter seinem Rücken hatte, und die sie gelegentlich auch bestahl, wenn sie freiwillig nichts hergaben, blieb ihm verborgen. Die Augen gingen ihm erst auf, als sie ihn selbst bei einem Stelldichein bedeutend erleichterte und sich dann nicht mehr sehen ließ. Nach Verbüßung einer Gefängnisstrafe nannte sich die Hochstaplerin Olga von K. Im übrigen aber blieb alles beim alten. Zuletzt fing sie einen jungen Kaufmann aus einer angesehenen Berliner Familie ein. Sie schrieb ihm die glühendsten Liebesbriefe und stellte ihm auch die Vaterschaft in Aussicht. Der junge Kaufmann wollte Eltern und Stellung im Stich lassen und mit der Angebeteten nach London fahren, um sich dort mit ihr trauen zu lassen. Das Paar begab sich nach dem Bahnhof, um abzudampfen. Zum Unglück begegnete ihm auf dem Wittenbergplatz ein Kriminalbeamter, der die Photographie der längst gesuchten Hochstaplerin in der Tasche hatte. Er erkannte Olga und machte durch ihre Festnahme den Reise- und Hochzeitsplänen jäh ein Ende. Jedes Leugnen war angesichts des wohlgetroffenen Bildes unmöglich. Die Verhaftete wurde dem Untersuchungsgefängnis zugeführt.

Wir sehen, wie solche Hochstaplerinnen die Männer »für dumm verkaufen«, ihnen einreden, sie hätten ihnen die Ehre genommen oder sie gar geschwängert. Von den Behauptungen ist natürlich ebensowenig echt wie vom Titel. Aber mit ihrer Gewandtheit und ihren zahllosen Tricks – sie benutzen auch ohne Gewissensbisse Namen von lebenden Damen – finden sie immer wieder zahlreiche Opfer.

Auch die Diebinnen legen sich häufig klingende Namen bei. Sie haben alle einen Stich ins Hochstaplerische, sind gewitzter, klüger und raffinierter als die anderen Halbweltmädchen und suchen als Verbrecherin und Liebeshändlerin ihren Vorteil. Die Mehrzahl von ihnen gehört dem Mittelstande der Halbwelt an, wie die oben beschriebene Olga M., die neben der Hochstapelei auch mit Erfolg stahl – wenn eben ihre Mittel knapp waren. Gleichfalls mit einem klingenden Namen ging eine Frau Z. auf den Fang.

Ein Geschäftsreisender traf in angeheiterter Stimmung in Grünau ein hübsches junges Mädchen, das sich Klara v. Rodenbach nannte und gegen seine Begleitung nichts einzuwenden hatte. Das Vergnügen endete für den Reisenden damit, daß er am andern Morgen mit einem schweren Katzenjammer erwachte, Klara v. Rodenbach aber war verschwunden und mit ihr seine Brieftasche, die achthundert Mark enthielt. Die Kriminalpolizei vermutete nach der Personalbeschreibung in dem hübschen Mädchen eine ihr bekannte Frau Z. aus der Oudenarderstraße und traf damit das Richtige. Es ergab sich, daß »Fräulein« Z. nach dem Abenteuer bei ihrer Wirtin ihre Schulden bezahlt und nach einigen Einkäufen ihren Koffer mit dem Zeichen »C.v.R.« nach dem Bahnhof gebracht hatte. Sie wollte nach Halle und von dort mit ihrem Geliebten nach der Riviera fahren. Unvorsichtigerweise aber kehrte sie vom Bahnhof noch einmal in die Stadt zurück, um in einem Café in der Friedrichstraße von einigen Bekannten Abschied zu nehmen. Kriminalbeamte, die sie suchten, trafen sie im Café, verhafteten sie und brachten sie nach Moabit. Die Geschäfte, in denen sie gekauft hatte, bekamen ihre Ware und der Reisende sein Geld zurück.

Eine andere Spitzbübin wandte einen viel kniffIicheren Trick an: Margarete B. stammte aus guter Familie, kam nach Berlin, wurde erst Kellnerin und gehörte dann bald der Halbwelt an, in der sie eine besondere Rolle spielte. Auf eine eigene Art suchte sie nachts in der Friedrichstraße Bekanntschaften. Sie ging an eine Haustür mit einem »stillen Portier« und tat so, als ob sie die Hausklingel zöge. Natürlich hatte sie mit dem Klingeln keinen Erfolg, aber sie lenkte die Aufmerksamkeit der Herren auf sich, die ihr ihren Beistand anboten, aber ebenso vergeblich klingelten wie sie. Nach vielem Sträuben ließ sie sich endlich von ihnen verführen, sie in ihre Wohnung zu begleiten. Das Abenteuer endete stets damit, daß das schüchterne, anständige Mädchen, das angeblich als Verkäuferin erst spät aus dem Geschäft gekommen war und leider den Hausschlüssel vergessen hatte, den jungen Herren alles stahl, was sie nur bekommen konnte. Einem entwendete sie nicht nur Geld und Uhr, sondern auch alle Kleidungsstücke, so daß er sich am nächsten Morgen erst andere mußte holen lassen, um nur ausgehen zu können. Die Diebin war aber so freundlich, ihm bald wenigstens die Pfandscheine über seine versetzten Sachen zu senden. Die Polizei ermittelte, daß die B. in Charlottenburg unangemeldet bei einem Studenten wohnte. Diesen hatte sie ganz in der Hand. Sie nahm ihm alles ab und wußte ihn durch Drohung, daß sie seinen Eltern über sein Verhältnis zu ihr schreiben werde, immer wieder gefügig zu machen. Als sie aber merkte, daß der junge Mann die öfter geäußerte Absicht, sie anzuzeigen, endlich wahrmachen wollte, nahm sie Lysol, um sich der Strafe zu entziehen. Als die Beamten kamen, um die Spitzbübin festzunehmen, war sie gerade der Wirkung des Giftes erlegen im Alter von 22 Jahren. Hier war zweifellos ein Geschöpf von nicht gewöhnlicher Intelligenz durch irgendwelche Umstände auf Irrwege geraten und zugrunde gegangen.

Es ist merkwürdig, daß gerade auswärtige Vergnügungsreisende den Spitzbübinnen in die Hände fallen. Sie wollen sich eben mit Gewalt in Berlin amüsieren. So ging es auch einem Finnländer. Der junge Mann aus dem Lande der tausend Seen war nach Berlin gekommen, um die Vergnügungen der Weltstadt kennenzulernen. Auf einer solchen Studienreise lernte er in einem Café der Friedrichstraße eine hübsche junge Dame kennen, die sich gern erbot, dem jungen Finnländer bei seinen weiteren Nachtstudien behilflich zu sein. Ihre Reise endete in einem Hotel, wo sie beide als Ehepaar unter falschem Namen abstiegen. Als der Finnländer am nächsten Morgen erwachte, war seine »Frau« verschwunden, mit ihr aber auch seine Brieftasche, die außer anderen Sachen 400 Mark Papiergeld enthielt. Die Beschreibung, die er von seiner Begleiterin gab, paßte auf eine »Künstlerin« Anna K., die unter dem falschen Namen Melitta bekannt ist. Als die Kriminalpolizei mit dem Bestohlenen deren Wohnung aufsuchte, fand sie dort zwar nicht Melitta selbst, wohl aber ihre Photographie, nach der sie der Finnländer sofort erkannte. Die Wirtin versicherte hoch und teuer, sie kenne die junge Dame nicht weiter, sie sei erst am Tage vorher hier zugezogen und gleich wieder verreist. Die Ausreden halfen aber nichts. Die Kriminalpolizei ermittelte, daß Melitta von ihrem Liebhaber »zur Erholung« nach einem nördlichen Vorort gebracht worden war. Dort wurde sie festgenommen. Das Geld aber war verschwunden.

Zu all diesen Verbrechen gehören so viel Intelligenz, Scharfsinn und Mut, daß man die Hypothese vom Schwachsinn der Halbweltmädchen doch wesentlich einschränken muß. Die Erfindungsgabe der Verbrecherinnen ist sehr reich. Auf die unglaublichsten Kniffe und Ränke verfallen sie und schaffen so immer neue Typen. Man kann nur bedauern, daß solche Persönlichkeiten in einem Dasein untergehen, in dem sie in so kurzer Zeit aufgebraucht sind.

In den Spuren des Berliner Verbrechertums Die Kreuz- und Querzüge des Kriminalkommissars a. D. Ernst Engelbrecht

»Es kann wohl kaum jemand so oft mit dem Verbrechertum in engere Fühlung gekommen sein wie ich.«

Dieser Satz zeugt von Selbstbewußtsein. Und darüber verfügte der Berliner Kriminalkommissar a.D. Ernst Engelbrecht in einem hohen Maß. Der erfahrene Kriminalist war schon 1915 mit einer Monographie über »Das Gift als Mordwaffe« hervorgetreten. Er leitete in Frankfurt und dann in Berlin die Sittenpolizei, ehe er 1921 die Streif- und Fahndungsmannschaft beim Polizeipräsidium Berlin übernahm. Von seinen Gegnern in der Unterwelt wurde er nur »Blitz« genannt, weil er schnell und unerbittlich zugriff.

Die kleinen und großen Verbrecher Berlins begegneten ihm mit Hochachtung, und Engelbrecht war stolz darauf, fast überall ohne Waffe auftauchen zu können.

Bei meinen außerdienstlichen Streifzügen durch die Quartiere der Berliner Verbrecherwelt geriet ich häufiger in Lebensgefahr, aber stets fand ich bei mir bekannten Berufsverbrechern Hilfe und Unterstützung. In solchen Fällen pflegten sie mit dem mich bedrohenden Straßen- oder Kaschemmengesindel schnell und »handgreiflich« abzurechnen. Vielhundertmal habe ich die Kaschemmen und andere Quartiere der Berliner Verbrecherwelt aufgesucht und fühlte mich hier so sicher, daß ich in den meisten Fällen sogar von der Mitnahme einer Schußwaffe absehen konnte, denn niemals habe ich Angriffe der Berliner Verbrecher auf mich zu fürchten gehabt. Das große Zutrauen, das die Berliner Verbrecherwelt mir entgegenbrachte, konnte ich gelegentlich eines besonderen Vorfalls kennenlernen. Als ich eines Nachts, so gegen drei Uhr, nach einem privaten Besuch des »Augustkellers«, in dem nur ganz »schwere Jungens« zu verkehren pflegten, nach Hause gehen wollte, erkundigte sich auf der Treppe ein Ganove bei mir, ob heute noch »ausgehoben« würde, denn ich wüßte ja, daß gerade einige »Knacker« im Keller seien, und würde ihn deshalb sicher heute noch ausheben lassen. Auf meine kurze Antwort: »Nein, heute erfolgt keine Aushebung«, äußerte einer der Verbrecher mißtrauisch: »Na, det sagt er ja so, er wird schon kommen.« Kaum hatte dieser mißtrauische Ganove aber die Worte heraus, als er auch schon von dem neben ihm sitzenden Einbrecher eine fürchterliche Ohrfeige erhielt. »Wenn Engelbrecht das sagt, dann ist es so, der lügt nicht«, belehrte der Einbrecher den betöpperten »Kollegen«.

Aber meistens war Engelbrecht doch bewaffnet, und sein Spitzname »Blitz« hatte auch etwas damit zu tun, wie schnell er, wenn es darauf ankam, seine Mauser zu bedienen wußte. Heute würde ein Mann wie Engelbrecht zum Helden für ganze Krimiserien taugen, im Berlin der Weimarer Republik war er einfach nur populär und schrieb Bücher über seine Erlebnisse.

Als Greifer mit Herz, Verstand und Glück hatte er genug erlebt, um sein Publikum glänzend zu unterhalten – und ganz nebenbei noch einige Botschaften zu übermitteln. Denn als Held der inneren Sicherheit mochte es ihm gar nicht schmecken, wenn allzu intensiv über humanen Strafvollzug debattiert wurde – hatten seine Kollegen die Gauner doch nur mit großer Mühe hinter Gitter gebracht, und da wollten allzu Eifrige den anhaltenden Erfolg wieder zunichte machen. Für Ernst Engelbrecht teilte sich die Gesellschaft in Gute und Böse, wobei er bei den Bösen durchaus noch Abstufungen vornahm. Während er Ladendieben, Hochstaplern oder gewöhnlichen Giftmördern nur mit Verachtung begegnete, geriet er geradezu ins Schwärmen, wenn er sich an einen meisterhaft aufgeschweißten Geldschrank erinnerte.

Der Geldschrankknacker, der »Knacker«, ist der Aristokrat der ganzen großen Diebesgesellschaft. Sein »Geschäft« erfordert besonderen Mut, Geschicklichkeit und zäheste Ausdauer. Dafür ist seine Arbeit aber auch die lohnendste, wenn er nicht zufällig ganz besonderes Pech entwickelt und sich nach stundenlangem Bemühen gerade einem leeren Geldschrank gegenüber sieht. Der »Knacker« arbeitet niemals allein, sondern immer mit mehreren Komplizen gemeinschaftlich. Seine »Arbeit« erfordert eine äußerst gewissenhafte und sorgfältige Vorbereitung. Die Tresors sind meist durch die neuesten Erfindungen der modernen Technik stark gesichert, häufig erfordert es Wochen, ja sogar Monate, um überhaupt erst einmal in den abgeschlossenen Tresorraum hineinzugelangen. Die kürzlich erfolgten Einbrüche in die Tresors der Dresdner Bank und der Diskonto-Gesellschaft haben gezeigt, wie ungeheuer geschickt eine »Knackerbande« vorgehen muß, um auch erfolgreich arbeiten zu können. Entschlossenheit, Mut, Geduld, Verschwiegenheit, äußerste Ruhe sind hier die Haupterfordernisse. Selbst beim einfachsten Geldschrankeinbruch geht die »Arbeit« fast lautlos vor sich, das Aufschweißen des Safes geschieht so geschickt, exakt und lautlos, daß meistens niemand im Hause etwas von der »Arbeit« wahrnimmt.

Sein kriminalistisches Weltbild mit einer klaren Verbrecherhierarchie, einer hart durchgreifenden Polizei und einer gerechten Justiz vermittelte Engelbrecht vor allem in zwei Büchern: seinem autobiographischen Bericht »15 Jahre Kriminalkommissar« und seiner internationalen Bestandsaufnahme »In den Spuren des Verbrechertums«. Das letztgenannte Werk, das um 1930 in Berlin erschien und aus dem bereits zitiert wurde, schildert die großstädtische Unterwelt von Berlin bis Konstantinopel und Marseille. Engelbrecht war stolz darauf, die jeweiligen Städte aus eigener Anschauung beschreiben zu können. Das weitete auch den Blick für die Berliner Verhältnisse, die ihm selbstverständlich besonders am Herzen lagen. Und immer wieder konnte Engelbrecht auf seine internationalen Erfahrungen verweisen, die seine Urteile noch kompetenter erscheinen ließen.

»In den Spuren des Verbrechertums« ist auch eine Gesamtschau auf das, was sich in den zwanziger Jahren in der Berliner Unterwelt tummelte, angefangen bei den Ladendieben, die es zu einer erstaunlichen Perfektion gebracht hatten.

Unter dem großstädtischen Verbrechertum gibt es eine Reihe von Spezialisten, die ihr »Handwerk« nicht zum Schaden der großen Allgemeinheit ausüben, sondern sich nur zum Nachteil einzelner, ganz bestimmter Mitglieder der bürgerlichen Gesellschaft betätigen. Zu diesen Spezialverbrechern gehören auch die Warenhaus- und Ladendiebe, oder, richtiger, -diebinnen, denn meist sind es Frauen, die sich dieser Diebeskunst widmen und sie weit besser und vor allem erfolgreicher auszuüben verstehen als ihre männlichen Berufskollegen. Wohl nur der kleinere Teil der Ladendiebe gehört zu den gewerbsmäßigen Verbrechern, die auf eigene Rechnung oder aber, in Diebesbanden organisiert, auftragsgemäß die Geschäfte systematisch durchstreifen und die gestohlenen Waren gleich darauf beim Hehler absetzen. Der größere Teil ihrer Gilde besteht aus Hausfrauen und jungen Mädchen, die auf diese Weise »billig einkaufen« und nur allzu oft sich hier nicht auf ihren persönlichen Bedarf beschränken, sondern einen mehr oder weniger großen Kreis der Verwandtschaft und Bekanntschaft mit den gestohlenen Waren versorgen.

Wenn auch im allgemeinen nur kleinere, schnell greifbare Gegenstände, die ein rasches Verbergen ermöglichen, den Dieben zum Opfer fallen, so werden gelegentlich doch auch Waren größeren Umfanges nicht verschmäht. Vor einigen Jahren wurde in Berlin eine Ladendieb-Familie Röber abgefaßt, die in geradezu bewundernswert geschickter Weise sogar Ledersessel, schwere Bronzen und selbst ganze Tafelservice aus den Geschäften gestohlen hatte. Der eine Teil der Bande hatte es verstanden, das Bedienungspersonal so intensiv zu beschäftigen, daß das Herausbringen der schweren Sessel usw. durch den anderen unbemerkt bewerkstelligt werden konnte.

Innerhalb ihrer Zunft haben die Ladendiebe wieder ihre Spezialität. Es gibt Diebe, die nur in Spezialgeschäften, und andere, die nur in Warenhäusern »arbeiten«, solche, die sich nur in Konfektionshäusern oder Seidengeschäften betätigen, und andere, die Galanterie- und Luxuswaren- oder Juwelierläden vorziehen. Wenn auch der gewerbsmäßige Ladendieb eine sich ihm gerade bietende günstige Gelegenheit, unbemerkt zu stehlen, niemals vorübergehen läßt, so behält er doch immer die Möglichkeit des sofortigen Absatzes der gestohlenen Waren im Auge.

Gewerbsmäßige Diebe und Diebinnen arbeiten meist in kleineren Gruppen oder größeren Kolonnen. Die Diebin ist natürlich bemüht, die gestohlenen Gegenstände möglichst bald einem Komplizen zuzustecken, um bei einer etwaigen späteren Festnahme nicht des gewerbsmäßigen Diebstahls überführt zu werden. Die einzelnen Mitglieder einer solchen Gruppe arbeiten im engsten Zusammenhange miteinander. Während die eine stiehlt, sichert die andere und beobachtet scharf, ob nicht irgendeine Gefahr droht. Ist die Luft nicht rein, so erfolgt eine unauffällige Warnung, der von der Diebin auch sofort Folge geleistet wird. Dann ist für diesen Tag die

Arbeit in dem Geschäft erledigt, und vorsichtig räumt die Kolonne das Feld.

Hat das Ladengeschäft einen Tee- oder Erfrischungsraum, so wartet die Komplizin hier beim Schälchen Tee auf die Erfolge ihrer Kolleginnen, die ihr von Zeit zu Zeit die gestohlenen Sachen unauffällig zustecken. Ist den Diebinnen ein größerer Coup geglückt, so verlassen sie schleunigst das Geschäft, sichern hierbei sorgfältigst, ob sie auch nicht beobachtet worden sind und verfolgt werden, und verschwinden schleunigst in irgendeiner Autotaxe. Dem Chauffeur wird ein Ziel zugerufen, im Laufe der Fahrt der Zielpunkt aber wieder geändert. Die Autotaxe hält dann an irgendeiner Straßenecke, die Diebinnen steigen aus und übergeben ihren hier oder in einem in der Nähe gelegenen Café wartenden Komplizen die Beute. Diese sind dann besorgt, die Ware schnell »abzustoßen« oder, wenn ihr sofortiger Verkauf nicht ratsam ist, in einem Versteck unterzubringen. Gelegentlich fahren die Diebinnen auch selbst zu irgendeinem minderwertigen Lokal, um hier persönlich die »Sohre« an den Mann zu bringen. Hier warten gewöhnlich schon alle möglichen fragwürdigen Händler, um die Sachen anzukaufen und möglichst sofort im Straßenhandel wieder abzusetzen. Nicht selten werden von den Ladendiebinnen auch Kinder mitgenommen, die das Verkaufspersonal beschäftigen und dessen Aufmerksamkeit ablenken sollen.

Ist die Gelegenheit günstig, so wird die gestohlene Ware mit meist staunenswerter Gewandtheit und Schnelligkeit in das bereitgehaltene Handköfferchen praktiziert oder aber sonstwie an sich genommen und versteckt. Zum Verbergen der gestohlenen Waren bietet die Kleidung der Diebin manch günstige Gelegenheit. Seidenstoffe oder seidene Kleider, Wäschestücke usw. werden schnell unter den Mantel versteckt oder aber durch das Kleid in den Schlüpfer versenkt. Durch futterlose Taschen wird die gestohlene Ware durchgezogen und am Körper mittels eines Gummigürtels festgehalten. Ein mit Plaidriemen fest verschnürter Pappkarton wird auf den Ladentisch gestellt und im günstigen Augenblick die Ware durch eine am Boden oder an der Seite des Pappkartons angebrachte Spiralklappe in den Karton gesteckt. Auch das Unterziehen von seidenen Kleidern gelegentlich eines besonders günstigen Augenblicks in der Anprobekabine eines Kaufhauses ist zwar ein alter, aber doch immer noch erfolgreicher Trick. So konnten in großen Berliner Kaufhäusern Ladendiebinnen festgenommen werden, die nicht weniger als fünf bis acht seidene Kleider untergezogen hatten und auf diese Weise zu stehlen versuchten. Erst beim fünften bzw.

achten Kleide wurden die Verkäuferinnen mißtrauisch und veranlaßten die körperliche Durchsuchung der Diebinnen.

Immer wieder neue Tricks erfindet die Gilde der Ladendiebinnen, und fast täglich kann man bei ihrer Festnahme besondere Überraschungen erleben. Vor kurzem wurde in einem großen Berliner Warenhause eine Ladendiebin erwischt, die unter ihrem Rocke einen mit Haken versehenen Lederriemen trug, an die sie sich nicht weniger als vier gestohlene Nachttischlampen eingehängt hatte. Zuleitungsschnur und Stecker aller vier Lampen fanden sich in einer an der Innenseite des Unterrocks angebrachten Tasche.

Wie raffiniert, aber auch wie sicher und konsequent solche Ladendiebinnen zu arbeiten verstehen, zeigt ein anderer Fall. Im Besitze einer überführten Ladendiebin fand man einen Katalog, in dem eine Anzahl Waren angekreuzt war. Zu diesen besonders bezeichneten Waren gehörten auch die von der Diebin gestohlenen Gegenstände, die bei ihrer Festnahme vorgefunden wurden. Die Durchsuchung der Wohnung förderte ein ganzes Warenlager zutage, das planmäßig nach den Katalogen des Hauses und anderer Geschäfte zusammengestohlen war. Die Diebin trieb einen schwunghaften Handel, zeigte ihren Kunden die Kataloge und ließ sich feste Bestellungen geben, die sie dann durch ihre Diebstähle richtig erledigte.

Während die gewerbsmäßigen Ladendiebinnen sich meistens darauf beschränken, die gestohlenen Waren – die Sohre – an Hehler-Händler weiterzugeben, gibt es aber auch Frauen, die sich mit dieser Schädigung der Geschäfte nicht begnügen, sondern durch Rückgabe der gestohlenen Sachen an das geschädigte Kaufhaus einen größeren Gewinn zu sichern suchen. In einem Berliner Warenhause kam man auf meine Veranlassung hin einer fünfköpfigen Diebesbande auf die Spur, von der drei Frauen die Ladendiebstähle auszuführen und die anderen beiden den Umtausch der gestohlenen Waren zu bewerkstelligen hatten. Die Diebinnen erschienen mit großen Koffern im Geschäft, steckten die gestohlenen Waren an irgendeinem ruhigen Orte in die Koffer hinein, schlossen diese ab und gaben sie sogar der Gepäckaufbewahrung des bestohlenen Hauses in Verwahrung. Dann zogen sie weiter in das nächste Geschäft, wo sie ebenfalls ihre Beute, wohl verpackt, aufbewahren ließen. So trieben sie es bis in die frühen Abendstunden, um dann schließlich aus den verschiedenen Geschäften ihre Koffer und Pakete abzuholen. In einem stillen Café wurde dann die gestohlene Ware sortiert und gleich den Umtauscherinnen übergeben, die den Umtausch an einem der nächsten Tage vorzunehmen hatten. Die Umtauscherinnen brachten die Waren, über deren Herkunft und Preise sie natürlich genau orientiert waren, in die bestohlenen Geschäfte zurück und baten um Rückzahlung des Kaufbetrages oder aber um einen Gutschein. Sie erklärten, den zu den Waren gehörenden Verkaufszettel verloren zu haben, und in allen Fällen erhielten die Umtauscherinnen auch den gewünschten Gutschein oder sogar den Geldbetrag zurückvergütet. Handelte es sich um einen besonders wertvollen Gegenstand, dessen Verschwinden im Geschäft aufgefallen sein konnte, so wurde ein besonderer Trick angewandt. Der gleiche Gegenstand wie der gestohlene wird zunächst von einer der beiden Umtauscherinnen gekauft. Schon wenige Stunden später erscheint dann die Diebin mit dem gekauften Gegenstand und erklärt, daß ihre Schwester oder irgendeine andere Bekannte oder Verwandte gerade den gleichen Gegenstand gekauft habe und sie deshalb bitten müsse, ihn wieder umzutauschen. Sie habe allerdings den Zettel nicht mehr, aber sie, die Verkäuferin, wisse doch ganz genau, daß sie vor zwei Stunden gerade bei ihr den Gegenstand gekauft habe. Die Verkäuferin entsinnt sich auch natürlich genau dieses Vorganges und nimmt den Gegenstand anstandslos gegen Ausstellung eines Gutscheines zurück. Einige Tage oder auch Wochen später wird dann der gestohlene Gegenstand gegen Vorlage des für den gleichen gekauften Gegenstand ausgestellten Verkaufszettels vorgelegt und natürlich ebenfalls anstandslos umgetauscht.

Scheint die schnelle Ausführung eines Diebstahls untunlich, so gehen die Ladendiebe ganz behutsam zu Werk. Wie vorsichtig, beweist ein Vorfall, der sich vor wenigen Wochen in einem Berliner Kaufhaus zutrug.

In der Mittagszeit erschien in der Sportabteilung des Hauses ein junger Mann, betrachtete mit anscheinend großem Interesse die auf Puppen gezogenen Lederjacken und öffnete bei dieser Gelegenheit ganz unauffällig den obersten Knopf einer Jacke. Dann ging er fort und kam nach etwa einer Viertelstunde wieder, sah sich die Lederjacke noch einmal an und öffnete hierbei so geschickt, daß es außer der erfahrenen Überwachungsbeamtin niemand bemerken konnte, den zweiten Knopf. Dann verließ er das Geschäft. Eine halbe Stunde später schlenderte eine unscheinbare Frau wie zufällig an der Puppe vorbei, blieb plötzlich stehen und öffnete schnell den dritten Knopf der Lederjacke, und schon wenige Minuten später erschien dann ein zweiter Mann, der fast im Vorbeigehen flink den vierten Knopf öffnete. Dann ging er im Hause spazieren, um nach zehn Minuten wieder zurückzukehren. Von der Puppe riß er blitzschnell die Lederjacke herunter und ließ sie in einem Köfferchen, das er mit geöffneten Schloßriegeln in der Hand trug, verschwinden. Alles geschah so plötzlich, daß die Überwachungsbeamtin wohl merkte, daß irgend etwas geschehen war, aber den Vorgang selbst kaum hatte richtig beobachten können. Der Dieb konnte aber festgenommen werden, und dank der sorgfältigen Arbeit der Überwachungsbeamtin gelang es auch bald, seine drei Komplizen zu ermitteln. Bei der Durchsuchung der verschiedenen Wohnungen wurden ziemlich reichhaltige Hehlernester festgestellt.

Die Erntezeit der Ladendiebinnen sind die Saisonausverkäufe und die Restetage, die ganz besonders von den Hausfrauen-Diebinnen bevorzugt werden. Unter diesen gibt es Frauen, die trotz der geringen Einkünfte ihres Ehemannes sich stets elegant zu kleiden verstehen. Kleider oder die Seide dazu werden eben in den Geschäften »billig gekauft«. Selbst manche Hausfrau in besseren finanziellen Verhältnissen scheut sich nicht, ihren Toilettebedarf durch einen kleinen diebischen Zugriff zu ergänzen.

Um die ihm übertragenen Fälle zu lösen, schreckte Engelbrecht auch nicht vor unkonventionellen Methoden zurück, die seine Popularität noch erhöht haben dürften.

In den ersten Nachkriegsjahren war es beim Publikum Mode geworden, bei Aufklärung von Diebstählen die Hilfe von Hellsehern in Anspruch zu nehmen. Aber auch ein Berliner Kriminalkommissar, der als Spezialist für Förstermorde in Deutschland besonders bekannt geworden ist, hat sich bei der Aufklärung solcher Verbrechen einer Hellseherin bedient und will hier ausgezeichnete Erfahrungen gemacht haben. Seine Erfolge vermochten bisher aber nicht, die Berliner Kriminalpolizei von der Zweckmäßigkeit gelegentlicher Zuziehung von Hellsehern bei der Aufklärung großer Kapitalverbrechen zu überzeugen. Einige mehr private Versuche einzelner Kriminalbeamten, mit Hilfe von Hellsehern die Aufklärung wichtiger Kriminalfälle zu erreichen, blieben – von wenigen Ausnahmen abgesehen – erfolglos. In letzter Zeit hat eine Hellseherin Günther-Geffers viel von sich reden gemacht. Der Ausgang des gegen sie in Insterburg geführten Prozesses war insofern besonders interessant, als ihr die Betrügereien, die sie gelegentlich ihres Hellseherberufes begangen haben sollte, keineswegs nachgewiesen werden konnten. Sie ging aus dem Prozeß nicht nur unschuldig hervor, sondern konnte auch dem Gericht eine ganze Reihe wirklicher Erfolge nachweisen.

Interessant war der Ausgang eines Falles, den ich im Jahre 1922 persönlich zu bearbeiten hatte, und zu dessen Aufklärung seitens der geschädigten Firma ein Hellseher herangezogen wurde. Hier konnte später einwandfrei festgestellt werden, daß der in Anspruch genommene Hellseher den Diebstahl bis in die kleinsten Einzelheiten und selbst den Verbleib des gestohlenen Pelzes richtig geschildert hatte.

In einem ersten Berliner Konfektionshause war ein Hermelinpelz gestohlen worden. Alle Versuche der geschädigten Firma, auf die Spur des Diebes oder der Diebin zu kommen, mißlangen. Sämtliche von ihr geführten Verdächtigungen erwiesen sich durch die kriminalpolizeilichen Feststellungen als völlig unbegründet. Da der Geschäftsinhaberin in Anbetracht des hohen Wertes des Pelzes an der Aufklärung des Diebstahls außerordentlich viel lag, setzte sie sich mit einem Hellseher in Verbindung, um vielleicht durch ihn die Aufklärung des mysteriösen Falles zu erreichen. Die den Diebstahl bearbeiteten Kriminalbeamten wurden zu der Sitzung eingeladen, mußten sich aber verpflichten, die Arbeit des Hellsehers nicht durch Fragen zu stören. Der Hellseher ließ sich zunächst über alle selbst unwichtig erscheinenden Einzelheiten unterrichten und erklärte schließlich, daß der Pelz von einer kleinen unscheinbaren Ladendiebin, einer Jüdin, gestohlen, dann in einen in der Nähe der Potsdamer Straße liegenden Spielklub gebracht und dort zur Aufbewahrung abgegeben sei. Die Diebin habe vergeblich versucht, den Pelz zu verkaufen, er befände sich jetzt, in einer weißen Schachtel verpackt, versteckt auf dem Hängeboden der Spielklubwohnung.

Der Kriminalpolizei genügten diese Angaben des Hellsehers nicht, sie stand ihnen im übrigen auch ziemlich skeptisch gegenüber. Desto erstaunter waren die Kriminalbeamten aber, als einige Monate später, gelegentlich der Aushebung des Spielklubs, der gestohlene Hermelinpelz auf dem Hängeboden, und zwar in einer weißen Schachtel verpackt, tatsächlich vorgefunden wurde. Hier konnte also die Angaben eines Hellsehers als zutreffend festgestellt werden, trotzdem lehnte die Kriminalpolizei aber eine weitere Inanspruchnahme des Hellsehers – wie man sagte, auf höhere Anordnung hin – ab.

Daß Engelbrecht es liebte, anders als seine Kollegen vorzugehen, dokumentiert auch das Kapitel über das Berliner Gauner- und Gangstermilieu, das im Zentrum des Buches über die großstädtischen Verbrecher und ihre Schlupfwinkel steht. Wir drucken das Kapitel ungekürzt ab, weil es mit äußerster Authentizität in diese Zeit und eine ihrer kriminellen Schichten führt.

Eine ausgesprochen nach außen hin abgegrenzte Verbrecherstadt, wie sie zum Beispiel London in Wihtechapel, Hamburg in St. Pauli, Brüssel in seinem Marollenviertel und Chikago in seiner Chinesenstadt aufweisen, haben wir in Berlin nicht. In Groß-Berlin gibt es – von einigen Vororten abgesehen – überall Straßen und Gassen, in denen sich Gesindel, das das Tageslicht zu scheuen und sich vor der Polizei zu hüten hat, verborgen hält. Trotzdem haben wir in Berlin aber auch umfangreichere Verbrecherquartiere, unter denen die Gegend um den Schlesischen Bahnhof herum und die Gegend des Scheunenviertels, bis tief in den nördlichen Teil der Friedrichstraße hinein, wohl die größten und gefährlichsten sind. In kleinen verwahrlosten Hotels, die trotz ihres schmutzigen Äußeren die Unsauberkeit drinnen nicht im entferntesten ahnen lassen, verbirgt sich hier der Rechtsbrecher vor der polizeilichen Verfolgung. In den großen Mietskasernen dieser Viertel fällt es gar nicht weiter auf, wenn irgendwo im Hause ein neuer Schlafbursche zuzieht, und unter den vielen fragwürdigen Existenzen, die derartige Mietskasernen bevölkern, kann der gesuchte Verbrecher ohne Schwierigkeiten sicher untertauchen. Freunde, alte Komplizen und andere Zunft- oder Gesinnungsgenossen sind ihm gern behilflich, sich weiter vor den Nachstellungen seines Todfeindes, der Kriminalpolizei, in acht zu nehmen. Nur tagsüber hält sich der Verbrecher hier verborgen, abends, wenn es dunkel geworden ist und die Straßen einsam werden, wagt er sich aus seinem Versteck heraus. Dann führt ihn der Weg zu seinen Berufskollegen, die in irgendeinem Keller oder einer anderen Kaschemme sich zusammengefunden haben, um sich hier gemütlich zu unterhalten oder aber wichtige Pläne für neue Verbrechen zu verabreden.

Solche Verbrecherlokale – Kaschemmen – finden wir in allen Straßen der Berliner Verbrecherviertel. Hier ist es eine Destille, dort eine Bierkneipe, ein Kaffeekeller oder eine Likörstube. Hier ist es ein konzessioniertes Lokal, das nachts seine Gäste hintenherum einläßt, und dort ist es ein verschwiegener

Keller, der erst nach Mitternacht seine Pforten öffnet, um die Nachtgestalten der Großstadt aufzunehmen. Die Kaschemmen haben für die Verbrecherwelt eine ganz besondere Bedeutung. Die Verbrecher haben sich an sie derart gewöhnt, daß sie als getreue Stammgäste wohl allnächtlich hier zu finden sind und in ihnen tatsächlich ein Stück Heimat gefunden haben. Bis zum frühen Morgen finden wir in diesen Verbrecherkaschemmen starken Betrieb, und oft mischt sich noch das Lärmen der betrunkenen Gäste mit dem Glockengeläute, das die Gläubigen zum Vormittagsgottesdienst ruft.

Von den Berliner Verbrecherzentren hat in letzter Zeit ganz besonders die Gegend des Schlesischen Bahnhofes von sich reden gemacht. Vor etwas länger als Jahresfrist spielten sich dort die Kämpfe der »Immertreu-Leute« mit den Hamburger Zimmerleuten ab, und in letzter Zeit zeigten neue, ungemein dreiste Raubüberfälle dem Berliner Publikum, zu welch gefährlichem Verbrecherzentrum diese Gegend inzwischen geworden ist. Wenn auch in den letzten Jahren größere Kriminalfälle in dieser Gegend seltener wurden, wie die Polizei durch ihren Vizepräsidenten als Art Entschuldigung hinsichtlich des mangelnden Schutzes der Bürgerschaft verkünden läßt, so sind die Verhältnisse aber trotzdem nicht sicherer geworden. In dem Hexenkessel der an den Schlesischen Bahnhof angrenzenden Straßen brodelt es ständig, und das Verbrechertum, insbesondere das Zuhälter- und Räuberunwesen, will dort nicht zur Ruhe kommen.

Wohl jedem Besucher des östlichen Berlins werden die vielen fragwürdigen Gestalten aufgefallen sein, die die Gegend des Schlesischen Bahnhofs mit allen ihren unsauberen Zugangs- und Seitenstraßen bevölkern. In den Nachmittag- und Abendstunden sind die Ecken dieser Straßen, ganz besonders aber der auf dem Bahnhofsplatz einmündenden Koppen- und Madaistraße von dichten Menschenmassen umlagert, die sich vorwiegend aus arbeitslosem Gesindel aller Art, schmutzigen Dirnen und ihrem verkommenen männlichen Anhange zusammensetzen. Straßenhändler, vom »Wurstmaxe« bis zum eleganteren Stoff- und Seidenschlipshändler herauf, preisen in den lockendsten Tönen ihre wohl in den seltensten Fällen ganz einwandfrei beschafften Waren an. In den wilden Trubel hinein torkeln Betrunkene aus den vielen anrüchigen Schänken heraus, rohgeschminkte Frauenzimmer kreischen auf und begrüßen mit zotigen Redensarten die vorbeigehenden Männer.

Außer dem Scheunenviertel konzentriert wohl keine Gegend Berlins die Verbrecherwelt so stark wie gerade die um den Schlesischen Bahnhof herum gelegenen Straßen und Gassen. Kaschemme an Kaschemme, Absteigequartier an Absteigequartier; nur wenige wirklich anständige Leute durchhasten die Gegend. Hier ist neben dem Scheunenviertel der Ort, an dem die Verbrecherwelt sich am sichersten fühlt. Hier, in dieser Gegend, hat der Massenlustmörder Großmann vor etwa sieben Jahren seine Opfer gesucht, und hierhin ziehen sich häufig die Kapitalverbrecher nach Verübung ihrer Tat zurück. Die polizeilichen Razzien sind hier stets besonders ergiebig. Selbst das Scheunenviertel, die Gegend der Münz-, Dragoner-, Grenadier-, Schönhäuser Straße usw., kann hierin nicht wetteifern. Alle diese polizeilichen Säuberungsmaßnahmen sind aber nicht ausreichend, sie bleiben Stückwerk, weil einerseits der Komplex, in dem das Verbrechertum sich eingenistet hat, zu groß und unübersichtlich ist und andererseits die Tätigkeit der Kriminalpolizei infolge ihrer zahlenmäßigen Schwäche auch nur beschränkt sein kann.

Nachts bietet diese Gegend ein anderes Bild. Unter den Bahnüberführungen, an den Straßenecken und in den Häusernischen drücken sich die Dirnen umher, mit sehnsüchtigen Augen beutegierig ihrer Opfer harrend. In angemessenen Abständen ihre »Beschützer« und anderes Gesindel, das das Licht des Tages scheut und mit dem Erlöschen der Abendbeleuchtung aus den Schlupfwinkeln zu dunklen Geschäften herausströmt. In Hausfluren und Torwegen stehen sie zu dritt und viert und spähen nach Beute. Ein Betrunkener oder ein Nachtschwärmer ist ihnen besonders willkommen. Er wird zu Boden geschlagen und schnell seiner Brieftasche, der Uhr und aller anderen Wertsachen beraubt. Hat er gute »Schale«, so muß er auch diese hergeben, seinen Räubern kommt es nicht darauf an, bis aufs Hemd auszuplündern.

Hier hatte sich eine besondere Spezialität dieser Straßenräuber gezeigt, die stets mit ihren Mädchen zusammen arbeitete. Die Mädchen mußten die Bekanntschaft von Männern machen und sich dann von ihren Genossen, die sich als Ehemann oder Freunde der Weibspersonen ausgaben, überraschen lassen. Das arme Opfer wurde dann von dem angeblichen Ehemann und dessen Komplizen übel zugerichtet und aller Wertsachen beraubt. Diese Straßenräuberbanden verlegten das Feld ihrer Tätigkeit nach jedem Überfall in eine andere Stadtgegend und erschwerten dadurch ihre Ermittlung und Festnahme. Die gefürchtete Bande hat auf diese Weise viele Monate ihr Unwesen treiben können, ohne daß der Kriminalpolizei ihre Festnahme gelingen wollte. Erst als das Haupt dieser Bande von einem seiner Opfer erstochen wurde, konnten auch die übrigen Mitglieder festgestellt und dingfest gemacht werden. Die Ermittlungen hatten ergeben, daß der erstochene Straßenräuber kurz vor seinem unheilvollen Ende noch mit einem Mädchen gesehen worden war, die er Wanda genannt hatte. Dieses Mädchen konnte als eine Dirne, die »polnische Wanda«, bald festgestellt und in Haft gebracht werden. Alle ihre mannigfachen Verstellungskünste nützten nichts, die Kriminalpolizei ließ nicht locker und ließ sich auch durch die theatralischen Szenen, welche die »Wanda« aufführte, keineswegs irreleiten; alle ihre Ohnmachtsanfälle, ihre Tränen und Unschuldsbeteuerungen blieben erfolglos. Aber erst nach dreitägiger Vernehmung, während der sie mit einer selbst in Schwerverbrecherkreisen seltenen Hartnäckigkeit leugnete, brach sie zusammen und legte ein offenes Geständnis ab. Jetzt machte sie alle ihre Komplizen namhaft; einige Dutzend Raubüberfälle konnten ihr und ihrem toten Geliebten, dem »langen Leo«, und ebensoviel den übrigen fünf Mitgliedern der Bande nachgewiesen werden. Zu dieser Räuberbande gehörte neben einem berüchtigten Verbrecher, dem »Räuber- oder Schläger-Piepel«, und einem entsprungen Zuchthäusler Rosick auch der letzthin wieder viel genannte Szymala, dessen Festnahme und Aburteilung zu mehrjähriger Zuchthausstrafe gelang.

Aber auch einzelne Räuber machten die Gegend des Schlesischen Bahnhofs unsicher, und erst nach besonders scharfem Zufassen des Raubdezernats und der Streifmannschaft des Polizeipräsidiums war es möglich, mit diesem Räuberunwesen langsam aufzuräumen.

Auffallend groß ist das polnische und russische Element, das gerade in dieser Gegend sich eingenistet hat, und auffallend ist die Menge der Wirtschaften, die von Polen und anderen »östlichen« Nachbarn geführt werden oder in denen diese unsympathischen Ausländer das Stammpublikum bilden. Ebenso groß ist aber auch der Prozentsatz, den diese polnischen Gäste an das Verbrechertum stellen. Wohl die meisten Straßenräuber gehören zu ihnen, auch sehr viele Dirnen, und meistens die schmutzigsten und widerlichsten Weiber dieser Gegend sind Polinnen. Der Grund dieser »Polenplage« am Schlesischen Bahnhof dürfte darin zu finden sein, daß der Schlesische Bahnhof den hauptsächlichsten Verkehr mit Polen vermittelt und daß die polnischen Erntearbeiter hier ankommen und von hier aus auch die Rückreise in ihre Heimat antreten. Hier bleiben dann viele, denen das Leben in Deutschland angenehmer dünkt als in ihren polnischen Dörfern, heimlich zurück. Ihre eigentliche Arbeit, Landarbeit, finden sie in Berlin aber nicht, zu anderer Arbeit meist unfähig, verfallen sie dann bald der Trägheit und Liederlichkeit und werden zu Verbrechern. Zum berufsmäßigen Einbrecher durch Mangel an Ortskenntnis und Geschicklichkeit unbrauchbar, wenden sie sich dann oft der rohen Zunft der Straßenräuber zu, bei der nur Kraft und Hinterlist den Erfolg entscheiden. Wegen dieses stark polnischen Einschlages wird die Gegend des Schlesischen Bahnhofs im Volksmunde auch das »katholische Viertel« genannt. Die Benennung »polnisches Viertel« wäre wohl richtiger gewesen.

Ein wohl nicht weniger gefährliches und bedeutendes Verbrecherviertel ist das Scheunenviertel. Unter Scheunenviertel versteht man die Straßen und Gassen, die sich zwischen Alexanderplatz und dem Rosenthaler Platz von der Lothringer Straße bis zur Stadtbahn um die Münz- bzw. Weinmeisterstraße herumgruppieren. Hier wohnten im alten Berlin die armen Leute, und hier befanden sich schon früher die Quartiere der Armut und die Schlupfwinkel der Verworfenheit. Hier wohnten damals Holzhauer, Torfträger und die »Unratweiber«, deren wichtige Tätigkeit mit der Einführung der Kanalisation ein Ende gefunden hat. Dazu natürlich Dirnen und alles mögliche andere Gesindel, das sich hier schreiend herumzankte und -prügelte. Im Jahre 1846 wies Berlin nach einer statistischen Aufstellung ja schon 2000 Verbrecher, ebensoviel Obdachlose sowie etwa 8000 Bettler und andere fragwürdige Existenzen auf, und im Laufe dieser Zeit wurden die engen Gassen und die schmuddeligen Häuser des Scheunenviertels immer mehr zum Schlupfwinkel des Verbrechertums. Erst mit der Niederreißung großer Teile dieses Scheunenviertels, um einigen neuen Straßen und vor allem dem Neubau der Volksbühne Platz zu machen, sind hier etwas bessere Verhältnisse eingetreten.

Durch die Münz-, Grenadier-, Dragoner-, Mulack- und Schönhauser Straße zieht schon von den frühen Vormittagsstunden an allerlei Gesindel und bevölkert die zahlreichen Kaschemmen. In der Münzstraße finden wir im »Münzhof«, in der »Münzglocke«, in der »Münzklause«, in der »Alexanderquelle«, in »Martins Hackepeter« usw. stark besuchte Verbrecherlokale, in denen allerdings nicht nur Verbrecher, sondern auch gelegentlich, aber nur selten und ausnahmsweise, ehrliche Arbeiter und ihre Angehörigen zu verkehren pflegen. In der Prenzlauer Straße, dicht an der Münzstraße, sind das Café Mexico und in der Schönhauser Straße der »Gute Happen« und andere Speiselokale nicht minder gefährliche Brutstätten des Verbrechertums. Das »Münz-Theater« und das »Biograph-Theater«, die schon in den Vormittagsstunden ihre Pforten geöffnet haben und ihr Publikum durch wirklich ohrenbetäubendes Orchestrionkonzert anlocken, sind um keinen Deut besser. Die Ecken der unsauberen Straßen, namentlich der Roch-, Grenadier-, Dragoner-, Kaiser-Wilhelm- und Schönhauser Straße, werden von verwahrlosten, kleinen, widerlich schmutzigen Mädchen bevölkert, wie man sie wohl in ganz Berlin nirgends häßlicher und abstoßender wieder zu Gesicht bekommen Gelegenheit hat. In der Schönhauser Straße liegt der schon einmal erwähnte »Gute Happen«, augenblicklich wohl das bekannteste und besuchteste Massenlokal der Berliner Verbrecherwelt. Von außen völlig unscheinbar, läßt es den Riesenbetrieb drinnen nicht im entferntesten ahnen. Die Gäste, meistens junge Burschen und liederliche Mädchen, der Nachwuchs des Verbrechertums, geben sich die redlichste Mühe, die Blechmusik der Hauskapelle zu überschreien, und wer mutig genug ist, sich an einen der wenig sauberen Tische niederzulassen, wird bald von bettelnden, aufdringlichen Megären belästigt. Schon nach wenigen Minuten merkt man dann meistens irgendwo am Bein oder am Arm einen unbehaglichen Juckreiz, der dann zu Hause eine ausgiebige Jagd erforderlich macht. Ein noch größeres Lokal, das berüchtigte Café »Dalles«, aus dem zur Zeit der Inflation bei Razzien Dutzende von Lastkraftwagen voll Gesindel herausgeholt wurden, hat schon seit mehreren Jahren seine Pforten geschlossen und einem Kino Platz gemacht. Hier waren früher Gabeln und Löffel mittels langer Eisenketten an der Wand befestigt, um ihre Entwendung zu verhindern. Eine Angestellte des Hauses ging dann mit einem großen Bottich, in dem sich eine fürchterlich schmutzige Brühe befand, öfter mal von Tisch zu Tisch, um Tischplatten und Bestecke einer Reinigung zu unterziehen. In der Mulackstraße ist ein Verbrecherlokal besonders bemerkenswert. Es liegt in einem ganz winzigen Häuschen, das nur eine einzige Gaststube zu beherbergen vermag. Als ich vor mehreren Jahren einmal dort war, gab es hier noch wirklichen Brennspiritus zu trinken. Dieser »Brennabor« schien allen Gästen vortrefflich zu munden. Inzwischen ist hier doch vieles anders geworden, heute wird neben Kaffee und Kartoffelpuffer auch Bier verabfolgt. Trotzdem scheinen die alten Gäste ihrem Stammlokal aber treu geblieben zu sein. Früher, so erzählte man mir, wurden hier nur Gäste zugelassen, die mindestens fünf Jahre Zuchthaus »abgemacht« hatten und wenigstens 60 Jahre alt waren. Auch bei Frauen wurde ungalanterweise bezüglich der Altersgrenze keine Ausnahme gemacht. Ob das auch heute noch so ist? Alt, sehr alt, schmutzig und verblödet ist jedenfalls auch heute noch die Mehrzahl der Gäste.

Der Albert-Keller in der an die Münzstraße anschließenden Weinmeisterstraße ist eines der wenigen Überbleibsel einer ganzen Anzahl von Verbrecherkellern, die hier früher einen regen Tag- und Nachtbetrieb unterhielten. Alle diese offiziellen Keller, die der Polizei nicht nur als Verbrecherunterschlupfe bekannt waren, sondern sich auch des überaus lebhaften Besuches eines neugierigen, besseren Publikums erfreuten, wie der »Blaue Strumpf«, »Joachim-Keller«, »August-Keller«, »Borsig-Keller«, »Katakomben-Keller«, und wie die mehr oder weniger zweifelhaften Verbrecherkeller alle hießen, haben auf höhere Anordnung hin inzwischen ihre Pforten schließen müssen. Mit diesen Kellern, die sich im Laufe der Jahre aus den primitivsten und schmutzigsten Verhältnissen heraus zu immerhin sauberen Lokalen entwickelt hatten und in denen nur einige verdächtige Verbrecherphysiognomien an die Gefahren, die des Gastes hier harrten, erinnerten und zur Vorsicht mahnten, ist das letzte Stückchen Poesie aus dem Berliner Verbrecherleben geschwunden.

Ähnlich wie in anderen europäischen Großstädten, zum Beispiel in Genua, Köln, Hamburg, Neapel usw. zieht sich auch das Berliner Verbrecherviertel, eigentlich unter dem Schutze der Polizei, bis dicht an das Polizeipräsidium am Alexanderplatz heran. Wenn die genannte Münzstraße auch als das Zentrum des Scheunenviertels bezeichnet werden kann, so dehnt sich das Verbrechertum doch im Nordosten bis zum Stettiner Bahnhof aus. Auch am Stettiner Bahnhof gibt es schauderhaft unsaubere und gefährliche Straßen, die ich keinem Fremden bei Nacht allein zu durchschreiten anraten möchte. Die Eichendorff-, Borsig-, Tieckstraße, also das südliche vom Stettiner Bahnhof gelegene Straßenviertel, zeigt überall einen stark ausgeprägten Verbrecherverkehr und zahlreiche Verbrecherkaschemmen. Die interessanteste Kaschemme ist hier »Die blutige Träne«, in der hauptsächlich Einbrecher und andere Schwerverbrecher zu verkehren pflegen. Wenn die Polizei sich mal veranlaßt fühlt, der »Blutigen Träne« eine gewisse Aufmerksamkeit zu widmen, so werden hier neben langjähriger treuer Kundschaft der Polizei immer auch gerade besonders eifrig gesuchte Verbrecher und eine ganze Anzahl noch unbekannter, aber verdächtiger Personen aufgegriffen.

Schon früher, vor etwa hundert Jahren, hatte Berlin außer dem vorgenannten Scheunenviertel noch ein anderes Verbrecherviertel, das mit seinen vielen Spelunken, wie man damals die Kaschemmen offiziell bezeichnete, der Polizei außerordentlich viel zu schaffen machte. Dieses zweite alte Berliner Verbrecherviertel befand sich in der Dorotheenstadt und zog sich bis in die Jerusalemer Straße hinunter. Wie wir heute in Berlin große Massenlokale haben, in denen die weit größere Anzahl Gäste dem Verbrechertum zuzuzählen ist, gab es auch schon vor hundert Jahren in Berlin derartige Betriebe, in denen neben einzelnen Studenten und Bürgersleuten hauptsächlich Verbrecher und ihr zweifelhafter Anhang das Stammpublikum bildeten. Die bekanntesten Betriebe dieser Art waren die Tanzlokale »Zum Onkel« in der Dorotheenstraße und »Vater Gräbert« in der Kleinen Waldemarstraße. Waren diese beiden Tanzlokale noch einigermaßen anständig – man traf dort gelegentlich auch junge, unternehmungslustige bessere Leute –, so waren aber die anderen in der Dorotheenstraße, in der Jerusalemer, Linien- und Mulackstraße gelegenen Lokale, in denen nur finstere Gesellen mit ihrem üblichen weiblichen Anhange verkehrten, desto berüchtigter. Eine der gefährlichsten Kaschemmen dieser Art war »Die lederne Flinte« in der Jerusalemer Straße. Die besondere Anziehungskraft dieser Spelunke bestand in einem Puppentheater, das in dem Tanzsaal eingerichtet war und seichte, meistens erotische Puppenspiele vorführte. Während man werktags hier nur Verbrecher und Dirnen antreffen konnte, sah man sonntags gelegentlich auch Soldaten der Garnison in Begleitung ihrer allerdings meist weniger einwandfreien Mädchen. »Die lederne Flinte« war viele Jahrzehnte hindurch das weitaus übelste Lokal von ganz Berlin. Das Treiben war hier derart schamlos, daß die Anwohner selbst häufig zur Selbsthilfe griffen und die aus dem Lokal herausgehenden Gäste nach Strich und Faden verprügelten. Schließlich gelang es dann den hartnäckigen Beschwerden der Nachbarschaft doch, die endgültige Schließung des Lokals durchzusetzen. Die anderen Kaschemmen, wie zum Beispiel der »Türkenkeller« in der Neuen Promenade, »Monno« in der Grenadierstraße 33, der »Schmortopf« in der Mulackstraße, der »Puttkopf« in der Linienstraße, Spiegelbergs Tanzsäle vor dem Prenzlauer Tor und vor allem der Verbrecherkeller an der Leipziger, Ecke Jerusalemer Straße, wo heute das Warenhaus Tietz steht, waren aber keinesfalls besser. Überall verjubelten Diebe und Gauner ihre Beute im Verein mit Freunden und Freundinnen, und meistens ging es dabei so laut zu, daß allnächtlich die Polizei einschreiten mußte. Eine besondere Spezialität war noch der »Silberladen« in der Königstraße, ein ziemlich elegant eingerichtetes Lokal, in dem vorwiegend Einbrecher verkehrten und ihre »Sohre« verschärften. Der »Silberladen« war eine wirkliche Verbrecherbörse, es gab wohl kaum einen größeren Einbruch oder ein besonderes Kapitalverbrechen in Berlin, das hier nicht vorher geplant und beraten worden wäre.

Die Berliner Polizei ging nicht gerade gern an eine zeitweise Schließung dieser Lokale und tat es nur dann, wenn die Beschwerden seitens der Bürgerschaft wirklich knüppeldick einliefen. Alle diese Spelunken waren ja der Polizei willkommen, denn sie gaben ihr häufig gute Gelegenheit, hier gesuchte Verbrecher zu ermitteln. Meistens begnügte man sich mit Bier und Schnaps, Wein wurde nur selten getrunken. Fremde wurden höchst ungern gesehen, man mißtraute ihnen und versuchte auf alle mögliche Art und Weise, ihnen den Aufenthalt in diesen Lokalen zu verleiden, und meistens waren solche »Stubben« dann froh, ohne leiblichen und finanziellen Schaden wieder herauszukommen.

Inzwischen, im Laufe der letzten hundert Jahre, hat sich auch in dieser Beziehung vieles geändert. Dort, wo die »Lederne Flinte« stand, erhebt sich heute Scherls Zeitungspalast, und an der Ecke Jerusalemer Straße und Leipziger Straße, wo damals die Spelunkengäste lärmten und sich herumschlugen, das Warenhaus Tietz. Tempora mutantur!

Mag das Milieu der Kaschemmen in den verschiedenen Berliner Stadtteilen auch etwas verschiedenartig sein, überall besteht aber die Hauptkundschaft aus Dirnen mit ihrem männlichen Anhang, gewerbsmäßigen Verbrechern aller Art und »Halbseidenen«, arbeitsscheuen Burschen und Mädchen, dem Zuwachs des Verbrechertums. Dazwischen kommt auch mal ein »Stubben« oder »Grünling« vor, der aus Neugierde oder auch aus Unkenntnis in eine solche Kaschemme hineingerät und seinen Mut oder Leichtsinn oft an Gesundheit und Vermögen schwer büßen muß.

Hier ist die Kaschemme ein konzessioniertes Lokal, dort ein für den Unterschlupf der Verbrecherwelt eigens hergerichteter Keller oder gar die Wohnung eines als zuverlässig bekannten Ganoven. Der Kaschemmenwirt, in der Verbrechersprache »Boost« oder »Baas« genannt, muß, wenn er Geschäfte machen will, des unbedingten Vertrauens der Verbrecherwelt würdig, also in den meisten Fällen selbst ein alter Ganove sein. Wenn er sich auch häufig der Polizei gegenüber den Anschein einer gewissen Polizeifreundlichkeit geben muß, wird er seine Kundschaft doch nur in den allerseltensten Fällen der Polizei verraten. Alle seine Auskünfte der Polizei gegenüber werden deshalb von dieser dementsprechend gewertet werden müssen. Von größter Wichtigkeit ist es, daß in der Kaschemme für die Gäste immer irgendeine Möglichkeit vorhanden sein muß, bei unerwartetem Besuch der Kriminalpolizei rechtzeitig verschwinden zu können, entweder durch Falltür und Keller in einen benachbarten Hof oder aber durch Flure oder Kellergänge über Treppen in eine im Hause gelegene Wohnung oder Hausboden. Da die Verbrecher in der Regel erst spät abends ihre »Bleibe« verlassen, sind ihre Schlupfwinkel, die Kaschemmen, immer für Nachtbetrieb eingerichtet. Eigentlich immer sind sie gegen Überraschungen seitens der Polizei gut gesichert, und je »schwerere Jungen« in dem Lokal zu verkehren pflegen, desto stärker ist im allgemeinen auch seine Sicherung. Gelingt es der Kriminalpolizei nicht, durch Anwendung einer List überraschend einzudringen, so wird ihr immer erst dann geöffnet, wenn die Verbrecher, die ganz besonders Veranlassung haben, sich vor der Polizei zu verbergen, gut versteckt oder sonst in Sicherheit gebracht sind. Jedes Versteck muß dann herhalten, je ausgefallener, desto besser. Selbst ein Kachelofen, ein Kastenaufzug oder der Mittelteil eines Büfetts bieten gute Verstecke; besonders bevorzugt sind größere Körbe oder Kisten, in die der gesuchte Verbrecher steigt und sich dann mit allem möglichen Gerümpel, schmutziger Wäsche, Papierabfällen, Decken, Teppichen usw. zudecken läßt. Der Betrieb in Kaschemmenkellern beginnt immer erst abends spät und währt meistens die ganze Nacht hindurch. Viele Kaschemmen haben noch besondere Hinterzimmer, die dem Laien gegenüber geheimgehalten und nur ganz sicheren Stammkunden geöffnet werden. In solchen oft völlig fensterlosen »Vereinszimmern« werden die größeren »Geschäfte« abgeschlossen, hier wird die Diebesbeute, die »Sohre«, geteilt und an die »Schärfer«, das heißt Hehler, abgesetzt. Hier halten sich auch häufig wochenlang die Ganoven, die »treife gehen«, das heißt polizeilich gesucht werden, auf. Die Kaschemmen selbst sind im allgemeinen sehr primitiv eingerichtet, ein Schanktisch, die Theke, einige Tische und Bänke sowie Stühle und, wenn irgend möglich, ein Klavier oder Grammophon bilden meistens das ganze Mobiliar. Alles andere ist Luxus, und die Gäste stellen hier ja keine Anforderungen. Desto größer sind aber häufig ihre Ansprüche bezüglich Verpflegung, hier muß der Boost etwas leisten können und auch Wein und selbst Sekt stets vorrätig haben. Bouillon, Kaffee, Bier und Schnaps, in der Verbrechersprache »Soruff« genannt, werden in großen Mengen vertilgt, und daß auch sonst für das leibliche Wohl der Gäste ausgezeichnet gesorgt wird, verraten die Reihen Würste und die Schüsseln mit Bratheringen, Gurken, kalten Schweinsfüßen, Eisbeinen und dergleichen, die besonders beliebt sind und stets großen Zuspruch finden. Dem Fremden, der aus Neugierde hier mal Einlaß findet, wird eigentlich immer mit Mißtrauen begegnet, und ist er auch noch so spendabel, immer wird ein gewisser Argwohn gegen ihn bestehen bleiben. Der Besuch solcher Kaschemmen ist selbstverständlich niemals ganz ungefährlich. Eine »dicke Marie«, also eine gutgefüllte Brieftasche, erweckt Neid und Habgier, die leicht zu einem Raubüberfall verleiten können. Im allgemeinen geht es in diesen Kaschemmen absolut ruhig und ordentlich zu. Kommt es mal zu einer »Aussprache«, wie man in Verbrecherkreisen auch die wüsteste Schlägerei zu bezeichnen pflegt, so greifen Boost und Kellner schnell und geschickt ein, und meistens folgt einer solchen kurzen »Aussprache« auch sofort wieder die Versöhnung.

Es ist natürlich keineswegs gesagt, daß Kaschemmen nur in den genannten Verbrechervierteln zu finden sind, nein, im Gegenteil, es gibt wohl in allen Stadtteilen der Weltstadt Berlin derartige Verbrecherlokale. Das Café Brand in der Mulackstraße, das Café Rosacker in der Neuen Schönhauser Straße, das Bürgerheim, das Café Pohlmann in der Schwerinstraße, Café Frei in der Bülowstraße, Café Behrend in der Wadzekstraße, das Café Roland in der Chausseestraße sind in allen Kreisen des Verbrechertums bekannte und besonders beliebte Lokale.

Ebenso wie die Kaschemmen bieten auch die Nachtbetriebe dem Verbrechertum Unterschlupf. Wenn auch in den letzten Jahren die unerlaubten Nachtbetriebe durch Verlängerung der Polizeistunde eine starke Einschränkung erfahren haben, so finden wir aber auch heute noch in verschiedenen Gegenden der Stadt, besonders in der Friedrichstraße und im Westen, eine ganze Anzahl derartiger Institute. In den Nachtlokalen sammelt sich naturgemäß alles Gelichter, das sonst keine Bleibe hat und darauf ausgeht, sich auf irgendeine unehrliche Weise, durch Diebstahl, Raub oder Nepperei, neue Existenzmittel zu verschaffen. Dem Fremden, der nach der Polizeistunde, also nach Schluß der Wirtschaftsbetriebe, durch die Friedrichstraße oder über den Kurfürstendamm schlendert, werden häufig genug von einem plötzlich aus irgendeiner Türnische hervortretenden verdächtigen Gesellen oder einem harmlos erscheinenden Passanten Einladungskarten in die Hand gedrückt. »Die Anreißer« haben nur die Aufgabe, Kundschaft »anzureißen«, also das Publikum, meistens Fremde, auf das Lokal aufmerksam zu machen und ihnen alle verlockenden Vorzüge ihres »Saftladens« klarzumachen. Ist der Fremde bereit, der Einladung Folge zu leisten und das geschilderte Wunderland kennenzulernen, so wird er von einem in der Nähe wartenden »Schlepper« unter Beobachtung strengster Vorsichtsregeln dem Nachtbetriebe zugeführt. Jeder Nachtbetrieb ist selbstverständlich durch »Spanner« scharf gesichert. Der »Spanner« hat die Aufgabe, den ihm anvertrauten »Nachtladen« unbedingt zuverlässig vor polizeilichen Zugriffen zu sichern. Die Tätigkeit der Polizeibeamten bei der Aushebung eines Nachtlokals wird durch tüchtige »Spanner« ungemein erschwert, häufig sogar ihr Erfolg vereitelt. Gelingt es der Polizei, den »Spanner« vor der Tür des Nachtlokals zu überrumpeln, so ist aber doch der hinter der verschlossenen Haustür wartende »Spanner«kollege durch Rufe, Klingel- und Klopfzeichen oder Lichtsignale längst gewarnt. Der Nachtbetrieb wird schnell benachrichtigt und hat meistens dann noch so viel Zeit, um seine Gäste zu verstecken oder wenigstens durch Schließen der Wohnungstür ein sofortiges Eindringen der Polizeibeamten zu verhindern. In solch einem rechtzeitig gewarnten Nachtlokal trifft dann die Polizei meistens nur noch harmlosere Gäste an, angebliche Mitglieder irgendeines Vereins oder Klubs, die eifrig über die Statuten oder aber ihr Stiftungsfest zu beraten scheinen. Die übliche Tänzerin, mag sie völlig unbekleidet oder leicht geschürzt der Muse Terpsychore gehuldigt haben, hatte noch Zeit, sich anzukleiden und zu den anderen Gästen zu setzen. Gläser und anderes Geschirr ist weggeräumt, und der Sekt – selbstverständlich wird in den Nachtlokalen immer nur Sekt kredenzt – ist gut versteckt. Eine Überführung der Unternehmer betreffs ihrer verbotenen Nachtbetriebe ist nur in den allerseltensten Fällen möglich, weil selbst die Gäste, mögen sie auch noch so schamlos ausgebeutet worden sein, immer auf ihrer Seite stehen und nichts verraten. Das Publikum des Nachtlokals besteht aus Angehörigen aller möglichen Gesellschaftsschichten, vorwiegend aus Ausländern und anrüchigen deutschen Kreisen. Dem entsprechen auch die horrend hohen Preise, die für alle die vielen Genüsse meist zweifelhafter Art gefordert werden und die zu zahlen dem arbeitenden, anständigen Menschen nur selten möglich sein kann. Die Nachtlokale bilden, wie ich schon einmal erwähnte, eine nicht zu unterschätzende Gefahr für die Sicherheit des Publikums und der in der betreffenden Gegend wohnenden Bürger. Hier sammelt sich auch die Verbrecherwelt und harrt ihrer Opfer. Der wein- oder kokaintrunkene Gast wird hier nicht selten gefleddert oder auf dem Heimwege überfallen und muß seine Unvorsichtigkeit oft schwer büßen. Das polizeiliche Vorgehen gegen solche Nachtbetriebe, namentlich gegen die, in denen allen möglichen Lastern gefrönt wird, in denen Nackttänze und Kokain die zerrütteten Nerven des Publikums für einige Stunden anregen sollen, kann gar nicht scharf genug sein.

Auch die wilden Spielklubs, die sich in immerhin noch beträchtlicher Anzahl aus den unglückseligen Jahren der Inflation herübergerettet haben, sind Sammelpunkte des Verbrechertums. Der Betrieb ist hier meistens dem in den Nachtlokalen ähnlich. Bankhalter und seine Gehilfen sind nicht selten alte, vorbestrafte Falschspieler, und das Gästepublikum besteht in seiner Hauptsache aus allen möglichen fragwürdigen Existenzen, Dirnen, Falschspielern, Zuhältern und ähnlichem Gesindel.

Wenn man über Berliner Verbrecherquartiere sprechen will, kann man nicht an den Stätten vorbeigehen, in denen neben den Ärmsten der Armen, den Obdachlosen, auch das Gesindel eine Heimstätte gefunden hat. Im Nordosten der Stadt, zwischen Prenzlauer Allee und Greifswalder Straße, liegt ein riesiger Häuserkomplex mit großen kasernenartigen Gebäuden, das Städtische Obdach. Während in einigen Häusern dieses Obdachs wohnungslose Familien und kranke, arbeitsunfähige Personen untergebracht sind, nehmen andere Gebäude täglich Tausende von Obdachlosen auf. In ganz Berlin gibt es wohl keinen Ort, der für kriminalistische Studienzwecke besser geeignet sein könnte als dieses Asyl, das Sommer und Winter außerordentlich starken Zuspruch findet.

Schon in den frühen Nachmittagsstunden belagern dichte Menschenmassen die Eingangstür, um sich ein Unterkommen für die Nacht zu sichern. Erst um vier Uhr wird Einlaß gewährt, die Massen werden geordnet, zunächst nach Geschlechtern getrennt und dann den einzelnen Schlafsälen zugeführt. Jeder Gast bekommt dort zunächst seine Abendsuppe und eine Schlafdecke, und während er schläft, wird seine Kleidung mittels heißer Wasserdämpfe desinfiziert. Zeitig, um fünf bzw. sechs Uhr morgens, wird geweckt. Nach mehr oder weniger sorgfältiger Toilette wird dann eine Morgensuppe gereicht, und als Frühstück erhält jeder Gast ein Stück Brot mit auf den Weg.

Menschenfreunde haben dieses Werk geschaffen, und die Stadt Berlin läßt es sich wirklich angelegen sein, für die Ärmsten der Armen auf das beste zu sorgen. Welch segensreiche Einrichtung! Und doch sieht es in der Praxis etwas anders aus. Die Obdachlosen bestehen nur zum kleineren Teil aus wirklich armen Leuten, denen ein Dach über dem Kopf, ein Bett, ein Teller warme Suppe und noch viel mehr herzlich gern zu gönnen ist. Zum weit größeren Teile setzen sich die Gäste des Asyls aber auch aus fragwürdigen Elementen zusammen, die gewiß auch wohnungslos und hungrig sind, diese Wohnungslosigkeit aber allein ihrer Liederlichkeit und Trägheit zuzuschreiben haben. Alle die vielen Vagabunden, die die niedersten Kaschemmen der Verbrecherviertel bevölkern oder als Straßen- und Hausbettler die Stadt durchstreifen, sind Stammgäste des Asyls. Für sie ist das Obdachlosenasyl häufig wirklich ein Asyl, denn hier sind sie vor Verfolgungen der Kriminalpolizei einigermaßen sicher und geschützt. Es würden den Absichten der Stifter zuwiderlaufen, wenn die Kriminalpolizei hier einmal richtig aufräumen würde, sie muß sich deshalb im allgemeinen damit begnügen, außerhalb des Asyls sich die Gäste anzusehen und sich für sie zu interessieren. Die Kriminalpolizei ist gut orientiert und weiß, was für Gesindel hier verkehrt. Rasche, unerwartete Zugriffe, Massensistierungen der das Asyl verlassenden Gäste haben eigentlich immer einen überraschend guten Erfolg gezeitigt. Solche Überrumpelungen auf der Straße seitens der Kriminalpolizei sind den Asylisten sehr unangenehm, sie versuchen deshalb, besonders wenn sie Grund haben, einer Begegnung mit der Kriminalpolizei aus dem Wege zu gehen, vorzeitig und heimlich aus dem Asyl zu verschwinden. In den Schlafsälen haben sich im Laufe der letzten Jahre ziemlich unhaltbare Zustände entwickelt. Einige Asylisten treiben einen lebhaften Handel mit Zigaretten, Lebensmitteln und Kleidungsstücken aller Art. Bis vor wenigen Jahren wurde hier sogar Brennspiritus – Brennabor – zu Trinkzwecken umgesetzt. Nicht selten spielen sich in den Schlafräumen widerwärtige Szenen ab, anormal veranlagte Gesellen machen sich in schamloser Weise an junge Leidensgefährten heran. Von einigen ganz gerissenen Leuten wurde früher sogar ein Zugang zur Frauenabteilung geschaffen, und in dem beide Abteilungen verbindenen Kellerflur soll es fürchterlich hergegangen sein. Die gewalttätigsten und stärksten Ganoven hatten sich zusammengetan und als »Mordkommission« sich ihren Asylkollegen gegenüber besondere Rechte angemaßt. Diese »Mordkommission« beanspruchte den Handel mit »Brennabor« und Zigaretten usw. als ihr Privileg und duldete keinerlei Konkurrenz. Besser aussehende Gäste des Asyls wurden in eine Schlägerei verwickelt und bei dieser Gelegenheit ihrer etwaigen Barschaft und aller Wertgegenstände beraubt. Selbst den Angestellten und der Geschäftsleitung gegenüber benahm sich diese »Mordkommission« unerhört anmaßend. Wenn auch seitens der Hausleitung gegen derartige Auswüchse sofort Front gemacht wurde, so kann aber von einer durchgreifenden, energischen Zurückweisung dieses Gesindels nicht die Rede sein. Die wirklich armen Obdachlosen, zu deren Besten das Asyl überhaupt gegründet wurde, leiden natürlich unter diesen Mißständen. Während der anständige Asylgast bald nach fünf bzw. sechs Uhr morgens seine Heimstätte verläßt und seiner Arbeit nachgeht oder in Arbeitsnachweisen Berlins verzweifelt nach Arbeit sucht, zieht das arbeitsunlustige Gesindel erst später ab und macht sich zunächst in den benachbarten anrüchigen Gaststätten der Danziger Straße seßhaft. Hier treffen sich die männlichen Obdachlosen mit den Mädchen, hier werden Brot, das sie als Wegzehrung mitbekommen haben, und erhaltene Kleidungsstücke verkauft und der Erlös verspielt oder vertrunken, und hier wird dann auch Kriegsrat gehalten, was am Tage zu beginnen ist. Während ein Teil dieses Gesindels dann in den Vormittagsstunden die bekannten Verbrecher-Sammellokale in der Münz- oder Schönhauser Straße aufsucht, um von hier aus später seine Diebes- und Raubzüge anzutreten, ziehen andere Kolonnen nach dem Westen Berlins, um hier ihrem verhältnismäßig rentablen Lebensberuf, der Hausbettelei, nachzugehen. Bei der Vernehmung festgenommener Verbrecher, Mörder, Räuber, Einbrecher usw., stellte es sich wohl in den meisten Fällen heraus, daß sie ständige Gäste dieses Obdachlosenasyls waren.

So wirkt die Einrichtung des Asyls nur beschränkt segensreich. Sie erschwert in gewissem Maße die Bekämpfung des Verbrechertums, weil sie das Zusammenfinden der Verbrecher erleichtert und durch ihre menschenfreundliche Einrichtung die Gleichgültigkeit und Trägheit der Verbrecher bestärkt und fördert. So mancher junge, unerfahrene Mensch wird hier dem Verbrechen gewonnen, und so mancher Plan zu allen möglichen Kapitalverbrechen wird hier ausgebrütet. So bedeutet das Asyl für Obdachlose in Berlin trotz seiner wohltätigen Bestimmung für die Allgemeinheit eine nicht zu unterschätzende Gefahr.

Drei kleine Skizzen sollen das Leben und Treiben in einigen der bekanntesten Berliner Kaschemmen etwas eingehender schildern.

Beim Hundejustav.

Die dufteste Kellerkaschemme Berlins führt »Hundejustav«. Der riesige »Spanner« an der Eingangstür des Ladens, durch den verschwiegen der Eingang in den Keller führt, flößt uns zwar zunächst heillosen Schrecken ein, aber dennoch versuchen wir das Wagnis und hasten durch die engspaltige Tür, um dann schnell die steile Treppe in den Keller hinunterzuschlüpfen. Unten ein buntes Treiben, und nur mit Mühe gelingt es uns, Platz an einem kleinen, runden Kaffeehaustischchen zu finden. Knapp sitzen wir, da steht auch schon der weißjackige Kellner vor uns und fragt, ob er einen Mokka bringen dürfe. Ich schwanke noch, ob aus Gründen der Sparsamkeit nicht Kaffee dem Mokka vorzuziehen sei, und wage die schüchterne Frage, ob

Kaffee nicht auch gut wäre. »Aber, wer wird denn Kaffee trinken«, widersetzt sich der riesige Kellner energisch meinen Absichten, »Kaffee ist nur für diese hier«, und mit ironischem Lächeln zeigt er auf seine übrigen Gäste. »Mokka ist doch viel besser, ich bringe Mokka.« Und einige Augenblicke später kredenzt er uns ein heißes, braunes Kaffeegetränk, dessen Düfte einladend uns in die Nase ziehen.

Der Keller ist gut besucht, die beiden geräumigen Kellerzimmer können kaum die Gäste fassen. Altbekannte Gesichter grüßen herüber. Soldaten-Walter, Schlächter-Richard, Dollbrägen-Hermann, Leichen-Robert und Mücken-Paul scheinen sich hier recht wohlzufühlen, ebenso Juden-Else, die japanische Erna, die englische Meta, Margot mit der kalten Hand und die ulk'ge Tanz-Erna, ein wirklich niedliches, blutjunges Mädelchen. Dazwischen aber doch manch fremdes Gesicht, das uns mißtrauisch betrachtet, Mädchen der Straße und allerlei fragwürdige Gesellen, denen man draußen gern aus dem Wege geht. Man liebt hier keine Fremden, möchte möglichst unter sich sein. Wer kann auch wissen, ob nicht ein »Achtgroschenjunge« Verrat plant oder die »Polente« einen Handstreich beabsichtigt! Denn »treife geht« (polizeilich gesucht wird) so mancher von den Gästen, und jedem ist die Freiheit ja besonders wertvoll.

Der Kapellmeister klagt, daß ihn die »Flimmerfritzen« nicht in Ruhe lassen. Alle wollten ihn zum Film bringen, er habe aber keinen Ehrgeiz und wolle auch kein »Jannings« werden, sondern ziehe es vor, beim »Hundejustav« zu musizieren.

Ganz vorn ein wirkliches Büfett, hinter dem zwei freundlich lächelnde Büfettjungfrauen thronen. Daneben sitzt, nein, liegt auf zwei Stühlen ein großes dunkles Etwas, aus dem Gesicht und Hände verschwommen hervorschimmern. Das ist Hundejustav, der »Boost« des Kellers. Langsam erhebt er sich, man muß dabei unwillkürlich an einen Elefanten denken, der seine Lagerstätte verläßt. Noch riesiger und kräftiger ist er als seine »Spanner« und Kellner, aber, wie alle diese Riesen, sanft und ruhig. Vor Jahrzehnten war er mal Hundefänger, und diesem seinen alten Berufe verdankt er seinen Spitznamen »Hundejustav«, unter dem er in der Verbrecherwelt Berlins als Original weit und breit bekannt ist. Mir ist es so, als hätte ich in ihm einen alten Bekannten wiedergefunden aus der Zeit, wo fast jede Straße ein Nachtlokal beherbergte und kräftige Männer solche Betriebe als »Spanner« vor der Überrumpelung durch die Polizei zu schützen hatten. Sonst ist Hundejustav aber mächtig gutmütig und auch bei allen seinen Gästen als lieber und zuverlässiger Freund bekannt. Gott weiß, wie er plötzlich zu seinem »Saftladen« gekommen ist, jedenfalls ist es für ihn aber doch angenehmer, als »Boost« im warmen Zimmer zu sitzen, als draußen bei Frost und Sturm Spannerdienste zu leisten. Dem Tüchtigen freie Bahn! Trotz seiner Unförmigkeit ist Hundejustav aber geschäftsgewandt und versteht es, sein Geschäft tadellos in Ordnung zu halten. Schmunzelnd überreicht er uns seine Geschäftskarte, auf der er sich als Mister Bell-Bell der geneigten Nachtkundschaft empfiehlt. Ein Nachbar zur Linken zieht uns in eine Unterhaltung, und als er merkt, daß er nicht stört, setzt er flink seinen Stuhl an unseren Tisch und zeigt sich als amüsanter Gesellschafter. »Dreiundvierzig Jahre bin ich«, erzählt er uns, »aber dreizehn davon war ich ›Staatspensionär‹, habe in Zuchthäusern und Gefängnissen ›Pension‹ bezogen.« Und dann berichtet er uns über sein Leben, ein Verbrecherleben, das mit kleinen Diebstählen, zu denen ihn der eigene Vater verleitet hatte, begann und mit einer mehrjährigen Zuchthausstrafe für einen Einbruch seinen vorläufigen Abschluß fand. Jetzt fühlt er keine Kraft mehr, umzukehren, sondern läßt sich treiben von seinem Schicksal, das ihn ja doch zum Verbrecher bestimmt habe. Aber ein wenig Trauer um sein verpfuschtes Leben klingt doch aus seinen Worten. Wo mag er wohl noch enden?

Ein junges Mädchen, leichenblaß und pockennarbig, setzt sich an unseren Tisch. Zu Köln am Rhein geboren, in Rußland aufgewachsen und erzogen, ist sie seit zwei Jahren wieder in Berlin. Das Modellstehen reiche zum Leben nicht aus, deshalb müsse sie nebenbei noch etwas, aber auch nur etwas »bummeln«. Nur ihr Verlobter dürfe davon nichts erfahren, sagt sie und zeigt uns dabei vergnügt ihren Verlobungsring. Hundejustav, alias Mister Bell-Bell, mag sie scheinbar nicht und brummelt lieblos so etwas wie »Leichenschauhaus« vor sich hin. Sicherlich muß es ihr auch sehr schlecht gehen, ihr unnatürlich bleiches Ansehen läßt auf ernstere Leiden schließen.

Das blonde Schokoladenmädel hat sich mit meinem Begleiter angebiedert und plaudert mit ihm über Hundejustavs Badereise nach Tegel. Aber keine plumpe Aufdringlichkeit, wie man sie bei ihren Kolleginnen in besseren Lokalen leider nur zu oft antreffen kann. Überhaupt ist das Leben und Treiben hier im allgemeinen ruhiger und anständiger als in manchen bürgerlichen Lokalen gewöhnlicherer Art, die ja meist auch nicht frei von Verbrecherverkehr sind. Der radaulustige oder betrunkene Gast wird von kräftigen Rausschmeißerhänden schnell gepackt und rücksichtsvoll vor die Tür befördert. Der »Boost« übt mit Unterstützung seiner Kellner und, wenn es nötig sein sollte, auch seiner Stammgäste eine strenge Hausdisziplin aus. Ordnung muß sein, das weiß auch der Verbrecher, und in Verbrecherlokalen herrscht deshalb gerade eine besonders straffe Zucht.

»Schlechte Zeiten«, stöhnt Hundejustav, »niemand hat Geld. Auch meine Kundschaft ist ausgebeutelt, und keiner hat richtigen Mumm zu einem großen Ding, denn die ›Polente‹ ist jetzt so scharf, da riskiert man nicht gern etwas.« Gewiß, voll, übervoll ist der Keller, aber jeder sitzt vor seiner bescheidenen Tasse Kaffee, die er schon um zwei Uhr nachts bestellt hat und zwei Stunden später noch vor ihm steht. Die Hauptsache ist ja doch, daß man eine »Bleibe« hat und bei dem schlechten Wetter im Warmen sitzen kann. Und dann hat man ja auch noch Gesellschaft, man trifft sich hier mit alten Freunden und »Kollegen«, schwelgt in alten Erinnerungen und kann sich umtun, wo mal etwas los und zu verdienen ist.

Und Hundejustav hat ein Einsehen, denkt menschlich und drängt nicht zum Aufbruch, auch wenn er mal nichts verdient. Er weiß ja aus eigener Erfahrung, wie weh Hunger und Kälte tun.

»Zur blutigen Träne«.
Dumpf hallen vom Turm der Johanneskirche die drei Schläge, die der schlafenden Großstadt die dritte Morgenstunde verkünden sollen. Einsam und verlassen liegt die breite Straße, in der sich tagsüber die Menge staut und Straßenbahnen und Autos aneinander vorbeihasten. Jetzt aber nur vereinzelt mal eine Menschengestalt, ein Nachtschwärmer, der eilends seinem Heim zustrebt oder aber noch nicht nach Hause finden kann, sondern nach irgendeinem Abenteuer Ausschau hält. Gelegenheit hierzu bieten ihm die vielen Mädchen, die liebeheischend die Straße auf und ab wandern und denen jeder des Wegs Kommende als Retter aus ihrer finanziellen Not erscheint und ihnen eine Beute werden soll. Zu mehreren stürzen sie sich oft auf die Opfer und bringen in aufdringlichster Weise ihre »Einladungen« an. In den Türnischen lauern versteckt ihre Beschützer, bereit, über den Passanten herzufallen, falls es die Sicherheit ihrer Dirne erforderlich machen oder aber sonst lohnend erscheinen sollte. Anderes Gelichter kreuzt die Straße, vorsichtig ausspähend, ob nicht von irgendeiner Seite ihrem lichtscheuen Treiben Gefahr droht. Längst ist die »Sohre«, die Beute ihres Raubzuges, eines Einbruchs oder Raubüberfalles, in Sicherheit, jetzt sehnen sie sich nach einem gemütlichen Eckchen, wo sie ihren Erfolg gehörig begießen und sich gütlich tun können für ihre Arbeit und all die Angst, die sie dabei ausge-

standen haben. Das wollen auch die beiden Männer, die, nach allen Seiten Ausschau haltend, die Straße heraufschlendern.

Der winzig schmale Türspalt eines Kellereingangs läßt verstohlen einen kleinen Lichtschimmer auf die Straße fallen, sichtbar aber nur dem Kundigen, dem Ganoven oder der Dirne, die hier, in der Kellerkaschemme, Stammgäste sind! Ein vorsichtiges Ausspähen nach links und rechts vergewissert die beiden, daß die Luft rein ist und keine Polizeistreife in der Nähe. Und dann ein kurzes taktmäßiges Klopfen, das verabredete Signal für den hinter der Tür harrenden »Spanner«, daß »Zünftige« Einlaß begehren. Von der Kellertreppe her tönt leise eine Frage, die im Flüstertone von draußen kurz beantwortet wird. Jetzt erst öffnet sich die Tür langsam und behutsam, und der Kopf eines Ganoven schaut heraus. Befriedigt nickt er und läßt dann die beiden eintreten und sich vorbeizwängen, die steile, enge Kellertreppe hinunter.

Unten, im Keller, werden die Ankommenden mit einem gedämpften Hallo bewillkommnet. Erst ein kurzer Gruß an die anderen Kellergäste. Dann nehmen sie an dem großen Mitteltisch Platz, von dem aus sich ihnen fünf oder sechs Hände entgegenstrecken, und beteiligen sich an der allgemeinen Unterhaltung ihrer Freunde. An den anderen Tischen überall kleinere Gruppen, die eifrig diskutieren. Der neueste Raubmord, der die Kriminalpolizei seit einigen Tagen in Atem hält, ist Gegenstand der Unterhaltung. Der eine hält die von der Kriminalpolizei aufgenommene Spur für falsch, der andere für richtig, dieser will jede Wette darauf eingehen, daß die Mörder noch in der Stadt weilen, und jener schwört fest darauf, daß sie schon längst jenseits der Grenze sind. Auch der Boost beteiligt sich an den Ausführungen und gibt aus dem reichen Schatze seiner Erfahrungen aus der Zeit, wo er selbst noch »Knacker« war, Erlebnisse zum besten, die von allen beifällig aufgenommen werden und namentlich den jüngeren »Kollegen« zur Lehre dienen sollen.

In der vom Eingange am entferntesten liegenden Nische hocken im Halbdunkel an einem Tisch drei Gesellen. Ihr verwahrlostes Äußeres und ihr scheuer Blick, der unstet im Keller umherschweift, lassen sie nicht gerade vertrauenswürdig erscheinen. Die Erzählungen des Wirts scheinen sie ganz besonders zu interessieren, lauschend spannen sie zum großen Tisch herüber. Dann tuscheln sie leise miteinander. Dem Boost sind die drei nicht bekannt, ihm ist es ja auch gleichgültig, wer sie sind. Ebenso auch den anderen Gästen, denn der Verbrecher ist selten neugierig, er weiß ja, welche

Gefahren ihm durch die Neugierde anderer drohen. An den langen, gegenüber der Theke stehenden Tischen rekeln sich einige Frauen herum, Mädchen der Straße, die hier ihre »Freunde« erwarten oder aber mal ausruhen wollen von ihrer »Arbeit«. In buntem Gemisch vierzigjährige Weiber und junge, kaum achtzehnjährige Dinger, die eine in schlampigem Kleide, die andere elegant aufgemacht, aber allen hat ihr Beruf schon das Siegel aufgedrückt, das Kainszeichen ihres liederlichen, unseligen Lebens. Nur ein blutjunges Mädel, achtzehnjährig, scheint sich noch nicht hineingefunden zu haben in den Kreis, dem sie hier angehört. Bescheiden trinkt sie ihre Tasse Kaffee und nimmt kaum Anteil an der Unterhaltung der anderen, deren Spötteleien sie nicht zu beachten scheint. Zum ersten Mal ist sie hier unten, von einem jungen Menschen, der die arbeitslose Verkäuferin angesprochen und dem sie vertraut hat, hierher bestellt. Scheu und ängstlich schweifen ihre Blicke zur Tür. Ob er wohl kommt?

Plötzlich vom Kellereingang her furchtbarer Lärm, Zuwerfen einer Tür, ein Krach, und die Kellertreppe hinab fliegt der Spanner und hinter ihm die zertrümmerte Kellertür. Dahinter Kriminalbeamte, die geladene Pistole in der Faust. »Hände hoch«, tönt es den überraschten Verbrechern entgegen, und blitzschnell werfen alle Gesellen ihre Hände in die Höhe, bis auf die drei in der Nische. Die haben sich in die äußerste Ecke des Kellers geflüchtet und versuchen krampfhaft, die von dort aus dem Keller führende Tür zu öffnen. Aber vergeblich, die Tür ist verschlossen und weicht auch nicht ihren vereinten Kräften, und wohl oder übel müssen sie sich in ihr Schicksal ergeben. Während einige Beamte die Taschen der Gäste nach Waffen durchsuchen, fährt draußen ein Lastauto vor und nimmt sie alle auf, alle, die hier in der Kaschemme angetroffen wurden, Männer und Frauen, und in schneller Fahrt geht es zum Polizeipräsidium. Dort wird die Beute gesichtet, und für einige Männer und Frauen bekundet die Kriminalpolizei ein ganz besonderes Interesse.

Am nächsten Mittag bringen die Zeitungen die Nachricht von der Festnahme dreier gesuchter Raubmörder bei der Aushebung der Kaschemme »Zur blutigen Träne«.

»Großstadtnächte«.

Theater und Kinos haben längst ihre Tore geschlossen, und aus den weitgeöffneten Türen der Konzert-Cafés und anderer Lokale strömt das Publikum. Durch die Straßen strebt die Menge zu Fuß, mit Auto, Droschke oder

Straßenbahn heimwärts. Aber noch lange währt es, bis die Massen sich verlaufen haben, bis die Straßen wieder leerer und einsam geworden sind. Nur wenige Passanten durcheilen jetzt noch die Straßen, scheu um sich spähend, ob ihnen nicht von irgendwoher Böses drohe, denn die Großstadtnacht, die Nacht der Verbrecher, beginnt.

An den Ecken der sonst so vornehmen Prachtstraße sammeln sich »kesse« Mädchen und »dufte« Jungens beim Wurstmaxen, um mit den appetitlich duftenden »echten« Schweinswürstchen ihren Hunger zu stillen und sich gütlich zu tun an den dazu gereichten Schrippen mit dem würzigen Mostrich, für viele Morgenkaffee, Mittag- und Abendessen zugleich! Dabei tauschen sie untereinander ihre letztnächtlichen Erlebnisse aus und scherzen oft unbefangen und harmlos miteinander. Auf den Bänken der Mittelpromenade rekeln sich junge Burschen herum, die im Arm ihr Mädel fest umschlungen halten. Ein Betrunkener torkelt die Straße herauf und kann sich kaum retten vor all den vielen und meist unzarten Späßen und Foppereien. Elegant gekleidete Herren streichen vorbei und taxieren mit schnellem Blick jeden Vorübergehenden, ob ihnen nicht das Glück hold ist und sie Kundschaft finden für ihren »Saftladen«, das Nachtlokal oder den Spielklub, deren »Schlepper« sie sind. Schlechte Zeiten für sie, die Zeit des allgemeinen Geldmangels, in der sich jeder dreimal überlegt, ob er einige Mark ausgeben darf oder aber sich zu bescheiden hat. Verdächtige Gestalten schleichen, vorsichtig Umschau haltend, vorbei. Noch ist es ja zu früh für sie, für ihr Handwerk. Noch sind ja die »Blauen« unterwegs, und der beabsichtigte, gut ausbaldowerte Einbruch ist deshalb noch zu gefährlich. Langsam schieben sich verdächtige Gestalten die Straße herunter, dicht an den Häusern entlang, um nur nicht aufzufallen. Lauernd mustern sie die ihnen begegnenden Passanten, ob ein Raubüberfall Gewinn verspricht, lohnende Beute an Brieftaschen, Uhren oder Schmuckstücken. Ein bieder ausschauernder alter Mann preist Kokain und Morphium an, nachdem er sich vorher aber vorsichtig davon überzeugt hat, daß kein »Greifer« in der Nähe ist.

Öde und verlassen liegen jetzt die Straßen. In einer winkligen Straße läßt ein Kellerfenster ganz heimlich und verstohlen einen Lichtschein durch. Aber Türen und Fenster sind fest verrammelt und verhängt. Nichts verrät sonst dem Uneingeweihten, daß hier unten eine Kaschemme ist, ein Lokal, in dem sich allnächtlich Verbrecher, der Auswurf der Menschheit, ein Stelldichein geben.

Einbrecher und Räuber treffen sich hier mit ihren Genossen und warten mit ihnen die frühen Morgenstunden ab, die ihrer Arbeit Glück bringen sollen. Mädchen der Straße harren hier ihrer Beschützer. Gleichgültig döst eine von ihnen vor sich hin, während andere sich mit einem widerlich schmutzigen Kartenspiel die Zeit vertreiben. Am Büfett kredenzt der Boost einigen Gästen verstohlen ein Glas »Tee« (Kognak) und lugt dann scharf spähend zum Eingang. Die Polente ist so scharf, da heißt es ordentlich aufpassen, daß man nicht überrumpelt wird. Aber der Spanner ist ja draußen und sichert, und warum soll man nicht ruhig und unbesorgt sein, wenn Hans, der anerkannt tüchtigste Spanner, dem sämtliche »Greifer« bekannt sind, seinen »Dienst« versieht.

Draußen ziehen die Dirnen rudelweise die Straße hinauf und herunter, und eine hängt sich frech in den Arm eines gerade Vorübergehenden ein und versucht ihn fortzuziehen, abseits in den Tiergarten hinein. Still und dunkel liegt der Tiergarten, ein Dorado für Liebespärchen, die ungestört ihrer Liebe leben möchten und nichts sehen wollen als über sich den Sternenhimmel. Aber noch andere Gäste birgt der Park, gefährliches Gesindel, das die harmlosen Pärchen belauert, um ihnen durch einen raschen Griff Uhr und Brieftasche zu entreißen oder aber durch Drohungen ihre Herausgabe zu erzwingen. Nicht selten schleicht es sich auch leise an ein in Liebesträumen versunkenes Paar heran und steht plötzlich drohend vor ihm, um mit dem Recht des Stärkeren über die Überraschten herzufallen und sie auszuplündern. Dann kann der überrumpelte Kavalier sich noch glücklich schätzen, wenn ihm wenigstens seine Kleidung verbleibt und der Räuber ihn nicht zwingt, halbbekleidet seine Dame nach Hause zu begleiten. Auf den Bänken des Tiergartens liegen Männer und ruhen sich aus von der »schweren« Arbeit des Tages, dem Nichtstun. Unbesorgt schlafen sie, denn sie brauchen ja keine Furcht vor den Fledderern zu haben, sie haben ja nichts, aber auch gar nichts, was für diese Gesellen des Mitnehmens wert wäre.

In diese idyllische Ruhe tönen plötzlich Pfiffe und schrecken die Nachtgäste des Tiergartens auf. Rasch will man noch fort, der eine hierhin, der andere dorthin, aber die Kette der Polizei ist geschlossen, und nun heißt es für alle, sich ihrem Schicksal zu ergeben und sich willig zu fügen. Die Razzia ist geglückt, ihre Beute wird schnell auf bereitstehenden Lastautos verladen und rollt zum nächsten Polizeirevier. So mancher »schwere Junge« hat Pech gehabt und muß weiter zum »Alex«, um tags darauf auf längere Zeit, manchmal auch auf Nimmerwiedersehen, zu »verreisen«. Einige der Mädchen werden von der Sittenpolizei gesucht, und so manche Bürschchen und junge Mädels entpuppen sich jetzt als Ausreißer, die seit kürzerer oder längerer Zeit dem Elternhause entlaufen sind. Hier gleichgültige Ergebenheit in das Schicksal oder Flüche über das Pech, und dort mal, wenn auch seltener, Reue, ehrliche Reue und Scham, tiefe Scham vor dem geführten Leben, das man sich ganz anders gedacht, das man in seiner Abenteuerlust in so ganz anderem Licht gesehen, als es dann wirklich wurde. Und dankbar ist man dann dem Schicksal, das es so gefügt und einen in harter Schule wieder auf den rechten Weg zwang, ehe es zu spät wurde.

Als sein Buch »In den Spuren des Verbrechertums« erschien, war Ernst Engelbrecht schon Kommissar a.D. Allerdings wollte er sich noch keineswegs zur Ruhe setzen, wie sein umfangreiches Werk demonstriert, das vor allem in Berlin begeisterte Leser fand. Überdies widmete Engelbrecht die Zeit nach seiner Pensionierung der Verbrechensvorbeugung und gründete eine eigene Firma, den »Überwachungsdienst für Handel und Industrie, Ernst Engelbrecht, G.m.b.H.« in der Potsdamer Straße 12 in Berlin. Als erfahrener Kriminalist entwickelte er ein System, um Diebstähle in Läden, Hotels und Industriebetrieben unmöglich zu machen. Ob dadurch allerdings die Kriminalitätsrate in Berlin nachhaltig gesenkt wurde, ist nicht bekannt.

Deutsche Eiche, Letzte Hoffnung und Immertreu e.V. Die Berliner Ringvereine: von der Selbsthilfeorganisation zum Verbrechersyndikat

Schon die Vaganten der Straße und die Räuberbanden des 18. Jahrhunderts wußten, daß nur das gemeinsame Vorgehen den erhofften Erfolg brachte. Auf sich allein gestellt, ohne die Hilfe von »Kollegen«, Wirten, Hehlern oder »Freunden« bei der Polizei, war es nur eine Frage der Zeit, wann sich die Gefängnis- oder Zuchthaustüren hinter dem Einzelkämpfer schlossen. Wirklich lukrative Unternehmungen benötigten Personal und eine entsprechende Logistik. Die rheinischen Räuberbanden um 1800 z.B. hatten ein ausgeklügeltes System entwickelt, um die weit verstreuten Spezialisten zu einer bestimmten Zeit an einem bestimmten Ort zu versammeln. Es gab einige Straßen, Herbergen, Fährboote für die Flußüberquerungen, ein Zeichensystem (die »Zinken«) und sogar eine spezielle Sprache (das Rotwelsche), die sich in Resten bis heute erhalten hat. An diese Traditionen einer Subgesellschaft knüpften die schweren Jungs von Berlin Ende des 19. Jahrhunderts wieder an.

Peter Feraru schildert in seinem Buch »Muskel-Adolf & Co.« (Berlin 1995), wie es 1890 in einer Spelunke des Scheunenviertels, der »Schnurrbartdiele«, zur Gründung des ersten »Reichsverbands ehemaliger Strafgefangener« kam. Vorausgegangen war ein spektakulärer Mordfall, der eine aggressive Stimmung gegen die Berliner Unterwelt erzeugt hatte. Wer mit dem Gesetz in Konflikt gekommen war, der hatte zu dieser Zeit so gut wie keine Chance mehr, eine geregelte Arbeit oder eine annehmbare Wohnung zu finden. Der »Reichsverein«, dessen Mitglieder alle vorbestraft sein mußten, wollte dem abhelfen. Er vermittelte Tätigkeiten in der Gastronomie oder dort, wo man bereit war, einzelne Mitglieder zu beschäftigen. Durch ein strenges Reglement wurde garantiert, daß der Arbeitgeber keine Enttäuschung hinnehmen mußte. »Die Spielregel sagte«, so Peter Feraru, »wer eine Prügelei beginnt, wird rausgeworfen und kann nicht mehr auf die Unterstützung des ›Reichsvereins‹ hoffen. Eine weitere Spielregel gab sich der Verein. Die Mitglieder hatten in der Öffentlichkeit nicht unangenehm aufzufallen. Das hieß: nicht im geschlossenen Raum auf den Boden spucken, sich immer sauber kleiden, auf Rasur und Haarschnitt achten. Außerdem durfte nur Mitglied werden, wer auch bei seinen ehemaligen Straftaten nicht gegen eine bestimmte Moral verstoßen hatte. Nicht toleriert wurden Sexualdelikte und Mord. Jeder konnte stehlen, hehlen, ein Mädel auf der Straße haben; der Juwelier betrog seine Kundschaft ebenso wie der Politiker oder Bäcker; Reichtum anzuhäufen war legitim. Sexualdelikte allerdings waren das Niederste was es gab, sie bedeuteten Enthemmung und Verrohung. Beim Mord verhielt es sich ebenso.«

Dieser »Ehrenkodex« bedeutete nun nicht, daß die Mitglieder des »Reichsvereins« ihrer früheren Tätigkeit gänzlich abgeschworen hatten. Ganz im Gegenteil: der »Reichsverein« bot ganz neue Möglichkeiten. Und weil das so war, kam es schon innerhalb kürzester Zeit zu zahlreichen Neugründungen in allen Teilen Berlins. Bis 1898 gab es zwölf solcher Vereine, die sich schließlich zum Dachverband »Berliner Ring« zusammenschlossen, dem schon bald als zweite Organisation der »Freie Bund« folgte. Bis 1910 war die Zahl der Vereine auf 24 angewachsen.

Die Namen, die die Schwerkriminellen ihren Organisationen gaben, sind zum Teil von besonderem Reiz: Deutsche Eiche, Immertreu 1919 e.V., Glücksstern, Glaube-Liebe-Hoffnung, Heimatklänge, Bruderhand, Deutsche Kraft, Wilde 13, Letzte Hoffnung, Felsenfest oder Hand in Hand.

Was sich hinter der hehren Vereinsfassade mit Ehrennadeln und Festivitäten verbarg, erinnerte im Laufe der Zeit mehr an ein Verbrechersyndikat als an eine gemeinnützige Selbsthilfegruppe. Selbstverständlich wurden weiterhin Arbeitsmöglichkeiten vermittelt, bedürftige »Kollegen« versorgt und Familien unterstützt, wenn der Ernährer und Vereinsbruder hinter Gittern saß, aber immer stärker verwandelten sich die Ringvereine zu Zentren des organisierten Verbrechens. Rauschgift- und Mädchenhandel, die Vorbereitung von großen Einbrüchen, Erpressungen, Betrug, Hehlerei und die Planung von Gefangenenbefreiungen liefen mehr und mehr über die Ringvereine, die sich ihrerseits mit Geheimstatuten der besonderen Verbundenheit der Mitglieder versicherten. Verräter oder Gauner, die sich ihrem Verein gegenüber nicht loyal verhalten hatten, galten als vogelfrei und wurden von einer Art eigener Gerichtsbarkeit verfolgt. Auch wenn, wie Peter Feraru berichtet, die Suche nach einem Kindermörder durch ständige Razzien und

Polizeikontrollen die Geschäfte zu verderben drohte, konnte der Ring handeln. Der Mörder wurde gesucht, kurz vor einem weiteren Mord ertappt und von den Ringbrüdern zum Tod verurteilt. Fritz Lang drehte nach diesem Fall 1931 seinen Film »M – Eine Stadt sucht einen Mörder«. Für die Berliner Polizei waren die Ringvereine zunächst schwer einzuordnen. Noch Paul Lindenberg versuchte 1892, die neuen Aktivitäten historisch einzuordnen und verharmloste sie dadurch. Was wirklich hinter dem von ihm so genannten »Zusammenhalten der Verbrecher« steckte, konnte er noch nicht ahnen.

Im Gegensatz zu anderen Weltstädten gibt es in Berlin keine eng verbundenen größeren Verbrecherbanden, die hintereinander eine Reihe planmäßiger Raubzüge unternehmen und zuweilen eine wahre Schreckensherrschaft ausüben. Nur gelegentlich des 1883 stattgefundenen Dickhoffschen Prozesses, der ja in ganz Deutschland Aufsehen erregte, wurde eine ganze Schar Hand in Hand arbeitender Verbrecher entlarvt oder eigentlich noch mehr nur vermutet. Im allgemeinen »arbeiten« die Berliner Verbrecher nur in kleinen, aus höchstens vier bis sechs Personen bestehenden Gruppen, und auch in solcher Zahl nur, wenn es sich um etwas ganz Besonderes handelt. Die einzelnen Gruppen und Verbrecher aber haben selbstverständlich untereinander Fühlung und verkehren »kameradschaftlich« zusammen; sie treffen sich, falls sie sich der Freiheit erfreuen, in bestimmten Lokalen, helfen sich gegenseitig vor dem Kriminalkommissar und dem Untersuchungsrichter oder wo sonst einer des andern Unterstützung bedarf oder beschuldigen sich wenigstens – von verschwindenden Ausnahmen abgesehen – nie untereinander. Dieser »Korpsgeist« ist ein ganz außerordentlich reger und erstreckt sich auch auf materielle Hilfe, wenn der eine oder andere in Not geraten ist, er läßt ferner fast nie Streitigkeiten aufkommen und regelt auch ohne Zwist die Teilung der Beute, ja, er geht so weit, daß ein Dieb gern die Schuld seines bei einem gemeinsamen Unternehmen beteiligten Genossen auf sich nimmt und ihn in jeder Hinsicht zu entlasten sucht, weil er weiß, daß jener wegen seiner Vorstrafen eine empfindlichere Strafe als er selbst zu erwarten hat.

Dieses »Entlasten« geschieht oft in origineller Weise, ja, es werden ganze Romane erdichtet, um den Verdächtigen den Händen der Justiz zu entreißen. In einer Herbstnacht bemerkte ein die Straßen Berlins abpatrouillierender Geheimpolizist, daß sich ein verdächtiger Mann erst in dem Vorgarten, dann an der Tür eines vornehmen Hauses der Wilhelmstraße zu schaffen machte und alsbald in dem Torweg verschwand. Der Polizist rief sich die nächsten Nachtwachtposten herbei und verhaftete den Eindringling, als dieser wieder nach einiger Zeit das Haus verließ; in seinen Taschen fand man neben einem Revolver eine goldene Damenuhr, eine Diamantbrosche und einen Halsschmuck, und es wurde festgestellt, daß diese Gegenstände aus dem Schlafzimmer der Tochter des Besitzers jenes Hauses stammten, wie letzterer selbst am folgenden Tage dem untersuchungsführenden Kommissar angab. Der Täter war der Polizei nicht bekannt, auch nicht vorbestraft, er behauptete, Ernst Wuttke zu heißen und aus Köln gebürtig zu sein. Einige Tage nach seiner Verhaftung, welche des Langen und Breiten in den Blättern erzählt worden war, meldete sich bei dem die Untersuchung führenden Richter eine junge Dame, die bestohlene Tochter jenes Hausbesitzers, um eine dringliche Unterredung bittend. Sie wurde ihr sofort bewilligt, und der Richter betonte in seiner Begrüßung, daß das Fräulein gewiß wegen des Diebes komme. »Wegen des Herrn ja, aber er ist kein Dieb«, war die in schmerzlichem Tone gegebene Antwort. Der Richter blickte erstaunt auf, und das Fräulein fuhr in sichtlicher tiefer Erregung fort: »Ich will Ihnen alles gestehen, ich weiß, Sie werden mein Vertrauen würdigen, Sie werden mich nicht verraten! Während des letzten Sommers weilte ich mit meinen Eltern in Karlsbad und machte dort die Bekanntschaft eines österreichischen Kavaliers, eines Herrn von W., der sich aber, die Gründe waren mir damals noch unbekannt, weigerte, meinen Eltern vorgestellt zu werden. Ersparen Sie mir eine längere Schilderung – wir sahen uns öfter, wir liebten uns, und da erst erfuhr ich aus Herrn von W.'s Munde, daß er... schon verheiratet sei, unglücklich verheiratet, daß er die Fesseln der Ehe zu sprengen gedenke, nachdem er mich kenne, mich lieben gelernt! Ich brach sofort jeden Verkehr mit Herrn von W. ab, ich sah ihn nicht wieder, als hier an jenem Unglücksabend! Meine Eltern waren in eine Gesellschaft gegangen, ich saß am geöffneten Fenster, da hörte ich plötzlich im Vorgarten die Stimme des Herrn von W. – er war mir nach Berlin gefolgt, wollte mich noch einmal sehen, noch einmal sprechen, wollte Abbitte leisten, er zog einen Revolver aus der Tasche, er drohte sich vor meinen Augen, vor meinem Fenster zu erschießen, wenn ich nicht sein Flehen erhörte, und ich, o ich war schwach genug, ich öffnete ihm die Tür! –« Ein Schluchzen unterbrach die Stimme der schönen Erzählerin, und erst nach einer Pause fuhr sie mit tränenerstickter

Stimme fort: »Herr von W. fiel mir in meinem Zimmer zu Füßen, er bat mich um Verzeihung, er nannte sich den Elendesten der Welt, daß er sich überhaupt mir genähert, er sprach von seiner, von meiner Zukunft, – da hörten wir Geräusch vor dem Fenster, ich sah hinunter und erblickte mehrere Polizisten, auch Herr von W. bemerkte sie. – ›Man hat mich nachts in das Haus gehen sehen, man wird mich für einen Dieb halten!‹ rief er aus. Ich war rat-, ich war besinnungslos, mein Ruf war gefährdet, meine Eltern würden alles erfahren – in meiner namenlosen Angst sagte ich dies Herrn von W., doch er, der Edle, der seine ganze Ruhe wiedergefunden, bemerkte nur: ›Sie haben nichts zu fürchten, mein Ehrenwort darauf! Geben Sie mir schnell irgendwelche wertvollen Dinge, dort, Ihre Schmucksachen, ich will lieber als Dieb verhaftet werden, als daß ich Sie unglücklich mache!‹ Er stürzte aus dem Zimmer, ich hörte ihn noch mit den Polizisten sprechen, – dann fiel ich in Ohnmacht. O, was habe ich gelitten, was habe ich ausgestanden, als ich die Berichte in den Zeitungen las, als ich hörte, daß man ihn, der sich für mich geopfert, als gemeinen Verbrecher eingesperrt, daß man ihn wohl gar verurteilen wird! Ich beschwöre Sie, mein Herr, Sie werden mich nicht verraten, Sie werden ihn, den Edlen, freilassen!« – Der Richter versprach, das möglichste zu tun, er sah nochmals die Akten durch, es verhielt sich so, wie die junge Dame erzählt; er ließ sich den Verhafteten kommen, er machte ihm gegenüber Andeutungen, daß er alles wisse, aber der »Dieb« wollte nichts verstehen, bis endlich der Richter ihm mitteilte, daß die »Bestohlene« soeben bei ihm gewesen und ihm alles gebeichtet. »O die Edle, die Gute«, rief bewegt Herr von W. aus, »ich wußte, ich ahnte es, daß sie keine Ruhe hätte – ich will nun doppelt gern für sie dulden, sie soll und darf durch mich nicht unglücklich werden.« – Der Richter, von der Unschuld des Verhafteten fest überzeugt, gab ihm die Freiheit, – zwei Tage darauf erfuhr er, daß er einen gefährlichen Spitzbuben aus den Fingern gelassen, dessen »Braut« die Rolle der Bestohlenen gespielt, welch' letztere von ihrer Doppelgängerin selbstverständlich nicht das geringste wußte!

Wenn sich die Berliner Verbrecherwelt auch in einzelne »Klassen« wieder sondert, so treffen sie sich doch, wie schon erwähnt, in bestimmten Lokalen, ja, sie vereinigen sich sogar während des Winters zu besonderen Ballfestlichkeiten, an denen natürlich, wenn auch nur passiv, Kriminalbeamte teilnehmen, die bei diesen Gelegenheiten selten einzuschreiten brauchen, da sich selbstverständlich jene Verbrecher, die etwas auf dem »Kerbholz« haben, hüten werden, den Ballsaal aufsuchen. Letzterer befand respektive befindet sich übrigens durchaus nicht in einem abgelegenen Lokal irgendeiner Vorstadt, sondern meistens in einer der bekannteren Straßen; jahrelang hindurch wurde beispielsweise dieser Ball in einem der vielbesuchtesten Lokale der Leipziger Straße abgehalten, und der Wirt wie seine übrigen Gäste hatten keine Ahnung, zu welchem »Stande« die elegant gekleideten »Herren« und nicht minder sorgsam toilettierten, oft sehr hübschen »Damen« gehörten, die sich bis zur frühen Morgenstunde dem Tanz hingaben und durchaus nicht darüber die Gaben des Bacchus und Schätze des Lukullus vernachlässigten!

Neben diesen Verbrecherbällen gibt es noch eine andere Art von Bällen in Berlin, die ihresgleichen nicht so leicht finden dürften – es sind »Maskenbälle«, Maskenbälle in des Wortes verwegenster Bedeutung, denn die Männer und Jünglinge, welche man dort trifft, erscheinen fast durchgehend in Frauen-, die »Damen« aber in Männerkleidungen, und diese Kostümierungen sind oft so geschickt, werden in der Sprache und dem Gebahren der Betreffenden so sicher und getreu nachgeahmt, daß häufig ein Unterscheiden der beiden Geschlechter nur nach genauester Beobachtung möglich ist. Etwas Widerwärtigeres läßt sich kaum denken, wie diese stark, selbst von auswärts, wie von Magdeburg, Leipzig, Halle, Breslau etc. besuchten Bälle, von denen während des Winters mehrere in einem großen Ballokal des Ostens abgehalten werden; junge Burschen mit weiblichen Gesichtern und dünnen Stimmchen in schmucker Pagentracht, glattrasierte Männer mit blonden Perücken in Balleteusen-Röckchen, verwelkte Greise in Pompadourgewändern, geschminkte Frauen als kecke Ulanenoffiziere, junge blasse Mädchen als Harlekins, wohlgenährte Matronen als langkuttige Mönche, – und all das tanzt nicht durcheinander, sondern nur miteinander, und bemüht sich gegenseitig, das eigene Geschlecht vergessen zu machen: der Mann tanzt mit dem Mann und die Frau mit der Frau, und mit welchen Mienen, mit welchen Gebärden, welchen Manieren – brr, wer das nicht gesehen hat, der weiß nicht, wozu die menschliche Natur fähig ist und welchen Widerwillen einem der oft zitierte liebe »Mitmensch« einzuflößen vermag, aber wer nie in diesem beängstigenden Trubel war, der kennt auch nicht gänzlich die furchtbaren Schattenseiten, die das Berliner Leben aufzuweisen hat!

Auch diese Bälle werden von der Polizei gestattet und natürlich von ihren Beamten besucht (ebenso wie deren Vigilanten dort zu finden sind), um die unsauberen Elemente, deren Mehrzahl schon bestraft und in einem bestimmten Bande des Verbrecheralbums vereinigt ist, besser überwachen zu können, aus welchem Grunde ja auch die sogenannten »Verbrecherkeller« geduldet werden. Auch die Verbrecher bedürfen des geselligen Zusammenseins mit ihresgleichen und suchen daher mit Vorliebe jene Stätten auf, wo ihnen dies ermöglicht ist; diesen Drang kann die Polizei nicht unterdrücken, und es wäre sehr unklug von ihr, wenn sie dies täte, denn sie selbst würde sich nur ihr Amt dadurch erschweren, da statt des einen ihr bekannten Ortes, den sie unterdrückte, drei, vier andere erstehen würden, welche sie sich erst mühsam wieder auskundschaften müßte.

Die Bälle, von denen Lindenberg sprach, entwickelten sich schon bald zu glanzvollen Veranstaltungen, zu denen auch Repräsentanten von Polizei und Justiz erschienen. So berichtet Peter Feraru, daß »der traditionelle Ball im Saalbau Friedrichshain um die Jahrhundertwende die großen gesellschaftlichen Ereignisse in den Schatten stellte. Jeder, der mit der Unterwelt zu tun hatte oder zu tun haben wollte, versuchte dabei zu sein. Es gehörte quasi zum guten Ton, geladen zu sein. Natürlich wurde Musik gespielt. Anfang der 20er Jahre gab es regelrechte Ganovenorchester, die zum Tanz aufspielten. Und der Höhepunkt des Silvesterballs Anfang der 30er Jahre war, wenn der Kriminalkommissar Gennat die Tribüne erklomm, den Taktstock ergriff und das Ganovenorchester dirigierte. Meist wurde dann gespielt ›Siehste wohl da kimmt er, lange Schritte nimmt er‹.«

Auch Kriminalkommissar Ernst Engelbrecht gehörte zumindest zeitweilig neben dem Leiter der Mordkommission, Gennat, oder dem Staranwalt Alsberg zu den Besuchern dieser Bälle, wie er in seinem Buch »In den Spuren des Verbrechertums« verrät. Ansonsten zählte Engelbrecht aber im Gegensatz zu manchen seiner Kollegen, die von ihren guten Kontakten zur Unterwelt profitierten (und umgekehrt), zu den erbitterten Feinden der Ringvereine, die in der Weimarer Zeit ihre Organisation noch verbesserten und reichsweit in verschiedenen Gruppierungen zusammenarbeiteten.

Engelbrecht als überzeugter Vertreter von Recht und Gesetz sah in den Ringvereinen eine ernsthafte Bedrohung der öffentlichen Sicherheit, zumal es um die Jahreswende 1928/29 zu einem regelrechten Kleinkrieg zwischen dem »Geselligkeitsverein Immertreu e.V.« und Hamburger Zimmerleuten gekommen war.

Die Allgemeinheit erfuhr erst gelegentlich der Presseschilderung über die Kämpfe der »Immertreuleute« mit den Hamburger Zimmerleuten in einem Lokal am Schlesischen Bahnhof in Berlin etwas Genaueres über Verbrechervereine und die Organisation des Verbrechertums. Erst durch diese Kämpfe wurden dem großen Publikum die Augen darüber geöffnet, welche gefährlichen Gegner der Polizei und Staatssicherheit im Laufe der letzten Jahre durch die straff durchgeführte Organisation des Verbrechertums erwachsen sind. Wenn auch der Polizei wie auch wohl anderen mit dem Verbrechertum enger in Fühlung stehenden Persönlichkeiten und Behörden schon seit längerer Zeit bekannt war, daß bestimmte »Lotterie- und Geselligkeitsvereine« sich vorwiegend aus Verbrechern und all den vielen dem Verbrechertum zuzuzählenden fragwürdigen Existenzen zusammensetzen, so war man aber doch darüber wenig unterrichtet, daß diese Verbrechervereine sich wieder zu größeren Organisationen zusammengeschlossen hatten.

Der Laie, der gelegentlich mal in eine der zahlreichen Verbrecherkaschemmen im Scheunenviertel oder in der Gegend des Stettiner sowie Schlesischen Bahnhofs hineingeriet, konnte in den Einladungen zu allen möglichen Vergnügungen, die hier an besonders ins Auge fallender Stelle an den Wänden prangten und vom Vorstande irgendeines »Lotterievereins« oder »Gesellschaftsklubs« unterzeichnet waren, natürlich nichts Besonderes finden und mußte diese Vereine und Klubs für harmlose bürgerliche Vereinigungen, die sich ja in den Kreisen des kleinen Mittelstandes besonderer Beliebtheit erfreuen, halten. Übrigens waren die Bälle, zu denen diese Bekanntmachungen einluden, ein in der Berliner Verbrecherwelt besonders gefeiertes Ereignis, und jeder »klassenbewußte« Verbrecher fühlte sich verpflichtet, an diesen großzügig aufgezogenen Ballfesten teilzunehmen. Die teilweise gut bürgerlich erscheinende Herrenwelt und der sehr elegant gekleidete und häufig auch wirklich hübsche Damenflor hätte einen Uneingeweihten auch niemals auf den Gedanken bringen können, daß hier Verbrecher mit ihrem vielseitigen weiblichen Anhange ihr Stiftungsfest oder ihren Ballabend begingen. Als junger Kriminalkommissar habe ich gelegentlich auch selbst an solchen Verbrecherbällen teilgenommen, und ich muß sagen, daß ich mich hier meistens ganz vortrefflich unterhalten und interessante psychologische Studien, die mir für meine literarischen Abhandlungen überaus wertvoll waren, machen konnte.

Neben der Pflege von Geselligkeit verfolgen diese Vereine aber auch »soziale« Zwecke. Dem »alle gewordenen« festgenommenen Vereinsbruder wird ein Verteidiger gestellt, man unterstützt seine des »Ernährers« beraubte Familie und sorgt nach der Entlassung aus der Untersuchungs- oder Strafhaft für sein weiteres »Fortkommen«.

Wie straff diese Organisation des Verbrechertums durchgeführt wird, beweisen auch die »Ganovengerichte«, die in letzter Zeit viel von sich reden machten. Verbrecher, die gegen die allgemeinen Interessen des Verbrechertums gesündigt, vor allem diejenigen, die Verrat geübt oder sich Verbrecherkollegen gegenüber unkollegial benommen haben, werden zu solchen Gerichten geladen und müssen sich hier dem Spruche der Ganovenrichter fügen. Selbstverständlich unterstehen nur die Ganoven, also die Verbrecher, diesen »Ganovengerichten«, von denen aber auch andere Leute als Zeugen feierlich vorgeladen und vernommen werden. Die »Urteile«, die von diesen »Ganovengerichten« gefällt werden, entspringen merkwürdigerweise häufig einem stark ausgeprägten Rechtsempfinden. Nicht selten wird der »Angeklagte« verurteilt, den von ihm geschädigten Berufsgenossen finanziell zu unterstützen und ihm sogar für eine genau bestimmte Zeit eine Rente zu gewähren. In schwereren Fällen greifen diese »Ganovengerichte« aber auch zu körperlichen Strafen, ja selbst die Todesstrafe soll gelegentlich über Verräter verhängt worden sein. Ein derartiger Fall ereignete sich vor einigen Jahren. Ein aus dem Heer ausgeschiedener Feldwebel, der, ohne selbst Verbrecher zu sein, in engster Fühlung mit dem Verbrechertum stand, teilte mir mit, daß vier Verbrecher einen Mordüberfall auf eine in Altlandsberg wohnende Händlerfamilie planten. Das Mordverbrechen wurde durch unser Zugreifen vereitelt und die Räuber nach einem schweren Kampfe, bei dem einer von ihnen sein Leben einbüßte, festgenommen. Der Feldwebel war aber nicht vorsichtig genug gewesen, sondern hatte auch einem »Freunde« von dieser Angelegenheit erzählt. Der Mann wurde von einem »Ganovengericht« vorgeladen und, da er nicht erschien, hier in contumaciam zum Tode verurteilt. Der arme Kerl verschwand plötzlich und ist bis heute nicht mehr zum Vorschein gekommen, dürfte also dem rächenden Urteil des »Ganovengerichts« tatsächlich zum Opfer gefallen sein.

Die oberste Organisation der Verbrecherverbände bildet der »Mitteldeutsche Ring«, der sich wieder in mehrere Unterorganisationen gliedert. Von diesen finden wir in Berlin den »Großen Ring«, den »Freien Bund« und die »Freie Vereinigung«. Jede dieser drei Unterorganisationen hat einen eigenen »Geschäftsführer«, der von der Oberorganisation, dem »Mitteldeutschen Ring«, gestellt wird. Diesen Unterorganisationen gehören die einzelnen »Brudervereine« an, von denen die Vereine »Immertreu«, »Glaube-Liebe-Hoffnung«, »Felsenfest«, »Luisenstadt«, »Berolina«, »Norden«, »Zentrum«, »Königstadt«, »Friedrichstadt«, »Friedrichhain«, »Alt-Rixdorf«, »Heimatsklänge«, »Rosenthaler Vorstadt«, »Alte Freunde«, »Fidele Brüder«, »Südost«, »Einigkeit«, »Lustige Brüder«, »Hand in Hand«, »Alt-Berlin«, »Treue Freunde«, »Nordring«, »Nordost« und »Libelle« die bekanntesten sind. Die Unterhaltungskosten für die einzelnen Ober- und Unterorganisationen müssen selbstverständlich von den Vereinen, in denen der weit größere Teil aller Berliner Verbrecher fest organisiert ist, aufgebracht werden.

Die älteste deutsche Verbrecherorganisation war die der Zuhälter, die inzwischen aber wohl größtenteils im »Mitteldeutschen Ring« aufgegangen ist. Schon lange vor dem Kriege bestand in Berlin ein Zuhälterklub, der sich mit der englischen Zuhälterloge, der »Unkenloge«, verbrüdert hatte. Jeder deutsche Zuhälter, der Mitglied des Berliner Klubs »Roland« war, wurde in der »Unkenloge« in London auf das beste aufgenommen, und ebenso genossen die englischen Zuhälter die Gastfreundschaft ihrer deutschen »Berufskollegen«. Schließlich wurden sogar beide Klubs zusammengeworfen und von beiden Organisationen ein gemeinsamer Präsident gewählt, alljährlich fanden dann in London oder Berlin »Generalversammlungen« statt. Während in der »Unkenloge« auch Franzosen, Belgier und Holländer Mitglieder werden konnten, beschränkte sich der Kreis des »Roland« auf deutsche Reichsangehörige. Die Zuhälterorganisation beschäftigte sich mit allen Standes- und Berufsfragen, beriet ernstlich über die Zweckmäßigkeit der in den verschiedenen Städten und Ländern üblichen Sitten-Kontrollvorschriften, kritisierte die verschiedenartige Behandlung der Dirnen, tauschte die Erfahrungen bezüglicher ihrer Mädchen aus und beschäftigte sich sogar gelegentlich mit ihrer Vermittlung in das In- und Ausland, betätigte sich also auch als Mädchenhändlerin. Diese Zuhälterorganisation war in sich so vortrefflich organisiert, daß jeder in Berlin verfolgte Zuhälter sofort nach London flüchtete und hier gastlich aufgenommen wurde. In London wurden ihm sofort einige Mädchen zugeteilt, die für seinen Unterhalt zu sorgen hatten und zur »fleißigsten« Arbeit angehalten wurden. Zwischen dem Klub »Roland« und der »Unkenloge« in London bestand sogar ein regelrechter Austauschverkehr der Mädchen. Die Zuhälter versuchten eben, ihr Geschäft mit allen Mitteln rentabel zu erhalten, und hatten deshalb auch stets für notwendigen Wechsel und Nachwuchs zu sorgen. Sie verstanden es raffiniert, mit jungen hübschen Mädchen anzubändeln, irgendwo in einem Lokal, auf der Straße, im Theater usw. ihre Bekanntschaft zu machen, sich in das Vertrauen eines solchen Mädchens einzuschleichen und es schließlich unter allen möglichen falschen Vorspiegelungen dazu zu verleiten, sein Elternhaus zu verlassen. Junge unerfahrene Mädchen zeigten sich nur zu oft gefügig. Sie glaubten den Versprechungen der Kavaliere und waren dann, wenn sie erst mal das Elternhaus verlassen und alle Brücken hinter sich abgebrochen hatten, sehr erstaunt, wenn ihnen von dem Kavalier, der sich jetzt erst als verbrecherischer Geselle entpuppte, zugemutet wurde, sich der Straßenprostitution zu ergeben und nicht nur für ihr eigenes Fortkommen, sondern auch für den Lebensunterhalt des Zuhälters zu sorgen. Durch Vermittlung der Zuhälter und ihrer Organisation wurden früher auch die in vielen deutschen Städten üblichen Bordelle mit frischer Menschenware versorgt. Ähnlich so wie in Italien, wo besondere Organisationen für ständige Auswechslung der Mädchen in den Bordellen Sorge tragen. Hier wechseln die Mädchen ständig, um sie in den Bordellen nicht überaltern zu lassen und der Kundschaft stets neue Ware »offerieren« zu können.

In neuerer Zeit haben sich die Zuhälter größtenteils den allgemeinen Verbrecherorganisationen und ihren Brudervereinen angeschlossen. Einige dieser Vereine bestehen hauptsächlich aus Zuhältern. Alle Vereine sorgen auf das vortrefflichste für ihre Mitglieder, kommt ein Zuhälter in Untersuchungshaft, so übernimmt die weitere Sorge für ihn der Verein, indem er durch Übersendung von Lebensmitteln den Häftling unterstützt und ihm einen Verteidiger stellt. Die Fürsorge für den Zuhälter seitens des Vereins geht sogar so weit, daß ihm ständige Unterstützungen gezahlt werden, wenn sein Mädchen wegen Verbüßung einer Strafe oder wegen Krankheit nicht in der Lage ist, der Gewerbsunzucht nachzugehen und ihn zu ernähren. In meiner langjährigen Praxis als Kriminalkommissar habe ich häufig genug Gelegenheit gehabt, mit organisierten Zuhältern zusammenzukommen. Ich habe mich immer über die wirklich glänzend durchgeführte Organisation gewundert und nur bedauert, daß es in den Kreisen der arbeitenden und anständigen Bevölkerung nicht ähnlich derartig vortrefflich durchgeführte Hilfsorganisationen gibt, wie sie sich die Zuhälter, das schlimmste, gefährlichste und niederträchtigste Verbrechergesindel, schaffen konnten.

Dem Laien erscheint es völlig unverständlich, wie es »unter den Augen der Polizei« den Verbrechern möglich sein konnte, derartige Organisationen, die stark an den Verbrecherbund der »Mafia« oder »Comorra« erinnern, ins Leben zu rufen und durchzusetzen. Das Interesse der öffentlichen Sicherheit fordert von den Polizeibehörden ein energisches Einschreiten gegen diese Organisationen, die ja nicht nur dem Verbrechertum einen festen Zusammenhalt ermöglichen, sondern, was noch weit schlimmer ist, das Verbrechen organisieren und fördern.

Engelbrecht plädierte deshalb für einen verstärkten Einsatz von Razzien, um die Verbrecher zu verunsichern, und für die Beibehaltung der Todesstrafe. Denn gerade die psychischen Qualen vor der Hinrichtung seien die eigentlich gerechte Strafe in einer Zeit, in der »die Prozedur der Vollstreckung der Todesstrafe glatt und ohne jede unnötige Grausamkeit und Roheit vor sich« gehe.

Aber zu Hinrichtungen kam es im Berlin der Weimarer Republik nur selten, und in der Regel mußten auch keine »Ringbrüder« den Weg zum Schafott antreten. Die organisierte Kriminalität spielte sich auf Gebieten ab, die mit Mord und Totschlag kaum etwas zu tun hatten. Im Gegenteil: das Aufsehen, das ein solch spektakulärer Fall verursacht hätte, wäre den Geschäften eher abträglich gewesen.

Wie die Solidarität der »Ringbrüder« funktionierte und wie erfolgreich sie war, schilderte der Kriminalist Robert Heindl in seinem Aufsatz »Das Berufsverbrechertum der Großstadt«, der 1928 in dem »Jahrbuch von Berliner Art und Arbeit: Unser Berlin« erschien. Heindl zog als Beispiele die sogenannten »Kollidiebe« heran:

Mancher »olle ehrliche Arbeiter«, welcher in der für Schwerarbeiter charakteristischen gebeugten Haltung vor den Bahnhöfen und Güterschuppen steht, verdankt seinen krummen Rücken nicht der Ausbeutung gewissenloser Arbeitgeber, sondern dem seit Jahren praktizierten Verschleppen gestohlenen Gutes. Er ist im anstrengenden Dienst des Kollidiebstahles grau geworden. Aber auch ganz junge Burschen arbeiten bereits in dieser Branche. Die Kollidiebe, ob alt, ob jung, sind untereinander liiert, denn bei diesem Geschäft erwirbt man gewissermaßen die Katze im Sack, erbeutet die verschiedenartigsten Waren und bedarf daher zu einer gewinnreichen Verschärfung einer komplizierten, »straff zentralisierten« Organisation, während der sonstige Dieb und der Einbrecher meist nur Gegenstände bestimmten Genres an sich nimmt und zur Not mit einem Abnehmer arbeiten kann.

Besonders waghalsige Kollidiebe verbinden mit ihrer eigentlichen Spezialität auch noch den Taschendiebstahl an Spediteuren, wie an einem typischen Beispiel aus neuester Zeit gezeigt werden soll, das gleichzeitig den unterirdischen Zusammenhang aller dieser Gesellen und die Häufigkeit ihrer Delikte schön illustriert.

In den Winter- und Frühjahrsmonaten 1925 wurden zahlreiche Berliner Rollkutscher und Speditionsangestellte das Opfer zweier Diebeskolonnen. Die Rollkutscher, die Frachten und Nachnahmen einziehen, pflegen das Geld in einer Ledertasche zu tragen. Diese wurde ihnen während der Fahrt unbemerkt abgeschnitten. Mehr als einem war auch der Mantel oder das Jackett, unter dem er die Tasche getragen hatte, mit einem scharfen Messer aufgeschnitten worden.

Nach langem Bemühen kam die Berliner Kriminalpolizei Anfang Mai 1925 den Dieben endlich auf die Spur. Sie stellte zwei Kolonnen zu je 4 Mann, alles junge Burschen, fest. Zwei von jeder Kolonne fuhren jedesmal zu Rad beiderseits des Rollwagens, auf dessen Kutscher es abgesehen war. Ein dritter fuhr hinter dem Wagen her, und auf seinem Rad stand hinter ihm der vierte Mann, stets der kleinste und jüngste der Kolonne. Die beiden Seitenradler richteten es so ein, daß der Kutscher ihnen seine besondere Aufmerksamkeit schenken mußte, um sie nicht zu überfahren. Auf diese Weise abgelenkt und unter dem Geräusch des Wagens entging dem Kutscher, daß nun das kleine Bürschchen hinten auf den Wagen stieg und mit einem Rasiermesser die fast auf dem Rücken des Kutschers hängende Tasche abschnitt. Mit der Beute kehrte der Dieb sofort zu dem dritten Mann auf das Rad zurück und dieser jagte davon. Die beiden anderen beschäftigten den Kutscher noch eine Weile und machten sich dann ebenfalls aus dem Staube. Erst wenige Tage vor der Festnahme hatte eine der beiden Kolonnen einem Rollkutscher wieder 2000 Mark abgenommen.

Die Festnahme von drei Mitgliedern dieser Kolonne gelang rein zufällig vor dem Schaufenster einer Motorradhandlung. Man brachte sie auf die nächste Polizeiwache und verhörte sie, und nun geschah etwas für das berufsmäßige Verbrechertum Charakteristisches: Während des Verhörs sammelten sich gegenüber der Polizeistation auf der Straße nach und nach an die zwei Dutzend »Arbeiter«, die gespannt nach der Wache hinübersahen. Diese Gesellschaft wurde heimlich umzingelt und ebenfalls festgenommen.

Es ergab sich, daß alle bis auf einen Kollidiebe waren. Die Verhafteten räumten 150 Diebstähle an Kutschertaschen ein. Daß die Kolonnen solange ungestraft ihre Diebereien betreiben konnten, daran war hauptsächlich das unvernünftige Publikum schuld. Wiederholt ertappte ein Kutscher einen der Bengel bei dem Versuch, ihm die Tasche abzuschneiden. Wenn er ihn dann aber beim Kragen nahm, um ihn der Polizei zu übergeben, so sammelte sich jedesmal eine Menschenmenge, die den »kleinen Knirps« gegenüber dem großen starken Mann bedauerte, gegen den Kutscher feindselig Stellung nahm und ihn verhinderte, seine Absicht auszuführen.

150 Diebstähle wurden, wie gesagt, festgestellt. Das waren nur jene Ausnahmefälle, in denen der Kutscher den Täter bemerkt hatte und ihn rekognoszieren konnte. Wieviel Tausende von Fällen müssen im Laufe der Monate vorgefallen und von den resignierten Geschädigten gar nicht angezeigt worden sein, da man »das Geld ja doch nicht wieder bekommt und nur Scherereien hat«. Der Fall gibt auch Anhaltspunkte dafür, daß das Einkommen eines solchen 15-20jährigen Burschen erheblich höher als das eines hohen Staatsbeamten sein dürfte und zeigt, in wie engem Kontakt die berufsmäßigen Vertreter einer Verbrecherspezialität miteinander stehen. Drei Mitglieder der Gilde werden in der Görlitzer Straße festgenommen und nach der nahen Wache am Schlesischen Bahnhof geschafft. Und kaum sind sie eine Stunde beim Verhör, schleichen schon aus allen Schlupfwinkeln des Nordens und Westens der Riesenstadt die Zunftgenossen herbei. Wie sie so rasch verständigt wurden, ist ein ungelöstes Geheimnis. Wir wissen nur, daß am Schlesischen Bahnhof nichts passieren kann, ohne wenige Minuten später durch irgendeine mysteriöse Telegraphie in den Kreisen der Berufsmäßigen gleicher Spezialität bis zum Alexanderplatz und Wedding bekannt zu werden.

Diese offensichtlich perfekte Organisation, die es den (nicht bestochenen) Polizei- und Kriminalbeamten schwer machte, einzelne Delikte aufzuklären und die Täter hinter Schloß und Riegel zu bringen, verunsicherte auch das Berliner Bürgertum in hohem Maße. Wer etwas besaß, lebte in ständiger Angst vor Dieben, Einbrechern und Räubern. Private Sicherheitsdienste, wie der von Ernst Engelbrecht gegründete, hatten Konjunktur. Gute Ratschläge, wie man sich verläßlich schützen konnte, wurden begierig aufgegriffen. Auch Engelbrecht versäumte es nicht, am Ende seines Buches über das großstädtische Verbrechertum Tips zu geben, wie Einbrüche und Überfälle zu verhindern seien. 1928 erschien in Berlin sogar ein Band, der ausschließlich »Praktische Ratschläge für den Selbstschutz« geben wollte. Autor von »Publikum und Verbrechen« war der mit Sicherheitsfragen betraute Ingenieur S. Nelken, der das ganze Arsenal der damals gebräuchlichen Vorbeugemaßnahmen vorstellte und bewertete – vom guten Schloß über Gitter, Rolläden und »elektrische Raumschutzanlagen« bis zum privaten Notruf, Wachdiensten und speziell ausgebildeten Hunden. Allein die Fülle des Dargebotenen ist beeindruckend und macht deutlich, wie ernst in Berlin die Bedrohung durch Verbrecher genommen wurde, wobei Nelken auch Betrüger, Scheckfälscher und Falschmünzer in seine Analyse einbezog. In seinem Vorwort beschwor der damalige Polizeivizepräsident von Berlin, Bernhard Weiss, die aktive Mitarbeit der Bevölkerung bei der Verbrechensbekämpfung, weil sonst »ein erfolgreiches Wirken der Kriminalpolizei nicht nur erschwert, sondern in manchen Fällen völlig unmöglich gemacht« werde. Ob er damit aber auch die Aufforderung zur Selbstjustiz meinte, mit der Nelken sein Buch beschloß, bleibt dahingestellt. Wir geben diese beiden Kapitel ungekürzt wieder, weil sie ein bezeichnendes Licht auf das werfen, was im Berlin der Weimarer Zeit offensichtlich schon alltäglich geworden war.

Trotz aller Vorbeugungsmaßnahmen und Schutzvorrichtungen sollte man auf den Besitz einer guten Waffe nicht verzichten. Schlagring, Gummiknüppel oder Totschläger sind nur in der Hand eines starken und sportgewandten Mannes von Wert, haben aber den großen Nachteil, daß sie nur im unmittelbarsten Nahkampf zu verwenden sind. Viel besser und zweckmäßiger ist eine Schußwaffe, mit der man sich Verbrecher auch auf größere Entfernungen vom Leibe halten kann. Zum Führen kleiner Handfeuerwaffen bedarf es aber eines Waffenscheines, der von der Polizeibehörde nach Einreichung eines begründeten Gesuches ausgestellt wird. Hat man sich die Erlaubnis verschafft, dann kann man darangehen, eine geeignete Waffe zu erwerben.

Die früher gebräuchlichen Trommelrevolver sind unhandlich und erschweren ihrer Konstruktion wegen einen zielsicheren Schuß. Viel besser sind die modernen Selbstladepistolen, von denen es ausgezeichnete Modelle gibt. Bei weniger guten Fabrikaten treten oft Ladehemmungen ein, die im kritischen Augenblick von ausschlaggebender Bedeutung sein können. Derartig minderwertige Waffen erfüllen natürlich nicht ihren Zweck. Einen Revolver oder eine Pistole sind nur dann ein Schutz, wenn wir uns auf ihr sicheres Funktionieren unbedingt verlassen können.

Je kleiner eine Handfeuerwaffe ist, um so leichter läßt sie sich in der Tasche unterbringen, doch sollten wir uns nicht lediglich von dem Gesichtspunkt der Bequemlichkeit leiten lassen, sondern lieber eine größere und schwerere Waffe wählen, die einen sicheren Schuß ermöglicht und überdies den Gegner sofort kampfunfähig macht. Es sollten deshalb niemals kleinere Kaliber als 6,35 mm gewählt werden.

Jede Waffe bedarf einer ständigen Pflege, wenn sie gebrauchsfähig bleiben soll. Wer seinen Revolver jahrelang mit sich herumführt, ohne ihn von Zeit zu Zeit gründlich nachsehen und reinigen zu lassen, darf sich nicht wundern, wenn er schließlich verrostet oder durch Staub so verunreinigt ist, daß er versagt.

Hat man eine geeignete Waffe gewählt, wird man sich einschießen müssen, um sie genau kennenzulernen. Gelegenheit hierzu bietet sich auf den Schießständen, die in allen großen und kleinen Städten vorhanden sind. Nur wer mit seiner Waffe gut eingeschossen ist, wird sie im Falle der Gefahr richtig gebrauchen können, denn die Aufregung des Augenblicks wird den ungeübten Schützen besonders irritieren.

Den Inhabern von Villengrundstücken oder einsam gelegenen Häusern wird eine Doppelflinte bessere Dienste leisten als ein Revolver. Ein solches Jagdgewehr gestattet in der Dunkelheit einen viel sichereren Schuß und erhöht überdies die Treffsicherheit durch die Streuung der Schrote. Um sie noch zu erhöhen, läßt man sich zweckmäßig die Läufe der Flinte etwa um die Hälfte abschneiden, wodurch nicht nur das Streufeld viel größer, sondern auch der Knall des Schusses bedeutend verstärkt wird.

Wer sich scheut, mit scharfer Munition zu schießen, der bediene sich der Knallpatronen, die wenigstens den Wert haben, als Abschreckungsmittel zu dienen.

Die sogenannten »Scheintodpistolen« sind nur auf ganz kurze Entfernung wirksam und können eine gute Schußwaffe in keiner Weise ersetzen.

Die Berufstätigkeit der Frau bringt es mit sich, daß man in den entlegensten Gegenden, z.B. in den Außenbezirken Berlins: im Grunewald, in den Villenkolonien Westends usw. allenthalben oft spät des Nachts heimkehrenden Damen begegnet. In kostbare Pelze gehüllt, mit blitzendem Schmuck, das Silber- oder Goldtäschchen lose und unachtsam tragend, streben sie ihrer Wohnung zu, ohne an die Schlechtigkeit der Menschen zu denken, ohne zu ahnen, wie oft mißgünstige und habgierige Blicke ihnen folgen. Fragt man eine solche Dame, ob sie gar keine Angst habe, überfallen zu werden, bekommt man regelmäßig die lächelnde Antwort: »Ach Gott, mir ist noch nie etwas passiert.«

Wir wollen im folgenden zeigen, in welcher Weise Damen gewissen Gefahren entgehen können und wie sie sich in Fällen der Gefahr zu verhalten haben.

Mit untergehender Sonne wechselt nicht nur die Beleuchtung, sondern auch die Umgangsform. Was tagsüber erlaubt ist, muß vielfach in der Dunkelheit streng vermieden werden, und vieles, was am Tage als verpönt gilt, gebietet des Nachts die Vorsicht.

Als erste Regel mag daher gelten, des Nachts niemals auf den Fußsteigen oder zu nahe an den Häusern zu gehen, ganz besonders nicht in Straßen, die Vorgärten haben oder mit Bäumen bepflanzt sind. In der Mitte der Fahrstraße geht es sich dann am sichersten, weil man hier vor plötzlichen Überfällen geschützt ist und die Situation am besten übersehen kann.

Auch gewinnt man im Gefahrfalle Zeit, am nächsten Baum oder an einer Mauer Rückendeckung zu suchen, den Angreifer mit dem Schirm oder den Beinen abzuwehren und um Hilfe zu rufen. Jede Sekunde ist in solchen Situationen kostbar, und vielfach wendet sich das Gesindel sofort zur Flucht, wenn es auf ein stimmbegabtes Opfer stößt. Eine scharf geladene Waffe zu führen kann den Damen wegen der damit verbundenen Gefahr nicht empfohlen werden. Im Gegenteil: es ist dringend davon abzuraten. Knallpatronen hingegen sind gefahrlos und haben den Vorteil, durch die Detonation Hilfe herbeizuholen, den Angreifer einzuschüchtern und zu verscheuchen.

Auch das Führen der sogenannten »Scheintodwaffen« ist Frauen zu empfehlen. Diese Waffen sind leicht zu handhaben und so klein, daß sie bequem in der Handtasche oder im Mantel geborgen werden können.

Es wäre grundfalsch, wenn sich Damen aus veralteten Erwägungen heraus davon abhalten ließen, einen vorübergehenden Mann um Beistand anzusprechen, wenn sie sich verfolgt oder aufgelauert glauben.

Wenn am Tage der gerade Weg stets der beste ist, so ist des Nachts oft der Umweg der sicherste. Er soll niemals gescheut werden, wenn er durch belebte, gut beleuchtete Straßen führt.

Die enorme Teuerung der letzten Jahre hat dem gesellschaftlichen Leben im Familienheim ein Ende bereitet. Hierdurch ist den jungen Mädchen die Gelegenheit genommen worden, unter den Freunden des Hauses nach einem geeigneten Lebensgefährten Ausschau zu halten. Diese Frage bildet eines der traurigsten Kapitel unserer gesellschaftlichen Nöte, da die jungen Damen nun auf sich selbst angewiesen sind und es mehr oder minder dem Zufall überlassen müssen, einen passenden Mann zu finden. Wenn es früher als höchst unschicklich galt, sich in einem Lokal oder gar auf der Straße von einem Unbekannten ansprechen zu lassen, vermag man heute beim besten Willen nicht abfällig darüber zu urteilen. Daß solche Bekanntschaften aber große Gefahren in sich bergen, liegt auf der Hand. Nicht Bügelfalte oder gar das Monokel machen den Kavalier. Unsere Hochstapler, Taschendiebe und Betrüger, Heiratsschwindler und Erpresser führen hochtönende Namen und sehen vielfach recht respektierlich aus. Sie verstehen es, Damenherzen sehr schnell für sich zu gewinnen. Es kann daher nicht dringend genug empfohlen werden, sich seine Leute anzusehen und sich nach ihnen zu erkundigen, bevor man ihnen Vertrauen schenkt. Fast täglich wird von neuen Fällen berichtet, in denen allzu vertrauensvolle Damen Ehre, Leben und Eigentum eingebüßt haben, indem sie Schurken in die Hände fielen. Die beste Waffe der Frau ist und bleibt ihr natürlicher Instinkt. Sagt er ihr, daß sie sich in Gefahr befindet, dann wird sie im eigensten Interesse alle Scheu fallen lassen müssen und sich ihren Eltern offenbaren oder sich Rat bei der Polizei holen.

Ein Kapitel für sich bildet die Handtasche der Dame. Diese Tasche, oft mit namhaften Beträgen gefüllt, besitzt zumeist, ob aus Gold, Silber oder Leder, ein zerbrochenes oder schlecht schließendes Schloß. Über das Handtäschchen ließen sich Bände schreiben. Mit Puderbüchse, Kamm und Spiegel, Zigarettendose und Geldtasche, Taschentuch und den verschiedensten Papieren wohl gefüllt, gewährt sie beim Herauskramen eines Gegenstandes dem Verbrecher genügend Einblick in seine Geheimnisse, so daß es weiter nicht wundernehmen kann, wenn sich Diebe und Räuber dafür besonders interessieren. Wenn die Handtasche schon tagsüber zu einer Quelle von Gefahren und steten Ärgernissen wird, so gilt das im besonderen Maße für den nächtlichen Heimweg. Niemals sollte die Tasche schlenkernd getragen werden, sondern möglichst unsichtbar gehalten und unter dem Arm geklemmt. Damit wird schon viel gewonnen. Mehr als es bisher geschieht, sollte auch ein tüchtiger Begleithund Verwendung finden. Jedes verbrecherische oder verdächtige Vorkommnis sollte sofort dem nächsten Schutzmann mitgeteilt werden, um der Polizei die Möglichkeit zu geben, ihre Maßnahmen zu treffen. Man scheue auch nicht am nächsten Tage den Gang zum Polizeirevier, damit auch der Reviervorsteher von diesen Dingen Kenntnis erhält.

Das Verhalten des Mannes dem Verbrecher gegenüber wird davon abhängen, ob er Mut und Kraft genug besitzt, den Kampf mit ihm aufzunehmen. Sehr vorteilhaft ist die Erlernung einiger Jiu-Jitsu-Abwehrgriffe, die auch einem körperlich Schwächeren die Möglichkeit geben, sich eines starken Gegners zu erwehren. Herausfordernde Redensarten läßt man am besten ungehört, da dieser beliebte Verbrechertrick darauf abzielt, eine Schlägerei in Gang zu bringen. Sie verfolgt aber lediglich den Zweck, im Verlaufe des Kampfes Brieftasche und Uhr des »Beleidigten« verschwinden zu lassen.

Überrascht man einen Einbrecher in der Wohnung, versuche man, sich möglichst ungesehen und ungehört wieder zu entfernen, um Hilfe herbeizuholen. Wird man aber von den Verbrechern entdeckt, dann suche man so schnell wie möglich Deckung und versuche sie von dort aus durch Schüsse oder Hilferufe zu verscheuchen. Ganz falsch ist es, eine Wohnung zu betreten, deren Tür man beim Nachhausekommen offen oder erbrochen vorfindet. In einem solchen Fall lasse man Hinter- und Vordertür besetzen, bis das Überfallkommando eintrifft.

Wird man in seiner Wohnung durch Verbrecher überrascht, muß man stets darauf bedacht sein, im Dunkeln zu bleiben. Man alarmiere durch Telephon oder Notruf die Polizei oder durch die Signalpfeife den Wachschutzbeamten. Villenbesitzern kann empfohlen werden, sich unterhalb des Daches große elektrische Lampen anbringen zu lassen, die vom Schlafzimmer aus eingeschaltet werden können. Eine solche plötzliche Gartenbeleuchtung wird die Verbrecher in die Flucht jagen und hat überdies den Vorteil, daß man die Eindringlinge zu Gesicht bekommt und sie der Polizei beschreiben kann.

Eine Außenbeleuchtung läßt sich aber auch außerdem so einrichten, daß sie durch einen Automaten ganz unregelmäßig in kürzeren Zeiträumen eingeschaltet wird, so daß sie in der Tat ein wirksames Abwehrmittel darstellt. Sind die Verbrecher durch richtiges Vorgehen verscheucht worden oder treffen wir sie nicht mehr an, so dürfen wir bis zum Eintreffen der Polizei nichts verändern oder berühren. Jeder Mensch hinterläßt sichtbare und unsichtbare Spuren, und der Laie verwischt durch sein unsachgemäßes Verhalten wichtige Anhaltspunkte, die zur Ermittlung der Täter führen können. Auch Fußspuren, insbesondere von schmutzigen Stiefeln oder in feuchter Erde, sind von größter Wichtigkeit und dürfen daher unter keinen Umständen beschädigt oder beseitigt werden.

So wichtig auch das richtige Verhalten des Publikums im Falle der Gefahr ist, wichtiger noch ist das rechtzeitige Vorbeugen.

Wer rechtzeitig sein Leben und Eigentum vor den Gefahren zu schützen sucht, die ihm von seiten des Verbrechertums drohen, erweist sich damit nicht nur selbst den größten Dienst, sondern erfüllt auch eine staatsbürgerliche Pflicht.

Die Machtübernahme durch die Nationalsozialisten brachte das Ende der Ringvereine. Mit der Auflösung der Vereine zum 1. Januar 1934 trat auch das Gesetz zur »Sicherheitsverwahrung« in Kraft. Peter Feraru berichtet, daß auch die Vereinsunterlagen bei der zuständigen Dienststelle im Polizeipräsidium abgeliefert werden mußten. »Durch die Eintragungen im Vereinsregister beim Amtsgericht lagen den Nazis bereits die Namen der Gründungsmitglieder und Vorstände auf dem Tisch, jetzt kamen die Mitgliederlisten. Binnen kürzester Zeit wurden die meisten Ringbrüder verhaftet, sofern sie nicht flüchten konnten. Die Ringbrüder kamen in Lager. Die Überlebensquote war sehr gering. Natürlich gibt es keine Zahlen, die darüber Auskunft geben. Tatsache aber ist, daß nach dem Krieg von den vielen tausend Brüdern nur noch eine gute Handvoll übrig blieb.«

Einige der Überlebenden fanden sich 1952 erneut zusammen, um unter den Namen »Süd-Ost« und »Süd-West« die Ringvereine wiedererstehen zu lassen. Den nostalgischen Neugründungen blieb aber versagt, an die »Erfolge« der Weimarer Zeit anzuknüpfen. 1958 wurden beide Vereine verboten.

Wir danken allen Rechteinhabern für die freundliche Abdruckgenehmigung. Einige konnten nicht ermittelt werden. Wir bitten sie, sich gegebenenfalls mit dem Eichborn Verlag in Verbindung zu setzen.